W0324043

BREKINA Auto-Geschichte

Chronik der Kraftpost

von Volkhard Stern

BREKINA Modellspielwaren GmbH • 79331 Teningen • Carl-Benz-Straße 1

Impressum

Für Mitarbeit und Unterstützung bei der Erstellung dieses Buches danken wir

Konrad Buschmann, Nittel; Malcolm G. Chase, Aldershot (GB); Uwe Clement, Berlin; Wolfgang Clössner, Bonn; Karl-Heinz Doll, Merzig; Ulrich Engelter, Gelsenkirchen; Gary French, Doncaster (GB); Dieter Gammrath, Berlin; Gerhard Gerstenkorn, Uelzen; John C. Gillham, London (GB); Rainer Gollent, Kraichtal; Günter Graßmann, Regensburg; Gerhard Greß, Freiburg; Werner Hartwig, Dortmund; Dieter Herwig, MKF Frankfurt a.M.; Jürgen Jacobi, Sarstedt; Josef Kaiser, Ludwigshafen; Karl Karneth, Füssen; Michael Kaufmann, Bad Hindelang; Dr. Stefan Kley, MKN Nürnberg; Jörg Laubner, Erftstadt; Peter F. Linhart, Frankfurt a.M.; Herbert Monsees, Bremen; Heinrich Munk, Stadthagen; Georg Neff, St. Blasien; Konrad Pernetta, Oberammergau; Dr. Hans Pötschner (†), Baden (A); Josef Rubel, Merzenich; Stuart R. Shelton, Wolverhampton (GB); Michael Stefan, Braunschweig; Werner Striepling, Berlin; Christian Suhr, Reichenbach; Jürgen Warntjen (†), Oldenburg,

den Firmen und Institutionen

Bundesarchiv, Berlin; DaimlerChrysler, Stuttgart; IVECO-Magirus, Ulm; MAN, München; Museum für Kommunikation Frankfurt a.M.; Museum für Kommunikation Nürnberg; Foto Arnold, Bischofswiesen; Fränkisches Freilandmuseum Bad Windsheim; Staatsarchiv Sigmaringen; Deutsche Gesellschaft für Post- und Telekommunikationsgeschichte e.V., Frankfurt a.M.

sowie

vielen ehemaligen Mitarbeitern des Postreisedienstes für ihre freundliche Unterstützung mit Fotos, Dokumenten und Erinnerungen.

Impressum:

Herausgeber:
BREKINA Modellspielwaren GmbH,
Carl-Benz-Str. 1, D-79331 Teningen

Autor, Konzept und Zusammenstellung:
Volkhard Stern, Bonn

Lektorat:
Ulrich Engelter, Roland Stern

Layout, Satz, Scans, Bildbearbeitung:
Graphikbuero GEBHARD|UHL, Freiburg (www.gebharduhl.de)

Dieses Buch erscheint als Art. 11014 im BREKINA-Programm. BREKINA-Direktvertrieb sowie Vertrieb über die Deutsche Post Collection, den Versandhandel, Fachbuchhandlungen und den Facheinzelhandel.

© 2005 BREKINA Modellspielwaren GmbH, D-79331 Teningen

ISBN: 3-00-015453-1

Titelbild:

Begegnung auf der Landstraße: Ein Auto-Union 1000 Sport Roadster trifft den Postbus BP 15-584, einen Mercedes-Benz O 320 H des Baujahres 1956 (MKF).

Rücktitel:

„Der Fortschritt kommt noch gemächlich daher" lautet der Original-Bildtext zu dieser Aufnahme, die am 22.9.1963 in Mainstockheim (Landkreis Kitzingen) entstand.
Foto: Fränkisches Freilandmuseum Bad Windsheim, Stiftung Otto und Elsa Beck.

Innentitel:

Kraftpost-Haltestellenschilder aus der Zeit von vor (vorne) und von nach 1945 (hinten, SVS).

Foto-Legende (soweit nicht im Text erwähnt):

BK = Foto aus der Sammlung BREKINA
BW = Büssing-Werkfoto
DC = DaimlerChrysler Werksarchiv
JJ = Jürgen Jacobi
JW = Jürgen Warntjen
MC = Malcolm G. Chase
MK = Michael Kaufmann
MKF = Museum für Kommunikation Frankfurt a.M.
MKN = Museum für Kommunikation Nürnberg
MW = MAN-Werkfoto
SB = Sammlung Buschmann
SG = Sammlung Gollent
SGK = Sammlung Gerstenkorn
SH = Sammlung Hartwig
SJ = Sammlung Jacobi
SK = Sammlung Karneth
SM = Sammlung Munk
SN = Sammlung Neff
SR = Sammlung Rubel
SVS = Sammlung Volkhard Stern
UE = Ulrich Engelter
VA = VOMAG-Archiv Christian Suhr
VS = Volkhard Stern

Begegnung an der Weser:
Büssing 6000 T-Postbus und Fiat Topolino, 1951 (BW, SVS).

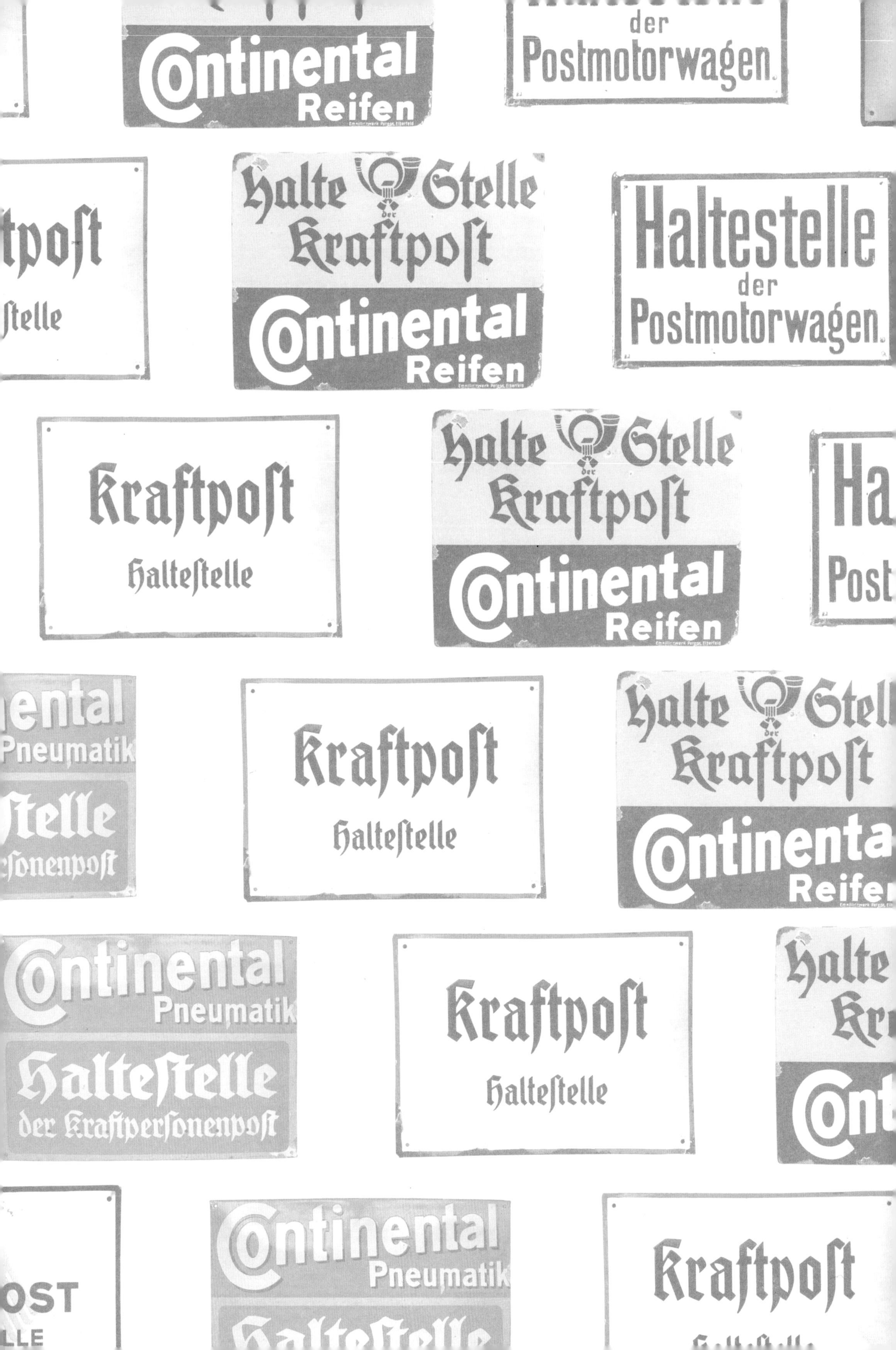

Continental Reifen
der Postmotorwagen
Halte Stelle der Kraftpoſt
Continental Reifen
Haltestelle der Postmotorwagen
Kraftpoſt
Halteſtelle
Halte Stelle der Kraftpoſt
Continental Reifen
Kraftpoſt
Halteſtelle
Kraftpoſt
Continental Pneumatik
Halteſtelle der Kraftperſonenpoſt
Kraftpoſt
Halteſtelle
Continental Pneumatik
Kraftpoſt

INHALT

Das Kolorit der frühen fünfziger Jahre strahlt dieses Aquarell aus: Ein wenig südländisches Flair, man ist wieder wer, und zur Reisekultur gehört selbstverständlich der Postbus (1951, im Besitz des MKF).

Vorwort...

...des Herausgebers

Liebe Leser,

mit diesem Buch findet eine langjährige, freundschaftliche Zusammenarbeit ihre Fortsetzung. Volkhard Stern ist dem Hause BREKINA und mir als Geschäftsführer schon seit über 15 Jahren eng verbunden.

Damals, im Jahr 1990, erschien das Autoheft EXTRA 3, in dem wir über die Fahrzeuge der Deutschen Bundespost berichtet haben. Volkhard Stern betreute den Part der Postbusse. Als Modellspielwaren-Hersteller hat sich BREKINA in seinen Autoheften besonders der Nutzfahrzeug-Geschichte angenommen. Das Post-Heft setzte diese Tradition fort. Es ist zwar seit geraumer Zeit vergriffen, findet aber immer noch große Nachfrage.
So stand für uns beide schon früh fest, dass es zum Jubiläum der Kraftpost im Jahr 2005 ein neu bearbeitetes Buch zur Motorisierung der Post-Personenbeförderung geben müsse.

Unsere Ansätze waren dabei ganz verschieden gelagert: Volkhard Stern ist mit seinem Wissen und seinem umfassenden Archiv der fachkundige Spezialist zum Thema.

BREKINA fertigt seit vielen Jahren für die Deutsche Post exklusive Modellminiaturen und sieht sich weiter in der Verpflichtung, über die Vorbilder zu den Modellen berichten.

Aber keine Angst – die „Chronik der Kraftpost" handelt nicht von Modellautos. Diese gaben lediglich den Anstoß zu diesem Buch. Abseits von kostenoptimierten Überlegungen eines Verlages, haben wir die Gestaltung so vorgenommen, wie wir beide, Volkhard Stern und ich, sie uns gewünscht haben.

Dank an meinen Freund Volkhard Stern, der mit viel Sorgfalt und außerordentlich hohem persönlichem Einsatz das Material zusammengetragen und dieses Buch geschrieben hat. Es hat mir Spaß gemacht, ihn dabei begleiten zu können. Mein Dank gilt auch allen Mitarbeitern und Freunden, die ihn unterstützt haben.

Möge dieses Buch auf ein Publikum treffen, dass wie wir Interesse an der Verbindung von Modell und Vorbild hat.

Werner Hartung
Teningen, im Januar 2005

Grusswort

In Bayern stand die Wiege der Kraftpost, und von hier gingen entscheidende Impulse zu ihrer organisatorischen und technischen Entwicklung aus. Als Direktor des Museums für Kommunikation in Nürnberg, dessen besonderes Anliegen die Dokumentation und Vermittlung der bayerischen Postgeschichte ist, freue ich mich, dass der traditionsreiche Postreisedienst erstmals in einem Gesamtwerk gewürdigt wird. Ich wünsche der Chronik der Kraftpost eine weite Verbreitung in post- und verkehrsgeschichtlich interessierten Kreisen.

Dr. Stefan Kley
Nürnberg, im Januar 2005

...des Autors

Liebe Leser,

vor gut 30 Jahren hatte ich meine erste Begegnung mit der Kraftpost. Damals benutzte ich täglich den Postbus auf dem Weg zur Schule. Aus dieser zwangsläufigen Bekanntschaft, die ich mit einer großen Zahl anderer Fahrschüler teilte, erwuchs nach und nach das Interesse an diesem Postdienstzweig. Der Postreisedienst war Anfang der 1970er Jahre noch bundesweit vertreten. Schon diese Dimension machte deutlich, dass es sich hier um einen außergewöhnlichen Verkehrsbetrieb handeln musste. Als ich begann, mich näher mit den Abläufen, den Hintergründen, der Geschichte und dem Wagenpark zu befassen, erschien mir die Kraftpost als Anachronismus, als Relikt aus den längst vergangenen Tagen der Postkutsche. Aber genau das machte die Sache interessant. Warum beförderte die Post noch immer Personen, wo doch ihr Hauptgeschäft ein ganz anderes war?

Das letzte Jahrzehnt des Postreisedienstes habe ich dann bewusst begleitet. Im Laufe dieser Zeit lernte ich die Kraftpost, ihre Mitarbeiter und die Betriebsmittel näher kennen, zugleich gewann ich aber auch den Respekt vor der Komplexität des Themas. Zwar soll man mit Superlativen immer zurückhaltend sein, dennoch: Die Post war nun einmal Deutschlands erstes und ältestes, lange Zeit einziges und über viele Jahrzehnte hinweg größtes Beförderungsunternehmen im öffentlichen Straßenpersonenverkehr.

Es war mir ein Anliegen, dieses spannende und bedeutende Stück deutscher Post- und Verkehrsgeschichte aufzuarbeiten und vor dem Vergessen zu bewahren. Zum besseren Verständnis der Zusammenhänge wurde dafür die Form einer Chronik gewählt.

Ohne die Hilfe und Unterstützung zahlreicher Freunde und Hobbykollegen, früherer Mitarbeiter des Postreisedienstes und der Postdienststellen wäre dieses Buch kaum zustande gekommen. Daher bin ich ihnen allen zu großem Dank verpflichtet, besonders jedoch Werner Hartung, der das Projekt als Herausgeber stets partnerschaftlich und konstruktiv unterstützt hat. Hervorzuheben sind ferner Jürgen Jacobi, dessen langjähriger Forschungsarbeit zur Kraftpost und zur Omnibustechnik ich viel Wissen verdanke, und Ulrich Engelter, der den schriftlichen Teil kritisch und sachkundig lektoriert hat. Das Schlusslektorat hat mein Bruder Roland Stern mit großer Sorgfalt vorgenommen.
Ganz besonderen Dank schulde ich Stuart Shelton und Gary French aus England, ohne deren nimmermüde Recherche zum Wagenpark der Kraftpost niemals ein nahezu vollständiges Bild hätte rekonstruiert werden können. Viele gute Ideen hat Uwe Clement beigetragen. Wichtige Helfer waren außerdem die Mitarbeiter der Museen für Kommunikation in Frankfurt am Main und Nürnberg, die bereitwillig Einblick in ihre Archive gewährten und Unterlagen zur Verfügung stellten.

Da die Kraftpost letztlich meinen beruflichen Werdegang beeinflusst hat, möchte ich stellvertretend für alle Postkollegen, die die Faszination der Postbusse mit mir teilten, den leider zu früh verstorbenen Jürgen Warntjen erwähnen. Er hatte bereits 1955 begonnen, die gelben Omnibusse fotografisch zu dokumentieren, und ihm verdanke ich wesentlich den Einstieg in die Materie aus postalischer Perspektive.

Volkhard Stern
Bonn, im Januar 2005

1. Die Kraftpost - Einführung und Überblick

Tradition trifft Moderne: Die Postkutsche Garmisch - Badersee vertritt die Nostalgie, während der Postbus nach Landeck zum Zeitpunkt der Aufnahme (1964, MKF) einer der neuesten Busse der Bundespost ist (Typ MB 0 322).

Mit der Kraftpost
(aus: Prospekt der OPD München, 1961)

„Die beste Bildung findet ein gescheiter Mensch auf Reisen" schrieb Goethe, der selbst nie nach Paris oder London kam und 37 Jahre alt wurde, ehe er sich auf den Weg nach Rom und Sizilien machte. 1786 bestieg er in Karlsbad die Postkutsche und gelangte über München, Wolfratshausen und Innsbruck über den Brenner. Tun Sie es ihm gleich, nehmen Sie die „Alpen-Adria-Post", besteigen Sie die sonnengelben, schnellen und sicheren Wagen der Deutschen Bundespost, und ganz wie der Dichter werden Sie „das schönste, fruchtbarste Erdenreich" sehen. Freilich, wozu er viele Tage benötigte, brauchen Sie nur Stunden. Auf luftgefüllten Gummireifen gleiten Sie dahin, kein Holpern, kein Schütteln, kein Pferdewechsel. Wenn bei Goethe der Postillion mitunter einschlief, während die Pferde bergab liefen – können Sie ohne Sorge sein. Die Fahrer der Bundespost sind bekannt für ihr sicheres und vorzügliches Fahren. Bequem lehnt sich der Gast in den Polstersesseln zurück und betrachtet, gelassen und gelöst, die herrliche Landschaft, die sich rechts und links vor ihm ausbreitet. Orte, die als Weltberühmtheiten mit drei Sternen im Baedeker ausgezeichnet sind, aber auch stillverträumte Dörfer, durch die keine Autobahn führt und in denen kein Zug hält. Barockkirchlein und gotisches Fachwerk, prächtige Bauernhöfe und Renaissance-Marktplätze, Wälder und blau-grüne Seen, sie liegen zum Greifen nahe vor Ihren Augen. Seit die erste Kraftpostlinie vor 56 Jahren zwischen Bad Tölz und Lenggries eröffnet wurde, ist der Omnibus-Fahrplan zu einem dicken Heft angewachsen. Die „Isar-Engadin-Post" führt von München bis nach St. Moritz, die „Deutsche Alpenpost" verbindet quer durch Süddeutschland den Bodensee mit dem Königssee. Zwei Tage lang fährt der Tourist durch die lieblichsten Regionen, die Gott in seiner besten Laune erschuf. Über Bad Tölz geht eine Linie bis in die ragenden Berge des Karwendel; auf die Winklmoosalm, das schneesicherste Gebiet Bayerns, gelangt der Skifahrer nur mit der Bundespost. Bezaubernd ist die Fahrt in das Kleinwalsertal, vorbei an steilen Berghängen und schroffen Abgründen. Das schwäbische Land, der Pfaffenwinkel, die bayerischen Königsschlösser, rund um den Tegernsee oder am Schliersee vorbei, alle schönen Wege eilt die Kraftpost entlang. Kluge Touristen, die das halbe oder ganze Ausland abgegrast haben, werden eines Tages das unentdeckte Deutschland wieder entdecken. Wer den ideenreichen Fahrplan der Kraftpost durchblättert, merkt sogleich, daß hier ein wahrer Reisekünstler am Werk war, so köstliche Kreuz- und Querfahrten sind da zu finden. Machen Sie die Probe aufs Exempel, fahren Sie mit der Kraftpost!

Reisen mit der Post, diese Vorstellung weckt Erinnerungen an längst vergangene Zeiten. Ja, die guten alten Pferdepostkutschen ... Waren das nicht die ersten öffentlichen Verkehrsmittel auf dem Landweg überhaupt? Aber dann kam ja die Eisenbahn und machte den Postillionen den Garaus. Aber halt, da war doch noch die Kraftpost, die die Tradition der Postkutschen abseits der Schienenwege fortführte. Und tatsächlich, neben dem Transport von Briefen und kleinen Frachten stellte die Fahrgastbeförderung über Jahrhunderte hinweg das älteste Aufgabengebiet der Postverwaltung dar.

1886 machte Carl Benz rund um Mannheim die ersten Ausfahrten mit seinem neuen Automobil. Nur wenige Pferdestärken standen dem Vehikel zur Verfügung. Dennoch war die Kutsche, die sich aus eigener Kraft fortbewegte, eine Sensation und eine Revolution. Keine zehn Jahre später, 1895, wurde zwischen Siegen und Deuz im Siegerland eine der allerersten Motoromnibuslinien eröffnet. Die Postverwaltung zeigte sich anfangs der neuen, unkalkulierbaren Technik gegenüber skeptisch. Sie behielt vorerst Recht: Der erste Versuchsbetrieb eines von privater Seite aufgezogenen Motorbusverkehrs mit Postbeförderung (1898) scheiterte nach kurzer Zeit an der zu anspruchsvollen Strecke Bad Mergentheim - Künzelsau. In zunächst kleinem Rahmen beschäftigte sich die Post in den Jahren 1898 bis 1903 mit selbstfahrenden Mobilen, die sie in einigen größeren Städten im Zustell- und Briefkastenleerungsdienst erprobte. Parallel kamen ab 1899 weitere private Motorwagenlinien auf, die sich auf örtlicher Basis dauerhaft etablieren konnten. 1904 war es der Kraftverkehrs-Pionier Heinrich Büssing, der mit Mut, Zuversicht und verbesserter Technik daranging, einen Versuch mit einem selbstentwickelten Omnibus auf seiner Linie Braunschweig - Wendeburg zu wagen. Auch hier war die Post bereits indirekt beteiligt, hatte der Wagen doch schon den später für alle Postbusse so typischen Briefkasten eingebaut. Das Interesse der Post am Kraftwagen war geweckt. Ein direkter Vergleich Pferdepostkutsche – Postmotorwagen ergab, dass die motorisierte Personenbeförderung eine etwa um das Doppelte beschleunigte Fahrt bei namhafter Ermäßigung des Fahrpreises, zahlreichere Fahrgelegenheiten und damit auch eine schnellere und häufigere Postbeförderung erwarten ließ.

Ein Jahr später, am 1. Juni 1905, folgte dann der große Schritt der fortschrittlichen Königlich Bayerischen Postverwaltung. Mit der Eröffnung der Linie Bad Tölz - Lenggries war die Kraftpost geboren!

Bahn und Kraftpost ergänzten sich in ihren Aufgaben. Da beide auch auf der Straße konkurrierten, war das Verhältnis stets schwierig (VS).

Verbunden mit allen Geburtswehen, aber dauerhaft, kam der bayerische Betrieb in Gang. Ein weiteres Jahr später, am 16. Juli 1906, ging die Kaiserliche Post zwischen Friedberg und Ranstadt in Hessen „auf Linie". 1907 folgte die erste Kraftpost in Hamburg. Der Anfang war gemacht. Erst langsam, dann immer schneller und flächendeckend begann die Erfolgsgeschichte des Postomnibusverkehrs auf der Landstraße. Dieser Erfolg beruhte sicherlich mit auf der guten Ausgangsposition, die die Post durch das historische Postmonopol besaß. Im Gegensatz zur Brief- und Paketbeförderung war die Postverwaltung jedoch mit einer Konkurrenzsituation konfrontiert, die ein starres Verharren auf alten Rechten nicht zuließ und Anstrengungen zur Wahrung ihres Verkehrsbereiches erforderte. Eines war von Anfang an, genau wie zuvor schon bei der Postkutsche, ein ganz wichtiges und wirtschaftlich bedeutendes Argument für den Betrieb: Die Verknüpfung des Transports von Postsachen und Personen. Zum Postaustausch mussten alle Postanstalten ohnehin täglich angefahren werden. Es lag auf der Hand, diese Notwendigkeit mit der Schaffung von Mobilität für die Landbevölkerung zu verbinden. In ganz kleinen Ortschaften kam die Landkraftpost, die größeren Siedlungen fuhr der Postbus an. Der Verkehr war den damaligen, bescheidenen Bedürfnissen angepasst. Recht bequem und meist mehrmals am Tag konnte jetzt das Heimatdorf verlassen werden, um Arbeit und Bildung in den nächst größeren Orten nachzugehen oder dort auf die Eisenbahn umzusteigen. Die volkswirtschaftliche Bedeutung der Kraftpost bei der infrastrukturellen Erschließung des flachen Landes ist nicht zu unterschätzen. Die Eröffnung einer neuen Kraftpostlinie war für die betreffende Region immer ein besonderes Ereignis, das großes öffentliches Interesse fand, das Fortschritt und den Anschluss an die „weite Welt" bedeutete. Zu Zeiten, als der Besitz eines Autos nur Wenigen vorbehalten war, erfüllte die Post mit dem Personentransport preiswert und zuverlässig ein allgemeines Bedürfnis.

Die weitere Entwicklung, Höhenflüge, Kriegs- und Notzeiten, Wiederaufbau und zuletzt der langsame Niedergang, wird in den folgenden Kapiteln geschildert. Das Reisen mit der Kraftpost soll dabei nicht nachträglich verklärt werden. Oft war es ein lästiges Übel, allenfalls eine Zwangsfreundschaft, meist aber die schiere Notwendigkeit mangels anderer Alternativen, die den Fahrgast frühmorgens an der windigen Haltestelle in den überfüllten Postbus trieb. Nicht immer setzte die Post die modernsten und bequemsten Omnibusse ein. Und doch waren die gelben Busse mit dem traditionsreichen Posthornsymbol an der Seite eine auffällige Erscheinung auf den Straßen. Von Nord bis Süd, von Ost bis West, fast überall zeigte sich der vertraute Anblick der Kraftpost. Zu guten Zeiten war die Post Deutschlands, ja sogar Europas größtes Omnibusunternehmen! Die Fahrer standen im Ruf der Besonnenheit und Fahrsicherheit. Pünktlichkeit und Zuverlässigkeit waren oberstes Gebot. Lange Zeit wurde beinahe liebevoll für den Postreisedienst (mit der Betonung auf „Reise") geworben. Bis Anfang der sechziger Jahre ertönte der melodische Posthorn-Zweiklang, wenn der Postbus in den Orten sein Kommen ankündigte und an der Poststelle hielt, um Fahrgäste aufzunehmen und Briefbeutel ein- und auszuladen. Dadurch war die Kraftpost eng in das Leben auf dem Lande eingebunden, ein fester Bestandteil des Tagesablaufs und durchaus vergleichbar mit der Kleinbahn an den Orten mit Schienenanschluss. Denn nach der stellte man bekanntlich die Uhr ...

Kraftpost-Werbung, 1950 (SVS).

Die Kraftpost war mit anderen Omnibusunternehmen kaum vergleichbar. Wichtige Typika und Merkmale der Unterscheidung von den übrigen Verkehrsbetrieben zeigt die folgende Auflistung:

- Die 300-jährige Tradition der Post als erstes und ältestes öffentliches Verkehrsmittel, abgeleitet aus dem früheren Postmonopol,
- die gleichzeitige Beförderung von Personen und Postsachen, wie bereits bei der Postkutsche,
- die Anbringung hoheitlicher Symbole (Staatswappen, Adler, nach 1945 Posthorn) an den Bussen,
- die aus dem historischen Postregal abgeleitete Genehmigungsfreiheit für die Einrichtung von Kraftpostlinien (erst nach 1945 wurde die Post den anderen Verkehrsunternehmen bei der Genehmigungspflicht gleichgestellt),
- die Gemeinwirtschaftlichkeit der Post, die sie zur Aufrechterhaltung auch unrentabler Linien verpflichtete, womit die Wahrnehmung einer sozialen und kulturellen Aufgabe bei der Erschließung des flachen Landes verbunden war,
- das deutschlandweite Streckennetz und damit die fast flächendeckende Präsenz der Kraftpost,
- die Größe des Betriebes mit über 6.000 (1939) bzw. über 4.000 (1957) Postomnibussen in der Spitze, somit jahrzehntelang größter Omnibusbetrieb Deutschlands,
- die Postbusflotte als Teil des Postkraftfahrdienstes, dem größten zivilen Fahrzeugpark in Europa, mit allen Synergieeffekten wie gemeinschaftliche Wartung, Instandhaltung, Verwaltung und den daraus erwachsenden technischen und kostenmäßigen Vorteilen,
- das Auftreten des Staates als Omnibusunternehmer (ähnlich der Eisenbahn), woraus sich bei der Post als Hoheitsbehörde auch Besonderheiten für die Art des Beförderungsvertrages mit dem Fahrgast ergaben,
- das Auftreten der Post als wichtiger Auftraggeber für die Omnibusindustrie,
- die Einflussnahme der Post auf den deutschen Omnibusbau bzw. ihre Mitwirkung an neuen Entwicklungen,
- die auffällige postgelbe Farbe der Busse über Jahrzehnte hinweg,
- die Art und Ausstattung der Postbusse mit besonderen Postspezifika (zweckmäßige Einrichtung, Postgelass und Stauraum für die Postbeförderung, Dachgepäckträger, Anhängerkupplung, Breite und Anordnung der Türen, hoher Sitzplatzanteil etc.),
- die Anbringung von Briefkästen in den Postbussen seit 1925,
- die Nutzung besonderer Posthornhupen in den Postbussen bis Mitte der 1960er Jahre,
- die Verwendung besonderer postalischer Kfz-Kennzeichen (z.B. WP, RP, BP) an den Bussen,
- die Beförderung von Kraftpostgut („Kurierdienst des flachen Landes").

Die beachtliche Dimension der Postbusflotte erschließt sich aus folgender Beschaffungsübersicht (einschließlich Gebrauchtübernahmen, teilweise gerundet / geschätzt):

Kgl. Bayerische Post bzw. Reichspost in Bayern (1905–1933)	1.500
Kgl. Württembergische Post bzw. Reichspost in Württemberg (1909–1933)	900
Kaiserliche Post (1906–1918)	50
Deutsche Reichspost (1920–1945, ab 1933 mit Bayern und Württemberg)	12.180
Deutsche Post West (1946–1950)	990
Deutsche Bundespost (1950–1985, ab 1957 mit OPD Saarbrücken)	9.900

Rechnet man die Fahrzeuge der Danziger und der Saarpost, die Behelfsbusse der Kriegszeiten, Umbauten aus Lastkraftwagen etc. hinzu, kommt man auf eine Größenordnung von insgesamt über 25.500 posteigenen Omnibussen. Dabei ist zu berücksichtigen, dass die Wagenparkzugänge insgesamt weitgehend, aber speziell in den Kriegs- und Nachkriegszeiten nur unvollständig dokumentiert sind.

Die hohe Zahl der Busse lässt bereits vermuten, dass ein beachtlicher Teil der Bevölkerung permanent oder gelegentlich mit der Kraftpost in Berührung kam. Weit über 15,5 Milliarden Fahrgastbeförderungen haben in den achtzig Jahren mit Postomnibussen stattgefunden. Möglich wurde diese ungeheure Leistung durch eine unermüdliche und nicht immer einfache Gemeinschaftsleistung aller Mitarbeiter der Kraftpost. Im Hintergrund, doch nicht weniger wirksam und erfolgreich, wirkten die Kräfte der Kfz-Werkstätten. Neben Wartung, Instandhaltung und Wagenreinigung hatten sie sich zu bewähren, wenn es galt, defekten Bussen auf offener Straße wieder Leben einzuhauchen oder sie abzuschleppen. Improvisation wurde groß geschrieben und meisterhaft beherrscht. Die Mitarbeiter, Fahrdienstleiter, Verwaltungs- und Überwachungsbeamten vor Ort und in den Direktionen bis hin zum Ministerium hatten ihr sprichwörtliches Organisationstalent immer wieder aufs Neue unter Beweis zu stellen. Sie alle, vom Schaffner bis hin zum Referenten, sorgten dafür, dass der gewaltige Apparat lief und für die Mobilität der Kunden bereitstand.

Ganz besonderen Anteil daran hatten naturgemäß die Busfahrer. Anfangs waren es Idealisten, von der Technik begeistert, die den jungen Beruf des Kraftfahrers ergriffen und sich als Pioniere der Landstraße verstanden. Weder unausgereifte Motoren noch schlechte Straßen und Wetterunbilden ließen sie ihren Beruf verdammen. Lenker und Mechaniker in einer Person, mussten sie sich bei allen Widrigkeiten selbst zu helfen wissen. Und derer gab es viele, von Reifenpannen bis hin zum Abrutschen in den Straßengraben.

Manch freundlicher Landwirt half mit seinem Ochsengespann oder Traktor aus der misslichen Lage. Fahrer und Fahrgäste waren in besonderer Weise verbunden und aufeinander angewiesen. Streikte der Motor, schoben die Passagiere, drohten Schneewehen, schaufelten die Reisenden fleißig mit. Erst später sorgte ein flächendeckender Garagen- und Werkstattdienst dafür, dass stets ein „Heimathafen" in der Nähe war. Die Fahrer steuerten ihre Gefährte bei Wind und Wetter, Schnee und Eis, Hitze und Hochwasser, in Friedens- und Notzeiten durch die Lande und waren gleichzeitig eine wichtige Anlaufstelle für Kommunikation. Darunter war nicht nur der „Dorfklatsch" zu verstehen (die Fahrer waren über das Geschehen an ihrer Linie meist bestens informiert). Der Fahrer war derjenige, der Briefe und Poststücke annahm und weiterleitete. Überhaupt war die Stellung der Omnibuslenker gerade im dörflich-ländlichen Bereich nicht zu unterschätzen. Schon der Kraftfahrer an sich zog Bewunderung auf sich, und gleichzeitig war der Postbusfahrer Vertreter der Staatshoheit. Damit kam er einer Respektsperson gleich. Der Fahrdienst war dagegen hart. Unvergessen bleibt, welche akrobatischen Künste den Fahrern abverlangt wurden, so lange sie noch über schmale Leitern Post und Gepäck auf der Dachgalerie verstauen und wieder abladen mussten. Lenkhilfen und andere technische Errungenschaften waren lange undenkbar. Mit dem Wegfall der Schaffner kam das Kassieren als weitere Aufgabe für die Fahrer hinzu. Die stetige Zunahme des Straßenverkehrs erleichterte die Arbeit nicht. Oft waren die Dienstpläne ungünstig und die Überlagezeiten lang. Erst im Laufe der Zeit verbesserten sich die Arbeitsbedingungen und die Bezahlung.

Im Jahr 1922 wurde die besondere Laufbahn des „Postkraftwagenführers" mit entsprechender Ausbildung eingeführt. Die meisten Fahrer waren Beamte, daneben gab es Kraftwagenführer im Arbeiterverhältnis. Beide trugen Uniformen (nach 1945 Dienstkleidung) mit besonderen Kragenspiegeln und Aufnähern (Omnibus oder Lenkrad als Kraftfahrerabzeichen), die sie von ihren Kollegen im einfachen Postdienst unterschieden und hervorhoben. Der spezielle Postführerschein und später zusätzlich der Personenbeförderungsschein wurde in posteigenen Fahrschulen erworben. Als Grundsatzregel für alle im Kraftpostdienst beschäftigten Mitarbeiter galt: Sämtliche im Postkraftwagendienst Beschäftigten müssen unbescholten, gewandt, zuverlässig und nüchtern sein sowie die notwendige Besonnenheit, Geistesgegenwart und Entschlossenheit besitzen, damit sie auch unter außergewöhnlichen Verhältnissen jederzeit allen Anforderungen ihres verantwortungsvollen Dienstes gewachsen sind. Die Chauffeure haben dies zu allen Zeiten beherzigt, denn der Ruf der Postbusfahrer war ausgezeichnet. Unter den Postkollegen hieß es früher: „Der Postchauffeur, das ist eine eigene Rasse". Dieser Ruf eilte den Postbusfahrern möglicherweise aufgrund der vom Beruf geforderten Selbstständigkeit und des daraus resultierenden Eigensinns voraus.

Kraftpost-Werbung, 1930 (SVS).

Bei der Betrachtung der Kraftpost darf nicht vergessen werden, dass sie Teil einer großen staatlichen Organisation war. Diese Position verschaffte ihr eine gewichtige Lobby und Vorteile gegenüber anderen Behörden, Auftragnehmern und der Omnibusindustrie. Auch verstand es die Post geschickt, ihre anderen Dienstzweige zum Wohle der Kraftpost einzuspannen. Dazu gehörte Werbung für die Kraftpost im Rundfunk, auf Briefstempeln und in Fernsprechbüchern.

Mit der Kraftpost direkt vergleichbar war nur der Bahnbusdienst der Deutschen Reichs- bzw. Bundesbahn. Er wurde ebenfalls zu einer bedeutenden Größe auf dem Sektor des öffentlichen Überlandpersonenverkehrs und hatte ähnliche, aber nicht identische Strukturen und Hintergründe. Beide Omnibusdienste hatten gegenüber der Konkurrenz eine starke, teilweise übermächtige Stellung, wobei die Bahn diese Stellung erst ab 1938 erlangte. Der Verlust der Privilegien im Straßenlinienverkehr nach 1945 war für beide Verwaltungen schmerzhaft. Trotz des langen Festhaltens der Post an der Personenbeförderung, die noch Mitte der fünfziger Jahre durch amtliche Denkschriften gestützt wurde, agierte die Bahn letztendlich geschickter bei der Wahrung ihrer Interessen. Die Frage des Verhältnisses zwischen Postbus und Bahnbus war schon mit dem Erscheinen der ersten reichsbahneigenen Omnibusse im Jahr 1928 und dann besonders in den späten dreißiger Jahren heftig diskutiert worden. Dies geschah im direkten Machtkampf zwischen den beiden großen Reichsbehörden. 1939/40 kam dann auf politischen Druck hin eine vorläufige Interessenabgrenzung zustande. Ab 1950 verlangte die Öffentlichkeit immer drängender nach Antworten auf die Frage, welchen Sinn die parallele Existenz zweier staatlicher, eng verwandter Busbetriebe mache und wie sich die wirtschaftliche Seite dieser Situation darstelle. Daher sei an dieser Stelle das Bild im Nachkriegs-Deutschland, genauer gesagt in der Bundesrepublik, geschildert.

Historisch gesehen war die Aufgabenabgrenzung anfangs noch klar gewesen: Der Postbus fuhr dort weiter, wo das Schienennetz endete. Mit dem beginnenden Rückzug der Eisenbahn aus der Fläche übernahm der Bahnbus - verstärkt ab 1960 - die Transportfunktion und führte nun genau wie der Postbus Überlandverkehr auf der Straße durch. Damit vermischten sich die Tätigkeitsbereiche zusehends.

Wesentliche Unterschiede bestanden außer in der Farbe der Busse bei der Historie, den Betriebsmitteln und der organisatorischen Einbindung. Die Kraftpost diente gleichzeitig der Personen- und der Postsachenbeförderung und besaß damit eine Sonderstellung gegenüber allen anderen Busunternehmen. In Fortsetzung der Postkutschentradition war sie der Landbevölkerung seit jeher vertraut und genoss einen guten Ruf wegen ihrer Zuverlässigkeit, für die das ausgesuchte Fahrpersonal Gewähr bot. Die Bahn hatte auf der Straße nicht dieselbe Tradition. Mehr noch: Sie konkurrierte mit der Benutzung des asphaltierten Verkehrsweges direkt mit ihrem ureigensten Aufgabengebiet, dem Schienentransport. Der Bahnbus musste erst überzeugen, dass er die Verkehrsbedienung genauso gut oder gar besser wahrnehmen konnte als die geliebte, aber hoffnungslos unwirtschaftliche Nebenbahn, die er ersetzt hatte. Die junge Bundesbahn legte Wert auf schöne Omnibusse, wie ohnehin die Beschaffung und Vorhaltung von Fahrzeugen hier viel mehr im Mittelpunkt

In Füssen parken im Jahr 1985 die „feindlichen Brüder" von Post und Bahn friedlich nebeneinander (VS).

stand als bei der Post. Man denke an den vielfältigen Wagenpark von Lokomotiven, Triebwagen, Waggons und eben Straßenfahrzeugen. Zur vornehmen roten Farbe machte sich Zierrat aus Chrom gut und wurde auch gerne verwendet. Der Bahnbus sollte demonstrieren, welchen Fortschritt er gegenüber den Eisenbahnabteilen der Holzklasse, in denen sich der Kohlenstaub der Dampfloks fing, bedeutete. Eigene Kraftwagen-Betriebswerke, vergleichbar mit den Bahnbetriebswerken als Heimat der Lokomotiven, waren für die Wartung der Busse zuständig. Die für Einsatz, Planung und Abrechnung zuständige Verwaltung geschah in den Bahnbusverkehrsstellen. Sie waren in der Regel den Bahnhöfen und deren Vorstehern zugeordnet. Bei der Post war das Pendant die Kraftfahr- bzw. Kraftfahrbetriebsstelle eines Postamtes und die jeweilige Bezirkswerkstatt für Kraftwagen. Für die Auswahl und Beschaffung der Busse war bei der Post das Posttechnische Zentralamt in Darmstadt, bei der Bahn das Bundesbahnzentralamt in München zuständig. Nach den allgemeinen Richtlinien für Beschaffungen und den im Haushalt vorgesehenen Mitteln wurden die Wagen ausgeschrieben, bestellt und dann den jeweiligen Oberpost- bzw. Bundesbahndirektionen zugewiesen. Dort erfolgte die Zulassung und die bedarfsgerechte Verteilung an die Einsatzstellen vor Ort. Ganz überwiegend war in beiden Wagenparks der klassische Überlandbus vertreten. Besondere örtliche Bedürfnisse (Bergstrecken, Tourismusverkehr, Stadtlinien etc.) waren mit dafür geeigneten Omnibussen zu berücksichtigen. Die DB hatte dabei ein größeres Spektrum. Reise- und Stadtbusse sowie Gelenkwagen waren bei der Post deutlich seltener anzutreffen als bei der Bahn, wie überhaupt die Ausstattung der gelben Busse tendenziell eher zweckmäßig, sprich weniger komfortorientiert war. Während die Post schon bald die Vorteile des rationellen Einsatzes von Omnibussen nur eines oder maximal zweier Hersteller je Region nutzte (Typenbereinigungsprogramm), ergab sich dieses Bild bei der Bahn erst recht spät oder nur eingeschränkt. Generell war die gewinnbringende Bundespost in einer vorteilhafteren Lage als die chronisch defizitäre Bundesbahn. Beim Bestellen von Kraftfahrzeugen konnte sie ihre Prioritäten und Vorstellungen besser durchsetzen als die Bahn, die sich als Staatsbetrieb, der in erheblichem Umfang mit Steuergeldern subventioniert wurde, einem gewissen Druck der Steuer zahlenden Fahrzeugindustrie beugen musste. An Innovationen der Kraftomnibustechnik beteiligten sich beide Unternehmen aktiv. Die klassischen Haubenbusse verschwanden bei der Post später als bei der Bahn, Ausdruck einer damals recht konservativen Beschaffungsstrategie.

Wie erwähnt trat den Fahrgästen in beiden Fällen der Staat als Omnibusunternehmer gegenüber. Es ist nicht zu unterschätzen, dass sich viele Passagiere in den Armen von „Vater Staat" vielleicht nicht übermäßig komfortabel, aber doch sicher und kalkulierbar befördert fühlten. In seiner Novelle „Das Eisenbahnunglück" (1908) persifliert Thomas Mann treffend und zeitlos einen gestrengen Eisenbahnbeamten, indem er ihn, voller Respekt und Hochachtung, mit der Staatsmacht gleichsetzt: „Das ist der Staat, unser Vater, die Autorität und die Sicherheit. Man verkehrt nicht gern mit ihm, er ist streng, er ist wohl gar rauh, aber Verlaß, Verlaß ist auf ihn, und dein Koffer ist aufgehoben wie in Abrahams Schoß." Ohne Zweifel traf dieses diffuse Gefühl den Kern der Sache und galt für Bahn und Post gleichermaßen. Außerdem waren die vertrauten „sonnengelben" (Werbung der Post) und die weinroten Busse überall im Bundesgebiet anzutreffen. Die Fahrer oder Fahrgelderheber (Schaffner) kassierten Fahrgebühren (bei der Post nach deren eigener Postreisegebührenordnung) bzw. Fahrpreise (bei der Bahn nach dem Bahnbustarif). Die Post trat als unmittelbare, vom Bundespostministerium geleitete Hoheitsbehörde auf, die Bahn als fiskalische Bundesverwaltung. Daraus ergab sich kurioserweise eine hoheitsrechtliche Beförderung für Postreisende, während

Typisch für die Kraftpost war, dass sie gleichzeitig Personen und Postsachen beförderte (Reichspost-Kalender, 1933).

Auflieferung von Postsachen an einer Kraftpost

Postfertiges Poststück

Posteinlieferung überall

Auch Kraftposten und Landkraftposten nehmen unterwegs gewöhnliche Brief- und Paketsendungen an. Für den Kleingutverkehr zwischen Stadt und Land ist eine neue Paketart, das „Poststück", mit erleichterten Versendungsbedingungen geschaffen worden.

„Poststücke" bieten namentlich für landwirtschaftliche Erzeugnisse eine bequeme, billige und schnelle Beförderungsgelegenheit.

Bild: Bildstelle Oberpostdirektion München

Kraftpostdienst

Die Kraftpostomnibusse sind auch mit Briefkasten ausgerüstet. Unser Bild zeigt einen Sommergast in Mittenwald bei Benutzung dieser praktischen Einrichtung.

Durch Benutzung der schnellen Omnibusse der Kraftpostlinien wird die Beförderung der Postsendungen beschleunigt.

Die Briefauflieferung an jedem Postbus war bis zum Ende der Kraftpost im Jahr 1985 möglich. Fast alle Postomnibusse verfügten dafür über einen Briefkasten (Deutscher Post-Kalender, 1950).

zwischen DB und Fahrgast ein bürgerlich-rechtlicher Beförderungsvertrag bestand. Diese rechtlichen Winkelzüge waren für den Fahrgast ohne praktischen Belang, und er bekam normalerweise nicht mit, welches Rechtsverhältnis zu seinem Transporteur bestand. Beide Busdienste achteten zunächst sehr darauf, sich nach außen und innen von der Konkurrenz abzusetzen. Gemeinsame Fahrscheine und Linien mussten mühsam durchgesetzt werden. Ein Fahrzeugtausch zwischen beiden Unternehmen ist in keinem einzigen Fall bekannt.

Der Bahnbusdienst hatte es innerhalb der schienenverkehrsgeprägten Bahnverwaltung nicht leicht, seinen Platz zu finden. Seine faktische Bedeutung durch die Ausdehnung des Kraftverkehrsnetzes zu Lasten der Schiene verlieh dem Bahnbus dann doch ein entsprechendes Gewicht und die notwendige Aufmerksamkeit des Bundesbahn-Vorstands. Umgekehrt verloren die Postbusse nach und nach ihre hausinterne Lobby. Neben den Fernmeldediensten und der Brief- und Frachtpost geriet die Personenbeförderung als Nebengeschäft der DBP zunehmend ins Abseits. Dies hat letztendlich die Überleitung des Postreisedienstes auf die Bahn erleichtert.

Interessanterweise gab es in den Jahren um 1930 eine Tendenz zur Umkehrung des Verhältnisses zwischen Eisenbahn und Post. War im 19. Jahrhundert die Postkutsche von der Eisenbahn verdrängt worden, so machte nach 1920 die Konkurrenz der flinken, flexiblen Postbusse vielen unwirtschaftlichen Klein- und Nebenbahnen das Leben schwer. In einer Reihe von Fällen fiel der Schienenstrang oder zumindest der Personenverkehr den parallel entstandenen Kraftpostlinien zum Opfer. Selbst in den 1950er und 1960er Jahren kam es zur Übernahme der Verkehrsleistungen einiger privater Eisen- und Straßenbahnverbindungen durch den Postreisedienst.

Die Beziehung der Postverwaltung zu den Herstellern von Omnibussen war zwiespältig. Einerseits trat die Post mit großen Beschaffungszahlen auf und konnte auf technische Entwicklungen und Preise weitgehend Einfluss nehmen. Andererseits erwartete die Industrie von einem Staatsunternehmen, breitbandig mit Aufträgen bedacht zu werden, zumal sie selbst ja auch Post- und Fernmeldekunde war. Obwohl mit mannigfachen Wünschen von Firmen, Abgeordneten und Interessenverbänden konfrontiert, konnte sich die Post diesem Druck zumindest teilweise entziehen, indem sie ihr eigenes Beschaffungsprogramm im Sinne eines möglichst einheitlichen Wagenparks konsequent verfolgte. Die Gratwanderung bestand darin, als Teil der öffentlichen Hand auf einen konjunkturellen und saisonalen Ausgleich, vor allem aber auf einen gebietsmäßigen Ausgleich bei der Streuung der Aufträge achten zu müssen. Notstandsgebiete, z.B. im Rahmen der Zonenrandförderung, waren besonders zu berücksichtigen. Als weiterer Aspekt kann das gesamtwirtschaftliche Umfeld der jeweiligen Zeitperiode nicht außer Acht gelassen werden. Einer Anfang des 20. Jahrhunderts sehr überschaubaren Herstellerpalette stand in den zwanziger und dreißiger Jahren ein enormes Angebot an Fabrikaten und Produkten gegenüber. Von 1920 bis 1945 beschaffte die Reichspost rund 10.000 neue Omnibusse (ohne Gebrauchtübernahmen). In dieser Zeit kamen über 30 Hersteller mit einer großen Vielzahl an Typenvarianten bei der Reichspost zum Zuge, was gleichzeitig den enormen Fahrzeugbedarf widerspiegelt. Dennoch gelang der Post eine gewisse Kanalisierung. Schon bei den pferdebespannten Postomnibussen von 1851 konnten erste Standards durchgesetzt werden. 1909 wurden dann einheitlich gestaltete Omnibusaufbauten von der Kgl. Bayerischen Post vorgegeben, die mit verschiedenen Fahrgestellen kompatibel waren. Ein wichtiger Schritt folgte 1929 mit der Definition des Einheitsaufbaus für 33-sitzige Omnibusse der Reichspost. Einen Rückschlag für die angestrebte Homogenität des Wagenparks brachte die Integration der österreichischen Kraftpost im März 1938. Sie erweiterte die Palette der Typen nochmals und brachte Wartungs- und Ersatzteilprobleme mit sich. Der anschließend erfolgte Aufkauf vieler privater Busunternehmen in der „Ostmark" verstärkte diesen Effekt. Eine Normung ganz anderer Art und Ursache brachte dann der Zweite Weltkrieg mit seinen ab 1942 immer spartanischeren Kriegs-Einheitsaufbauten. Die Nachkriegszeit war zunächst durch ein wahres Sammelsurium gekennzeichnet, das als Strandgut des Krieges den Wagenpark bildete. In der Not musste sich die Post sodann aller überhaupt erreichbarer Quellen bedienen. Aus der Vielfalt der frühen 1950er

Kraftpost-Werbung, 1954 (SVS).

Jahre kristallisierten sich recht schnell die leistungs- und überlebensfähigen Hersteller heraus. Jetzt verfolgte die Post wieder ihre eigenen Interessen und berücksichtigte manche Firmen entweder über lange Jahre hinweg (Magirus und MAN) oder überhaupt (z.B. Kässbohrer) nicht in ihrem Omnibus-Typenprogramm. Die Konzentration im deutschen Omnibusbau führte dazu, dass der Post letzten Endes nur noch drei Lieferanten (Magirus-Deutz, MAN, Mercedes-Benz) für Postbusse gegenüber standen. Schließlich, in den 1970er Jahren, erfüllten sich die postseitigen Vorstellungen von einer rationellen Ersatzteilhaltung und Instandsetzung. Nun konnte man sich fast ganz auf den seit 1972/73 angebotenen, standardisierten Überlandbus beschränken, an dessen Entwicklung die DBP aktiv mitgearbeitet hatte. Die Einflussnahme des RPZ bzw. des PTZ beschränkte sich jedoch nicht nur auf die Omnibusbeschaffung. Die Betriebsmittel (Reifen, Kraft- und Schmierstoffe) spielten eine ähnlich wichtige Rolle. Außerdem war die Post Mitglied in diversen technischen Fachausschüssen.

Übrigens ist der Begriff „Kraftpost" in Ablösung der frühen „Motorpost" erst Anfang 1922 als Sammelbegriff für die motorisierte Personen- und Postsachenbeförderung eingeführt worden. Später wurde unter Kraftpost gelegentlich das gesamte Kraftfahrwesen der Post verstanden. Im engeren Sinne war aber immer die Personenbeförderung mit mindestens zehnsitzigen Omnibussen gemeint. Bereits Ende der dreißiger Jahre taucht in Dienst- und Fahrplanunterlagen parallel die Bezeichnung „Postreisedienst" auf, die vom Wortsinn her weitergefasst ist und auch die Postkutschen-Tradition mit einbezieht. Ohne dass die Verwendung der Bezeichnung „Kraftpost" offiziell abgeschafft worden wäre, bürgerte sich postamtlich ab 1965 immer mehr der moderner klingende „Postreisedienst" im internen Gebrauch und in der Außendar-

Das Motiv „Mit dem Postauto in die Berge" entwarf der Münchener Plakatkünstler Max Cordier.

stellung ein. Dennoch blieb die „Kraftpost" beim Personal, bei den Fahrgästen und sogar auf den Fahrscheinen bis zum Schluss eine gängige Bezeichnung. Noch heute ist die Redewendung „Die Post geht ab" im Sprachgebrauch, mit der ursprünglich die fahrplanmäßige Abfahrtszeit der Postkutsche angegeben wurde.
Erstaunlich, dass sich die Tradition der Personenbeförderung durch die Post in einem mittlerweile stark veränderten Umfeld noch bis Mitte der 1980er Jahre hielt. Erstaunlich aber auch, wie es zu solch einem Niedergang dieses Dienstzweiges kam oder zwangsläufig kommen musste. Ausgerechnet am 31. Mai 1985, am Vortag des achtzigsten Geburtstags der Kraftpost, fuhren letztmalig Busse der Deutschen Bundespost im regulären Liniendienst. Ein wesentlicher Grund für die Abkehr vom Postreisedienst war das über Jahrzehnte hinweg anhaltende Defizit. Bereits in den von Inflation und Weltwirtschaftskrise geprägten Jahren hatte auch die Kraftpost schwer unter den gesamtwirtschaftlichen Umständen zu leiden. Im Jahr 1930 bezweifelte dann ein Sachverständigengutachten rundweg die Wirtschaftlichkeit des Postreisedienstes. Die DRP sah sich zu einem deutlichen Dementi veranlasst. Als Argument diente stets die Mischkalkulation von Personen- und gleichzeitiger Postbeförderung, die sich nie ganz eindeutig auseinanderdividieren ließ, aber regelmäßig der Kraftpost zum Vorteil angerechnet wurde. Im „Dritten Reich" war die DRP und mit ihr die Kraftpost vollkommen in staatspolitische Aufgaben integriert, die nicht den kaufmännischen Regeln folgten. Zuverlässige Angaben zur Wirtschaftlichkeit der Kraftpost liegen erst für die Zeit ab 1950 vor. Trotz massiver Rationalisierungsbemühungen und -erfolge gab es unter dem Strich selten Erfreuliches zu berichten. Das lag wesentlich u.a. daran, dass die Deutsche Bundespost als öffentliches und gemeinnütziges Unternehmen Teil der allgemeinen Daseinsvorsorge des Staates war und sich damit auch zur Aufrechterhaltung unrentabler Linien verpflichtet sah. Hinzu kam jedoch das nach 1960 immer mehr nachlassende Interesse des Postministeriums an diesem Dienstzweig. Wie andere defizitäre Postleistungen wurde der Postreisedienst seit dieser Zeit nur noch restriktiv betrieben. Neben dem klassischen Hauptgeschäft der Post, also der Brief- und Paketbeförderung einerseits und dem expandierenden Fernmeldedienst andererseits, wurde die Personenbeförderung zunehmend zum lästigen „fünften Rad am Wagen". Da kam die anhaltende Kostenunterdeckung als Argument für eine Abgabe des Postreisedienstes gerade recht. Der Kraftpostbetrieb wurde durch das Defizit trotz aller Rationalisierungserfolge existenziell untergraben. Frei nach dem Motto „Rote Busse – schwarze Zahlen" brachte der Bahnbusdienst dagegen Gewinne ein. Allerdings muss relativierend auf die unterschiedlichen Kostenrechnungssysteme bei Bundesbahn und Bundespost hingewiesen werden. Sie gereichten dem Postreisedienst im direkten Vergleich zum Nachteil, was wiederum den Befürwortern einer Zusammenführung der Busdienste bei der Bahn zupass kam. Fritz Walz, langjähriger Kraftpostreferent der OPD Stuttgart und späterer stellvertretender Leiter des GBB Stuttgart,

führte dazu 1986 in einem Aufsatz aus: „Die Post hat es mit ihrer Kosten- und Leistungsrechnung nie verstanden, im Postreisedienst eine Kostendeckung nachzuweisen, obwohl dies bei Anwendung der gleichen Kostensätze, wie sie bei der Bahn Verwendung fanden, sicherlich möglich gewesen wäre." Bei konsequenter Fortsetzung der ab 1960 forciert eingeleiteten Rationalisierungsmaßnahmen und einer positiveren Haltung der Leitung der DBP wäre es denkbar gewesen, den Postreisedienst weiter bei der Post zu betreiben, so Walz' These. Die Frage nach der parallelen Existenzberechtigung für zwei staatliche Busbetriebe wird hier allerdings nicht gestellt. Ob der Reisedienst der deutschen Postverwaltung bis zum heutigen Tag hätte bestehen bleiben können, ist nicht nur eine philosophische Frage, sondern angesichts des Umbruchs auf dem Verkehrssektor und der Entwicklung einer börsennotierten Post hin zum internationalen Frachtdienstleister mehr als zweifelhaft. Hinzu kommt der Aspekt, dass der Postdienst mit der Liberalisierung auf den europäischen Wettbewerbsmärkten nicht mehr wie früher durch den gewinnbringenden Fernmeldedienst quersubventioniert wird. Diesen mehr theoretischen Überlegungen stehen real die verkehrspolitischen Tendenzen in Westdeutschland gegenüber, die dem Postreisedienst spätestens ab Mitte der sechziger Jahre keine Zukunft mehr gaben. Im Grunde hatte der Trend zur Überführung der postalischen Personenbeförderung auf die Bahn bereits 1955 mit dem Bahn/Post-Abkommen unumkehrbar begonnen. Dass sich dieser Prozess dann über rund 30 Jahre bis 1983 bzw. 1985 hinzog, könnte als Beispiel und schlaglichtartiger Ausdruck bundesdeutscher Handlungs- bzw. Reformunfähigkeit in Folge einer fast endlosen Koordination aller möglichen Interessen herangezogen werden.

Heute jährt sich der Beginn des Kraftpostverkehrs zum einhundertsten Mal. Obwohl schon zwanzig Jahre aus dem Straßenbild und von den Haltestellen verschwunden, ist die Kraftpost dennoch unvergessen. Sie lebt fort in der Erinnerung unzähliger Fahrgäste, die mit dem Postbus aufwuchsen, in dem Generationen von Fahrschülern die Hausaufgaben abschrieben und mit dem sie dann später zur Arbeit, zum Einkaufen oder zur Erholung fuhren. Auch im Herzen der Postbusfahrer, die stolz auf ihren Beruf waren, bleibt die Kraftpost lebendig. „Omnibusfahrer, das war die schönste Zeit" wird ein 94-jähriger, lange pensionierter Kraftpostler aus Norddeutschland

Postbus-Briefkasten anno 1980 (VS).

zitiert. Viele Erinnerungsstücke konnten der Nachwelt bewahrt werden. So existieren noch etwa 30 historische, zum Teil fahrbereite Museumspostbusse in privater und in öffentlicher Hand. Schließlich geht es nicht nur um ein Stück Post- und Verkehrsgeschichte, sondern gleichzeitig um ein wichtiges Kapitel deutscher Technikkultur. Die technische Evolution kann augenscheinlich an der Entwicklung von den primitiven, holprigen Postwagen der Frühzeit über Fortschritte wie Federung, Vollgummi- und Luftreifen, elektrische Beleuchtung, Niederrahmenbauweise, Omnibusfahrgestellen, Diesel- und Unterflurmotoren, selbst tragende Karosserien bis hin zum modernen Standardüberlandlinienbus betrachtet werden. Sie wurde postseitig wesentlich beeinflusst.

Noch gibt es echte Postbusse im täglichen Verkehr, wie ein Blick in unsere Nachbarländer Österreich und Schweiz beweist. Zwar sind auch hier die Nahverkehrsmärkte einem scharfen Wettbewerb und Wandel unterlegen. Aber es ist nach wie vor möglich, die „wunderbare Postreise" (so der Titel eines Merian-Heftes von 1952) im gelben Omnibus zu genießen.

Das vorliegende Buch hat sich zum Ziel gesetzt, eine Chronik der Kraftpost zu bieten sowie Fakten und Besonderheiten dieses Postdienstzweiges darzustellen. Dabei steht das Bild eindeutig im Vordergrund. Über dieses Medium soll versucht werden, das Fluidum und die Atmosphäre des Postbusbetriebes einzufangen. Die Abbildung aller verschiedenen Postbus-Typen und -varianten rückt dabei in den Hintergrund. Zur kompletten Auflistung des Wagenparks bedarf es trotz weitgehender Recherchen noch der Vervollständigung. Daher wurde an dieser Stelle ein Kompromiss gewählt. Ebenso erhebt dieses Buch keinen Anspruch darauf, die Entwicklung des deutschen Omnibusbaus mit allen technischen Details darzustellen, da bei der Vielzahl der Postbus-Typen sonst eine Omnibuschronik entstanden wäre. Die allgemeine deutsche Geschichte und die Postgeschichte sind ebenfalls nicht Thema dieser Chronik. Dennoch ist die Entwicklung des Postreisedienstes eng mit den politischen und wirtschaftlichen Rahmenbedingungen, der verkehrlichen und technischen Entwicklung und dem Wandel des Postdienstes in Deutschland verbunden. Die Zeitleiste stellt deshalb die wichtigsten Zusammenhänge her. Als letztes seien regionale Besonderheiten und Aspekte erwähnt, die ein so großer und flächendeckender Verkehrsbetrieb zwangsläufig hervorbrachte. Nur ein Teil davon kann in diesem Rahmen exemplarisch und stellvertretend für alle Facetten der Kraftpost dargestellt werden.

Und nun heißt es: „Bitte einsteigen", die Kraftpost lädt Sie, lieber Leser, auf den folgenden Seiten zu einer Fahrt durch ihre Geschichte ein!

2. Vorgeschichte: Reisen mit der Postkutsche

Postkutschenromantik im Jahr 2004: Die Pferdepost Bad Kissingen - Bad Bocklet verkehrt noch heute (VS).

Die Geburtsstunde der neuzeitlichen europäischen Post wird im Jahre 1490 angesiedelt, als der spätere Kaiser Maximilian I. die Familie Taxis mit dem Aufbau einer Reiterstafette von Innsbruck nach Mechelen beauftragte. Der Zweck des ersten Postkurses war die Beförderung eiliger Depeschen. Dieser Schritt stellte gleichzeitig die Grundlage für die Entwicklung eines einheitlichen und hoheitlichen Postwesens dar. 1990 feierte die Post in Deutschland den fünfhundertsten Jahrestag des Ursprungs ihrer Geschichte. Noch viel weiter zurück gehen die Wurzeln des cursus publicus im römischen Imperium, der nach dem Vorbild des persischen Nachrichtenwesens eingerichtet war. Im Unterschied zur modernen Post dienten die damaligen Verbindungen aber nur den Aufgaben des Staates bzw. seiner Herrscher und nicht privaten Zwekken.

Zu den komplizierten Postverhältnissen auf dem Flickenteppich der deutschen Länder und Fürstentümer im 18. und 19. Jahrhundert gibt die Zeitleiste Auskunft. Bezogen auf das heutige Staatsgebiet Deutschlands stieg „Schwager" Postillion bereits Mitte des 17. Jahrhunderts „hoch auf den gelben Wagen". Ab 1646, noch während des ausklingenden Dreißigjährigen Krieges, wurden in Brandenburg-Preußen, ab 1660 dann auch im übrigen Thurn und Taxis'schen Postgebiet regelmäßige Postkurse mit Personenbeförderung eingerichtet. Bald war ganz Mitteleuropa von einem dichten Netz überzogen. Der Erfolg machte es notwendig, diesen Dienstzweig durch das „Postregal" gegen die private und landesherrliche Konkurrenz abzuschirmen, was nicht immer gelang. Mit dem Postregal wird das Hoheitsrecht des Kaisers oder Landesherrn umschrieben, eine Post einzurichten und zu betreiben. Geschützt durch das Postregal und unterstützt durch den Postzwang befriedigte die Post bis zum Aufkommen der Eisenbahn alleine das aufkommende Verkehrsbedürfnis.

Nach einer Verordnung von 1783 sollten Postkutschen binnen dreier Stunden von einer Station zur nächsten fahren können. Alle 15 bis 30 km gab es solche Poststationen, an die noch heute mancher „Gasthof zur Post" erinnert. Sie waren Teil eines umfassenden Relaissystems, das heißt an diesen Stationen wurden die Pferde und Postillione, manchmal auch die Kutschen, gewechselt. Gleichzeitig wurden hier die Wartungsarbeiten und der Postaustausch erledigt, die Fahrgäste stiegen ein oder aus und konnten sich verpflegen. Die Poststationen – vor allem an den großen Routen – entwickelten sich zu Zentren des Reisens, der Kommunikation und waren Keimzelle vieler Ansiedlungen. Unterwegs zeigten Meilensäulen am Rande der Wege den Reisenden an, wie weit sie noch vom Ziel entfernt waren. Anfang des 19. Jahrhunderts kam es zum Ausbau der bis dahin stark vernachlässigten Verkehrswege. Auf Kunststraßen nach napoleonischem Vorbild konnten der Postverkehr beschleunigt und (ab 1821) Schnellposten eingerichtet werden. War man um das Jahr 1800 von Berlin nach Köln von Dienstag, 4 Uhr nachmittags, bis Montag, 2.30 Uhr früh unterwegs, so sparte der Reisende mit der Schnellpost 52 Stunden Fahrzeit ein. Im Gegensatz zur normalen Postkutsche beförderte die Schnell- oder Eilpost keine sperrigen Güter und konnte aufgrund ihrer leichteren Bauart und verkürzter Aufenthalte nicht nur 4-5, sondern atemberaubende 10-12 km/h schnell fahren. Die schnelle Fahrt hatte ihren Preis, dabei galt schon eine Fahrt mit der gewöhnlichen Postkutsche als kostspieliges Vergnügen. Reisen war ein Privileg begüterter Leute. Das Entgelt für eine Eilwagenreise von Nürnberg nach München und zurück entsprach damals beinahe der Jahresmiete einer einfachen 3-Zimmer-Stadtwohnung, und zu dem Fahrpreis mussten noch die Trinkgelder für die Postillione und die Kosten für Übernachtung und Verpflegung gerechnet werden.

Im Jahr 1824 kamen als neue Verkehrsmittel Postdampfschiffe hinzu. Als 1835 die erste deutsche Eisenbahn zwischen Nürnberg und Fürth den Betrieb aufnahm, begann bereits das Monopol der Post auf dem Verkehrssektor zu wanken. Kurz darauf, im Jahre 1838, ging dieses Vorrecht zum Teil auf die neuen Eisenbahnen über und in der Folgezeit (1871) für die Post auf schienenparallelen Strecken ganz verloren. Als Relikt blieb der von 1848 an durchgeführte Bahnpostdienst, also die Brief- und Paketbeförderung und deren Sortierung in regulären Zügen, übrig. Bis Ende des 19. Jahrhunderts entstand der überwiegende Teil des deutschen Schienennetzes, das bis 1913 auf gut 61.000 km anwuchs. Entsprechend ging der Pferdepostbetrieb zurück. Anfangs hatte die Einführung der Eisenbahnen den Personenposten noch keinen großen Abbruch getan. Die Zahl der Straßenpostkurse in Preußen stieg im Zeitraum 1821 bis 1856 sogar von 793 auf 2.015 an, und 1856 legten die Posten viermal mehr Meilen zurück als die Züge. Doch schon 1880 besaß keine größere Stadt mehr eine Postkutschenverbindung. Die technische Revolution brachte dem Verkehr einen entscheidenden Umbruch, der anhand

1490
Geburtsjahr der neuzeitlichen Post: Der spätere Kaiser Maximilian I. beauftragt den Italiener Franz von Taxis, eine feste Postverbindung als Reiterstafette zwischen Maximilians Residenzen Innsbruck und Mechelen bei Brüssel einzurichten. Es handelt sich um die erste regelmäßige, ununterbrochen durch Deutschland führende Postlinie. Das Rückgrat dieser Verbindung stellt das verkehrstechnisch völlig neue Relaissystem dar, das in regelmäßigen Abständen Poststationen vorsieht.

1516
Der Familie Taxis (später Thurn und Taxis) wird das alleinige Recht zur Anlage von Postkursen im Vertragsgebiet eingeräumt. Dies ist der Ausgangspunkt für den weiteren Aufbau der Taxis'schen Posten, die sich im Reich Karls V. zu einer länderumfassenden Verkehrseinrichtung entwickeln. Personen werden zu diesem Zeitpunkt noch nicht befördert.

1595
Kaiser Rudolf II. ernennt Leopold von Taxis zum Generaloberpostmeister, erlässt eine allgemeine Postordnung und erklärt 1597 das Postwesen im Reich zum kaiserlichen Regal (Hoheitsrecht).

1600-1650
Die großen Landesfürsten widersetzen sich dem kaiserlichen Postregal und richten eigene Landesposten ein.

1618-1648
Dreißigjähriger Krieg, 1648 beendet durch den Westfälischen Frieden.

1637-1640
Schon während des ausklingenden Dreißigjährigen Krieges starten erste Vorhaben, Fahrposten einzurichten. Während Thurn und Taxis bislang nur reitende Boten einsetzt, etablieren die Herzöge von Braunschweig-Lüneburg die Postkutschenverbindung Hildesheim - Köln.

1646-1690
Einrichtung von ständigen Pferdepostkursen für die Beförderung von Personen, Briefen und Wertsendungen in Deutschland. Die "Ordinari-Fahrpost", die gewöhnliche, weil fahrplanmäßig verkehrende Post, bietet erstmals das Angebot eines bedarfsgerechten Reiseverkehrs und stellt eine umwälzende Neuerung des Verkehrswesens dar. Die Post ist damit das erste und älteste Unternehmen zur regelmäßigen Personenbeförderung in Deutschland. Bereits Ende des 17. Jahrhunderts kann man von einer festen Verkehrsinstitution sprechen. Die anfangs noch uneinheitlichen und unkoordinierten Strukturen entwickelten sich zusehends. Bis Mitte des 18. Jahrhunderts entsteht ein schnell dichter werdendes Streckennetz von planmäßigen fahrenden Posten.

1646/50
Die kurbrandenburgische Fahrpost Kleve - Berlin - Memel des brandenburgischen Kurfürsten Friedrich Wilhelm verkehrt zweimal wöchentlich zu festen Zeiten. Die Tagesleistung beträgt 150 km, für die Strecke zwischen Berlin und Königsberg werden vier Tage benötigt. Die "fliegenden Posten" erregen großes Aufsehen.

1651
Fuhrordnung der Hansestädte Hamburg und Lübeck. Je zehn Fuhrleute aus beiden Städten erhalten das Vorrecht der Personenbeförderung. Die Fahrzeit Hamburg - Lübeck beträgt bei gutem Wetter zehn Stunden.

1652
Erster Fahrplan für Postkutschen mit festen Zeiten und Gebühren für den Raum Norddeutschland. Hamburg, Bremen, Braunschweig, Celle, Hildesheim und Hannover werden durch "wöchentliche zwo bequeme Post-Caleschen" verbunden. Die Reise von Hamburg nach Braunschweig dauert 48 Stunden.

1657
Die Fahrpost von Kassel nach Frankfurt a.M. wird eröffnet.

1659, 13.4
Postordnung der Herzöge von Braunschweig-Lüneburg, in der die Posthalter u.a. angewiesen werden, die Reisenden nicht zu übervorteilen.

1660
Die Thurn und Taxis'sche Postverwaltung unterhält die Personenpost von Leipzig über Halle und Magdeburg nach Hamburg.

1663
Die Fahrpost von Köln nach Minden wird eröffnet.

1686, September
Geburtsstunde der "fahrenden Post" in Bayern: Im Auftrag des Reichs-Postamts Nürnberg richtet Taxis ein "geschwind fahrendes Post-Calesch" von Nürnberg nach Hof mit Anschluss an die sächsische Postkutsche nach Leipzig ein. Neben Briefen werden jetzt regelmäßig Personen, Frachten und Güter transportiert. Fast 300 Jahre wird die Post von nun an in Bayern Personen befördern.

1690-1695
Auf den neu eröffneten Taxis'schen Postverbindungen von Nürnberg nach Frankfurt und von Leipzig nach Frankfurt werden erstmals bessere Postkutschen mit Verdeck aus gewachster Leinwand, gepolsterten Sitzen und verglasten Fenstern eingesetzt.

1695, 16.4.
Erlass der Postmeister-Ordnung durch Kaiser Leopold I. mit 17 Paragraphen zur Postbeförderung und den "wöchentlich zweimal hin und her gehenden Ordinari Posten". Die Fahrgäste werden als "Postreisende" bezeichnet.

1697
Die durchschnittliche Reisedauer mit der Postkutsche von Nürnberg nach Dresden beträgt 65 Stunden, von Nürnberg nach Frankfurt a.M. 57 Stunden und von Nürnberg nach Leipzig 70 Stunden.

1698, 18.10.
Verkündung der Reichs-Postordnung.

1702
Einrichtung der Fahrpost Nürnberg - Coburg mit Anschluss nach Hamburg und Amsterdam.

1703
Das erste Kursbuch in Deutschland erscheint unter dem Titel "Die vornehmsten Europäischen Reisen, wie solche in Teutschland, Frankreich, Italien, Daennemarck und Schweden". Es enthält "Reise-Carten" und Angaben zu den "bequemsten Postwagen" und der Fahrtdauer.

1710
Rund 100 km Fahrt mit der Postkutsche kosten für 50 kg Gewicht - egal ob Mensch oder Paket - einen Betrag, der gut 60 € heutiger Kaufkraft entspricht.

1712
Die allgemeine preußische Postordnung tritt in Kraft.

Ein kleines Kunstwerk auf neun Quadratzentimetern. Als 1981 die Postkutschenszene auf der Sondermarke „Tag der Briefmarke" erschien, war die deutsche Post noch in der Personenbeförderung aktiv (SVS).

Reise-Schein

N.o 1

Es hat Herrn Richter

für einen Platz auf dem **Großherzoglichen Eilwagen**
von hier bis Miltenberg bezahlt:

a) an Personentaxe . . . . 1 fl. 24 kr.
b) an Uebergewicht für — Pfund " "
c) an Einschreibgebühr . . . . . . " 8 "

fl. 1 32 kr.

Das aufgegebene Reisegepäck besteht:
in Coffer

Der Eilwagen fährt dahier ab den 20ten Octbr 1843
um 7 Uhr — Minuten abends

den 20ten Octbr 1843

Großherzoglich Badische Postwagens-Expedition.

Reiseschein für Großherzogliche Badische Eilwagen von 1843 (SG).

weniger Beispiele dargestellt werden kann: Im Monat Mai 1839 benutzten ganze 339 Personen die Postkutsche auf der 60 km langen Strecke zwischen Augsburg und München. Nach Eröffnung der Eisenbahn am 4.10.1840 fuhren im Mai 1841, also zwei Jahre später, schon 31.622 Passagiere mit der Bahn. Die Fahrtzeit hatte sich von zehn auf drei Stunden verkürzt. Im gesamten Jahr 1838 fuhren zwischen Frankfurt am Main und Mainz 27.500 Passagiere mit der Postkutsche. Die drei Jahre später eröffnete Bahnverbindung beförderte im Jahr 1843 die gleiche Anzahl von Fahrgästen in 14 Tagen! Im gesamten Land Preußen nutzten im Zeitraum 1830 bis 1835 zusammengerechnet etwa eine halbe Million Menschen die Pferdepost. 1844 zählte man auf den isoliert bestehenden Schienenstrecken bereits fast vier Millionen, 1850 auf dem längst nicht ausgebauten Netz schon über neun Millionen Eisenbahnkunden. Während die Eisenbahn längst Verkehrsmittel Nr. 1 und die Post aus dem Fernverkehr verdrängt war, blieben pferdebespannte Kutschen und Omnibusse abseits der Gleisstränge aber weiterhin unentbehrlich. Da die Mehrzahl der deutschen Gemeinden, etwa zwei Drittel, nicht an die Bahn angeschlossen wurde, behielt die Post wichtige Aufgaben des öffentlichen Verkehrs. Dies war bei der Beratung des Postgesetzes von 1871 im Reichstag ausdrücklich festgestellt worden. Der Wegfall des Postregals änderte daran nichts. Sehr wohl änderte sich die wirtschaftliche Lage für die Post. Durch die Eisenbahnen fielen die einträglichsten Postkurse fort, die bisher die zuschussbedürftigen Strecken subventioniert hatten. 1871 wurden noch fast 6 Mio. Reisende mit Pferdeposten befördert, 1880 noch 2,5 Mio., 1900 nur 1,4 Mio. und 1914 lediglich 770.000. Nach dem 1. Weltkrieg war die Zahl unbedeutend. Vereinzelt hielt sich die Pferdepersonenpost noch bis etwa 1930. Die Linie Dietramszell – Holzkirchen (Oberbayern) wurde sogar erst 1937 auf eine Kraftpostverbindung umgestellt.

Das Reisen mit der Postkutsche war nach heutigen Maßstäben eine beschwerliche Angelegenheit und überdies unbequem, teuer, gefährlich und langsam. Lange Fahrzeiten im Schritttempo auf staubigen, schlecht befestigten Wegen versprachen dem Passagier keinen Genuss. Die Gefährte rollten auf eisenbereiften Speichenrädern, waren nicht oder nur mäßig gefedert und wurden durch die Pferde oft ruckartig hin- und hergeschleudert. Häufige Pferdewechsel und notwendige Übernachtungen in zweifelhaften Herbergen setzten den Reisenden genauso zu wie Diebesbanden. Ein weiteres Hindernis für ein zügiges Fortkommen war die Kleinstaaterei im Deutschen Reich. Der Deutsche Bund bestand 1830 aus 38 Bundesstaaten mit entsprechend vielen Landesgrenzen, wo Waren verzollt und Reisepässe kontrolliert und abgestempelt werden mussten. Für große Teile der Bevölkerung blieb der Gedanke an ein „Verreisen" völlig außerhalb jeder Vorstellung. Dem Bürger, der über ein gewisses Budget verfügte, wurde aber erstmals die Möglichkeit begrenzter Mobilität eröffnet. Die Einführung der Eisenbahn hat diese Entwicklung dann nahtlos fortgesetzt und dabei ganz neue Dimensionen eröffnet.

Zwischen Rippenbrecher und Dampfross
(aus: Jean Grandville, Die kleinen Leiden des menschlichen Lebens, Leipzig, 1842)

Man nannte sie Rippenbrecher, Stampf- und Walkmühle, Beinhaus der Lebendigen, knochenknackendes Wesen der Vorwelt. Die Postkutsche wurde gar als Erfindung bezeichnet, in der hartnäckige Verbrecher sofort Geständnis ablegten, da selbst der roheste Mensch in dieser Marterkiste innerhalb von fünf Minuten windelweich würde. „Eine Meile – zehntausend Stöße!", wie man von alters her in China sagte. Den geplagten Reisenden blieben so nicht Landschaften, Städte, Kunstwerke, Menschen oder eine charmante Reisebegleitung in Erinnerung, sondern unbefestigte, verwahrloste Straßen, tiefe Furchen und Schlaglöcher, als wohnten hier nur Wagenflicker, Schmiede und Chirurgen, die davon leben wollten. Rad- und Achsbrüche, Überfälle durch Banditen, unpünktliche Verbindungen, ewig durstige Postillione, hohe Beförde-

Kurbrandenburgischer Postwagen, Ende 17. Jahrhundert. Der Wagenkasten ruhte unmittelbar auf den Achsen, sodass alle Unebenheiten direkt an die Insassen weitergegeben wurden. Anstriche waren anfangs kaum üblich, dann wurden nahezu alle Farben und Farbkombinationen verwendet. Erst 1850 setzte sich gelb durch (MKF).

rungstaxen, Brücken- und Torgelder sowie Zollabgabe, miserable Gasthöfe, unfreundliche und betrügerische Herbergswirte und schlechtes Essen vergällten oft jegliche Reisefreude. „Wer mit der Post reiset, muß eines Lastenträgers Rücken und eines Fürsten Beutel haben", sagte ein Sprichwort.

Die eingesetzten zwei- oder vierspännigen Kutschen waren anfangs schwere, wuchtige Wagen ohne jeden Komfort, dienten sie doch in gleicher Weise dem Güter- wie dem Personentransport. Selbst ein Verdeck war zunächst nicht selbstverständlich. In der Regel teilten sich bis zu sechs Passagiere den beengten Innenraum auf ungepolsterten Bänken. Vorne unter dem Postillon befand sich ein Kasten, in dem Briefbeutel (Felleisen), Geld- und Wertsendungen aufbewahrt wurden. Im hinteren Bereich der Kutsche und auf dem Dach konnten Gepäck und Pakete untergebracht werden. Die Güterbeförderung war lukrativer und insofern für den Betreiber günstiger, als sich das Transportgut – anders als die bemitleidenswerten Reisenden – nicht über die Unbequemlichkeit der Reise beschweren konnte. Nicht selten wurde die Fracht im Passagierraum verstaut, was den Reisekomfort noch weiter herabsetzte. In diesem Fall mussten notfalls Arme und Beine aus der Kutsche heraushängen, was zeitgenössische Grafiken spöttisch belegen. Das voll beladene Gefährt konnte schon mal bis zu 3 to wiegen.

Eine landesübliche „Normung" gab es für die Spurweite der Fahrzeuge, die in den Furchen der Wege fuhren und tiefe Spurrillen hinterließen. In Bayern galt das Maß von 1,28 m. Bekannter ist die englische Spur von 1,43 m, aus der sich die heutige Spurweite der Eisenbahnen von 1.435 mm ableitet. Erst um 1700 versuchte man, die Postkutschen mit Federungen auszustatten. Quergespannte Riemen und Ketten, die die Stöße auf den Fahrgastraum abfangen sollten, wirkten jedoch wie überdimensionale Schaukeln und verschlimmerten die Fahrt zusätzlich. Anfang des 18. Jahrhunderts etablierte sich die so genannte „Berline". Sie unterschied sich von ihren Vorgängermodellen durch eine unten abgerundete Form des Wagenkastens sowie das Fahrgestell mit zwei Langbäumen. Der Wagenkasten lagerte auf langen Lederriemen, die in das Fahrgestell gespannt waren. Später konstruierte man Fahrzeuge mit selbsttragenden Wagenkästen. Eine wichtige technische Verbesserung brachten ab 1750 die aus Frankreich importierten „Diligencen", deren wirkungsvollere Federung dem Fahrkomfort zu Gute kam. Zunächst wurden an der Hinterachse eiserne Blattfedern verwendet. Die schwer gebauten Diligencen wurden ab 1754 durch die leichteren Journalieren ergänzt. Um 1800 waren die Federungen und die Ausstattung der Personenräume mit gepolsterten Bänken weiter verbessert worden.

1728
Erlass über die Benutzung von Post- und Wirtshäusern durch Reisende.

1729
Frankfurt a.M. wird Sitz der Taxis und Mittelpunkt des Postnetzes.

1733-1797
Mit dem Bau von Kunststraßen nach französischem Vorbild (Chausseen mit Steinpflaster) verbessern sich allmählich die katastrophalen Straßenverhältnisse.

1749
Das Postreisehandbuch vermerkt, dass die "geschwinde Post alle Tage von Berlin nach Hamburg gehet".

1750
Deutschland verfügt über ein fest gegliedertes, flächendeckendes Fahrpostnetz. In Preußen bestehen mehr als 300 Postanstalten, die mit fahrplanmäßigen Fahrposten in alle Provinzen und mit Anschlüssen in die Nachbarstaaten verbunden sind. Die schwierigen Postverhältnisse im Vielstaatenbund Deutschlands sorgen allerdings für manche Barrieren und Hindernisse. Auch die Zuverlässigkeit und Qualität des Verkehrs ist unterschiedlich.

1750
Die offiziellen Fahrzeiten betragen auf unbefestigten Wegen "auf eine Meile eine Stunde, bei bösen Wegen und Bergen aber 1 1/2 Stunden" (1 preuß. Meile = 7,532 km).

um 1750
Unter König Friedrich II. ("Der Große") führen französische Postbeamte in Preußen die Diligencen ein. Die schweren Wagenkästen der Diligencen ruhen auf Federn und verbessern so den Fahrkomfort.

1752
Die "Posttabelle von den vornehmsten Städten, darinnen das Abgehen und Ankommen der Posten nebst den Meilen" erscheint.

1754
Edikt zum Schutz der Postfahrzeuge. Wegen öfters vorkommender Überfälle auf Postkutschen werden die Postillione häufig bewaffnet.

um 1754
Ausbau der Kurzstrecken. Eingesetzt werden etwas leichter gebaute Postkutschen, genannt Journalieren. Es erregt Aufsehen, dass die Strecke Berlin - Potsdam damit in vier Stunden zurückgelegt wird.

1766
Reisebericht eines Engländers, der die Postkutsche Hamburg - Lübeck benutzt hat: "Ich fuhr mit dem Postwagen, der wenig Procent besser ist als unsere Mistkarren. Die Wagen fahren langsam und bedächtig, kaum eine Meile in der Stunde. Fast den ganzen Weg ward ich erbärmlich durchgerüttelt und mehrentheils von allem Gepäck zum Krüppel zerdrückt. Es ist befremdend, daß man in Deutschland nicht mehr für die Bequemlichkeit der Reisenden sorgt, da hier doch so viel gereist wird; allein noch befremdender ist es, daß man für dieses elende Fuhrwerk so theuer bezahlen muß."

um 1770
Der Schriftsteller Georg Christoph Lichtenberg (1742-1799) schreibt über seine Reiseerlebnisse mit der Postkutsche: "Sie streichen die Postwagen rot an, als Farbe des Schreckens und der Marter, und bedecken sie mit Wachslinnen, nicht wie man glaubt um die Reisenden gegen die Sonne und Regen zu schützen (denn die Reisenden haben ihren Feind unter sich, das sind die Wege und die Postwagen), sondern damit die Umstehenden die gräßlichen Gesichter nicht sehen mögen, die jene schneiden."

1772
Den preußischen Postillionen werden für jeden Fall der (oft vorkommenden) Wagenumstürze 50 Stockprügel angedroht. Die häufigen Unfälle der Postkutschen, die stärkstem Verschleiß ausgesetzt sind, führen meist schon nach zwei Jahren zur Ausmusterung.

1780
England hat eine führende Stellung beim Bau von Kutschen in Europa und exportiert mehr als die Hälfte seiner Jahresproduktion von 40.000 Stück auf den Kontinent. Dazu gehört besonders die Berlinen-Bauform, die sich durch das englische Patent einer Stahlfederung auszeichnet. Ab 1800 bauen die deutschen Postverwaltungen die englischen Modelle nach.

1782
Bei Winterszeit und "schlimmem Wetter" können bei den Postkursen Verspätungen von zwei bis sechs oder mehr Stunden auftreten, wie das Topographische Reise-, Post- und Zeitungs-Lexicon von Deutschland bemerkt.

1783
Nach der "Verordnung und Anweisung für sämtliche bey den Kayserl. Reichs ordinaire fahrenden Posten angestellte Expeditores und Officialen, nebst einem Anhang für sämtliche Posthalter, Conducteurs und Packer" sollen Postkutschen binnen dreier Stunden von einer Relaisstation zur nächsten fahren können. Etwa alle 15-30 km sind Posthaltereien eingerichtet, die dem Pferde- und Personalwechsel, dem Postaustausch sowie dem Um- und Zustieg und ggf. der Übernachtung der Passagiere dienen. Das Aufnehmen von Fahrgästen außerhalb dieser Stationen ist streng verboten. Geregelt ist auch die Aufenthaltsdauer auf den Stationen: "Da die Pferde ohnehin schon in Bereitschaft seyn müssen, so darf der Postwagen auf Post-Stationen, wo nicht zu Mittag oder Nacht gespeiset wird, nicht länger als eine halbe Stunde, und wo gespeiset wird, nicht über anderthalb Stunden aufgehalten werden."

1786
Goethe reist mit der Postkutsche von Karlsbad über München und Innsbruck nach Italien.

1786-1828
Das Preußische General-Postamt gibt das erste amtliche Kursbuch unter dem Titel "Post-Course in den Preußischen Staaten, und zwar fahrende und reitende Posten mit Einschluß der bedeutendsten Nebencourse" heraus.

1790
Die "Geographisch- und statistischen Beschreibungen des Herzogtums Holstein" stellen fest: "Das Postwesen hat nichts Vorzügliches: vors erste hat man offene Postwagen, wo man Regen, Schnee und Wind bey Tag und Nacht ausgesetzt ist, oft verstalten die Wege kein geschwindes Fortkommen. Es gibt Postillione, die grob sind und langsam fahren, wenn sie unterwegs nicht mit Brandtwein, Toback, Bier etc. freygehalten werden. Die schönen Pferde sind das rühmlichste bey dem ganzen Postwesen."

1810
Im deutschen Raum existieren rund 30 Postverwaltungen.

Post-Omnibus.

Reise-Schein №

zur

Post-Omnibus-Fahrt

von . . . . nach . . . .

Taxe für . . . . . Platz . . . fl. . . . kr.

Uebergewicht . . . . . Pfd. . . . fl. . . . kr.

Summa . . . fl. . . . kr.

Abfahrt den . . . ten 186

um . . Uhr . . . Min.

expd.

Post-Omnibus-Reiseschein, Mitte des 19. Jahrhunderts (SVS).

Postkutsche der Kaiserlichen Post in Omnibus-Bauform (Einstieg am Heck) in der Feldmark bei Eldagsen. Der um 1900 gebaute Wagen war bis 1918 auf der Verbindung von Eldagsen nach Elze gefahren. Der gelbe Anstrich bestand aus einem Teil Chromgelb und zwei Teilen Bleiweiß (SM).

Kaiserliche Postkutsche in St. Blasien (Schwarzwald), 1915. Infolge der kriegsbedingten Futtermittelnot sehen die Pferde nicht gut genährt aus (SN).

Postkutsche und Eisenbahn bei Coblenz, 1865 (Ölgemälde von Kurt Knüttel, im Besitz des MKF).

1843 schließlich wurden Bremsen vorgeschrieben. Ein weiterer Entwicklungsschritt war die Einführung von Postomnibussen ab 1851. Diese pferdebespannten Wagen waren geräumiger, der Einstieg erfolgte auf der Rückseite und sie waren, völlig neu, mit einer Heizung ausgestattet. Zuvor waren die Postkutschen ungeheizt, ein mitgebrachter Wärmestein musste genügen. Der Postomnibus sollte abseits gelegene Gebiete erschließen und an die Eisenbahn anbinden. Mit dem Aufkommen der Postomnibusse konnten gleichzeitig die Fahrpreise etwa auf die Hälfte der Schnell- und Eilwagentarife herabgesetzt werden, womit der Omnibus seinem lateinischen Namen „für alle" gerecht wurde.

Nach Angaben des Generalpostmeisters Heinrich von Stephan, dem großen Förderer des modernen Postwesens, besaß die Preußische Postverwaltung im Jahr 1856 insgesamt 1.623 Pferdepostwagen für die Personenbeförderung, daneben 702 Postschlitten und bereits 173 Eisenbahn-Postwagen.

Der damalige Postkutschenpark teilte sich auf in

- 204 neunsitzige, drei- bis vierspännige Postwagen ohne Langbaum,
- 34 sechssitzige, dreispännige Postwagen mit zwei Coupés,
- 255 sechssitzige, zwei- bis dreispännige Postwagen in Berlinenform,
- 32 sechssitzige, dreispännige Postwagen mit Cabriolet und Langbaum,
- 303 viersitzige, zweispännige Postwagen ohne Langbaum,
- 448 viersitzige, zwei- bis dreispännige Postwagen mit Langbaum,
- 192 zweisitzige, ein- bis zweispännige Postwagen und
- 155 sieben- bis elfsitzige, zwei- bis dreispännige Omnibuswagen mit und ohne Coupé.

Zusätzlich liefen 220 Postwagen, die selbstständigen Fuhrunternehmern gehörten, auf einigen Postkursen als Hauptwagen.

1819, 1.4.
Zur Beschleunigung der Personenbeförderung richtet die preußische Post die erste Schnellpost von Berlin nach Magdeburg ein.

1821
Allgemeine Einrichtung von Schnellposten in Preußen. Der "Stolz der preußischen Post" erreicht eine durchschnittliche Geschwindigkeit von 1 Meile (7,532 km) pro Stunde. Von der Ordinari-Fahrpost (gewöhnliche Post) unterscheidet sich die Schnellpost dadurch, dass sie nur der Beförderung von Reisenden und Briefen, nicht aber von Gütern dient. Der Fahrpostverkehr wird dadurch deutlich beschleunigt und aufgewertet, zumal leichtere und selbsttragende Kutschenkonstruktionen verwendet werden. Die Strecke Kassel-Frankfurt a.M. wird in 24 statt wie mit der gewöhnlichen Post in 40 Stunden bewältigt.

1821, Dezember
Karl Immermann schreibt zu seinen Reiseerfahrungen, dass "Gott jeden Christenmenschen vor Postfahrten bewahren möge".

1822, 1.5.
Einführung der Eilposten in Württemberg und Baden.

1824
Auf der Ostsee nehmen Postdampfschiffe ihren Dienst auf.

1825/26
Die Bayerische Post richtet Eilwagen ein. Durch die Trennung von Personen- und Frachtverkehr können die Postkutschen leichter gebaut und die Reisegeschwindigkeit auf das zwei- bis dreifache (bei guten Straßenverhältnissen auf 10-12 km/h) erhöht werden. Dazu trägt eine straffere Organisation bei: Die Aufenthalte an den Stationen werden drastisch gekürzt und die Fahrtzeiten streng überwacht. Bis 1850 wird der Eilwagendienst stark ausgebaut. Die Frequenz ist zunächst nicht sehr hoch, nur 1-2 Fahrten pro Woche sind üblich. Erst gegen Ende des 19. Jahrhunderts werden die Strecken täglich befahren.

1831
Die "Preussische Post-Course und die mit denselben in unmittelbarer Verbindung stehenden ausländischen Posten" führen 388 Personenposten auf.

1833
Folgende Geschwindigkeiten sind für Postkutschen vorgesehen: Für Schnellposten auf chaussierten Straßen 35 Minuten pro Meile (7,532 km) = 13 km/h, auf unchaussierten Straßen 45 Minuten pro Meile = 10 km/h. Für normale Fahrposten auf chaussierten Straßen gilt 10 km/h als Richtwert, auf unchaussierten Straßen 8 km/h (55 Minuten pro Meile).

1834
Joseph Freiherr von Eichendorff widmet der Reise mit der Postkutsche sein Gedicht "Sehnsucht".

1835-1840
Blütezeit der Extraposten, die auf besonderen Wunsch gegen entsprechende Gebühr eingesetzt werden. Hintergrund sind die vielen Reisen von Fürstlichkeiten.

1835, 7.12.
Die erste deutsche Eisenbahn verkehrt zwischen Nürnberg und Fürth. In der Folgezeit wird das Eisenbahnnetz rasch ausgebaut: 1845 = 2.300 km, 1855 = 8.290 km, 1865 = 14.690 km, 1875 = 27.930 km, 1885 = 37.650 km. In gleichem Maße geht die Personenbeförderung mit Postkutschen zurück. Abseits der Schienenverbindungen bleiben die Fahrposten bestehen.

1838, 3.11.
Gesetz über die Eisenbahn-Unternehmungen (Preußisches Eisenbahngesetz). Die aus dem Postregal entspringenden Vorrechte des Staates, an festgesetzten Tagen und zwischen bestimmten Orten Personen und Sachen zu befördern, gehen von der Post teilweise auf die Eisenbahn über.

1841
In der Ausgabe des Post-Coursbuches von 1841 wird erstmals die Eisenbahn erwähnt.

1842
Mit dem Aufkommen der Eisenbahnen entsteht ein spezieller Kutschentyp, der Karriolwagen. Mit ihm wird die Post von den Bahnhöfen zu nahegelegenen Postexpeditionen transportiert, zudem bietet er Platz für 2-3 Passagiere.

1848, 1.4.
Die ersten deutschen Bahnposten (Brief- und Paketbeförderung und deren Sortierung in regulären Eisenbahnzügen) verkehren im Land Baden.

1848
Revolution in Deutschland.

1848
Das Coursbureau des Generalpostamts zu Berlin gibt den "Meilenzeiger für Deutschland" mit 300 Postcoursen und 56 Eisenbahnlinien heraus.

1849/50
Einführung von Postwertzeichen in Bayern und Preußen.

1850, 29.5.
Normung der preußischen Postfahrzeuge: In Konstruktion und äußerer Form entfällt der Unterschied zwischen Schnell- und Personenpostwagen. Als Hoheitszeichen ist eine Krone vorgesehen, und alle Wagengattungen erhalten einen postgelben Anstrich.

1850
Das "Eisenbahn-, Post- und Dampfschiff-Coursbuch" erscheint.

1851
Einführung von Postomnibussen: Pferdebespannte Wagen für sieben bis elf Fahrgäste, bei denen der Einstieg - anders als bei den üblichen Kutschen - am Heck erfolgt. Zwei Sitzbänke sind längs der Seiten angebracht, sogar eine Heizung ist vorgesehen. Der Postomnibus soll abgelegene Gebiete preiswert erschließen und an die Eisenbahn anbinden.

1852, 5.6.
Gesetz zur Entstehung der Preußischen Post.

1856
Die preußische Postverwaltung besitzt 1.623 Kutschenfahrzeuge zur Personenbeförderung, dazu 702 Postschlitten.

1860
Carl Spitzweg malt die "Ankunft des Postwagens".

1867, 1.7.
Das Thurn und Taxis'sche Postwesen geht nach 350jährigem Bestehen gegen Entschädigung an Preußen über.

1967 erfolgte in der HWKw Bamberg der Nachbau dieser bis zum heutigen Tage in Bad Kissingen eingesetzten Postkutsche (VS).

Oberbergische Postkutsche Nümbrecht - Wiehl am 9.6.2003 (VS). Die Berline mit zwei Coupés verfügt auch über einen Briefkasten.

Bei den Bauarten der von 1850 an gelb gestrichenen Postkutschen kam es nach und nach zu ersten Vereinheitlichungen, die das Fassungsvermögen der Wagen und bestimmte Bauteile betrafen. Dies galt etwa für die hölzernen Speichenräder, die oft auszutauschen waren. Ab Beginn des 19. Jahrhunderts blieben die Postwagen etwa sechs Jahre im Gebrauch, während sie bis dahin nur anderthalb bis zwei Jahre dem harten Dienstbetrieb standhielten.

Es ist kaum vorstellbar, andererseits eine typisch deutsche Eigenart, mit welcher Akribie der Postverkehr bereits im 19. Jahrhundert bis in alle Einzelheiten geregelt war. Für die Postillione galt eine detaillierte Handlungsanweisung mit 69 ausformulierten Verhaltensmaßregeln u.a. zum Tragen der Uniform, zum Blasen der 13 Hornsignale, zum Umgang mit Pferden, Wagen und Reisenden. Wer Postillion werden wollte, musste „das 17. Lebensjahr erreicht haben, unbescholten, thätig, nüchtern und dem Posthalter gehorsam sein, auch lesen und schreiben können". In Landkarten waren die genauen Postkurse eingezeichnet. Fahrpläne und Fahrpreise wurden festgelegt, wobei das uneingeschriebene Reisen (also ohne das Personengeld entrichtet zu haben) verboten und mit empfindlichen Strafen bedroht war.

In unserer Vorstellung lebt der Mythos von der guten alten Postkutschenzeit und dem liebenswerten Postillion, der lustig sein Horn bläst, bis heute fort. Aber so wenig idyllisch das Reisen mit der Postkutsche war, so bar jeder Romantik war das Amt des Postillions. Schmucke Uniformen können nicht darüber hinwegtäuschen, dass der Postillion als gewöhnlicher Dienstbote des Posthalters galt. Auf dem offenen Bock war er jeder Witterung ausgesetzt und hatte sich mit schlechten Wegen, störrischen Pferden, autoritären Kondukteuren, arroganten Reisenden und womöglich Räubern auseinander zu setzen, und das alles bei schlechter Bezahlung und langen Arbeitszeiten.

Noch heute gibt es in Deutschland mehrere historische Postkutschenlinien, die regelmäßig befahren werden und auf nostalgische Art einen Eindruck der Personenbeförderung unserer Vorfahren vermitteln. Einige Strecken waren im Omnibuskursbuch von Bahn und Post veröffentlicht. Lange Jahre betrieb die Deutsche Bundespost selbst die Traditionslinien Garmisch – Badersee (Kursbuchtabelle 9607) und Bad Kissingen - Bad Bocklet. Die letztgenannte Verbindung besteht nach wie vor. Sie war 1939 zusammen mit einer Reihe weiterer historischer Pferdepostkurse von der Reichspost eingerichtet worden und existierte bis zum Kriegsausbruch nur wenige Monate. Seit Sommer 1950 fährt die Postkutsche im Saaletal wieder, und das ist bis heute so geblieben!

1867, 2.11.
Das Gesetz über das Postwesen des Norddeutschen Bundes bringt eine Lockerung des bis dahin streng durchgeführten Postregals der Personenbeförderung auf Landstraßen zugunsten einer freieren Betätigung der Privatfuhrwerke. Es tritt am 1.1.1868 in Kraft.

1868, 1.1.
Die Verwaltung des Post- und Telegrafenwesens wird dem General-Postamt des Norddeutschen Bundes bzw. der General-Direction der Telegraphen übergeben. Neben der Norddeutschen Bundespost bestehen nur noch die Landespostverwaltungen in Bayern, Württemberg und Baden.

1870, 26.4.
Heinrich von Stephan (1831-1897) wird Generalpostmeister des Norddeutschen Bundes und später des Deutschen Reiches. Er beeinflusst wesentlich den Aufbau des modernen Postwesens. 1874 gründet er den Weltpostverein, 1877 führt er in Deutschland den Fernsprecher ein.

1870/71
Deutsch-Französischer Krieg.

1871, 18.1
Nach dem Ende des Deutsch-Französischen Kriegs wird in Versailles der preußische König Wilhelm I. zum deutschen Kaiser ausgerufen und auf diese Weise die von Bismarck angestrebte Gründung des Deutschen Kaiserreichs vollzogen. Die formale Reichsgründung erfolgt mit der Verkündung der Reichsverfassung am 16.4.1871.

1871
1.801 Personenposten befördern 5,9 Millionen Fahrgäste.

1871, 3.8.
Den deutschen Postanstalten wird per Erlass die Bezeichnung "Kaiserlich" beigelegt.

1871, 28.10.
Durch das Postgesetz (Gesetz über das Postwesen des Deutschen Reiches) gehen die Landespostdienste mit Ausnahme der Posthoheit in Bayern und Württemberg auf die Reichspost über. Die postalischen Vorrechte im Personenverkehr werden aufgegeben, Privatfuhrwerke können den Wettbewerb aufnehmen. Die Errichtung oder der Betrieb von ordentlichen Posten unterliegt jedoch keinerlei Einschränkungen (diese Regelung wird ab 1905 auch für den Kraftpostverkehr angewendet). Außerdem sind die ordentlichen Posten von der Entrichtung der Chausseegelder befreit. Personenposten sollen eingerichtet werden, wenn die Bedeutung des Verkehrs die Herstellung einer mit Postbeförderung verbundenen, regelmäßigen Reisegelegenheit angezeigt erscheinen lässt, wenn für das Bedürfnis des Reiseverkehrs nicht in anderer oder nicht in ausreichender Weise gesorgt ist und wenn die beträchtlichen Kosten für die Unterhaltung einer Personenpost einen angemessenen Ausgleich durch den Nutzen finden.

1872, 1.1.
Das Postgesetz vom 28.10.1871 tritt in Kraft. Es beinhaltet in Abschnitt III, § 19, besondere Vorrechte der Posten: "Jedes Fuhrwerk muß den ordentlichen Posten sowie den Extraposten, Kurieren und Estafetten auf das übliche Signal ausweichen." Zuwiderhandlungen kosten 10 Silbergroschen Strafe.

1872
Das "Coursbuch der Deutschen Reichs-Postverwaltung" erscheint.

1875, 20.12.
Das Eisenbahnpostgesetz regelt in Preußen die Beförderung von Postsendungen mit der Staatsbahn.

1876, 1.1.
Vereinigung der bisher getrennten Reichspost- und Telegraphenverwaltung.

1878
Die Personenpost Berlin - Neuruppin wird eingestellt.

1880
Zur Erweiterung des Reiseverkehrs, besonders nach Bade- und Kurorten, wird im Einvernehmen mit der Eisenbahn eine durchgehende Personen- und Gepäckeinschreibung zwischen großen Eisenbahnstationen und Postanstalten an Landkursen eingeführt. Dies ermöglicht die Lösung unmittelbarer Fahrkarten.

1880
Infolge des Ausbaus der Eisenbahnen ist die Beförderung von Fahrgästen mit Postkutschen weiter stark rückläufig. Keine größere Stadt hat mehr eine Pferdepostverbindung.

1880
Einrichtung des Reichs-Postamts als oberste Reichsbehörde.

1881
Das Reichskursbuch erscheint.

1881
Einführung der fahrenden Landbriefträger. Sie dürfen auf dem Bockplatz ihrer Fuhrwerke 1-2 Reisende mitnehmen. Die Landpost wird von der Landbevölkerung gerne genutzt.

1881
1.246 Personenposten befördern 2,4 Millionen Reisende.

1884
Trotz Berücksichtigung der Postsachenbeförderung ergibt eine Berechnung, dass die mit Pferden betriebenen Personenposten beträchtliche Zuschüsse erfordern.

1884
Im Deutschen Reich gibt es 1.102 Postfuhrhalter und 4.301 Postillione.

1885/86
Unabhängig voneinander konstruieren Carl Benz in Mannheim und Gottlieb Daimler in Stuttgart die ersten, "Selbstfahrer" genannten Automobile.

1888, 5.8.
Erste Überlandfahrt eines Automobils: Bertha Benz, Ehefrau von Carl Benz, fährt von Mannheim nach Pforzheim.

1891
873 Personenposten befördern 1,9 Millionen Fahrgäste.

1892, 28.7.
Erlass des preußischen Kleinbahngesetzes, in welchem der Überland- und Nahverkehr nicht als Aufgabe des preußischen Staates, sondern privater und kommunaler Unternehmen definiert ist.

3. 1895 – 1918
Der Beginn der Motorisierung

Einer der ältesten Werbeprospekte für die Kraftpost stammt aus dem Jahr 1907. Der braun lackierte Sommerwagen auf dem Titel ist mit „K. Bay. Post" beschriftet. Interessant ist die Betonung auf die „Staatlichen Automobilfahrten", ähnlich wie bei der Eisenbahn tritt der Staat als Betreiber auf (MKN).

Kraftfahrzeuge konnten sich erst nach der Jahrhundertwende im Postdienst etablieren. Ab 1903 kam es in Köln und Berlin zum ersten regelmäßigen Einsatz von motorisierten Paketzustellwagen. Bereits 1898 hatte man mit der Erprobung begonnen. Nachdem diese Versuche befriedigende Ergebnisse erzielten, beschäftigte sich die zu dieser Zeit noch selbstständige bayerische Postverwaltung erstmals mit dem Einstieg in die motorisierte Personenbeförderung. Einen besonderen Förderer fand die neue Technik im damaligen bayerischen Postoffizial und späteren Reichspostminister Dr. Georg Schätzel. Der Jurist Dr. Schätzel war 1899 in den höheren Postdienst eingetreten und verfolgte die Entwicklung der „Selbstfahrer" mit besonderem Augenmerk auf ihre mögliche Eignung für postalische Zwecke hin. Technisch vorgebildet, vertrat er die Auffassung, dass den mechanisch betriebenen Fahrzeugen die Zukunft gehöre, dass aber der Betrieb solcher Fahrzeuge bei der Durchführung des Überlandverkehrs eine rein staatliche Aufgabe sein müsse.

Motor-Posten
(aus der Denkschrift von Dr. Georg Schätzel, 1901)

Stolze Worte sind es, die vor ungefähr 50 Jahren an der Wiege des modernen Verkehrs niedergeschrieben wurden: „Durch die Eisenbahnen verschwinden die Distanzen, die materiellen Interessen werden gefördert, die Kultur gehoben und verbreitet." Doch ist der Ausbau des modernen Verkehrs noch nicht zum Abschluß gediehen: Die von dem Schienennetze der Eisenbahn und dessen Vorteilen unmittelbar berührten Strecken und Orte bilden noch die Minderheit, während sich dem größeren Prozentsatze unseres Volkes nur die Schattenseite der Intensität des heutigen Verkehrs zeigt. Hier gleiche Basis zu schaffen, ist ein wichtiges Problem im Interesse der Wohlfahrt unseres Volkes. Die heutigen Fortsetzungen der Verkehrsadern ins offene Land, die Pferdeomnibuslinien, entbehren der Fähigkeit, die einen gleichmäßigen Anschluß an die Intensität des Gesamtverkehrs erhoffen ließen. Diese Lücke im heutigen Verkehr auszufüllen, einen ebenbürtigen Anschluß an den mechanischen Betrieb der Eisenbahnen zu gewinnen, sind nur mechanische Kräfte berufen. Wenn nicht alle Anzeichen trügen, scheint in dem „Selbstfahrer" dieses Mittel entstanden zu sein. Die überraschend schnelle Verbreitung desselben und das frisch pulsierende Leben, das sich allenthalben auf dem Gebiete des Automobilismus entwickelt, scheint seine Erklärung darin finden zu wollen, daß unser Verkehrsleben thatsächlich eines Fördermittels bedarf, wie es der Selbstfahrer bietet, daß seine Entwicklung spontan auf letzteren hinweist, daß der Selbstfahrer ein Bedürfnis geworden ist.

Gottlieb Daimler konstruierte den „Urvater" der Motorpostwagen. Dazu wurde der Wagenkasten einer württembergischen Postkutsche auf ein Daimler-Viktoria-Fahrgestell mit 10 PS Motorleistung gesetzt. Deutschlands erster „Post-Omnibus" gehörte der privaten Motorwagengesellschaft Bad Mergentheim - Künzelsau GmbH. Das Foto (MKF) zeigt die Eröffnungsfahrt von Bad Mergentheim nach Künzelsau am 1.10.1898. Das zahlreich vorhandene Publikum bestaunt die Sensation. Die Durchschnittsgeschwindigkeit des Wagens betrug 16 km/h, nur ausnahmsweise durfte auf freier übersichtlicher Strecke bis zu 20 km in der Stunde gefahren werden.

1893
Motorbus-Versuchsbetrieb Dessau - Oranienburg.

1895, 18.3.
Erster deutscher Motoromnibus auf der Strecke Siegen - Netphen - Deuz (Siegerland). Dem Unternehmen ist kein dauerhafter Erfolg vergönnt, der Betrieb wird im Dezember 1895 wieder eingestellt.

1897
In München wird eine Motorwagen-Gesellschaft gegründet.

1897, Herbst
Die Probefahrten auf der geplanten Motorwagenlinie Künzelsau - Mergentheim fallen in Anwesenheit von Gottlieb Daimler überzeugend aus.

1898, 28.2.
Die "Motorwagenbetrieb Künzelsau - Mergentheim GmbH" wird gegründet.

1898, 1.10.
Die Kgl. Württembergische Postverwaltung überträgt der "Motorwagenbetrieb Künzelsau - Mergentheim GmbH" die Beförderung von Postsachen auf der Strecke Mergentheim - Künzelsau (31 km). Die beiden eingesetzten, zehnsitzigen und 10 PS starken Daimler-Viktoria-Fahrgestelle sind mit Wagenkästen von Pferdeomnibussen der Post ausgestattet und tragen die Aufschrift "Post-Omnibus". Zum gleichen Zeitpunkt wird die zweimal täglich verkehrende Postkutsche ersetzt.

1898, 9.11.
Infolge scheuender Pferde eines entgegenkommenden Fuhrwerks gerät der Motoromnibus Bad Mergentheim - Künzelsau ins Schleudern, kommt von der Fahrbahn ab und wird erst kurz vor einer 30 m tiefen Schlucht von einem Baum gestoppt. Die Öffentlichkeit ist schockiert, die Stimmung wendet sich gegen den Omnibus.

1899, 15.7.
Einstellung des Versuchsbetriebs Bad Mergentheim - Künzelsau wegen Unzuverlässigkeit und andauernder technischer Schwierigkeiten. Die Pferde-Personenpost kommt, zur Genugtuung der Postillione, wieder zu Ehren. Erst am 1.5.1912 wird die Linie endgültig auf Motorpostwagen umgestellt.

1899
Die "Automobil Wagenverbindung des Bayerischen Hochlandes GmbH" wird von der privaten Lokalbahn AG, München, zusammen mit den Kgl. Posthaltern in Mittenwald, Walchensee und Partenkirchen gegründet. Die 52 km lange Sommerlinie von Kochel über Walchensee - Mittenwald - Zierl nach Garmisch-Partenkirchen wird zunächst mit Pferdeomnibussen und ab 1.6.1905 mit 24 PS-Motorwagen bedient.

1899
In Berlin verkehren die ersten Motordroschken. In Speyer etabliert sich ein privater Kraftomnibusverkehr.

1900
Noch 1,4 Millionen Fahrgäste benutzen die Pferdepostverbindungen.

1901, 15.4.
Preußische Polizeiverordnung über den Verkehr mit Kfz. Als erstes Land führt Preußen polizeiliche Automobil-Kennzeichen ein, die übrigen deutschen Länder folgen wenig später.

1901
Dr. Georg Schätzel, bayerischer Postassessor und späterer Reichspostminister, empfiehlt in seiner Denkschrift "Motor-Posten", die Aufschließung der abseits der Eisenbahn gelegenen, insbesondere auch der verkehrsarmen Gebiete durch Kraftfahrlinien in Aussicht zu nehmen.

1902
Auf Betreiben der preußischen Post wird die private Omnibuslinie Saarburg - Daxburg eingerichtet.

1903
In Köln und Berlin kommt es zum ersten regelmäßigen Einsatz von Automobilen in der Briefkastenleerung und der Paketzustellung, nachdem bereits 1898 erste Versuche mit "Elektroselbstfahrern" und 1900 mit Motorwagen gestartet worden waren.

1903
Die Schweizer Postverwaltung erteilt konzessionierten Unternehmungen im Berner Jura und im Kanton Neuenburg die Bewilligung zum Betrieb von Kraftfahrlinien.

1904, 1.9.
Nach dem Vertrag vom 15.8.1904 lässt die Reichspost ihr Postgut ("Postsendungen jeder Art, insbesondere auch Wertgegenstände und Pakete") auf der von Heinrich Büssing seit dem 28.4.1904 in eigener Regie betriebenen Kraftomnibuslinie Braunschweig - Wendeburg befördern. Die Fahrer und Schaffner erhalten als Zeichen ihrer neuen Kompetenz eine Postarmbinde, die stets zu tragen ist. Büssings Motor-Omnibus ist mit einem amtlichen Briefkasten ausgestattet.

1905, 22.2.
Das Kgl. Bayerische Staatsministerium für Verkehr schreibt in einem Erlass an die Generaldirektion der Post: "Das zunehmende Bedürfnis der abseits der Eisenbahn gelegenen Landesteile nach Verbesserung der Verkehrsverhältnisse hat uns dazu bestimmt, die Einführung von Motorwagenlinien in Aussicht zu nehmen." Als erste Versuchslinie wird die Strecke Bad Tölz - Lenggries ausgewählt, die noch ohne Schienenverbindung ist. Diese Strecke erscheint "nach der Lage und dem Umfang des Verkehrsgebietes, der klimatischen Verhältnisse und der Terrainbeschaffenheit für die Erprobung der Leistungsfähigkeit von Motorwagen in besonderem Maße geeignet." Gleichzeitig werden Garantieleistungen der Gemeinden, die Zahl der Fahrten, die Fahrpreise und die Beförderungsbedingungen festgelegt.

1905, Frühjahr
In sechswöchigen Kursen werden Telegrafenmechaniker im Daimler-Werk in Berlin-Marienfelde darin geschult, Motorpostwagen zu führen und zu pflegen.

1905, 1.5.
Die private Motorwagengesellschaft mbH St. Blasien nimmt den Verkehr auf der Strecke von St. Blasien zum Bahnhof Titisee auf.

1905, 31.5.
Die Münchener Neuesten Nachrichten schreiben: "Heute Vormittag wurde die Probefahrt für die Postmotorwagenverbindung Tölz-Lenggries vorgenommen, die erste Postmotorwagenverbindung in Deutschland überhaupt. Die Probefahrt fiel vollständig zufriedenstellend aus; die Aufnahme der täglichen Fahrten beginnt morgen am 1. Juni."

1905, 1.6.
Betriebsaufnahme der ersten deutschen Kraftpost auf der Strecke Bad Tölz - Lenggries durch die Kgl. Bayerische Post. Zum Einsatz kommen zwei Omnibusse von Daimler-Marienfelde mit Aufbauten der Firma Hofmann in Breslau und 29 PS starken Motoren. Sie fassen 16 sitzende und fünf stehende Fahrgäste. Von Anfang an verfügen die Postomnibusse über Dachgepäckträger.

Kgl. Bayer. Posten und Telegraphen.

Post-Motorwagenlinie Bad Tölz-Lenggries.

Fahrplan gültig ab 1. Juni 1905.

Richtung: Bad Tölz–Lenggries.

Zug-Nr.	■ 1287	■ 1271	1291	● 1331	1281	■ 1273	● 1299	—	■ 1303	—	● 1305	● 1277
München Hbf. . . . . . ab	5 11	5 20	7 15	8 45	11 30	10 52	1 44	—	4 28	—	6 22	8 50
Bad Tölz . . . . . . an	6 34	7 30	8 45	10 22	12 54	1 21	4 00	—	6 17	—	8 05	10 31
Motorwagenfahrt-Nr.	1*	3	5**	7	9†	11	13††	15⊙	17	19*	21§	23§§
Bad Tölz Bhf. . . ab	6 40*	7 50	9 00**	11 00	1 05†	2 00	4 15††	5 30⊙	6 30	7 30*	9 00§	10 45§§
Untergries . . ab (rechtes Isarufer)	|	8 10	|	|	1 25†	|	|	5 50⊙	6 50	|	9 20§	11 05§§
Obergries . . . „	|	8 22	|	|	1 35†	|	|	6 00⊙	7 02	|	9 32§	11 17§§
Bibermühle . . „ (linkes Isarufer)	7 00*	|	9 20**	11 20	|	2 20	4 35††	|	|	7 50*	|	|
Arzbach . . . . ab	7 08*	|	9 30**	11 30	|	2 30	4 45††	|	|	8 00*	|	|
Lenggries . . . . an	7 20*	8 35	9 45**	11 45	1 45†	2 45	5 00††	6 10⊙	7 15	8 15*	9 45§	11 30§§

■ = Beförderung von Brief- und Paketpost.
● = Beförderung von Briefpost.
Die mit { bezeichneten Fahrten verkehren nicht täglich oder nicht während der ganzen Fahrordnung.
Beim K. Postamte Bad Tölz (Bahnhofstraße) findet eine Aufnahme von Reisenden und Abgabe von Fahrkarten statt.

Richtung: Lenggries–Bad Tölz.

Motorwagenfahrt-Nr.	2♁	4◻	6*	8	10**	12	14†	16	18††	20⊙	22	24*
Lenggries . . . ab	5 00♁	5 45◻	7 45*	10 00	10 30**	1 00	2 00†	3 15	5 15††	6 30⊙	7 45	8 45*
Arzbach . . . . ab (linkes Isarufer)	|	|	8 00*	10 15	|	|	|	3 30	|	6 45⊙	|	9 00*
Bibermühle . . „	|	|	8 10*	10 25	|	|	|	3 40	|	6 55⊙	|	9 10*
Obergries . . . „ (rechtes Isarufer)	5 12♁	5 57◻	|	|	10 42**	1 12	2 12†	|	5 27††	|	7 57	|
Untergries . . . ab	5 25♁	6 10◻	|	|	10 55**	1 25	2 25†	|	5 40††	|	8 10	|
Bad Tölz Bhf. . . an	5 45♁	6 30◻	8 30*	10 45	11 15**	1 45	2 45†	4 00	6 00††	7 15⊙	8 30	9 30*
Zug-Nr.	● 1272	● 1286	1332	■ 1274	1274	● 1330	—	■ 1290	● 1294	1282	■ 1278	1302
Bad Tölz . . . . . . ab	5 52	6 40	8 56	11 05	11 05	2 25	—	4 42	6 22	7 28	8 46	9 46
München Hbf. . . . . . an	7 49	8 16	10 49	1 28	1 28	4 17	—	6 42	7 45	8 48	10 18	11 08

■ = Beförderung von Brief- und Paketpost.
● = Beförderung von Briefpost.
Die mit { bezeichneten Fahrten verkehren nicht täglich oder nicht während der ganzen Fahrordnung.

Nachdem der Versuchsbetrieb Bad Mergentheim - Künzelsau Mitte 1899 wieder eingestellt worden war, begann die Kgl. Bayerische Post 1905 mit dem ersten dauerhaften posteigenen Motorwagenbetrieb. Die Abbildung zeigt den Eröffnungsfahrplan (SVS).

In Bayern hatte sich - wie auch in Württemberg - die eigene Posthoheit gehalten. Sie war eines der Zugeständnisse, mit denen man sich die Zustimmung des bayerischen Königs Ludwig II. zur Reichsgründung von 1871 erkauft hatte. Somit konnte die Kgl. Bayerische Generaldirektion der Posten und Telegraphen unabhängig von der Kaiserlichen Reichspost an die Motorisierung ihrer Überlandposten herangehen. Nach reiflicher Überlegung und trotz einiger örtlicher Widerstände entschied man sich, den Pilotbetrieb auf der Strecke Bad Tölz - Lenggries einzurichten. Am 1.6.1905 wurde hier die erste Motorpostlinie einer deutschen Postverwaltung eröffnet. Zwei Monate später folgten die Linien Bad Tölz - Bichl und Sonthofen - Hindelang. Die Postbusverbindung von Sonthofen nach Hindelang sollte 80 Jahre lang, bis zum 31.5.1985, Bestand haben. Die heimische Presse staunte im Juni 1905 über die eingesetzten Fahrzeuge: „Die Wagen sind außen und innen vornehm ausgestattet,

Der erste bayerische Post-Motorbus, geliefert 1905 von Daimler in Marienfelde, ist noch heute museal erhalten. Die Aufnahme zeigt ihn in Bad Tölz bei der Jubiläumsfahrt zum 50-jährigen Bestehen der Kraftpost im Jahr 1955, die er aus eigener Kraft bewältigte (MKF).

Die „Haltestelle der Postmotorwagen" zeigt das Schild an der Hauswand des PA Sonthofen an. Wagen Nr. 7 (Daimler, 1906) hat als zusätzliche Last einen Personenanhänger zu bewältigen (MK).

haben 17 ledergepolsterte Sitze. Die Fahrt geht ruhig und angenehm vor sich. Die bei den Postkutschen gewohnten Stöße sind nicht im Geringsten spürbar, denn die doppelten Gummiräder paralysieren alle diese unangenehmen Angriffe der Straße. Von den gewaltigen Schnauferln hat jedes 30 Pferdekräfte, eine Maximalgeschwindigkeit von 25 Kilometern pro Stunde. Die eleganten Wagen können im Winter mit warmem Wasser geheizt werden und sind mit guter Beleuchtung ausgestattet." Gleichzeitig wurden an den Wegekreuzungen die ersten Verkehrsschilder aufgestellt. Es waren große Tafeln mit der Aufschrift: „Halt vor dem Motorwagen!"

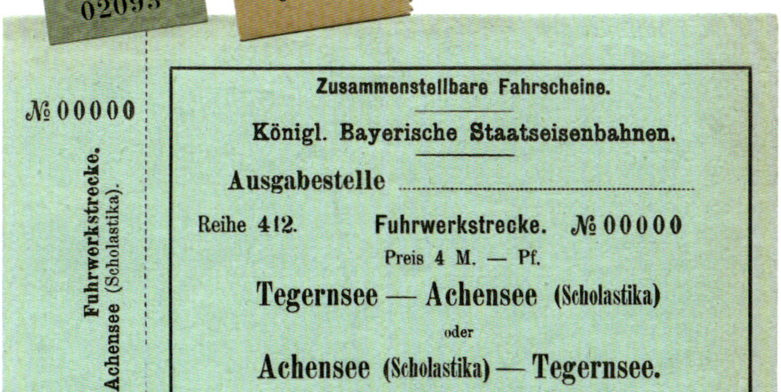

Fahrscheine aus der Anfangszeit der bayerischen Motorposten (1905-1909, SVS).

1905, 4.6.
Die Münchener Neuesten Nachrichten schreiben: "Für den heutigen Sonntag waren die Motorwagen für vier Extrafahrten bestellt. Ein Extrazug führte den Verkehrsminister von Frauendorfer und den Generaldirektor der Posten und Telegraphen von Ringer heute Vormittag nach Bad Tölz. Nach der Ankunft bestieg man ohne Aufenthalt die bereitstehenden zwei Postmotorwagen, die in festlichem Schmucke prangten. Die Fahrtdauer nach Lenggries war auf 40 Minuten bemessen. Herrlichstes Wetter war der Fahrt beschieden und machte sie in der prächtigen Frühlingslandschaft, immer die schneebedeckten Bergriesen vor Augen, zu einem großen Genuß. Die geräumigen Fahrzeuge gleichen den kleineren Motorwagen der Münchener Trambahn."

1905, 3.7.
Der Tölzer Kurier lobt die neuen Postmotorwagen: "Die Wagen sind von außen und innen vornehm ausgestattet, haben 17 ledergepolsterte Sitze und vier Stehplätze auf der hinteren Plattform, die jedoch nur genutzt werden kann, wenn die Fahrbahn nicht zu trocken geworden ist, denn sonst hat der Reisende einen schweren Kampf mit dem aufgewirbelten Staub zu bestehen, der ihn bald in einen Müller verwandelt. Die Fahrt im Inneren der Wagen geht ruhig und angenehm vor sich, die bei den Postkutschen gewohnten Stöße und Erschütterungen sind nicht im geringsten spürbar, denn die doppelten Gummiräder paralysieren alle unangenehmen Angriffe der Straße. Die großen Fensterscheiben auf beiden Seiten gewähren einen vollen Überblick über das ganze landschaftliche Bild. Von den gewaltigen Schnauferln hat jedes etwa 30 Pferdekräfte, eine Maximalgeschwindigkeit - man höre und staune - von 25 km pro Stunde. Die eleganten Wagen können im Winter mit warmem Wasser geheizt werden und sind mit guter Beleuchtung ausgestattet."

1905, 18.7.
Verfügung des Reichs-Postamtes an die OPDen: "Nachdem die von der Reichspostverwaltung mit Motorwagen angestellten Versuche in der letzten Zeit befriedigende Ergebnisse geliefert haben, erscheint es angezeigt, diese Versuche auf weitere Gebiete auszudehnen und Selbstfahrer namentlich auf solchen Strecken einzustellen, auf denen ihr Hauptvorteil gegenüber anderen Wagen, die größere Schnelligkeit, voll zur Geltung kommen kann. Die Oberpostdirektionen wollen daher prüfen, ob in ihrem Bezirk zur Einführung des Selbstfahrerbetriebes geeignete Strecken vorhanden sind. In erster Linie kommen Personenpostkurse mit regerem Reiseverkehr in Betracht. Die Verwendung von Motorwagen gestaltet sich nach den bisherigen Erfahrungen nur dann einigermaßen wirtschaftlich, wenn ihnen größere Leistungen von mindestens 60 bis 70 km täglich übertragen werden können. Als Durchschnittsgeschwindigkeit kann eine solche von 18 bis 20 km in der Stunde angenommen werden. Die Motorwagenfahrten sollen im allgemeinen mit reichseigenen Wagen, deren Führung Unterbeamten und Postillionen zu übertragen sein würde, auf Rechnung der Postkasse ausgeführt werden."

1905, 30.7.
Die zweite Motorpost-Linie von Bad Tölz nach Bichl geht in Betrieb, wofür ein weiterer Omnibus in Betrieb genommen wird.

1905
Gleichzeitig mit den ersten Kom beschafft die bayerische Postverwaltung auch Lkw mit identischen Fahrgestellen.

1905/06
Die ersten Omnibuslinien in Württemberg (Sindelfingen - Böblingen, Rottweil - Schramberg) entstehen auf privater Grundlage, da die Kgl. Württembergische Post eine abwartende Haltung einnimmt und der Zahlung von Zuschüssen an Privatunternehmer für die Postsachenbeförderung den Vorzug gibt. In Baden-Baden und Gernsbach nehmen Privatunternehmer Sommerfahrten in den Schwarzwald auf.

1905/06
In der Gegend von Bad Tölz wird wiederholt auf die neuen Postmotorwagen geschossen, da einige Anwohner verschlechterte Straßenverhältnisse befürchten und sich gegen Benzingestank und die übergroße Staubentwicklung wehren.

1905, 1.8.
Einrichtung der Motorpost Sonthofen - Hindelang mit zwei weiteren Omnibussen und einem Personenanhänger. Diese Linie wird achtzig Jahre lang von Postbussen bedient.

1906, Februar
Auf der Internationalen Automobilausstellung in Berlin zeigt die Süddeutsche Automobilfabrik GmbH, Gaggenau, einen für die Reichspost bestimmten gelben Omnibus. Die Allgemeine Automobil-Zeitung berichtet, dass der gezeigte Typ bereits auf verschiedenen Strecken in Hessen und Hamburg für den Überlandverbindungsdienst der Reichspost eingeführt wird. Seine Majestät habe den Wagen anlässlich eines Besuches auf der Hohkönigsburg im Elsass besichtigt und ihn in anerkennender Weise als sehr zweckmäßig bezeichnet. Postseitig wird der Gaggenauer Wagen, auch als "Posttype" bezeichnet, gelobt, weil er allen in Bezug auf die Zuverlässigkeit, Schnelligkeit und Bequemlichkeit der Beförderung sowie an die Wirtschaftlichkeit des Betriebes zu stellenden Anforderungen völlig genüge.

1906, 1.6.
Die erste schweizerische Motorpost nimmt den Betrieb auf der Strecke Bern - Detligen auf.

1906, 16.7.
Betriebsaufnahme der ersten Kraftwagen-Personenpost im Reichspostgebiet (Kaiserliche Post) auf der Strecke Friedberg - Ranstadt (Hessen).

1906
Die Kgl. Bayerische Post stellt offene Motorpost-Sommerwagen und weitere Personenanhänger in Dienst.

1906
Denkschrift über die Erfahrungen mit den ersten drei Motorpostlinien, die feststellt, dass die Linien in betriebstechnischer, finanzieller und verkehrswirtschaftlicher Hinsicht den Erwartungen entsprechen. Damit ist das Signal für die weitere Entwicklung des Kraftpostwesens auf grün gestellt.

1906
Einführung des Führerscheins und erster Verkehrsregeln im Deutschen Reich.

1906
In Neuaubing entsteht eine erste Hauptwerkstatt für Postkraftwagen in Bayern.

1906, 10.9.
Betriebsaufnahme der Motorpost-Linie Hersfeld - Friedewald - Schenklengsfeld - Hersfeld (Kaiserliche Post).

1906, 31.12.
Die erste Motorpostlinie Bad Tölz - Lenggries muss wegen des schlechten Straßenzustands wieder eingestellt werden.

1907, 17.1.
Die Werkstätteninspektion der Kgl. Bayerischen Post beklagt den außergewöhnlichen Verschleiß an Zahnrädern bei den Omnibussen. Zur Abhilfe wird das "Reißen am Schalthebel stengstens untersagt".

Ein Daimler-Motorpostwagen steht im Jahr 1909 vor der Kulisse des Hohen Göll bei Berchtesgaden. Die Fahrgäste lassen sich gerne um ihr Gefährt beneiden. Die Fahrzeuge der ersten Generation waren blau-weiß-gelb und trugen das bayerische Wappen (MKN).

Stolz präsentiert das Fahr- und Pflegepersonal „seine" Motorpostwagen in der Werkstatt Bad Tölz. Vorne II P 109, ein NAG-Sommerwagen mit offener Kabine (Neidhart-Aufbau von 1905). Der Wagen stammte ursprünglich von der Lokalbahn AG und wurde 1909 zusammen mit vier weiteren Bussen an die Post verkauft. Maximal 14 Passagiere konnten mitfahren (MKN).

Im Jahr 1907 wird die landschaftlich reizvolle Motorpost-Linie Berchtesgaden - Hintersee eröffnet. Die Straße ist in einem recht guten Zustand, sodass die Vollgummibereifung vermutlich einen halbwegs akzeptablen Fahrkomfort bieten kann (MKN).

Im Vergleich mit den beiden anderen deutschen Postverwaltungen entwickelt sich der Omnibusverkehr der bayerischen Post überraschend schnell. Im Jahr 1913 konnte Bayern einen Anteil von 80% sowohl der vorhandenen Postmotorwagen als auch der beförderten Personen in ganz Deutschland für sich verbuchen. Gerade für Bayern mit seinen Hochgebirgsstraßen, dem starken Fremdenverkehr, aber auch den dünn besiedelten Gebieten im Osten des Landes waren die Motorpostlinien das geeignete Beförderungsmittel und zudem wesentlich billiger als der Bau von Eisenbahn-Nebenstrecken. Die anfänglichen Probleme mit den schlechten Straßenverhältnissen und der noch recht reparaturanfälligen Motortechnik konnten rasch bewältigt werden. Ab 1907 wurden weitere Linien in schneller Folge eingerichtet. Einige blieben mit offenen Fahrzeugen auf den Sommerbetrieb beschränkt, die meisten Strecken wurden aber ganzjährig bedient. Die „Urlinie" Bad Tölz - Lenggries hatte allerdings nur anderthalb Jahre Bestand, da der Zustand der Wege den Fahrzeugen zuviel abverlangte. Bereits nach kurzer Zeit stellte die Kgl. Bayerische Post neue Omnibusse in Dienst und ersetzte die Daimler-Wagen der Pioniergeneration schon ab 1909.

Auch bei der Kfz-Technik war die Kgl. Bayerische Post ihren Kollegen im restlichen Deutschland weit voraus. Bereits 1906 entstand in Neuaubing eine Hauptwerkstatt für Postkraftfahrzeuge, die 1913 einem Neubau wich. 1909 wurde ein Einheitsaufbau für Omnibusse definiert, nachdem die Aufbauten schon seit 1905 den Vorgaben der Postverwaltung folgten. Busse und Lkw besaßen identische Fahrgestelle. Bemerkenswerterweise bevorzugte die bayerische Post lange Jahre außerbayerische Omnibuslieferanten, ein für diese Zeit beinahe unerhörtes Sakrileg.

In Württemberg kam es bereits 1898 zu einem privaten Omnibus-Versuchsbetrieb zwischen Bad Mergentheim und Künzelsau. Da er schon Postsachen beförderte und die beiden motorisierten Postkutschen mit „Post-Omnibus" beschriftet waren, wird dieser Betrieb bisweilen als erste deutsche Kraftpostlinie angesehen. Betreiberin war jedoch die „Motorwagenbetrieb Mergentheim - Künzelsau GmbH", da die Postverwaltung zu diesem frühen Zeitpunkt noch nicht den Mut für solche Aktivitäten aufbrachte. Zwei Fahrzeuge standen zur Bewältigung des Verkehrs bereit. Es handelte sich um umgebaute Wagenkästen von Pferdeomnibussen auf 10 PS starken Daimler-Viktoria-Fahrge-

Die Linie Sonthofen - Hindelang wurde 80 Jahre lang, von 1905 bis 1985, in Postregie betrieben. In Hindelang vorgefahren ist der Kgl. Post-Wagen 64, geliefert 1906 von Daimler in Marienfelde und 35 PS stark. Bemerkenswert ist der Sonntagsstaat der Fahrgäste (MK).

Der „Motorpost-Personenwagen No. 85" war 1909 von Rathgeber in München auf ein NAG-Fahrgestell aufgebaut worden und verfügte noch über Kettenantrieb (MKN).

Maßskizze des Motorpost-Wagens No. 85, der den Einheitsaufbau der bayerischen Post von 1909 repräsentiert (MKN).

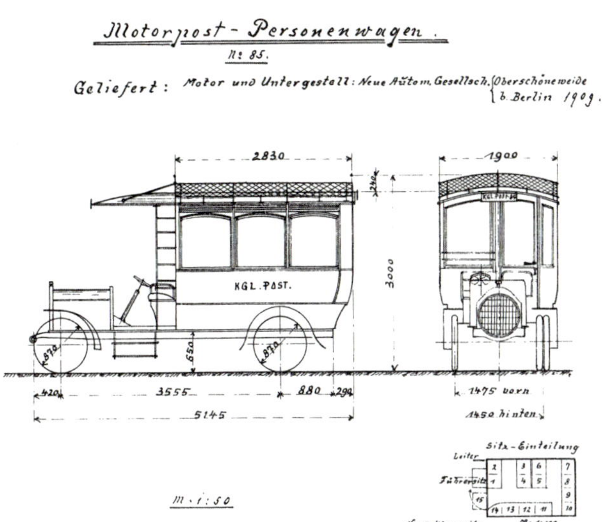

1907, 31.1.
Betriebsaufnahme der Motorpost Hamburg - Schnelsen - Ochsenzoll - Tangstedt - Hamburg (Kaiserliche Post).

1907, 15.6.
Eröffnung der Postomnibuslinien Berchtesgaden - Hintersee und Berchtesgaden - Königsee. Girlanden und Ehrenjungfrauen stehen Spalier, die Musikkapelle spielt, und es gibt Freibier. Zwölf 15-sitzige Daimler-Motorwagen (28/32 PS) und fünf Anhänger mit 16 Sitzplätzen stehen zur Verfügung. Trotz der relativ hohen Fahrpreise kann der Andrang der Fahrgäste oft nicht bewältigt werden. Die Postchauffeure in ihren schneidigen Uniformen gelten als kleine Herrgötter. Bis Saisonende am 30.9.1907 werden 22.000 Fahrgäste nach Hintersee befördert. Die stark frequentierte Linie zum Königsee (1908 = 114.983 Fahrgäste) wird 1909 von der neuen Bahnlinie abgelöst.

1907, Juni/Juli
Die Kaiserliche Post richtet die Linien Friedberg - Ockstadt (Hessen) und Cosel - Kandrzin (Schlesien) ein. Letztere ist lange Zeit die einzige Motorpost in Preußen. Der weitere Ausbau der Reichspost-Linien stagniert bis 1912.

1907
Im bayerischen Alpenraum werden vier Sommerlinien und im übrigen Bayern vier Ganzjahreslinien neu eröffnet. Auf der Strecke Oberammergau - Tegernsee (116 km) verkehren Eilfahrten mit 5 1/2 Stunden Fahrtzeit.

1907
Die bayerischen Postbusse erhalten Kennzeichen mit der Angabe "Kgl. Post" und der Wagennummer. Die anfangs elfenbein angestrichenen Wagen (untere Seitenwand blau mit gelber Zierleiste) werden von nun an braun lackiert. Grund ist die schnelle Verschmutzung der Busse auf schlechten Straßen.

1907, 7.8.
In Österreich nimmt die erste Motorpost den Betrieb auf der Linie Neumarkt - Predazzo (Südtirol) auf.

1907, 27.9.
Zur Eröffnung der Motorpostlinie Straubing - Stellwang schreibt die örtliche Presse über die blau-gelb-weißen Omnibusse: "Einfach in der Form sind die Wägen in ihrer äußeren Ausgestaltung sowohl wie auch innen praktisch durch und durch recht solid gebaut. Nach oberpostamtlichen Voraussagen besitzen die Wägen eine Lebensdauer von zehn Jahren."

1907, 10.10.
Die Fa. NAG bietet der Kgl. Bayerischen Post einen bedeutenden Nachlass an, um mit ihr ins Omnibusgeschäft zu kommen.

1907, 17.12.
Die Werkstätteninspektion der Kgl. Bayerischen Post weist die Postgaragen an, bei den Motorpostwagen alle vier Wochen das Öl zu wechseln und die Ölpumpe auszubauen. Das abgelassene Schmieröl ist sodann durch ein Tuch zu filtern und wieder zum Auffüllen zu verwenden.

1908
Eröffnung der Motorpost von Füssen nach Ulrichsbrücke mit Anschluss an die Bahnstrecke Kempten - Garmisch. Über diese Verbindung reisen die Herrschaften und Gäste zu den Königsschlössern Neuschwanstein und Hohenschwangau an. 1912 wird die Linie nach Reutte (Tirol) verlängert.

1909, 4.2.
Die Prüfstelle Neuaubing der Kgl. Bay. Post erhebt Bedenken gegen eine Leistungserhöhung der Motoren bei NAG-Omnibussen. Der Grund: Es wird befürchtet, dass die Wagenführer dadurch die Fahrtzeit verkürzen, um den Aufenthalt auf Stationen mit Wirtschaftsbetrieb verlängern zu können.

1909, 1.6.
Das Gesetz über den Verkehr mit Kraftfahrzeugen vom 3.5.1906 tritt in Kraft. Die Bestimmungen über die polizeilichen Kennzeichen und die Zulassung von Kfz durch die zuständigen Polizeibehörden gelten vom 1.4.1910 an.

1909, Juni
Die OPD Speyer teilt mit, dass die Motorpostverbindung Landau - Eschbach mit Personen-Motorwagen aus der Lieferung 1908 und 1909 am 1.7.1909 aufgenommen werden kann.

1909, 8.7.
Für die bayerischen Motorpostwagen wird eine Höchstgeschwindigkeit von 20 km/h festgelegt.

1909
Die Kgl. Bayerische Post schafft Vorgaben für einheitlich gestaltete Omnibusaufbauten mit 16 Sitzplätzen, die auf Fahrgestelle von Daimler, Saurer, Büssing, NAG und MAN aufgesetzt werden können. Tatsächlich werden bis 1914 fast alle Omnibusfahrgestelle aus Norddeutschland, nämlich von Daimler-Marienfelde und in kleinerer Stückzahl von Büssing und NAG, geliefert. Die Aufbauten stammen von Hofmann in Breslau, Lange & Gutzeit in Berlin und Rathgeber in München.

1909
Neu beschaffte Omnibusse der Kgl. Bayerische Post sind an Stelle von Ritzel- oder Kettenantrieb mit Kardanantrieb ausgestattet.

1909/10
Die Kgl. Bayerische Post stellt neben den bewährten Daimler-Omnibussen erstmals auch solche von Büssing, NAG und Saurer in Dienst. Die ersten fünf Omnibusse von 1905 werden dagegen zu Lastwagen umgebaut, die Aufbauten in Neuaubing hinterstellt. Die Motorstärke der Neuwagen steigt auf 35 PS.

1909, 13.8.
Die Fahrzeugfabrik Ansbach beschwert sich bei der bayerischen Postverwaltung über die Bevorzugung nichtbayerischer Omnibuslieferanten: "Die völlige Ignorierung unseres Werkes seitens der Kgl. Bay. Post hat unserer Fabrik in materieller und moralischer Hinsicht so schwer geschadet, dass wir das Verlorene kaum wieder einholen können. Das Befahren der neuen Linie Rothenburg-Leutershausen mit einem anderen Fabrikat wäre für unser Werk ein neuer schwerer Schlag, weshalb wir ein hohes Verkehrsministerium dringend gebeten haben möchten, uns wenigstens die Lieferung der Busse resp. Chassis für diese Linie zuzuweisen." Die Beschwerde bleibt ohne Erfolg.

1909, 1.10.
Die Lokalbahn AG zieht sich aus der 1899 gegründeten "Automobil Wagenverbindung des Bayerischen Hochlandes GmbH" zurück und überlässt den Verkehr der Kgl. Bayerischen Post. Fünf Kom werden übernommen.

1909, 4.10.
Die Kgl. Württembergische Post nimmt den Betrieb ihrer ersten Motorpost auf der Strecke Balingen-Rosenfeld-Oberndorf mit Abzweig nach Sulz auf. Zum Einsatz kommen vier 14-sitzige Omnibusse.

Im Bereich der bayerischen Rheinpfalz (wie die Weinstöcke rechts im Bild verraten) sind die beiden Daimler-Wagen II P 91 und 97 im Jahr 1909 von Edenkoben nach St. Ingbert unterwegs. Sie tragen den im gleichen Jahr eingeführten Einheitsaufbau der bayerischen Post (MKN).

Der von Beginn an betriebene Anhängerverkehr war recht abenteuerlich. Im Bild sehen wir den Anhänger 110 mit Einstieg am Heck. In seinem außen angebrachten, offenen „Bremserhäuschen" sitzt der Schaffner (Sammlung Arnold).

Ein 1911 von Baader gebauter Post-Personenanhänger, der einer überdachten Badewanne auf Rädern gleicht. Die Passagiere in diesem Gefährt dürften recht kräftig durchgeschaukelt worden sein (MKN).

stellen. Zehn Personen konnten mitfahren. Den Fahrern war aufgetragen, „die Schnelligkeit eines in gutem Trapp gehenden Pferdefuhrwerks nicht zu überschreiten". Das öffentliche Interesse an den Motorwagen war überwältigend, und die Presse kommentierte: „Bei aller Plumpheit der Erscheinung des Motorwagens muß man über die verhältnismäßig rasche und sichere Bewegung und Lenkbarkeit staunen." Dennoch scheiterte der Betrieb im Folgejahr an technischen Unzulänglichkeiten und an der schwierigen Streckentopographie. 1905/1906 kamen zunächst private Omnibusprojekte in Württemberg in Gang. Erst im Herbst 1909 etablierte sich dann eine reguläre Motorpost der eigenständigen Kgl. Württembergischen Post auf der Strecke Balingen – Oberndorf mit Abzweig nach Sulz. Bis 1914 wuchs das Netz der württembergischen Motorposten auf 37 Linien mit 599 km Länge, die mit 67 Omnibussen befahren wurden. Bis dahin hatte die Post bereits einige der länger bestehenden Privatlinien übernommen. Zum Einsatz kamen in Württemberg ausschließlich Busse der „heimischen" Firmen Daimler und Benz.

Außerhalb Bayerns und Württembergs war durch das Postgesetz von 1871 die Kaiserliche Reichspost entstanden. Im so genannten alten Reichspostgebiet hatten 1906/1907 die ersten Kraftpostlinien ihre Premiere. Namentlich in Preußen blieb man bei der Entwicklung der Kraftpost sehr zurückhaltend. Dies mag an der liberalen Wirtschaftspolitik Preußens gelegen haben, die mit dem preußischen Kleinbahngesetz vom 28.7.1892 den Nah- und Überlandverkehr den privaten und kommunalen Unternehmen und nicht dem Staat zugesprochen hatte. Bis 1913 blieb es bei einer einzigen Kraftpostlinie in Preußen gegenüber 90 privaten und kommunalen Verkehren. Die anderen Linien im Gebiet der Kaiserlichen Reichspost entstanden in den nichtpreußischen Landesteilen Hamburg, Hessen und besonders ab 1912 in Thüringen. Vor dem Eintritt in den Ersten Weltkrieg standen im Reichspostgebiet 47 Omnibusse im Dienst, die bald darauf an das Heer abgegeben werden mussten. Die Reichspost bezog ihre Omnibusse nicht etwa von preußischen Lieferanten, sondern in erheblichem Umfang von der Süddeutschen Automobilfabrik GmbH in Gaggenau, gelegen im Königreich Baden.

Die damaligen Straßenverhältnisse entsprachen keinesfalls den Anforderungen des neuen Verkehrsmittels. Die mit Sand auf Schottergrund eingeschlämmten Chausseen mögen für die eisenbereiften Fuhrwerke ideal gewesen sein. Für die Kraftomnibusse waren sie wenig geeignet.

Zur Abfahrt nach Kochel steht II P 293, ein Daimler mit Lange & Gutzeit-Aufbau von 1913, vor dem PA Bad Tölz bereit (MKN).

Königlich Bayerische Posten und Telegraphen.

Motorpostlinie

Gunzenhausen-Heidenheim Mf.

Sommerfahrordnung 1910. = Gültig vom 1. Juli mit 30. September 1910.

7^{11}	12^{16}	8^{31}		an . . . von Pleinfeld nach . . . ab		6^{05}	12^{30}	7^{37}
5^{50}	12^{10}	7^{35}		an . . . „ Nördlingen „ . . . ab		7^{15}	12^{26}	8^{34}
4^{29}	12^{19}	6^{43}		an . . . „ Ansbach „ . . . ab		6^{20}	12^{28}	8^{35}
6^{00}	12^{10}	8^{21}		an . . . „ Treuchtlingen „ . . . ab		8^{19}	12^{20}	10^{58}
1P	**3P**	**5P**	km	**Motorpostfahrt Nr.**	km	**2P**	**4P**	**6P**
7^{20}	1^{00}	8^{50}	—	↓ ab Gunzenhausen, Postamt . . . an ↑	18,1	5^{50}	12^{00}	7^{30}
7^{28}	1^{08}	8^{58}	1,9	„ Unterwurmbach (Posthilfstelle) . . . ab	16,2	5^{42}	11^{52}	7^{22}
7^{56}	1^{36}	9^{26}	8,1	„ Gnotzheim . . . „	10,0	5^{14}	11^{24}	6^{54}
8^{16}	1^{56}	9^{46}	12,7	„ Ostheim Mf. . . . „	5,4	4^{54}	11^{04}	6^{34}
8^{40}	2^{20}	10^{10}	18,1	an Heidenheim Mf. . . . „	—	4^{30}	10^{40}	6^{10}

Bedarfshalteplätze: 1. **Gunzenhausen**, Hotel Post, 2. **Gunzenhausen**, Pflasterzolleinnahmestation gegen Unterwurmbach zu, 3. Straßenkreuzung nach **Nordstetten**, 4. Straßenkreuzung nach **Pflaumfeld**, 5. Straßenkreuzung nach **Obeltshof**, 6. **Krämershof**.

Bemerkungen: Bei den mit **P** bezeichneten Fahrten werden Brief- und Paketpostsendungen befördert.
Die Nachtzeit von 6^{00} abends bis 5^{59} morgens ist durch Unterstreichen der Minutenzahlen kenntlich gemacht.
Für ein Kind unter einem Meter Körperlänge wird ein besonderer Fahrpreis nicht erhoben, wenn das Kind keinen eigenen Platz im Wagen einnimmt, sondern auf dem Schoße einer erwachsenen Person, unter deren Obhut es reist, mitgenommen wird. Im übrigen gelten für Kinder die gleichen Fahrpreise wie für Erwachsene. Ein Erwachsener kann nur 1 Kind unentgeltlich mitnehmen, für jedes weitere Kind ist der volle Fahrpreis zu entrichten.
Reisegepäck bis 50 kg zulässig, 15 kg Freigewicht, für je 5 kg Mehrgewicht 10 Pfennig, **mindestens** jedoch 20 Pfennig. Als Gewicht der Fahrräder werden 20 kg angenommen. Die Bestimmungen über das Freigewicht finden auf Fahrräder keine Anwendung.
Hunde dürfen in den Motorwagen nur dann mitgenommen werden, wenn seitens der Mitreisenden hiergegen kein Einspruch erhoben wird. Eine Gebühr wird nicht berechnet.
Das **Tabakrauchen** ist in dem geschlossenen Wagen nur unter Zustimmung der Mitreisenden gestattet.
Verspätete Abfahrt oder **Ankunft**, sowie der **Ausfall** einer **Motorfahrt** begründen keinen Anspruch auf Schadenersatz gegen die Postverwaltung.

Nürnberg, im Mai 1910

K. Oberpostdirektion.

Amtlicher Motorpost-Fahrplanaushang für eine typische Linie der Königlich Bayerischen Post aus dem Jahr 1910 (MKN).

Offener Motorpostwagen von Daimler Marienfelde, 1907 auf der Linie Berchtesgaden – Hintersee (DC).

1910, 3.2.
Verordnung über den Verkehr mit Kfz, die u.a. die erste Kfz-Zulassungsordnung beinhaltet (I = Preußen, II = Bayern, III = Württemberg). Bayerische Postfahrzeuge erhalten das Kennzeichen II P, württembergische III WP. Die Kaiserliche Post verwendet die allgemeinen Provinzialkennzeichen.

1910, 17.6.
Das Kgl. Bayerische Verkehrsministerium schreibt an die Fa. Büssing: "Die Anschaffung von Motorfahrzeugen mit Kettenantrieb ist nicht mehr beabsichtigt. Ich bedauere daher, von Ihrem Angebot keinen Gebrauch machen zu können." Zuvor hatte Büssing mitgeteilt, wegen der notwendigen Konstruktions-Vorarbeiten vor 1911 noch keinen Post-Omnibus mit Kardanantrieb liefern zu können.

1910
Die Kgl. Bayerische Post gibt erstmals ermäßigte Zeit-, Schüler- und Arbeiterfahrkarten aus.

1910
Erster grenzüberschreitender Kraftpostverkehr nach Österreich (Tegernsee - Scholastika am Achensee) gemeinsam mit der Österreichischen Post. Bis 1913 folgen die Strecken Bad Reichenhall - Lofer und Füssen - Reutte.

1910
Die Kaiserliche Post verfügt insgesamt über 70 Kraftwagen.

1910/11
Die Post vermietet der Stadt München einige Omnibusse für den vorübergehenden Ersatz der Straßenbahnlinie 8.

1910, 10.10.
Die OPDen in Bayern werden angewiesen, die Betriebsausgaben der Motorpostlinien auf das gewissenhafteste mit den Postbezirkskassen abzugleichen.

1911, 1.6.
Eröffnung der Motorpostlinie Bayreuth - Marktredwitz.

1911
Die deutschlandweit noch bestehenden 214 Pferdepersonenposten befördern zusammen rund 900.000 Fahrgäste.

1911, 3.8.
Das Kgl. Bayerische Staatsministerium für Verkehr bittet die OPDen in Bayern um Mitteilung, welche Einsparungen aus dem Wegfall von Pferdepostverbindungen (Poststallvergütungen, Dienstkleidung und Altersversorgung der Postillione) den Einnahmen der Motorpostlinien zugeordnet werden können.

1911, 14.12.
Die Werkstattleiter der Kgl. Bayerischen Post werden verpflichtet, die Motorpost-Wagen stets in einem fahrbereiten Zustand zu halten. "Werkstattleiter und Fahrer, die dieser Verpflichtung nicht nachkommen, können mit Qualifikation nicht rechnen und es müßte, sofern sich derartige Nachlässigkeiten wiederholen sollten, die Entfernung aus dem Motorwagendienst beantragt werden."

1912-1914
Das Reichs-Postamt entschließt sich zur Einrichtung von Kraftwagen-Personenposten in Thüringen. Bis 1914 entsteht hier ein dichtes Netz.

1912/13
Im OPD-Bezirk Cassel bestehen drei Kraftpostkurse mit insgesamt 73 km Länge. Die Postbusse stammen von der Fa. Ehrhardt in Zella-St. Blasi, die auch die Kraftwagenführer über mehrere Monate hinweg ausgebildet hat.

1912, 17.8.
Die OPD Erfurt dehnt ihre Kraftpostlinien auf sächsisches Territorium bis nach Reichenbach aus. Gleichzeitig erklärt sich das Reichs-Postamt jedoch bereit, einem eigenen Kraftwagenunternehmen des sächsischen Staates keinen Wettbewerb bereiten zu wollen. 1916 wird diese Erklärung erneuert.

1912, 4.12.
In Sachsen wird die Staatliche Kraftwagenverwaltung (SKV) gegründet. Die Kgl. Sächsischen Staatsbahnen nehmen deren Verwaltung bis 1922 wahr. Die ersten Linien gehen im Mai 1913 in Betrieb. Die Busse der SKV tragen die Beschriftung "Kgl. Sächs. Stb." und stellen damit einen frühen Bahnbusverkehr dar.

1913, 23.3.
Das Kgl. Bayerische Staatsministerium für Verkehr beanstandet gegenüber den OPDen, dass die Motorpostlinien in Bayern im Vergleich zu anderen Motorwagenbetrieben einen viel zu hohen Reservebestand an Fahrzeugen und Personal hätten.

1913, 1.6.
Die Verkehrsordnung der Motorpostlinien in Bayern tritt in Kraft. Die Fahrgebühren betragen 5-8 Pf/km für Ganzjahres- und 8-10 Pf/km für Sommerlinien, je nach Rentabilität. Kinder unter 1 m Körpergröße fahren frei.

1913, 16.7.
Im Raum Bernkastel/Morbach (Hunsrück) ersetzen private Kraftomnibusse, die auch Post befördern, die Pferdeposten. Die Kraftpost kommt erst 1922.

1913
Nach der Lieferung neuer Daimler-Busse mit 15 Fahrgastsitzen an die bayerische Post werden die älteren Fahrzeuge als Reserve abgestellt. Die jetzt bereits etwas verwöhnten Fahrgäste scheuen sich nicht, über die "klapprigen, alten Kisten" zu schimpfen, wenn die Ersatzwagen wieder mal Dienst tun.

1913
Bau der neuen, zentralen Kraftwagenwerkstatt der bayerischen Post in Neuaubing (Eröffnung am 1.8.1914).

1913
Deutschlandweit werden rund 150 Postomnibuslinien bedient. In Bayern bestehen bereits 85 ständige und 21 Sommerlinien, auf denen 252 Omnibusse (zum Teil Mietwagen) und 93 Anhänger 3,4 Mio. Personen befördern. Damit ist Bayern der Entwicklung der Kraftpost im übrigen Deutschland weit voraus. Im Königreich Preußen besteht nur eine einzige Motorpostlinie, gegenüber 90 privaten und kommunalen Kraftfahrlinien. Preußen verhält sich im Sinne des Kleinbahngesetzes von 1892 abwartend beim Aufbau der Kraftpost. Die übrigen Kaiserlichen Postlinien liegen in den nichtpreußischen Landesteilen: 7 in Hessen und Hessen-Nassau, 1 im Stadtstaat Hamburg und 12 in den thüringischen Staaten. In Württemberg existieren 22 Motorpostlinien. Insgesamt werden in Deutschland 367 Kraftfahrlinien mit 6.802 km Länge betrieben, je etwa zur Hälfte von öffentlichen und privaten Unternehmen.

1913
Die Kaiserliche Post betreibt im Kraftwagen-Überlandverkehr 27 Personenposten, 17 Karriolposten (leichte Transportfahrzeuge mit Personenbeförderung) und 11 Güterposten mit insgesamt 205 Kraftwagen.

Der Kgl. Bay. Postwagen 282 (Daimler, 1912) ist auf der zwischenstaatlichen Linie Bad Reichenhall - Lofer (Tirol) unterwegs (MKN).

Noch regierte in Deutschland der Kaiser und in Bayern der König, als 1914 der Daimler mit der Nummer II P 336 (hier in Hindelang) ausgeliefert wurde. Nach Beginn des Ersten Weltkriegs am 1. August diesen Jahres fand sich der Omnibus wohl bald in Heeresdiensten wieder (MK).

Daimler DC 3-Wagen 24 bis 26 der Königlich Württembergischen Post, um 1910. Die Busse tragen das königliche Wappen und sind am Heck mit einem Briefkasten ausgestattet (DC).

Die ersten Wagen selbst können wie folgt charakterisiert werden: Ein verhältnismäßig schmalspuriges Fahrgestell mit kleinen Rädern und kurzem Radstand trug die Konstruktion, wobei das Fahrgestell eine hohe Rahmenlage besaß und die vollgummibereiften Räder aus Holz oder dikkem Stahlguss bestanden. Sie waren in Laufbuchsen gelagert. Die Kraftübertragung geschah auf die Hinterräder mit Hilfe von Zahnkranz und Ritzel. Ein für heutige Begriffe viel zu schwacher Vierzylinder-Benzinmotor mit etwa 22 PS trieb das Gefährt an. Der Wagenkasten selbst war ein wuchtiges Monstrum. Die technische Ausstattung stellte sich denkbar einfach dar. Weder existierte eine Magnetzündung noch eine automatische Brennstoffförderung oder eine elektrische Anlassvorrichtung für den Motor. Die Bremsen wirkten auf die Hinterräder mittels Bremsklötzen aus Gummi sowie als wassergekühlte Getriebebremsen. Es versteht sich von selbst, dass auch die Inneneinrichtung und Beleuchtung mit Azetylen-Gas äußerst primitiv war. Die Hauptsache war, überhaupt fahren zu können. Dies ist durchaus nicht selbstverständlich, wenn man bedenkt, dass damals noch kein Fahrzeugtyp entwickelt war, weder in Deutschland noch anderswo, der den Anforderungen eines Omnibusbetriebes auf schlechten Wegen und bei allen Witterungsbedingungen gewachsen gewesen wäre. Mit den ersten Betriebserfahrungen kamen die Verbesserungen. Bereits in den Jahren vor dem Ersten Weltkrieg konnte ein relativ zuverlässiger, verstärkter $2\frac{1}{2}$-to-Überland-Omnibus in Dienst gestellt werden. Die frühen Omnibusse fassten 12 bis 14, jüngere Konstruktionen bis 18 Fahrgäste. Zum Teil war es üblich, im Winter den Wagenkasten abzunehmen, eine Pritsche auf dem Fahrgestell zu montieren und damit Schotter und Steine für den Straßenbau zu fahren. Ein eigenes Omnibusfahrgestell gab es damals noch nicht. Schon 1905 begann in Bayern der Betrieb mit Personenanhängern.

So dienten die Jahre bis zum Ersten Weltkrieg der Konsolidierung des Post-Kraftfahrwesens. Erfahrungen wurden gesammelt, um den Betrieb stabil und zu allen Jahreszeiten durchführen zu können. Inzwischen reagierte der Staat auf den Automobilverkehr. 1906 traten in Deutschland die Führerscheinpflicht und die ersten Verkehrsregeln in Kraft. Im Frühjahr 1910 wurde der Kraftfahrzeugverkehr mit Bestimmungen zur Zulassung, der technischen Überwachung, zum Mitführen von Anhängern etc. gesetzlich geregelt.

Schöner Reisen mit der Kaiserlichen Post, die am 16.7.1906 ihre erste Linie von Friedberg nach Ranstadt in Hessen eröffnete. Beeindruckend ist die enorme Hupe, die dem Wagen sicherlich den gebührenden Respekt auf der Straße verschaffte. Hersteller des Busses vom Typ C/28-38 „Reichspost" war die Süddeutsche Automobilfabrik (SAF) in Gaggenau, die am 1.1.1911 von Benz übernommen wurde (MKF).

Der erste Weltkrieg brachte im Herbst 1914 den aufstrebenden Dienstzweig praktisch zum Erliegen. Soweit die Kraftwagen nicht für militärische Zwecke eingezogen wurden, blieben sie aufgrund von Brennstoffmangel vielfach außer Betrieb. Zum Kriegsende waren in Bayern gerade noch 23, in Württemberg ganze acht Kraftomnibusse aktiv. Der jähe Rückschlag für den jungen Postomnibusdienst wurde dann aber relativ schnell überwunden und ging 1920 in einen raschen Aufschwung über. Die Kraftfahrtechnik hatte nicht nur von der Vervollkommnung während des Krieges profitiert, sondern auch von der Tatsache, dass das Automobil die taktisch-operative Beweglichkeit und Schnelligkeit des Heeres ermöglicht hatte. Damit war der Beweis seiner Überlegenheit erbracht. Die Weiterentwicklung des Kfz lag auf der Hand und berechtigte zu großen Hoffnungen.

In Hamburg geht die Kaiserliche Post am 31.1.1907 mit einem Rundkurs durch die Vororte auf Linie. Die Fahrgäste freuen sich offensichtlich über die Bequemlichkeiten des technischen Fortschritts. Der SAF-Bus ist 35 PS stark. Bemerkenswert ist der preußische Adler als Ausdruck der Staatshoheit an der Flanke des Fahrzeuges (SVS).

1913
In Deutschland laufen 577 Omnibusse (davon 315 Postbusse). Die Hersteller sind die Firmen Daimler (Marienfelde) mit 250 Stück = 43,3%, Benz (Gaggenau) mit 105 Stück = 18,2%, Büssing (Braunschweig) mit 68 Stück = 11,8%, Saurer (Lindau) mit 52 Stück = 8,8% und die Neue Automobil Gesellschaft (Oberschöneweide) mit 29 Stück = 5%. Die restlichen 73 Stück verteilen sich auf die Firmen Ehrhardt, Dixi, Opel, Stoewer, Adler, MULAG, Lloyd, Nacke, Horch und ausländische Fabrikate.

1913
Die "Grundsätze für die staatliche Förderung von Kraftwagenlinien" besagen: Die Reichspost betreibt ihre Linien auf eigene Rechnung. In Preußen erfolgt keine staatliche Förderung öffentlicher Kraftwagenlinien. In Bayern werden solche Linien grundsätzlich von der staatlichen Postverwaltung eingerichtet und unter fester Zuschussleistung oder auf ausschließliche Staatsrechnung betrieben. In Württemberg werden öffentliche Kraftfahrlinien seit 1907 aus Etatmitteln der Kgl. Württembergischen Postverwaltung unterstützt. In Sachsen erhält die Mehrzahl der Linien keine staatliche Beihilfe, es wird aber nach bayerischem Vorbild ein staatlicher Kraftwagenbetrieb eingerichtet. In Baden und Mecklenburg sind Staatszuschüsse vorgesehen. Die geplante Einrichtung badischer staatlicher Autobuslinien scheitert bis 1919 am Weltkrieg.

1913, 8.9.
Die Kgl. Bayerische Post verfügt: "Die Besetzung einer Motorpostlinie mit nur einem Mann, der neben dem Fahrdienst auch den Werkstattdienst zu besorgen hat, ist nur zulässig, wenn der Mann eine zehnstündige Nachtruhe, nicht über sechs Stunden Fahrdienst, eine angemessene Mittagspause und er Familienangehörige hat, die zu seiner Entlastung das Reinigen des Fahrzeuges und andere kleine Dienstleistungen übernehmen. Falls es an einer dieser Voraussetzungen fehlt, ist die Linie mit zwei Mann zu besetzen."

1913, 1.10.
Die Wagenliste im "Verzeichnis der Fahrzeuge für den kgl. bayerischen Motorpostbetrieb" reicht bis zur laufenden Nummer 313 (seit 1905).

1914, 23.2.
Beanstandung durch das Kgl. Bayerische Staatsministerium für Verkehr, dass die reinen Einnahmen bei mehreren Motorpostverbindungen hinter den Selbstkosten zum Teil sehr erheblich zurückbleiben.

1914, 31.7.
Der Postbusfahrer auf der Linie Berchtesgaden - Hintersee ruft bei der letzten Abendfahrt am Zielort die Mobilmachung aus. Da es noch kein Radio gibt, bringt er als erster die Kunde vom Kriegsausbruch ins Dorf.

1914
Die Kaiserliche Post unterhält insgesamt 32 Motorpost-Linien mit 47 Wagen. Alleine in Thüringen wurden seit 1912 die Kraftpost-Kursgruppen Lobenstein, Kranichfeld, Coburg, Kaltennordheim, Zeulenroda, Hildburghausen und Schmalkalden eingerichtet. Auf 21 Linien mit einer Länge von zusammen 506 km fahren 25 18-sitzige und zehn 12-sitzige Kom.

1914
In Württemberg wächst das Netz der Motorposten auf 37 Linien mit einer Länge von 599 km. Darunter sind auch solche, die zunächst von privaten Unternehmern eröffnet und dann von der Post übernommen wurden. 67 Motorpostwagen sind im Einsatz.

1914
Die Zahl der Pferdepostlinien nimmt durch die Einrichtung von Nebenbahnen und Motorposten stetig ab. In Bayern bestehen noch 811 Postställe mit 2.578 Postpferden. Es werden 515 Pferde-Postomnibuslinien mit 10.215 km Länge betrieben und knapp 1 Mio. Reisende befördert.

1914
Die Lackierung der Motorpostwagen ist unterschiedlich. Die Reichspost verwendet eine gelb/blaue Farbgebung, die bayerischen Wagen sind braun, die württembergischen gelb mit weißer Leiste.

1914, 1.8.
Mit der Kriegserklärung an Russland tritt Deutschland in den Krieg ein. Viele Postomnibusse werden von der Heeresverwaltung für Feldpostdienste herangezogen. Alleine die Kgl. Bayerische Post muss 134 Kom und 27 Personenanhänger abgeben. Die Verlustquote ist hoch.

1915-1919
Die meisten Motorpostlinien sind kriegsbedingt eingestellt.

ab 1916
Viele Pferdeposten werden kriegsbedingt und dauerhaft eingestellt.

1917, 1.7.
In der bayerischen Verkehrsordnung für Pferdeposten werden die Bestimmungen an den Eisenbahn- und Motorpostbetrieb angepasst.

1917
Steigerung der Kosten für Benzin gegenüber 1914 um 112%, bei Öl und Fett um 200%, bei Gummi um 133%.

1918, 4.11.
Kriegsende. Fast alle verbliebenen Motorpostlinien kommen zum Erliegen.

1918, 9.11.
Reichskanzler Prinz Max von Baden verkündet die Abdankung Kaiser Wilhelms II. Ausrufung der Deutschen Republik.

1918, 26.11.
Verordnung des Freistaates Bayern: Die Personenbeförderung wird als Recht der Post anerkannt und für diese die Einrichtung von Kraftfahrlinien ohne Einschränkung genehmigt.

1918, Ende
In Württemberg sind nur noch acht Postomnibusse vorhanden, mit denen lediglich fünf Linien betrieben werden. Tiefstand auch in Bayern: Nur 12 Linien werden mit 23 aktiven Fahrzeugen betrieben, gerade einmal 138.339 Personen werden befördert.

4. 1919 – 1932
Die Blütezeit der Kraftpost in der Weimarer Republik

Auf dem Titelbild der Zeitschrift „Deutscher Beamtenfreund" vom Mai 1931 war RP-13 043, ein Mercedes N2/6a von 1929, abgebildet. Die Fahrgäste genießen die Fahrt bei offenem Verdeck (SVS).

Einer der ersten Nachkriegs-Neubauten war dieser Mercedes UO von 1919. Er trägt die nur übergangsweise verwendete Beschriftung „Deutsche Post" (MKN).

Die Kraftpost rollt an

Heute Morgen haben die von der Reichspost gestellten Automobile den Post-, Paket- und Personenverkehr zwischen Siegburg – Much – Marienfeld mit täglich 3 Touren hin und zurück aufgenommen. Die jetzt ohne Pferd laufenden Postkutschen wurden bei ihren Probefahrten von den Anwohnern freudig begrüßt; man freut sich, jetzt in bessere Verbindung mit der übrigen Welt zu kommen. Die Wagen haben die Steigungen leicht überwunden und die Fahrtzeiten mit Leichtigkeit eingehalten, sodaß, Unfälle ausgenommen, mit Verspätungen wohl kaum zu rechnen ist und die Reisenden sich also der Pünktlichkeit befleißigen wollen. (Aus: Siegburger Kreisblatt vom 5. August 1920)

Der rührige Postwagenfahrer hat seinen Autobus vor das Postamt gebracht, wo sich nach und nach reiselustige Gäste zur ersten Fahrt einfinden. Wir machen es uns in dem neuen Wagen auf den braunen Lederpolstern recht bequem. Da setzt des Motors ratternde Melodie ein, immer im Vierteltakt summend und hämmernd ... Endlich steigt der Wagenführer auf, greift den erlösenden Hebel, der Motor schaltet ein, und wie ein übermütiges Pferd klimmt der Wagen bergauf. Blitzende Sonnenstrahlen umspielen den Wagen, der auf der menschenleeren Straße dahineilt. Er ist noch neu und sein goldgelbes Kleid leuchtet froh hinein ins sommerliche Land. Mit gemäßigter Geschwindigkeit erklimmt der munter surrende Postwagen die erste Anhöhe. Der Motor hat 40 Pferdestärken, in Menschenkraft ausgedrückt: er leistet soviel wie 840 Menschen. Das ist die alte Postwagenromantik, aber ihrer unangenehmen Langsamkeit entkleidet. Wie ein Komet im Himmelsraum, so saust der gelbe Teufel daher, vorne ein goldigglühender Kopf mit großen Augen, dahinter ein gewaltig langer Schweif, der aufgewirbelte Straßenstaub, des Radfahrers Schrecken, des Dörflers Ärger, des Straßenbauers Sorgenkind ... (Aus: Waderner Kreisblatt vom 19. November 1925 über die am 12. Mai 1924 eröffnete Linie Wadern – Trier)

In der HWKw Berlin-Borsigwalde entstanden ab 1920 rund 100 Neuaufbauten auf alten Fahrgestellen. RP-2052 ist ein Opel 3 to aus dem Jahr 1922, der noch mit Kettenantrieb ausgerüstet war. Er fasste 14 Passagiere und bekam zur Kapazitätsverstärkung den winzigen Anhänger RP-57 beigestellt (SVS).

1919, Januar
Die Württembergische Post bestellt bei den Firmen Benz, Daimler und Magirus insgesamt 60 Omnibusse.

1919, 24.1.
Die Reichsverordnung über die Kraftfahrlinien regelt das Genehmigungsverfahren für die Einrichtung von Linien. Die Post behält dabei ihre Vorrechte. Im Land Sachsen erteilt der Freistaat die Genehmigungen, mit Ausnahme für die Post, die sich frei entfalten darf.

1919, 21.3.
Das Reichs-Postamt wird vom Reichspostministerium (RPM) als oberste deutsche Postbehörde abgelöst.

1919, März
Richtlinie des RPM über die Einrichtung von Kraftwagen-Personenposten.

1919, März
Die Reichspost übernimmt die zentrale Kraftwagenwerkstatt der Heeresverwaltung in Berlin-Borsigwalde als Hauptwerkstatt für Kraftwagen.

1919, Frühjahr
Bildung von "Kraftverkehrsämtern" zur Verwertung der überflüssig gewordenen Kraftwagen aus Heeresbeständen. In der Folgezeit werden diese Ämter in insgesamt 16 Kraftverkehrsgesellschaften mbH umgewandelt. Das größte Unternehmen wird die am 1.1.1920 gegründete KVG Sachsen.

1919, April
Die Bezeichnungen in Bayern werden geändert: Motorpostlinien heißen staatliche Kraftfahrlinien, Motorwagen sind Kfz usw.

1919, 28.6.
Friedensvertrag von Versailles zwischen Deutschland und den alliierten und assoziierten Staaten. Deutschland muss verschiedene Gebiete abtreten. Danzig und das Saargebiet werden dem Völkerbund unterstellt.

1919
Extraposten, also Pferdepersonenposten auf besonderes Verlangen von Reisenden, werden (in Bayern bereits seit 1917) nicht mehr durchgeführt. Ersatz kommt später in Form von Kraftsonderposten.

1919
Im Reichspostgebiet werden Postomnibusse ab RP-1 durchnummeriert. Ihre Farbgebung ist chromgelb, Fensterband und Kotflügel (ab 1930 auch die Motorhaube) blau, dazu die Beschriftung mit schwarzem Reichsadler. In Bayern sind die Postbusse bis 1933 kirschrot bzw. braunrot lackiert und tragen bis Mitte der zwanziger Jahre statt des Reichsadlers die bayerische Raute. Im OPD-Bezirk Stuttgart tragen die Postbusse eine braune Lackierung, später die blau/gelbe Farbgebung wie bei der Reichspost.

1919
Die bis dahin bestehende Postautomobilzentrale in Österreich wird zum "Staatlichen Kraftfahrbetrieb" ausgestaltet. Seine Aufgabe ist die Durchführung aller Fahrleistungen für staatliche Zwecke, insbesondere auch für die ÖBB.

1919
Die erste motorisierte Alpenpost der Schweiz verkehrt über den Simplonpass.

1919
Die ersten Omnibus-Neulieferungen sind noch Restbestände aus dem letzten Auftrag vor dem Krieg. Die zur Kriegszeit verwendeten Eisenreifen werden durch Vollgummireifen ersetzt.

1919
Das RPM, Abteilung VI München, stellt fest, dass Motorpostwagenlinien für die reine Güterbeförderung in ländlichen Gebieten nicht ertragsfähig sind. Der Stückgut- und Wagenladungsverkehr lasse sich nur in Verbindung mit der Personenbeförderung wirtschaftlich gestalten.

1919
Nach einer Dienstanweisung sind von der Beförderung in Postomnibussen ausgeschlossen: 1) Kranke, die mit Fallsucht oder Gemütsleiden, mit ansteckenden oder ekelerregenden Übeln behaftet sind, 2) Personen, die durch Trunksucht, durch unanständiges oder rohes Benehmen oder durch unanständigen oder unreinlichen Anzug Anstoß erregen, 3) Gefangene und 4) Personen mit geladenen Schusswaffen.

1919
In Bayern bestehen noch 736 Postställe. Beim Poststall Reit im Winkl wird ein neuer Postillion eingestellt. Zur Dienstaufnahme wird ihm aufgetragen, sich alsbald mit der Postillionsdienstanweisung vertraut zu machen. Insbesondere wird ihm eingeschärft, im Dienst stets reinlich und vorschriftsgemäß gekleidet zu sein, allen Fleiß auf das Erlernen des Blasens zu verwenden und das vorgeschriebene Postsignal jedes Mal zu geben.

1919, 11.8.
Inkrafttreten der Weimarer Reichsverfassung, die die Nationalversammlung in Weimar am 31.7.1919 angenommen hat. Darin ist das Ende der postalischen Sonderrechte Bayerns und Württembergs zum 1.4.1920 festgelegt.

1919, Oktober
Die C. D. Magirus AG in Ulm liefert die ersten Omnibusse vom Typ 2 CV 110 an die Württembergische und Bayerische Post.

1919, 31.12.
Die Kraftverkehrsämter werden aufgelöst.

1920, 1.1.
Gründung der Kraftverkehrsgesellschaft Freistaat Sachsen mbH (ab 1923 AG), die sich im freistaatlichen und kommunalen Besitz befindet und zunächst nur Güterverkehr, ab 1.1.1923 mit Eingliederung der SKV auch Personenverkehr betreibt.

1920, 10.1.
Rheinlandbesetzung durch französische und belgische Truppen.

1920, 13.1.
Das Bayerische Staatsministerium für Verkehr stellt fest: Nach dem Stand des deutschen Wirtschaftslebens müsse für die Hebung des Verkehrs geschehen, was sich tun lasse. Die Postverwaltung müsse sich im Klaren sein, unter Umständen Verkehrsmöglichkeiten zu schaffen, die keine Erträge abwerfen, sondern sogar bis auf weiteres Zuschüsse erfordern.

1920, 1.4.
Aufgrund von Artikel 170 der Weimarer Reichsverfassung und der Staatsverträge vom 29./31.3.1920 werden die Landespostanstalten in Bayern und Württemberg in die Deutsche Reichspost integriert. Damit decken sich erstmals in Deutschland Reichsgebiet und Postgebiet. Bayern und Württemberg erhalten aber bis Ende 1933 Außenstellen des RPM mit weitgehenden Zuständigkeiten und besonderen Kompetenzen. Dazu gehört u.a. die selbstständige Beschaffung und Verwaltung von Fahrzeugen.

Ebenfalls in der HWKw Berlin entstand 1921 dieser Behelfsomnibus mit einfachem Aufbau. Das Fahrgestell stammte aus altbrauchbaren Heeresbeständen (SVS).

Neben dem Liniendienst nimmt die Reichspost Anfang der zwanziger Jahre gezielte Ausflugsaktivitäten und Gesellschaftsfahrten auf. Am 23.7.1922 haben zwei Omnibusse des PA Coblenz (so die bis 1926 übliche Schreibweise von Koblenz) auf ihrer „Auto-Rundfahrt“ den Laacher See in der Vulkaneifel erreicht. Der Fahrer ist damit beschäftigt, den Motor bei Laune zu halten. Die Wagen tragen zu diesem Zeitpunkt noch preußische Provinzialkennzeichen (SVS).

Im Frühjahr 1923 liefen auch die Postbusse in Baden noch mit zivilen Kennzeichen. Der NAG-Wagen RP-449 war in St. Blasien im Schwarzwald stationiert (SN).

Die zwanziger Jahre brachten der Kraftpost den endgültigen Durchbruch. Den postinternen Auftakt bildete die Denkschrift des Reichspostministers vom Oktober 1920 über die Entwicklung des Kraftwagenbetriebes der Reichspostverwaltung. Ähnlich wie bei Dr. Schätzel im Jahr 1901 wurden hier richtungsweisende Argumente und fortschrittliche Gedanken zusammengetragen. Trotz schwieriger Rahmenbedingungen in den unruhigen Zeiten der Weimarer Republik nutzte die Post geschickt ihre Stellung, um das Kraftpostwesen mit Elan aufzubauen. Besonders die Scheinblüte der Wirtschaft in den Jahren 1924 bis 1929 bot dafür günstige Voraussetzungen. Gestützt durch amerikanisches Kapital (Dawes-Plan) trat in Deutschland eine Phase wirtschaftlichen Aufschwungs ein, die sich bei den Diensten und Erträgen der Reichspost in positivem Sinne bemerkbar machte. Die Verkehrs- und Bestandszahlen dieser Jahre sprechen für sich. Bereits von 1919 bis 1924 hatte sich das Liniennetz auf rund 11.000 km verzehnfacht. Das Jahr 1923 war dann durch die beschleunigte Inflation geprägt, die zu unerträglichen Erschwernissen des Alltags und zu einer aberwitzigen Entwicklung der Fahrpreise führte. Die Verhältnisse führten zwangsläufig zu Stagnation und Hemmnissen, besonders auf dem Sektor der technischen Weiterentwicklung. Im Zuge der Währungsfestigung nach Ende der Inflation erhielt die Deutsche Reichspost am 1.4.1924 den Status eines finanzwirtschaftlich selbstständigen Sondervermögens des Deutschen Reiches. Sie war damit vom Reichshaushalt unabhängig und konnte ihre Ziele nun unternehmerisch verfolgen. Für die Kraftpost bedeutete dieser Schritt eine Initialzündung. Besonders das Jahr 1925 war gekennzeichnet durch einen enormen Aufschwung des Kraftpostwesens. Über 1.000 neue Busse wurden alleine in diesem Jahr in Dienst gestellt, die Anzahl der Linien und der Umfang des Streckennetzes verdoppelten sich, und die Beförderungszahlen stiegen gegenüber dem Vorjahr fast um das Dreifache. Bis 1929/30 setzte sich dieser Aufschwung kontinuierlich fort. Mit der Verkraftung und Verdichtung ihres Netzes erschlossen die Postbusse das gesamte Land. Gleichzeitig gelang es der Post, die Konkurrenz im Überlandverkehr weitgehend auszuschalten. Der „lange Atem“ einer staatlichen Behörde und der Verweis auf die ohnehin erforderliche Postsachenbeförderung kamen ihr dabei genauso zugute wie die unklare Genehmigungslage.

Betont lässig gibt sich der stolze Fahrer des ersten Heidelberger Postomnibusses. RP-2314 (Benz 2 CN) wurde 1921 in Dienst gestellt (SVS).

Ab 1924 wurde das Kraftpostwesen massiv ausgebaut. Aus dem gleichen Jahr stammte RP-2627, ein Magirus 1 CV 95, der im Waldecker Land die Strecke Medebach - Corbach befuhr (SVS).

Ein ganz pragmatischer Grund für den Aufbau des Kraftfahrwesens ergab sich für die Post, weil nach 1918 eine gewaltige Teuerung des Pferdebetriebes als Folge der kriegsbedingt herrschenden Pferde- und Futtermittelnot eingetreten war. Der Kraftwagen als ernstzunehmende Alternative hatte sich unter den widrigen Bedingungen der Kriegszeit als einsatztaugliches Verkehrs- und Transportmittel erwiesen. Zunächst stand aber an, den Straßenbau, der in Deutschland Jahrhunderte lang vernachlässigt worden war, zu forcieren. Um die Systemvorteile des Kraftwagens nutzen zu können, bedurfte es einer dafür geeigneten Infrastruktur. In die Zeit der Weimarer Republik fielen denn auch die Planungen für ein modernes Kraftwagenstraßennetz. Als Notstandsarbeit half diese Maßnahme der geschwächten Wirtschaft und diente der Beschäftigung. Bereits 1925 begannen die Studien zum Autobahnbau, 1929 folgte der Bau der ersten kreuzungsfreien Kraftwagenstraße Köln - Bonn (eröffnet am 6.8.1932). Gelegentlich beteiligte sich die Reichspost selbst durch Zuschüsse am Straßenbau auf Strecken, die ihr interessant erschienen. Ein Beispiel ist die Schwarzwaldhochstraße (1930). Von 1925 bis 1929 verdreifachte sich der Automobilbestand in Deutschland auf 18,4 Fahrzeuge pro 1.000 Einwohner. Der Omnibusbau profitierte vom Aufschwung der Fahrzeugindustrie. Dies zeigte sich besonders deutlich in der ab Mitte der 1920er Jahre vorgenommenen konstruktiven Trennung vom Lkw. Eine Vielzahl von Fabrikaten teilte sich den deutschen Markt.

1920, 1.4.
Als Folge des Versailler Vertrags vom 28.6.1919 werden die Länderbahnen verstaatlicht und auf die Reichseisenbahnen überführt. Im Zuge des Übergangs der badischen Staatsbahn auf das Reich gibt das Land Baden seinen Kraftfahrbetrieb, der als Nebenbetrieb zur Eisenbahn geführt wurde, an die Post ab. Noch Jahre später hält die Reichspost der Reichsbahn vor, dass sie die bestehenden, zum großen Teil unrentablen Kraftfahrlinien der badischen Staatsbahn übernehmen musste, weil die Reichseisenbahnen dies ablehnten. Auch in Sachsen lehnt die Reichsbahn die Übernahme der SKV ab, nimmt aber deren Betriebsführung bis 1922 weiter wahr.

1920, 21.4.
Das Abkommen zwischen Deutschland, Polen und der Freien Stadt Danzig über den (visa-)freien Durchgangsverkehr zwischen Ostpreußen und dem übrigen Reichsgebiet tritt in Kraft (Korridorabkommen).

1920, ab April
Im alten Reichspostgebiet wird der Verkehr mit Motoromnibussen mit 100 Fahrzeugen wieder aufgenommen. Gleichzeitig sind 120 weitere Kom bestellt. Da nach dem Krieg keine Busse zur Verfügung standen, musste 1919 ein ganz neuer Wagenpark bei der Industrie in Auftrag gegeben werden. Die Verkraftung wird beschleunigt, weil nach dem Krieg sowohl Pferdemangel wie auch Futtermittelnot herrscht und der Pferdebetrieb dadurch gewaltig verteuert worden ist.

1920, 25.6.
Abkommen zwischen dem RPM und der sächsischen Regierung (für die SKV), in dem beide Teile erklären, Kraftwagenverbindungen in Sachsen nur nach beiderseitigem Einvernehmen in Betrieb zu nehmen. Bereits ab Mai 1920 richtet die Reichspost in Sachsen eigene Verkehre ein.

1920, 24.7.
Die Linie Harburg - Hanstedt, die spätere Hamburger Heidepost, wird eröffnet.

1920
Der Württembergischen Post stehen 70 Omnibusse für 46 Linien mit 734 km Länge zur Verfügung. Bis 1926 wächst der Bestand an Omnibussen auf 185, an Linien auf 94 mit 1.559 km Länge. Dazu trägt die Übernahme von Privatunternehmen bei.

1920
Erste Kraftpostlinien in der Provinz Hannover, ausgehend von Lüchow.

1920
Das Reichsjustizministerium entscheidet bei der Frage, ob die Personenbeförderung unter die Posthoheit falle, zugunsten der Reichspost. Laut Kabinettsbeschluss sollen sich RPM und Reichsverkehrsministerium (für die Kraftverkehrsgesellschaften) vor der Einrichtung neuer Linien einigen sowie ihre Fahrpläne und Fahrpreise aneinander anpassen.

um 1920
Einführung der elektrischen Beleuchtung an den Kom.

1920/21
Die ungeregelte Rechtslage für die Einrichtung von Kraftfahrlinien führt zu den so genannten "Omnibuskriegen". In die Konflikte, die sich in Handgreiflichkeiten und gegenseitigen Preisunterbietungen äußern, ist die Post direkt involviert. Auslöser ist, dass die KVGen mit dem Wiedererstarken der Eisenbahn den Schwerpunkt ihrer Tätigkeit vom Straßengüterverkehr auf den Personenverkehr verlagern. Die DRP verweist auf ihr althergebrachtes Recht zur Personenbeförderung und fordert, dass die KVGen nach Erfüllung ihrer Aufgaben zur Versorgung der Bevölkerung mit Gütern und Nahrungsmitteln "je eher desto besser wieder aus dem Wirtschaftsleben verschwinden müssten". Die KVGen sehen sich in ihrer Existenz bedroht. Ein teilweise sehr scharfer Wettbewerb mit der Post ist die Folge, ein wahrer Wettlauf in der Errichtung neuer Linien beginnt. Die KVGen kündigen an, ihren Omnibusbestand bis Ende 1920 auf 600 zu erhöhen und geraten, da die Doppelkurse zu einem ruinösen Wettbewerb führen, in eine Finanzkrise. Wettbewerbsvereinbarungen bringen keine Grundsatzlösung.

1920-1923
Die Reichspost-Hauptwerkstatt für Kraftwagen in Berlin-Borsigwalde fertigt rund 100 Omnibusaufbauten, zum Teil auf gebrauchten Fahrgestellen.

1920, 30.9.
Im Reichspostgebiet (ohne Bayern und Württemberg) bestehen 90 Kraftpostlinien mit insgesamt 2.385 km Länge.

1920, Oktober
Der RPM veröffentlicht die Denkschrift über die Entwicklung des Kraftwagenbetriebes der Reichspostverwaltung. Mit einem nachhaltigen Plädoyer wird der zügige Ausbau des Kraftfahrwesens der Reichspost gefordert. "Die Reichspostverwaltung vertritt die Auffassung, daß die Wirtschaftlichkeit des Betriebes der Personen- und Postsachenbeförderung mit reichseigenen Kraftwagen im Zusammenhang mit dem sonstigen Kraftwagenbetrieb der Reichspost und in engster Verbindung mit den über das ganze Land verzweigten Betriebseinrichtungen gewährleistet ist. Von dem postseitigen Überlandbetrieb ist aber der Personenverkehr nicht zu trennen, da die Postsachenbeförderung allein unwirtschaftlich sein würde."

1921, 25.4.
Die DRP übernimmt die in Konkurs geratene, erst am 31.5.1920 gegründete Kraftwagengesellschaft Rheinland mitsamt deren Bussen und Linien.

1921, 7.5.
Das RPM, Abteilung VI München, schreibt an die bayerischen OPDen: Um ein richtiges Bild über die Wirtschaftlichkeit der Kraftwagenlinien zu gewinnen, müsse den Einnahmen an Personengeldern und Gepäckbeförderung der wirkliche Wert der Postsachenbeförderung zugeordnet werden und nicht wie bisher nur die Einsparungen durch Wegfall der Pferdepostverbindungen.

1921, 30.5.
Aufnahme des Postautobusdienstes in Finnland.

1921, 1.7.
Die Reichspost übernimmt die Motorwagengesellschaft St. Blasien.

1921
Die Postomnibuslinien werden im Reichskursbuch veröffentlicht, ab 1926 in einem besonderen Teil "Kraftwagenlinien".

1921
Zu ihrem fünfzigjährigen Bestehen produziert die Firma Continental erstmals den neuen Riesenluftreifen. Er löst die bis dahin übliche Vollgummibereifung bei Nutzfahrzeugen rasch ab und verbessert den Fahrkomfort der Omnibusse. Außerdem kann die Fahrgeschwindigkeit von 25 auf 40 km/h angehoben werden. Bei der Post zieht sich die Umstellung bis 1926 hin. Grund sind Sparmaßnahmen wegen der schlechten wirtschaftlichen Lage und der Geldentwertung, die allgemein die technische Entwicklung beeinträchtigt.

Äußerst populär waren in den zwanziger Jahren Gesellschaftsfahrten mit offenen Ausflugswagen. Das Bild entstand am Rhein und zeigt RP-2455, einen Mannesmann/MULAG LC 1950 aus dem Jahr 1922.

Auch Büssing lieferte offene Sommerwagen. Der Typ III G stammt aus dem Jahr 1924. Bei schlechtem Wetter konnte ein Stoffverdeck aufgezogen werden. Auffallend ist die noch sehr einfache Vollgummibereifung (BW, SVS).

RP-2718, ein Daimler DC 2c, steht mit seinem Anhänger anlässlich eines Streiks bei der Hamburger Straßenbahn zum Einsatz bereit. Beachtenswert ist die Kettensicherung zwischen Zugwagen und Hänger (SVS).

Das Jahr 1925 brachte die Verdoppelung des Wagenparks und des Liniennetzes gegenüber dem Vorjahr. Aus diesem Jahr stammte RP-2883, ein DAAG ACO, der für einen Sondereinsatz besonders geschmückt worden war (SH).

Werbeplakat für Reichspost-Ausflugsfahrten aus den zwanziger Jahren (SVS).

Mit der Verkraftung des Postverkehrs wurde nicht nur der Personentransport beschleunigt. Parallel dazu konnte eine regelmäßige und mindestens zweimal tägliche Zuführung der Postsachen von den Postanstalten an der Schiene in die Landorte und umgekehrt realisiert werden. Die Bemühungen der Reichspost um ein attraktives Angebot wurden durch die „Verreichlichung" der bisher selbstständigen Post- und Eisenbahnverwaltungen in Süddeutschland zum 1.4.1920 wesentlich gefördert. Dagegen erwies sich die Bildung von Kraftverkehrsgesellschaften, Landesautostellen und Kraftverkehrsämtern zunächst als großes Hemmnis für die Einrichtung von Kraftpostkursen.

Im Kraftfahrwesen entstand ab 1919 eine bisher unbekannte Wettbewerbssituation. Nach Kriegsende waren bei der Abrüstung des Heeres erhebliche Kraftwagenbestände frei geworden. Anfang 1919 wurden zu ihrer Verwertung provisorische Reichsbehörden mit der Bezeichnung „Kraftverkehrsämter" gebildet, die in der Folgezeit in 16 Kraftverkehrsgesellschaften umgewandelt wurden. Die harten Inflationsjahre überstanden bis 1923 nur 12 dieser halböffentlichen Gesellschaften. Als Dachverband fungierte die im März 1924 mit Sitz in Dresden gegründete Kraftverkehr Deutschland GmbH. Sie bündelte die Interessen der Kraftomnibusunternehmen außerhalb der Post. Viele kleine zu dieser Zeit gegründete Privatunternehmen drängten ebenfalls auf den neu entstandenen Markt des Omnibusverkehrs. Nach Gutdünken wurden mit den ehemaligen Heeresfahrzeugen Liniendienste aufgenommen, ohne Genehmigungen einholen zu müssen. Der ungeregelte Zustand führte schnell zu Konflikten zwischen der Post und den Privatbetrieben (namentlich den Kraftverkehrsgesellschaften), die in den so genannten „Omnibuskriegen" der frühen zwanziger Jahre gipfelten. Ein ungezügelter Wettlauf bei der Einrichtung neuer Linien setzte ein. Durch Parallelfahrten und gegenseitige Fahrpreisunterbietungen versuchte man, einander Kunden abzujagen. Sogar vor Handgreiflichkeiten wurde nicht zurückgeschreckt. Während solche Methoden beispielsweise im Harz und im Rheinland Einzug hielten, arrangierte sich die Reichspost in Sachsen im Jahr 1925 mit

Postbus-Großeinsatz zur Besichtigung der Baustelle der Schwarzenbach-Talsperre im Schwarzwald, 1923. Die Sperrmauer wurde 1926 fertig gestellt (DC).

der dortigen Kraftverkehrsgesellschaft. Insgesamt hatte die starke Zersplitterung des Linienwesens wirtschaftliche Probleme für alle Beteiligten zur Folge. Letzten Endes konnte die Post meist den Sieg vom Platz tragen und die konkursreifen Wettbewerber samt Personal und Fahrzeugen in einer Reihe von Fällen übernehmen.

Probleme gab es weiterhin zwischen dem Reich und einigen Ländern. Es kam zu heftigen Auseinandersetzungen, weil die Reichspost für sich in Anspruch nahm, Kraftposten (sprich: Kraftpost-Linien) in Ausübung der ihr verfassungsmäßig zustehenden Posthoheit einrichten und betreiben zu dürfen, und zwar ohne Genehmigung der Länder. Ganz so klar war die Sachlage aber nicht. Das alte Postmonopol galt nur für die Postsachenbeförderung, aber lange nicht mehr für den Personentransport. Das Argument der Postseite war, die Postsachen- durch die gleichzeitige Personenbeförderung ohne betrieblichen Mehraufwand abwickeln und dadurch wirtschaftlicher gestalten zu können. Auf der Gegenseite bestritt man, dass die Personenbeförderung unter den Begriff des Postwesens falle. Das um ein Gutachten gebetene Reichsjustizministerium sprach sich im Jahr 1920 eindeutig zu Gunsten der Post aus. Der Appell der Reichsregierung zur freiwilligen Einigung zwischen der Post und ihren Konkurrenten führte aber nicht zu einer Befriedung der gegensätzlichen Positionen. Immerhin verpflichtete das „Gesetz über Kraftfahrlinien" vom 26.8.1925 die Post, die Eröffnung von Omnibus-Linien dem jeweiligen Regierungspräsidenten vier Wochen vorher bekannt zu geben. Vom Konzessionszwang blieb die Reichspost aber zum Ärger ihrer Konkurrenten befreit.

Den hoch liegenden Fahrgastraum des Daimler RP-3682 galt es für die Fahrgäste regelrecht zu „erklimmen". Die Aufnahme zeigt den Einsatz eines Anhängerzuges als Kraftsonderpost (SVS).

1921
Die Reichspost übernimmt die KVG-Betriebe Niedersachsen und Thüringen mit insgesamt 17 Bussen.

1921
Eröffnung der berühmten schweizerischen Alpenpost-Linien über die Pässe Grimsel, Furka, Bernhardino und Oberalp.

1921-1931
Blütezeit der deutschen Kraftfahrzeugindustrie. Der Markt ist zersplittert, neben wenigen größeren existiert eine Vielzahl von kleinen Herstellern. Die DRP als großer staatlicher Auftraggeber ist zur reichsweiten Berücksichtigung der Automobilindustrie verpflichtet. Außer den Serien der bekannten Produzenten übernimmt die Reichspost auch Omnibustypen kleiner und kleinster Firmen in geringer Stückzahl oder als Einzelstücke. Dazu gehören z.B. Busse der Marken Adler, Bergmann, Brennabor, Dixi, Dürkopp, Ehrhardt, Elite, Hille, Horch, Komnick, Presto, Protos, Rumpler und Stoewer. Auch ausländische Exoten wie Chevrolet sind vertreten.

1921, 22.9.
SKV und Reichspost richten die Gemeinschaftslinie Plauen - Hof ein.

1921, 19.11.
Anordnung der Reichspost in Bayern, nach der die Vollgummireifen der Postbusse bis auf eine Stärke von 2 cm abgefahren werden dürfen.

1921, 22.12.
Die Personenbeförderung wird in die Postordnung, ein Handbuch mit Verwaltungsanweisungen, aufgenommen. Allerdings wird die Kraftpost nur mit wenigen Bestimmungen erwähnt. Unter anderem ist festgelegt, dass an Aussatz, Cholera, Fleckfieber, Gelbfieber, Pest oder Pocken erkrankte oder einer dieser Krankheiten verdächtige Personen von der Reise mit ordentlichen Posten ausgeschlossen sind. Dagegen wird Bauern nach Ermessen des Fahrers die Mitnahme von Kleinvieh an Markttagen gestattet.

1922, 26.1.
Der Reichspostminister verfügt die Verwendung der Bezeichnung "Kraftpost" für die motorisierte Personen- und Postsachenbeförderung.

1922, 21.2.
Die Denkschrift über die Vereinfachung und Verbilligung von Verwaltung und Betrieb der Reichs-Post- und Telegraphenverwaltung wird dem Reichstag vorgelegt.

1922, 9.7.
Das RPM, Abteilung VI München, bemängelt die ganz verschiedenartig bearbeiteten monatlichen Zusammenstellungen der Einnahmen aus der Kraftpostbeförderung, was den Überblick erschwere.

1922
Zur Rationalisierung kommt es zu Normierungen im Omnibusbau.

1922
Die Verwaltung der SKV in Sachsen wird von den in Reichsbesitz übergegangenen Sächsischen Staatsbahnen abgetrennt und der 1919 gegründeten KVG Sachsen übertragen. An der KVG Sachsen ist der Staat mit 51% beteiligt. KVG Sachsen und Reichspost vereinbaren die Mitnahme von Postsachen in KVG-Omnibussen.

1922
Der restliche Personentransport mit Postkutschen ist unbedeutend. Auf 15 Strekken werden noch 40.000 Reisende befördert. Der Dienst endet schließlich örtlich bedingt um 1930.

1922
Das Archiv für Post und Telegraphie stellt fest, dass der Kraftwagenbetrieb der Reichspost (Stadtpost, Telegraphenbau, Überland- und Kraftpost) ein einheitliches Ganzes bildet. Die Kraftpost ist mithin untrennbar mit dem übrigen Postkraftwagenbetrieb verflochten. Diese Auffassung wird postseitig bis Mitte der fünfziger Jahre offensiv vertreten.

1922
In der Schweiz wird der bisherige Regiebetrieb der PTT durch Postautohalter ergänzt. Sie fahren mit eigenen Fahrzeugen auf Rechnung und Gefahr der Post. Dies ist bis heute so geblieben.

1922
Für Postkraftwagenführer wird eine besondere Berufslaufbahn eingeführt.

1922
Im Raum Eutin/Schönwalde (Holstein) besteht ein Konkurrenzkampf zwischen den gelben Postbussen und den grauen Bussen der Fa. Nordmark. Ein Spruch des Wettbewerbers lautet: "Fohrt ni mit den Geeln, fohrt mit den Grisen!" (Fahrt nicht mit den Gelben, fahrt mit den Grauen). Die Nordmark unterliegt jedoch.

1922
Auf der Deutschen Gewerbeschau in München werden Werbefilme der DRP gezeigt, darunter auch einer über den Kraftpostbetrieb.

ab 1922
Die Reichspost beschafft offene Ausflugswagen mit und ohne Klappverdeck. Im Winterbetrieb sind diese Wagen nur mit besonderem Aufsatz verwendbar. Ihre Beschaffung endet Mitte der zwanziger Jahre, als sich Allwetteraufbauten durchsetzen.

ab 1922
Zur Belehrung des Verwaltungspersonals werden kraftfahrtechnische Lehrgänge bei der Hauptwerkstatt für Postkraftwagen in Berlin-Borsigwalde abgehalten.

ab 1922
Zum Schutz gegen Wetterunbilden und die (aus der Natur der Dienstgeschäfte erwachsende) Gefahr einer Verunreinigung der eigenen Kleidung wird das im Postkraftwagendienst beschäftigte Personal mit besonderer Dienst- und Schutzkleidung ausgestattet. So erhalten alle Kraftwagenführer eine Lederjacke, eine kurze Lederhose, ein Paar Lederhandschuhe, ein Paar Ledergamaschen, einen Pelzmantel und unter Umständen auch einen Ölmantel.

1923, 1.1.
Die Post führt eine einheitliche Nummerierung für alle Postfahrzeuge ein mit den Gruppen 1 bis 1500 = OPD München, 1501 bis 2000 = OPD Stuttgart, 2001 bis 10000 = Berlin (übriges Reichspostgebiet). Für die einzelnen Fahrzeugarten sind Untergruppen vorgesehen. Gleichzeitig erhalten alle Postfahrzeuge RP-Kennzeichen. Das Schema wird bis 1926, für die OPDen München und Stuttgart bis 1933 fortgeführt.

1923, 11.1.
Französische und belgische Truppen besetzen das Ruhrgebiet. Beginn des passiven Widerstands.

Mit dem Ausbau des Kraftpostnetzes verstärkten sich die Werbeaktivitäten der Reichspost. Auf den Prospekten aus den zwanziger Jahren ist die damals überwiegende blau/gelbe Lackierung der Postbusse im Reichsgebiet außerhalb Bayerns gut zu erkennen (SVS).

Zum Ankurbeln schön: Frontpartien von DAAG 3,5 to (1925) und Benz 2 CNc (1926). Bemerkenswert ist der rechts außen angebrachte Hinweis auf den Anhänger (SVS/SN).

1926 fusionierten die Firmen Daimler und Benz, beides bedeutende Lieferanten der Reichspost. RP-12 038 stammt aus diesem Jahr und ist auf einer Sonderfahrt im Schwarzwald unterwegs. Man beachte die kunstvolle Hupe! Offensichtlich ist es noch kalt, denn alle Damen sind gut „verpackt" und selbstverständlich „behütet" (SN).

Das Jahr 1929 brachte der Post schließlich willkommenen Beistand. Ein von der Reichsregierung in Auftrag gegebenes Gutachten des Reichssparkommissars fiel für die Post sehr positiv aus. Darin wurde die Leistung des Aufbaus eines funktionierenden Kraftpostnetzes besonders gewürdigt. Gerade die Verpflichtung der Post zur Erschließung auch der verkehrsarmen Regionen und die wirtschaftliche Verknüpfung von Personen- und Postsachentransport wurden anerkannt. Gleichzeitig wurde die Reichspost angeregt, die Angliederung bestehender Kraftfahrunternehmen in Betracht zu ziehen. Die Reichspost hatte bereits vor dieser „Anregung" seit den frühen zwanziger Jahren Busbetriebe angekauft, konnte sich aber nun auf das offizielle Wohlwollen in ihrem Vorgehen stützen. Als erwünschter Effekt sollte auf diese Weise der Zersplitterung des Verkehrswesens wirksam begegnet werden. Mit dem „Gesetz über die Beförderung von Personen zu Lande" vom 4.12.1934 kam es dann zur Genehmigungspflicht für die gewerbsmäßige Personenbeförderung. Nur Bahn und Post waren davon ausdrücklich freigestellt und hatten lediglich die Auflage, neue Linien im Anzeigeverfahren vorab bekannt zu geben. Entsprechend konnten diese Unternehmen von der Regelung profitieren. Die Post hatte in der Zwischenzeit ihr Feld gut bestellt und war längst zum größten deutschen Omnibusunternehmen geworden. Damit hatte sie die beste Position für ein weiteres Wachstum inne.

Einen bunt gemischten Fuhrpark hatte des PA St. Blasien im Jahr 1927 aufzuweisen. Selbst kleinere Einsatzstellen verfügten oft über beachtliche Flotten (SN).

1923, 4.2
Die Franzosen dehnen das Besatzungsgebiet am Rhein weiter aus und besetzen die Städte Offenburg und Appenweier. Dadurch sind die Eisenbahnverbindungen in Nord- und Südbaden lahmgelegt. Es wird ein Kraftpost-Notbetrieb eingerichtet.

1923, 31.3.
Die Reichspost übernimmt die KVG Schlesien.

1923, 31.3.
Im Land Baden fahren 115 Postbusse und 27 Personenanhänger.

1923, 1.5.
Passiver Widerstand im französisch besetzten Rheinland: Nach der Anordnung der interalliierten Rheinland-Kommission müssen alle Kfz eine Betriebserlaubnis der französischen Militärregierung haben. Die Kraftpost stellt daraufhin bis zum 1.2.1924 ihren Betrieb im besetzten Gebiet ein.

1923, Juni
Die Kraftpost-Fahrgebühren pro km sind auf 120 Mark gestiegen (1.4.1922 = 1 Mark, 1.6.1922 = 1,20 Mark).

1923
Die Reichspost übernimmt die Große Baden-Badener Automobil-Gesellschaft mit acht Omnibussen.

1923
Die Schweizer Reisepost führt auf Bergpoststraßen das Dreiklanghorn ein.

1923
In Österreich beschränkt sich der Staatliche Kraftfahrbetrieb alleine auf die Führung der Postkraftwagenlinien. Die ÖBB beginnen, eigene Omnibuslinien im Wettbewerb zur Post aufzubauen.

1923
Beginn des Postomnibusverkehrs in Schweden.

1923-1925
Bau der Hauptwerkstatt für Postkraftwagen in Bamberg.

1923-1925
Mit dreirädrigen, 12 PS starken Wagen der Fabrikate Cyclonette und Phänomobil werden auf Betreiben von Dr. Schätzel (RPM, Abt. VI München) "Dreiradlinien" eingerichtet, die Vorläufer der Landkraftposten. Ein Teil der Dreiräder erhält einen Limousinenaufbau zur Personenbeförderung. Da die Phänomobile neben 400 kg Nutzlast nur vier Personen mitnehmen können, ist im Kursbuch der Hinweis "Dreiradverkehr, beschränkte Beförderungszahl" vermerkt. Der Höhepunkt des Dreiradverkehrs ist 1925/26 erreicht. Zu dieser Zeit sind alleine in Bayern 190 Phänomobile eingesetzt. Allerdings erweisen sich die Dreiradwagen im Betrieb als unzureichend und werden ab Mitte der zwanziger Jahre nach und nach zurückgezogen.

1923, ab August
Während der Inflationszeit steigen die Kraftpost-Fahrgebühren immer schneller und werden schließlich von einem Tag zum anderen neu festgelegt. Um eine Kostendeckung zu erzielen, legt das RPM fest, dass der Fahrpreis an den Geldwert gekoppelt wird. Der Fahrpreis pro km beträgt ab 1.8. 3.000 Mark, ab 1.9. 30.000 Mark, ab 1.10. 3.000.000 Mark und ab 1.11. 600.000.000 Mark bei einem Mindestfahrpreis von 1,2 Mrd. Mark pro Person. Schließlich klettert der Fahrpreis auf allen Kraftpostlinien einschließlich der Dreiradlinien bis auf 40 Milliarden Mark pro Kilometer. Ab 9.11.1923 (parallel zur übergangsweisen Einführung der Rentenmark am 15.11.1923 als währungsstabilisierende Maßnahme) werden die Kraftpost-Fahrgebühren in Goldmark berechnet und betragen nun nur noch 5 Rpf/km bei einem Mindestfahrpreis von 10 Rpf. Ab 1.12.1923 wird der Fahrpreis je nach Linie auf 6-8 Rpf/km festgesetzt.

1924, 24.1.
Das RPM verfügt, dass vor dem Hintergrund der trostlosen Finanzlage bei der Einrichtung von Kraftposten der strengste Maßstab anzulegen ist. Es soll danach gestrebt werden, dass jede Linie ihre Selbstkosten aus den tatsächlichen Einnahmen deckt.

1924, März
Gründung des Dachverbandes der halböffentlichen "Kraftverkehr Deutschland GmbH" für die verbliebenen Kraftverkehrsgesellschaften. Damit soll ein Gegengewicht zur Reichspost geschaffen werden. KVG und Reichsbahn sind durch Verträge eng miteinander verflochten. Die Reichsbahn verfolgt die Absicht, Einfluss auf den Straßentransport von Gütern und Personen zu gewinnen, der der Schiene Konkurrenz bereitet. 1930 schließt sich die Kraftverkehr Deutschland mit dem Verband deutscher Verkehrsverwaltungen zusammen.

1924, 1.4.
Mit dem Reichspostfinanzgesetz wird der reichseigenen DRP die finanzwirtschaftliche Selbstständigkeit gegeben (Abtrennung vom allgemeinen Reichshaushalt, eigenständige Betriebsführung, Verzicht auf staatliche Zuschüsse). Folgen sind Bestrebungen zur Rationalisierung, aber auch der Aufschwung der Kraftpost.

1924
Vertraglicher Verzicht der Reichsbahn auf eigenen Straßenpersonenverkehr, um im Konkurrenzkampf mit der Kraftverkehr Deutschland wenigstens den Straßengüterverkehr zu retten.

1924
Die besonders fortschrittliche Abt. VI des RPM in München erhält versuchsweise die ersten beiden MAN-Omnibusse mit Dieselmotoren. Es handelt sich um ältere Wagenkästen auf modernem Fahrgestell. Einer der Wagen ist ab Mitte 1925 fahrbereit. 1928 wird die Entwicklung forciert.

1924
Die deutsche Kraftpostlinie Garmisch - Landeck erhält in Landeck Anschluss an die Österreichische Postlinie nach Pfunds, wo in die Schweizer Post nach Schuls umgestiegen werden kann. Ab 1925 erfolgt der weitere Anschluss mit der Rhätischen Bahn bis nach St. Moritz.

1924
Die Posteigenwerbung setzt ein. Dazu gehören Plakate und Kraftpostwerbung auf Briefserienstempeln. Diese Stempel werden in verschiedenster Form in ganz Deutschland bis Mitte der siebziger Jahre verwendet. Die ältesten bekannten Stempel sind "Mit der Kraftpost zum Kyffhäuser" und "Kraftpost-Eilfahrten zur Walhalla" vom August 1924.

1924
Die gemeinschaftlich von Danziger Post und DRP betriebene Kraftpost Danzig - Marienburg/Elbing nimmt den Verkehr auf.

Allenthalben „oben ohne": Im Harz ...

... und in Thüringen (SVS).

RP-3396 gehörte zu den ersten Dreiachsern, die ab 1925 bei der Reichspost Einzug hielten. Der Büssing VI GL mit Trutz-Aufbau fuhr zwischen Apolda und Jena (BW, SVS).

Was die Hupe singt
(aus: Kraftpost-Fahrplan Bayern, 1925)

Voll lachender, froher Menschen zieht das braune Postauto auf der wenig befahrenen Straße zwischen blühenden Feldern unter strahlender Sonne hin, und da klingt der Ton der Hupe gleich einem Sang aus glücklicher Menschenbrust. Die Hupe singt das Lied einer neuen Zeit, einer glücklicheren Zeit, da Mensch dem Menschen näher kam, die Welt keine Wildnis, der Fremde kein Rätsel mehr ist. Denkt nur zurück an jene alte Zeit, die wir so gern die „gute alte Zeit" nennen. Munter rollte damals die gelbe Postkutsche einher. Wohl war sie freundlich anzusehen, und der blaue, silberbetresste Postillion blies auf dem Posthorn ein Lied, das melodischer klang als jenes, das heute die Autohupe singt. Im engen, dumpfen Inneren des Wagens aber saßen zusammengepfercht die Reisenden, kreuzlahm, erschöpft, zusammengebeutelt von der langen Fahrt im holpernden Wagen. Kam eine Bergstraße, so sprang der Postillion ab und führte seine stampfenden Rosse am Zügel. Widerwillig, doch sich der Pferde erbarmend, verließen auch die Reisenden den Wagen und trotteten gesenkten Hauptes hinter der Kutsche drein. Wo früher das Lied des Postillions klang, dem viele wie einer schöneren, entschwundenen Zeit nachtrauern, da tönt die Hupe des Postautos. Es ist das Lied der neuen Zeit, das die Hupe singt. Wie fröhlich singt die Hupe in der Morgenfrühe von Tegernsee über Hausham her! Und singt sie nicht ein köstlich Lied, wenn im bergigen Talauf und Talab der Fränkischen Schweiz einem plötzlich ein brauner Kraftpostwagen voll lachender, sorglos übermütiger, musizierender Wandervögel begegnet, wenn auf den Talstraßen des Allgäu oder auf dem hohen Ettalerberg bei Oberau das Postauto voll Reisender, die entzückt in den Polstern lehnen, vorüberhupt! Da klingt das eintönige Lied, das diesen Reisenden die Hupe singt, schöner noch, als dem abgemüdeten, durch unbehagliche Dauerfahrt abgestumpften Postkutschenreisenden von einst das schönste Lied des Schwagers klang!

Wie erwähnt wurden die Postverwaltungen von Bayern und Württemberg zum 1.4.1920 mit der Reichspost vereinigt. Damit ging die Posthoheit Bayerns und Württembergs (nach 114 Jahren!) zu Ende. Die süddeutschen „Postreservate" erhielten aber ein Zugeständnis als Entschädigung für den Verlust der postalischen Sonderrechte. Durch die Einrichtung von Abteilungen des Reichspostministeriums in München (VI) und Stuttgart (VII) behielten die Postbezirke dieser Länder noch bis Ende 1933 weitgehende Zuständigkeiten und besondere Kompetenzen. So führten die bayerischen Reichspostbusse anfangs die weiß-blaue bayerische Raute an Stelle des Reichsadlers. Auch die Lackierung der Busse wich von der üblichen gelb/blauen Farbgebung der Reichspost ab. Die Wagen im Stuttgarter Bezirk waren bis 1927, im Münchener zum Teil noch bis 1933 braun gestrichen. Ebenso existierte für diese Fahrzeuge ein besonderes Kennzeichenschema innerhalb des Reichspost-Nummernplans. Von den Äußerlichkeiten abgesehen betrieben die beiden Außenstellen des RPM eine eigene Beschaffungs- und Entwicklungspolitik auf dem Omnibussektor. Besonders die Münchener Abteilung VI des RPM, seit 1923 geleitet von Dr. Georg Schätzel, tat sich durch die Förderung technischer Innovationen hervor. Mitte 1921 gaben die Bayern bekannt, dass sich die dreiachsigen Phänomobile als Vorläufer der Landverkraftung (1928) gut bewährt hätten. 1924 wurde ein Niederrahmenbus des Typs Fageol „Safety Coach" aus den USA importiert, der der deutschen Omnibusindustrie als Vorbild diente und die Abkehr vom Lkw-Fahrgestell beim Bau von Bussen einleitete. Ähnlich verhielt es sich mit der Nutzung von Dieselmotoren in Omnibussen. In Bayern wurden 1924 und 1928 versuchsweise die ersten beiden Postbusse mit MAN-Dieselmotoren in Betrieb genommen, Beginn eines Siegeszuges im Nutzfahrzeugsektor. Weitere Besonderheiten im bayerischen Reichspostgebiet waren die linksrheinische Exklave Bayerische Pfalz (so war z.B. Pirmasens einer der größten bayerischen Kraftpost-Stützpunkte), die zeitweilige Durchführung des Münchener Stadtomnibusbetriebes (1930-1934), die Einrichtung der Deutschen Alpenpost Lindau - Berchtesgaden mit besonderen Reisewagen (1931) und die Anschaffung der ersten

RP-12 006 (Büssing, 1926) vor dem Radauwasserfall bei Bad Harzburg (SVS).

Halbkettenbusse des Typs Citroën P 19 „Kegresse" für Bergstrecken (1933). Ab 1928 nahmen die Münchener und Stuttgarter Reichspostabteilungen die ersten dreiachsigen Mercedes-Benz-Omnibusse mit der Bezeichnung N 56 in Betrieb. Die Einheitsbestrebungen der Nationalsozialisten beendeten die Sonderstellung der DRP in Bayern und Württemberg mit Ablauf des Jahres 1933.

Damit sind wir der Entwicklung etwas vorausgeeilt. In das Jahr 1922 fiel die Namensgebung des Dienstzweiges: Der Reichspostminister verfügte die Verwendung der Bezeichnung „Kraftpost" für die motorisierte Personen- und Postsachenbeförderung. Für mehr als vierzig Jahre blieb dieser Begriff im allgemeinen Gebrauch. Bereits von 1922 an war für den Ausflugsverkehr eine größere Anzahl von Bussen mit Allwetterausstattung beschafft worden. Bei schöner Witterung fuhren diese Wagen als Cabriolet, bei Regen und Kälte wurde das Dachverdeck geschlossen.

Fahrten mit derart ausgestatteten Postbussen erfreuten sich damals sehr großer Popularität. Während die Sonderfahrten anfangs den Nahbereich abdeckten, wagte man sich nach und nach an größere Touren, zunächst quer durch Deutschland, ab Ende der zwanziger Jahre dann auch ins benachbarte Ausland. Vor allem die Alpenländer waren ein beliebtes Reiseziel, das die Post zu günstigen Preisen anbot. Im Linienverkehr kamen ab 1925 die ersten Fern- und Eillinien auf, die ein gewisses Konkurrenzangebot zur Reichsbahn darstellten. Sie erhielten aber nie die Bedeutung des postüblichen Nah- und Nachbarortsverkehrs. Die planmäßigen, preiswerten Linienfahrten wurden neben ihrer Funktion für die örtliche Bevölkerung zunehmend für Sommerfrischler, Wintersportler und Erholungssuchende interessant. Besonders in touristisch geprägten Regionen begann man mit Werbemaßnahmen und gab eigene Kraftpost-Reiseführer mit Wandervorschlägen und Hinweisen auf die Sehenswürdigkeiten heraus. 1929 erschien dann das erste Kraftpost-Kursbuch.

Ganzstahlaufbau der Waggonfabrik Uerdingen auf Büssing VI GL von 1927 (SVS).

1924
Nach einer Amerika-Studienreise ihres technischen Leiters importiert die Abteilung VI des RPM in München aus den USA einen Fageol-Omnibus vom Typ "Safety Coach" (RP-493). Dieser erste Niederrahmenbus auf deutschem Boden soll der heimischen Industrie Anregungen für fahrgastfreundlichere Bauformen geben. Der Bus verfügt über eine besonders niedrige Karosserie, die durch einen gekröpften Rahmen erreicht wird. Der tiefere Schwerpunkt des Fahrzeugs bedeutet eine bessere Straßenlage und ein bequemeres Einsteigen für die Fahrgäste. Für jede Sitzreihe sind eigene Türen angeordnet. 1924/25 erfolgte Nachbauten von Magirus, MAN und VOMAG setzen sich wegen der Abteilbauweise zwar nicht durch, bewirken aber auch in Deutschland den Bau von Niederrahmen-Fahrgestellen. Die Post hat damit einen entscheidenden Schritt für die Entwicklung des deutschen Omnibusbaus, der bis dato auf Lastwagen-Fahrgestellen basierte, geleistet. Mit RP-493 finden in den 20er Jahren Versuche zum Radioempfang in Fahrzeugen statt. Der Wagen erhält dafür eine Antenne.

1924/25
Die Kraftpost in Bayern erhält neue Omnibusse der Firmen Benz, Daimler, Dürkopp, FAUN, Magirus und MAN. Die zwölfsitzigen Dürkopp-Wagen reichen für viele Linien aus. Die OPD Stuttgart beschränkt sich auf die "heimischen" Fabrikate Mercedes-Benz und Magirus.

1924, 1.-31.8.
Zu den Rhön-Segelwettflügen auf der Wasserkuppe werden Sonderfahrten mit Postbussen durchgeführt.

1924, 10.12.
Auf der Berliner Automobilausstellung stellt Büssing Dreiachs-Omnibusse mit zwei angetriebenen Hinterachsen vor.

1925, ab Anfang
Für neue Kraftomnibusse der Post werden jetzt vorzugsweise Niederrahmenfahrgestelle verwendet.

1925, 9.3.
In Siegen eröffnen Reichspost und die Omnibus-Verkehrs-GmbH (ab 1.6.1926 Siegener Kreisbahn) gleichzeitig konkurrierende Omnibuslinien.

1925, 31.3.
Die Postdienst-Instruction von 1854 zur Beaufsichtigung der Personenposten tritt außer Kraft.

1925, 12.5.
Freundschaftsvertrag zwischen der OPD Bremen und der Bremer Vorortbahnen GmbH zur gegenseitigen Interessenabgrenzung im Großraum Bremen. 1937 gerät der Vertrag wegen eines Streits um die Verlängerung von Kraftpostlinien auf dem stadtbremischen Gebiet wieder in Erinnerung.

1925
Die Breite von Omnibussen beträgt im Allgemeinen 2,35 m bei Stadtbussen und 2,10 m bei Überlandbussen.

1925
Einrichtung der Eilkraftpost Fulda - Bad Brückenau.

1925
In Ostpreußen bestehen 12 Kraftpost-Linien.

1925
Die Reichspost übernimmt drei Kom des Omnibusbetriebs der Ostdeutschen Kleinbahn-Gesellschaft.

1925
Vertrag der DRP mit der Reichsbahn und der Kraftverkehrsgesellschaft Deutschland über die gegenseitige Interessenabgrenzung.

1925
Die OPD Speyer gibt den "Amtlichen Kraftpostführer für die Rheinpfalz" heraus.

1925
Die DRP stellt die ersten dreiachsigen Großraumomnibusse ("Sechsradwagen") von Büssing in Dienst. Diese bisher größten Wagen der Post verfügen über 45-48 Sitzplätze.

1925
Die Postbusse werden mit Briefkästen ausgestattet.

1925
Durch über 1.000 Neubeschaffungen steigt der Wagenpark der DRP gegenüber 1924 von 1.212 auf 2.240 Postbusse an.

1925
Auf der Deutschen Verkehrsausstellung in München wird der 1924 gedrehte Film "Hinter den Kulissen der Deutschen Reichspost" gezeigt, der sich u.a. mit dem Kraftfahrbetrieb befasst.

1925-1929
Der Kraftpostdienst nimmt enormen Aufschwung. Von 1925 bis 1929 verdoppelt sich die Anzahl der Linien und der Linienkilometer, die Fahrgastzahl vervierfacht sich nahezu.

1925, 1.8.
Reichstagsabgeordnete und Mitglieder des Verwaltungsrates der DRP werden von Fahrgebühren in Postomnibussen befreit. Ähnliches gilt bereits seit 1919 für Landtagsabgeordnete in Bayern und Baden.

1925, 26.8.
Das "Gesetz über Kraftfahrlinien" verpflichtet die Post, die Eröffnung von Omnibus-Linien vier Wochen vorher dem jeweiligen Regierungspräsidenten bekannt zu geben. Es bleibt aber bei der Genehmigungsfreiheit für Kraftposten. Die Konkurrenz schimpft: Die Reichspost erlege sich bei der Einrichtung neuer Kraftpostlinien keinerlei Zwang auf.

1925, September
Nach heftigen Streitigkeiten einigen sich KVG Sachsen und Reichspost auf eine Verteilung der Linien in Sachsen. Dabei sollen dem sächsischen Staat etwa 2/3 und der Post 1/3 der gesamten Linien zufallen. Die rentabelsten und wichtigsten Linien bedient die KVG Sachsen. In der Folgezeit geben KVG und DRP gemeinschaftlich ein Kraftkursbuch für Sachsen heraus.

1925, 24.10.
Auf Wunsch der Stadtverwaltung richtet die Post einen Ortsbusverkehr in Bamberg ein. Auch in weiteren Orten, beispielsweise in Fulda, Suhl und Bernburg, entstehen Stadtkraftposten. Sie machen jedoch insgesamt nur weniger als 1% aller Leistungen der Kraftpost aus.

1925, 5.12.
Kfz müssen mit Luftreifen ausgestattet sein. Vollgummi- und Elastikbereifungen dürfen auslaufend noch bis 1930 benutzt werden.

Dreiachsermotive schmückten auch die Fahrplaneinbände (SVS).

Ist der Büssing VI GL (Trutz-Aufbau) mit der Nummer RP-12 204 nicht ein prächtiger Wagen? Ab 1927 wird er im Harz auf der steigungsreichen und stark frequentierten Linie Bad Harzburg - Braunlage - Schierke (mit Kleinbahnanschluss zum Brocken) eingesetzt (BW, SVS).

Großraum-Kraftwagen der Reichspost

In Gegenden mit starkem Fremdenverkehr, wie in der Sächsischen Schweiz, hat die Deutsche Reichspost Großraum-Kraftwagen mit 49 Sitzen eingestellt. Die Abbildung zeigt einen solchen Wagen bei Hohnstein (Sächs. Schweiz).

Zehn Jahre nach der Vorstellung des ersten Dreiachs-Omnibusses bildete RP-22 264 den vorläufigen Höhepunkt in der Entwicklung dieser Bauart. Im März 1934 ging der 250 PS starke Wagen des Typs Henschel 35 H 3 in Frontlenker-Bauweise in Betrieb. Das Einzelstück wurde noch in der alten postgelben Farbgebung der Weimarer Zeit ausgeliefert (SVS).

Büssing VI GLn mit Werdau-Aufbau von 1929, aufgenommen an der Kaisertreppe vor dem Kieler Hbf (SVS).

Büssing VI GLn im schweren Winterdienst auf den verschneiten Straßen des Harzes. Verschiedentlich waren damals große Fahrtrichtungsschilder an der Dachgalerie üblich (SVS).

Einer der seltenen, 1929 gebauten Mercedes-Dreiachser vom Typ N 56 mit Werdau-Ganzstahlaufbau. Zu dieser Zeit beherrschte Büssing den Markt für dreiachsige Omnibusse. Bei der Post standen über 100 Büssing-Dreiachsern nur eine Hand voll solcher Fahrzeuge von Mercedes gegenüber. In der Weltwirtschaftskrise waren die großen Dreiachser schwer verkäuflich, weil die Fahrgastzahlen stark absanken (VA).

Die Reichspost fährt durch die schönsten deutschen Landstriche. Im Ahrtal (an der „Bunten Kuh" bei Walporzheim) und im Schwarzwald treffen wir Mercedes N 2/6a-Busse von 1929 (SVS).

1925, 26.12.
Die letzten 103 reichseigenen Postpferde in Berlin werden restlos durch Postkraftwagen ersetzt.

ab 1925, Winter
Im Raum Oberstdorf werden im Winter Postbusse mit vorgespannten Schneeräumern eingesetzt.

ab 1925, Winter
Auf der Poststraße Bad Harzburg - Braunlage nimmt die Kraftpost den Winterbetrieb auf, der bislang noch von Pferdeschlitten durchgeführt wurde. Damit wird die Frage der Schneeräumung akut. Die DRP setzt daher eine umgebaute Zugmaschine als Schneepflug ein, bis einige Jahre später die Straßenmeisterei diese Aufgabe übernimmt.

1926, 28.6.
Die Daimler Motoren AG und die Fa. Benz & Cie, die bereits seit 1924 eine Interessengemeinschaft bilden, fusionieren zur Daimler-Benz AG.

1926, 28.7.
Stopplicht und Fahrtrichtungsanzeiger werden Vorschrift für Kfz.

1926
Einrichtung der durchgehenden Kraftpostlinie von Garmisch über die österreichische und schweizerische Grenze bis nach Schuls und St. Moritz.

1926
Neues Nummernschema für Postbusse, beginnend mit RP-12 001 (fortgeführt bis 1932). Stuttgarter Wagen erhalten Nummern der Reihe RP-18 000 ff., Münchener Busse die Nummer RP-1 bis 393 in zweiter Besetzung.

1926
Die Reichspost stellt zwei Hochsitzer-Omnibusse von Benz und Hansa-Lloyd in Dienst.

1926
Der Dresdener Omnibusbetrieb Georg Hofmann führt Auftragsfahrten für die DRP durch.

1926
Die Reichspost übernimmt den Automobilverkehr in Gernsbach mit drei Kom sowie die Osnabrücker Omnibusgesellschaft (OOG) mit acht Kom.

1926
Die OPD Bamberg untersagt wiederholt einem tschechischen Privatunternehmer die beantragte Aufnahme einer grenzüberschreitenden Linie Bad Elster - Asch - Selb.

1926
Die OPD Nürnberg richtet die "Reichsstädte-Rundfahrt" durch die sieben fränkischen Reichsstädte (u.a. Rothenburg, Dinkelsbühl) ein.

1926
Reichspost und Bonner Verkehrsgesellschaft geben einen gemeinsamen Ausflugsfahrten-Prospekt heraus.

1926/27
Die Reichspost schließt mit der Versicherungsgesellschaft Thuringia einen Vertrag über die Unfallversicherung der Kraftpostreisenden ab.

1926-1929
Beim Vergleich der Reichspost mit der Kraftverkehr Deutschland und dem Verband Deutscher Kraftverkehrsgesellschaften ergeben sich folgende Daten: Die Zahl der Postbusse steigt von 1926 bis 1929 von 2.557 auf 3.736, die der KVG- und VDK-Busse von 748 auf 1.678. Die Post betreibt 1926 rund 28.600 km Linien, 1929 sind es fast 44.000 km. Dagegen befahren die KVG Deutschland und die VDK-Betriebe 1926 5.418 km Linien und 1929 bereits 12.260 km. Die Zahl der beförderten Personen durch die Post liegt 1926 bei 36,1 Mio., 1929 bei 85,5 Mio. Hier vergrößert sich der Anteil der KVG- und VDK-Unternehmen, deren Werte 1926 bei 32,3 Mio. und 1929 bei 104,4 Mio. liegen (für die DRP wirkt sich der hohe Anteil des Überlandverkehrs nachteilig aus). Alle Angaben zeigen, wie stark der Omnibusverkehr in diesen Jahren insgesamt an Bedeutung gewinnt.

1927, 11.2.
Vertrag der OPD Köln mit der Kraftverkehr Wupper-Sieg zur gegenseitigen Interessenabgrenzung und zur Verpflichtung der Kraftverkehr Wupper-Sieg, auf ihren sämtlichen bestehenden und noch einzurichtenden Kraftfahrlinien Postsachen jeder Art unentgeltlich zu befördern.

1927, 1.4.
Die Rheinische Kraftwagen-Betriebs-Gesellschaft übernimmt Kraftpost-Linien des PA Heinsberg. Die Übernahme wird am 1.5.1929 rückgängig gemacht.

1927
Vertrag der Post mit dem Verein Deutscher Straßenbahnen, Kleinbahnen und privaten Eisenbahnen, um ein gedeihliches und planmäßiges Zusammenarbeiten bei der Beförderung von Personen und Gütern zu erreichen.

1927
In Österreich erschließen Postbusse im Sommer den Großglocknerbereich.

1927
In Württemberg werden einige Postbusse versuchsweise mit Gepäckkästen am Heck ausgerüstet.

1927
Einführung von Omnibussen mit Allwetteraufbau bei der Post. Sie haben den Vorzug, je nach Witterung mit offenem oder geschlossenem Dach fahren zu können. Der Verdeckabschluss ist windsicher und wasserdicht ausgeführt und wird durch eine heckseitig angebrachte Kurbel betätigt.

1927
VOMAG produziert den ersten Ganzstahlomnibus. Bereits zwei Jahre zuvor entwickelt die Uerdinger Waggonfabrik erste Stahlaufbauten für Omnibusse.

1927
Die Linie Goslar - Bad Harzburg - Braunlage wird im Gemeinschaftsverkehr der Reichspost mit der KVG Braunschweig betrieben. 1928/29 erfolgt eine Verlängerung bis Elend - Schierke. Der Gemeinschaftsverkehr Bad Harzburg - Braunlage wird auch nach dem Krieg fortgesetzt, nun ergänzt um Busse der Südharz-Eisenbahn. Die Post gibt die Linie Ende 1983 an die DB ab. Die Verkehrsgemeinschaft zwischen dem Rechtsnachfolger der Kraftpost, der Regionalbus Braunschweig GmbH, und der KVG Braunschweig besteht noch heute.

um 1927
Die Busse der OPD Stuttgart werden, wie im übrigen Reichspost-Gebiet, blau/gelb lackiert. Nur die bayerischen Postbusse behalten die braune Farbe.

1927-1932
Dr. Georg Schätzel, der "Vater" der ersten Motorposten, ist Reichspostminister.

Titel des Reichspost-Kalenders von 1930 (SVS).

Postbusse aus Frankfurt a.M. unterwegs auf „Sängerfahrt nach Oberbayern". Die beliebten Touren mit der Kraftpost wurden immer länger und durchquerten oft ganz Deutschland (SB).

Mit der Kraftpost ins ostpreußische Elchgebiet

Die Kraftpost fährt von Kaukehmen zweimal täglich durch den wegen seiner urwüchsigen Schönheit besonders reizvollen Ibenhorster Forst, durchquert das Dorado der Elche, das Bredschuller Moor, und endet in Elchwinkel, der nördlichsten deutschen Gemeinde an der Grenze des Memelgebietes.

Bild: Georg Schultz, Kaukehmen

Die Kraftposten erschließen dem Fremdenverkehr das leider noch viel zu wenig besuchte, an Naturschönheiten so reiche Ostpreußen.

Zu Kraftpost-Fahrten in das schöne Ostpreußen lud der Reichspost-Kalender 1933 ein (SVS).

Bis 1945 war nicht das Posthorn, sondern der Adler das Hoheitssymbol an den Postbussen (SR).

Der Motor will genauso gepflegt sein wie die Stiefel des Wagenführers. Die Aufnahme (SR) entstand in Bad Kudowa (Schlesien).

Der Hansa-Lloyd 3,4 to mit der Nummer RP-12 089 (Baujahr 1926) verfügte im Heck über ein Hochsitzer-Aussichtsabteil. Das Foto entstand 1929 in Lehrte (SM).

Während der vom Ort heraufkommende Wagen mächtig Staub aufwirbelt, wartet der Postbus vom Typ Magirus MLO (1929) geduldig ab, bis der Herr mit Hut seine Post in den Briefkasten eingeworfen hat (Magirus-Werkfoto, SVS).

Eine fast vergessene Omnibusmarke ist die Fa. Dürkopp aus Bielefeld, die 1929 als eines ihrer letzten Produkte dieses Fahrzeug vom Typ O 6 an die Reichspost lieferte. Das Foto entstand 1931 in Hanstedt in der Lüneburger Heide (SVS).

Ein DAAG O 6 mit Aufbau der Fa. Rembrandt pausiert im Jahr 1930 in Altenahr. Beachtlich ist der hintere Überhang des schicken Cabrios (SVS).

1927, ab 20.10.
"Wettfahrten" zwischen den konkurrierenden Unternehmen Post und Kraftverkehr Wupper-Sieg im Raum Siegburg. Bis Mitte 1929 kommt es zu gegenseitigen Fahrpreisunterbietungen.

1928, 31.3.
Die DRP verfügt über 7.853 Kfz, davon über ein Drittel Busse.

1928, 1.5.
Beginn der Verkraftung des Landpostdienstes durch die Einrichtung von Landkraftposten. Die Landkraftposten befördern außer der Brief- und Paketpost auch Poststücke, Kisten, Kannen, Körbe, Geräte, Kaufmannswaren, landwirtschaftliche Erzeugnisse, frische Milch usw. Nebenher bieten die "schnellen Postwagen" angenehme Reisegelegenheiten für einzelne Personen.

1928
Es erscheint ein besonderes Heft "Kraftfahrlinien" zum Reichskursbuch.

1928
Die bayerische Abteilung der Reichspost stellt mit dem MAN NON 6 erstmals einen Omnibus mit 100 PS Leistung in Dienst.

1928
Die Reichsbahn löst den Vertrag mit der Kraftverkehr Deutschland und widerruft damit den Verzicht auf die Straßenpersonenbeförderung. Beginn des Aufbaus eigener Omnibuslinien der DRG. Den 11 Linien und 17 Bussen der DRG stehen 1.963 Kraftpostlinien gegenüber, die mit 3.298 Postbussen befahren werden.

1928
Alle Postbusse werden mit einem Gelass für den Postsachentransport ausgestattet.

1928
Die Streckenlänge der Reichspost-Buslinien umfasst rund 37.000 km, die der Kraftverkehrsgesellschaften 13.000 km.

1928
In einen Magirus-Postbus wird erstmals ein geräuschloses Getriebe eingebaut. Die Bosch-Dewandre-Servo-Bremse verbessert die Bremstechnik.

1928
Das RPM richtet Kraftfahr-Oberbetriebsleitungen (später als Kraftpostgruppenleitungen bezeichnet) ein. Sie entsprechen den Oberbetriebsleitungen, wie sie bei der Reichsbahn und für den Bahnpostbetrieb bereits 1919 eingerichtet wurden. Die Kraftfahr-Oberbetriebsleitungen sollen als Beauftragte des RPM eine einheitliche Einrichtung des Postkraftfahrwesens gewährleisten, die OPDen beraten und über die Absichten des RPM unterrichten. Ferner sollen sie sicherstellen, dass der Dienst möglichst einfach, zuverlässig und wirtschaftlich gestaltet ist. Den Oberbetriebsleitungen sind sieben Kraftpostwerke und 28 Kraftpostbetriebswerke nachgeordnet, die gemeinsam mit den Oberverkehrsämtern die Kraftpostbetriebsstellen vor Ort steuern. Bis 1934 steigt die Zahl der Kraftpostbetriebswerke auf 52.

ab 1928
Die Postreklame Karlsruhe organisiert mit Kraftpostbussen Auslandsfahrten und Fernreisen.

1928/29
Rechtsstreit zwischen Reichspost und Nassauischer Kleinbahn. Als die DRP im Januar 1929 die Linie Nastätten - Braubach eröffnet, muss die Kleinbahn ihren Personenzugverkehr auf dieser Strecke wegen Unwirtschaftlichkeit einstellen.

1929, 6.2.
Erlass von Richtlinien zur Beseitigung der Schwierigkeiten, die sich aus der Zersplitterung des in öffentlicher Hand befindlichen Kraftfahrwesens ergeben.

1929, 1.4.
Im "Auszug aus den Unfall- und Störungsmeldungen im Kraftpost-Betrieb" stellt das RPZ, Abteilung München, Vorkommnisse zusammen, die auf Gefahren hinweisen und dem Kraftpost-Personal als Warnung dienen sollen. Unter anderem werden Zusammenstöße zwischen Kraftpost- und Privatwagen an Wegekreuzungen, Verletzungen anderer Wegebenutzer durch rücksichtsloses Vorbeifahren, unvorsichtiges Ausweichen und Überholen auf schlüpfriger Straße und zu schnelles Durchfahren unübersichtlicher Kurven erwähnt. Aus gegebenem Anlass wird hervorgehoben, an unruhigen Pferden nur im Schritttempo vorbeizufahren, bei Nebel die Geschwindigkeit zu verringern, Fahrtrichtungszeichen zu geben und an Tummelplätzen der Kinder und an Schulen mit größter Umsicht vorbeizufahren. Weiterhin wurden durch unvorsichtiges Schließen der Wagentüren Reisende verletzt, und beim Ankurbeln der Fahrzeuge kam es zu Armbrüchen wegen falsch eingestellter Zündung. Weil die Glockenleine zwischen Anhänger und Zugwagen fehlte, wurde ein junges Mädchen - halb auf dem Trittbrett liegend - eine Strecke weit mitgeschleift.

1929, 28.6.
Reichsbahn und Reichspost schließen ein Abkommen: Der Bahn wird der Straßengüter-, der Post der Straßenpersonenverkehr zuerkannt. Es werden 122 gemeinschaftliche Omnibuslinien eingerichtet, deren Durchführung der Post obliegen soll. Die vor dem 1.4.1929 eingerichteten Kraftposten sind durch dieses 1. Bahn/Post-Abkommen nicht berührt.

1929
Das Farbschema für Postbusse im Reichspostgebiet (gelb, oberhalb der Fensterkante blau) wird auf gelb mit blauer, später schwarzer Zierleiste umgestellt.

1929
Das erste Kraftpost-Kursbuch erscheint.

1929
Der erste Reichspost-Kalender erscheint.

1929
Der gesponserte Kraftpostführer "Mit Mercedes-Benz durch das schöne Badener Land" erscheint anläßlich des zehnjährigen Bestehens der amtlichen Omnibus-Kurslinien und Sonderfahrten mit Post-Aussichtswagen in Baden in der dritten Auflage. Im Vorwort ("Unser gelber Freund") heißt es: "Die alte gelbe Postkutsche, die unter Posthornklängen des Städtchens Tor passierte oder auf stillen Waldsträßchen dahintrabte, nein, sie ist es wirklich nicht. Aber wer sollte dem gelben Wagen der Neuzeit gram sein, daß sein helles Hupensignal sich nicht zum Liede formt und das Rasseln des Motors nichts mehr gemein hat mit dem munteren Knall von Schwagers Peitsche? Scheltet ihn ja nicht poesielos, den "Gelben", der heute auf der Landstraße die Deutsche Reichspost verkörpert. Er ist ein trefflicher Freund. Wer wollte ihm nicht vertrauen?"

1929
Die neue Postordnung enthält 15 Paragraphen über die Kraftpost.

1929
Auf Fernmelderechnungen und auf Telegrammumschlägen erscheint Kraftpost-Werbung.

Kleine Kunstwerke sind die Titelbilder der Reichspost-Kalender von 1932 und 1934. Beide hatte Jupp Wiertz gestaltet, ein herausragender Plakatkünstler und Grafiker der 20er und 30er Jahre. Der vielfach ausgezeichnete Wiertz war auf Produktwerbung für den Reiseverkehr spezialisiert und zeichnete auch für die Kampagnen der Reichsbahn (SVS).

Neben Dampferfahrten waren Ausflüge mit dem Postbus durch das Elbtal und in die Sächsische Schweiz sehr beliebt (SGK).

Ab den späten zwanziger Jahren wurde mit Prospekten in englischer Sprache verstärkt um ausländische Touristen geworben. „Through Germany by Mail Coach" lautete das Motto (SVS).

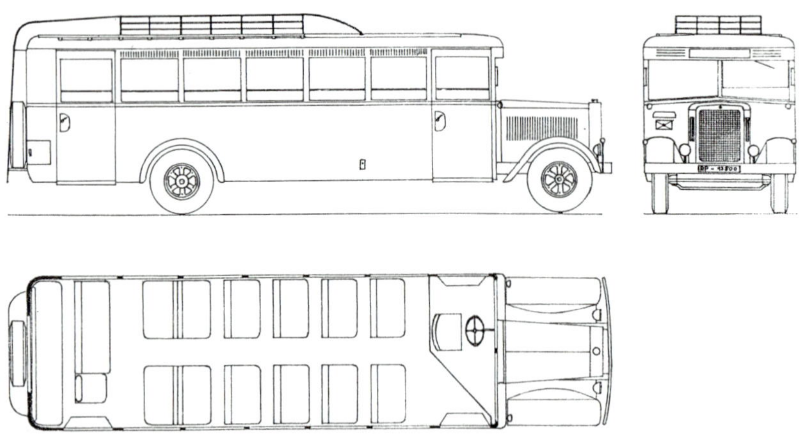

1929 stellte die DRP die ersten Wagen nach dem von ihr entwickelten Konzept für mittelgroße Omnibusse mit 33 Sitzplätzen und Einheits-Stahlaufbau in Dienst. Wesentliche Gründe für die Vereinheitlichung der wichtigsten Fahrzeuggröße im Omnibuspark der Reichspost waren die Hebung der Wirtschaftlichkeit und die Verbesserung der Instandsetzung. Mit Modifikationen blieb der Grundriss des Einheitsaufbaus für rund zehn Jahre aktuell (Zeichnung: JJ).
Stellvertretend für die weit verbreitete Fahrzeuggröße mit 33 Sitzen und Einheits-Stahlaufbau steht der oben abgebildete Büssing III RP vom Baujahr 1930, aufgenommen 1935 in Hanau (SVS).

Kraftpost und Luftschiff

Unteres Bild:

Die Kraftpost erwartet die mit dem Luftschiff angekommenen Fahrgäste, um sie weiterzubefördern.

Landung des „Graf Zeppelin" in Meiningen am 11. 10. 1931

Oberes Bild:

Das Luftschiff ist zur Rückfahrt nach Friedrichshafen aufgestiegen. Die Zuschauermenge begibt sich nach den für die Rückfahrt bereitstehenden Kraftpostwagen.

Die bequemen und billigen Kraftposten dienen dem Verkehr überall, wo es nottut.

Bilder: OPI Gampert, Sonneberg (Thür.)

Kraftpost und Luftschiff – eine überraschende Verbindung, die sich erst auf den zweiten Blick erschließt (Reichspost-Kalender 1933, SVS).

Die Kraftpost bei der Landung des Luftschiffs „Graf Zeppelin" in Meiningen am 11.10.1931 (aus: Deutsche Verkehrs-Zeitung, 1931)

Zeppelin kommt! Wie ein Lauffeuer ging diese überraschend kommende Nachricht eines Tages durch ganz Thüringen. Je näher der Tag der Landung kam, um so mehr steigerte sich die Erwartung. Auf nach Meiningen! Das war der Ruf, dem Tausende und aber Tausende am Sonntag, den 11. Oktober, aus ganz Thüringen, der Rhön und dem benachbarten Franken folgten. So war es, begünstigt durch herrliches Wetter, kein Wunder, daß eine Menschenmenge nach Meiningen strömte, die alle Erwartungen übertraf. Außer den fahrplanmäßigen Zügen waren von der Reichsbahn 22 Sonderzüge eingelegt worden. Daß auch zahlreiche Kraftsonderposten nach Meiningen fuhren, war selbstverständlich. Die Hauptaufgabe für unsere Kraftpost lag jedoch in Meinigen selbst. Die OPD Erfurt hatte mit der Stadt ein Abkommen getroffen, daß die DRP alleine berechtigt sein sollte, die Beförderung von Besuchern zum Flugplatz durchzuführen. Maßgebend für diesen Entschluss der Stadtverwaltung war die Tatsache, daß eine einheitliche Leitung über alle Fahrzeuge die beste Gewähr für die glatte Durchführung des Riesenverkehrs bot. Zu den Pendelfahrten waren zunächst 40 Wagen vorgesehen. Aber die immer neu hinzuströmenden Massen nötigten dazu, auch die nach Meiningen mit Sonderfahrten gekommenen Kraftomnibusse einzusetzen, darunter auch 9 bayerische der OPD Würzburg, so daß insgesamt 70 Wagen der DRP von drei Abfahrtsstellen aus dauernd in Bewegung waren. Es war ein prächtiger Anblick, als nach der Landung des Luftschiffs die fast nicht zu übersehende, lange Reihe dieser gelben Wagen den Flugplatz umsäumte und in dieser selten geschauten Anhäufung beim Publikum den sinnfälligen Beweis der Leistungskraft der DRP bot. Einen besonderen Eindruck auf die 80.000 Zuschauer machte dabei noch ein dreiachsiger Büssing-Omnibus, der, trotz seiner Ausmaße ein Zwerg neben dem Riesen Zeppelin, auf die engen Beziehungen zwischen den beiden „Verkehrskollegen" mit hinwies.

1929
Die 1921 eröffnete Werkstatt für Post-Kfz in Koblenz erhält die Bezeichnung "Kraftpostbetriebswerk" (ab 1938 Bezirkswerkstatt für Postkraftwagen).

1929
Büssing hat bei Dreiachs-Omnibussen einen Marktanteil von 98%. Bei den Dreiachsern im Wagenbestand der Reichspost ist das Verhältnis ähnlich.

1929
Im Zahlenvergleich ergibt sich, dass die DRP reichsweit die meisten Busse (3.736) einsetzt. Dazu einige exemplarische Vergleichswerte: Die im Verband deutscher Verkehrsverwaltungen zusammengeschlossenen Betriebe verfügen über 3.255 Omnibusse, die Berliner Verkehrsgesellschaft (BVG) über 766, die KVG Sachsen über 514 und die Reichsbahn über 25 eigene Busse. Bei der Zahl der beförderten Personen führt der Verband deutscher Verkehrsverwaltungen (513 Mio.) vor der Kraftpost (85,5 Mio.) und der KVG Sachsen (33,0 Mio.).

1929
Vor dem Hintergrund der extremen Typenvielfalt deutscher Aufbauhersteller sieht sich die DRP zu einer Straffung der Modellpolitik gezwungen. Die Reichspost führt daraufhin den genormten Einheitsaufbau für 33-sitzige Omnibusse in Ganzstahlbauweise ein. Neben dem meistverwendeten 33-Sitzer sind auch Einheitsaufbauten für 25-Sitzer und dreiachsige 45-Sitzer vorgesehen. Dem Normenbüro gehören die Firmen Christoph & Unmack AG (Niesky), Gebr. Credé & Co. (Niederzwehren), Gottfried Lindner AG (Ammendorf), Waggon-Fabrik AG (Uerdingen) und Linke-Hofmann-Busch AG (Berlin) an. Sitz des gemeinsamen Entwicklungsbüros wird das Kraftpostwerk Berlin-Borsigwalde. Erste Funktionsmuster werden Ende 1929 von Credé ausgeliefert. Neben der Ablösung der bisher üblichen Holzaufbauten erreicht die DRP eine Vereinheitlichung ihrer Baumuster und damit eine kostengünstigere Wartung und Reparatur. Die begehrten Aufträge der Reichspost erhalten die Aufbauhersteller ab dem Stichtag 1.4.1931 nur noch dann, wenn der Einheitsaufbau ohne Änderungen auf den ebenfalls genormten Fahrgestellen montiert werden kann.

1929/30
Einrichtung der Fernkraftposten Kassel - Köln, Dresden - Leipzig, Kiel - Hamburg und Erfurt - Coburg.

1929-1931
Fünf Klubsesselwagen der Reichspost werden 1929 von Karlsruhe aus für einen besonderen Einsatz angefordert: 100 US-Amerikaner wollen mit bequemen Omnibussen eine Europarundreise durchführen. Ohne Probleme bewältigen die Postbusse rund 10.000 km auf der Route Rotterdam - Brüssel - Köln - Heidelberg - Leipzig - Berlin - Dresden - Budapest - Wien - Lago Maggiore - Rom - Neapel - Riviera - Paris. Dies ist der Auftakt für touristische Kraftpost-Rundreisen in ganz Europa, die bis 1931 vornehmlich für zahlungskräftige ausländische Reisende durchgeführt werden. Ab 1930 wird mit Benz-Postbussen die St. Gotthard-Route bewältigt und die schweizerische und österreichische Alpenwelt erobert. Auch innerhalb Deutschlands werden unter Mitwirkung des MER touristische Rundfahrten durchgeführt. Dabei kommen erstmals Klubsesselwagen mit WC und Waschgelegenheit zum Einsatz. Im Zuge der Weltwirtschaftskrise kommt der Reiseverkehr 1931 weitgehend zum Erliegen.

1929, 10.8.
Der Reichssparkommissar legt ein für die Kraftpost sehr positives Gutachten vor und empfiehlt den weiteren Ausbau des Kraftpostnetzes. Insbesondere erkennt der Kommissar an, dass die Post in Erfüllung ihrer Pflicht zur Erschließung auch verkehrsarmer Gebiete eine als nicht gering zu bewertende Leistung für die Allgemeinheit erbringt. Trotz der Zersplitterung des öffentlichen Kraftverkehrs sei es der Post gelungen, ihr Kraftfahrwesen so auszugestalten, dass es den Anforderungen gerecht werde. Der Reichssparkommissar weist zum weiteren wirtschaftlichen Ausbau der Kraftpost auf die Möglichkeit der Angliederung bestehender Kraftfahrunternehmen hin.

1929, August
Der offene Ausflugswagen RP-2703 nimmt blütengeschmückt am Blumenkorso von Bad Ems teil.

1929, 25.10
Zusammenbruch der New Yorker Börse, Beginn der Weltwirtschaftskrise. Die folgenden Jahre sind von einer tiefgreifenden wirtschaftlichen Notlage geprägt, die auch auf den Kraftpostdienst durchschlägt. Der seit 1924 anhaltende Aufschwung beim Aufbau der Kraftpost kommt zum Erliegen, neue Linien werden kaum noch eröffnet. Im Gegenteil: Wegen sinkender Fahrgastzahlen können viele Strecken nur noch unter hohen Zuschüssen aufrecht erhalten werden.

1930, 15.4.
Die Stadt München richtet die erste Kraftverkehrslinie Ramersdorf - Perlach ein, für die die Post ihre (in Bayern rotbraunen) Autobusse stellt. Weitere Linien folgen ab 1.5.1930. Die DRP stellt u.a. drei FAUN- (RP-738 bis 740) und sieben MAN-Postbusse (RP-741 bis 747) bereit, die speziell für den Stadtverkehr ausgerüstet und in den Farben weiß/blau bzw. elfenbein/hellblau lackiert sind. Als Beschriftung dient das Stadtwappen mit dem Münchener Kindl. Der Auftragsverkehr der Post für die Stadt München währt bis 1934.

1930, 1.5.
Die Reichspost übernimmt die Aachener Verkehrsgesellschaft mit sieben Bussen. Im gleichen Jahr werden von der Fa. MOHAG, Nürnberg, sieben Kom übernommen.

1930, 28.5.
Einrichtung der Fernkraftpost Kassel - Bad Pyrmont - Bremen.

1930, 1.6.
Bahn und Post richten eine durchgehende Reisenden- und Gepäckbeförderung ein (so genannter Krapei-, Kraftpost-Eisenbahn-Verkehr), ähnlich wie früher beim Übergang von Pferdeposten auf die Eisenbahn.

1930, 15.6.
Postbusse übernehmen den Personenverkehr der Braunsfelder Ernstbahn (Hessen).

1930
Die Deutsche Verkehrs-Zeitung Nr. 24 schreibt: "Mit der Kraftpost durch deutsche Lande. Diese Überschrift trägt ein Werbefaltblatt der Deutschen Reichspost für ihren Kraftpost-Verkehr. 'Benutze die Kraftpost' hämmert das Blatt seinen Lesern ein. Die Deutsche Reichspost ist heute das größte Kraftfahrunternehmen Europas."

1930
Die Post kündigt den Vertrag von 1927 mit dem Privatbahnverein wegen zahlreicher eklatanter Vertragsverletzungen.

1930
Die Reichspost schließt mit der deutschen Erdöl-Industrie einen auf 10 Jahre befristeten Liefervertrag für Kraftstoff aus deutscher Produktion ab.

Eine Sonderrolle mit eigenem Farb- und Nummernschema spielte die Reichspost in Bayern bis 1933. Nach Kriegsende im November 1918 war hier der Kraftpost-Betrieb am schnellsten wieder in Gang gekommen, da der Bayerischen Post ein Teil der Omnibusse verblieben war. Im Jahr 1919 fahren die beiden Daimler-Wagen der Baujahre 1910/1912 auf einer miserablen Dorfstraße. Da Bayern kein Königreich mehr ist, lautet die Wagennummer schlicht „Post 213", der Vorsatz „Königlich" ist entfallen (MKN).

Schon 1919 konnten die ersten Nachkriegs-Neubauten in Dienst gestellt werden. Hier einer der ersten Magirus-Busse des Typs 2 CV 110 in Schönberg (Niederbayern), SVS.

1920 wird die bayerische Post in die Reichspost integriert, behält aber eine gewisse Selbstständigkeit. Als äußeres Zeichen tragen die bayerischen Postbusse nicht den Weimarer Reichsadler, stattdessen anfangs die bayerische Raute. 1924 entsteht auf einem Vorkriegs-Fahrgestell von MAN der erste mit MAN-Dieselmotor ausgerüstete Omnibus (SJ).

In der bayerischen Fremdenverkehrsregion nahm die Reichspost bald nach dem Krieg die Kraftpost-Werbung wieder auf (MKN).

Kraftpost-Philatelie: Ab 1924 setzte die DRP eine große Palette von Briefserienstempeln mit Kraftpost-Eigenwerbung ein, hier einige Beispiele (SVS, SG). Zunächst wurde für bestimmte Strecken geworben, ab 1929 allgemein für die Kraftpost.

Kaum zu glauben ist aus heutiger Sicht, welche Zusatzaufgaben die Postbusse zu dieser Zeit mitunter wahrnahmen. Sie beförderten Paddelboote und zusammengeklappte Segelflugzeuge, ja sie dienten sogar der örtlichen Feuerwehr als Einsatzfahrzeug. Praktisch war auch, dass die Kraftpost und der Telegraphendienst derselben Reichsverwaltung angehörten. Jeder Postbus sollte für Notfälle einen Streckenfernsprecher mitführen, mit dem sich der Busfahrer an der nächsten Telegraphenstange in die Fernsprechleitung einschalten konnte.

Ab 1928 wurde das stetig wachsende Kraftpostnetz durch Landkraftposten ergänzt, die die altmodischen Karriolposten (leichte Fuhrwerke) ersetzten. Die Landkraftpost bildete den Lückenschluss zu kleinen Dörfern, abgelegenen Gehöften und Weilern, die nicht von der Kraftpost angefahren wurden. Mit geschlossenen 1-to-Lieferwagen, die als „Landkraftwagen" bezeichnet wurden, konnte die Post- und nebenbei auch die Personenbeförderung in diesem Bereich abgedeckt werden. Der Betrieb erfolgte in täglich zwei Rundfahrten, ausgehend von einem Leitpostamt. Als Universaldienstleister mussten die Landkraftwagen über eine ausreichende Ladefläche für das Postgut verfügen und mit einem Fahrgastabteil für 3 bis 5 Passagiere ausgestattet sein. In der Regel bestand der Fahrgastraum aus einer zweiten Sitzreihe hinter dem Fahrer. Ihrer besonderen Aufgabe entsprechend waren die Landkraftwagen speziell für die Postzwecke konstruiert. Der Landkraftpostdienst erfreute sich viele Jahre großer Beliebtheit. Ein wohlwollender Kommentar charakterisierte ihn so: „Die Post vollbrachte mit der Neuordnung und Motorisierung des Landpostwesens eine Kulturtat, die ihr den Dank der gesamten Landbevölkerung sicherte." Landkraftposten wurden im späteren Bundesgebiet noch auslaufend bis 1973 betrieben. Dann hatte sich das Angebot mangels Nachfrage überholt und entsprach auch nicht mehr den Erfordernissen. Die Entwicklung in der DDR verlief ähnlich.

Offener Daimler-Ausflugswagen mit Rechtslenkung. Gerade verlässt der Bus Füssen auf dem Weg nach Reutte (Foto von 1924, SK).

Eine Besonderheit stellte der Kraftpostdienst nach Danzig dar. Danzig war nach dem Versailler Friedensvertrag vom 28.6.1919 dem Völkerbund unterstellt worden. Die Freie Stadt Danzig verfügte über eine eigene Post- und Telegraphenverwaltung (ab 1934 Landespostdirektion), die auch Kraftomnibusse (1930: 13 Stück) besaß. 1924 war die Kraftpostlinie Danzig - Ladekopp - Marienburg/Elbing eröffnet worden, die gemeinschaftlich mit der Deutschen Reichspost betrieben wurde. Vorteil der Verbindung war, dass sie das polnische Dirschau umging. Dadurch entfiel der lästige Visumzwang für Nicht-Danziger, die durch den polnischen Korridor nach Danzig reisten (am 21.4.1920 war das Korridorabkommen abgeschlossen worden, das den Durchgangsverkehr zwischen Ostpreußen und dem übrigen Deutschen Reich regelte). Diese Kraftpost war auch für Reisende des Seedienstes Ostpreußen wichtig, die von Danzig auf dem Landweg ihre Reise nach Ostpreußen fortsetzten. Der Gemeinschaftsbetrieb bestand bis Oktober 1939, als Danzig nach dem deutschen Polenfeldzug wieder Teil des Reiches wurde. Die Danziger Postverwaltung wurde zum 1.11.1939 in die DRP überführt. Die dreizehn Danziger Postbusse, bis dahin mit DZ-Kennzeichen versehen, erhielten am 1.1.1940 Reichspost-Nummernschilder. Über viele Jahre hinweg warb die Post mit Brief-Serienstempeln „Benutzt die Kraftpost Danzig - Marienburg (Westpreußen) – visumfrei, 3mal täglich" für die Linie. Im Verlauf der Strecke passierten die Postbusse auf Wagenfähren die Weichsel und Richtung Elbing die Nogat. Die Fährleute hatten nach § 23 des Postgesetzes die Kraftposten sofort überzusetzen, „sobald der Postillion das übliche Signal gab". Bei Ertönen der Hupe wurde dementsprechend der Postbus abgewartet.

Bereits 1924 importierte die bayerische Abteilung der Reichspost einen Fageol-Niederrahmenbus des Typs Safety Coach Inter-City aus den USA. Dieser Wagen (RP-493) besaß ein fahrgastfreundliches, tief liegendes Chassis. Er diente der deutschen Fahrzeugindustrie als Vorbild und bewirkte die Abkehr von Omnibusaufbauten auf Lkw-Fahrgestellen. Das Foto ist besonders bemerkenswert, da es das Fahrzeug mit einer aufwendigen Dachantenne zeigt. Damit wurde der Empfang von Rundfunksendungen in Fahrzeugen getestet. Im Oktober 1923 hatte die Reichspost den öffentlichen Rundfunkdienst in Deutschland aufgenommen (MKN).

1930
Auf dem Lande wird in besonderen Kraftpost-Anhängern Milch von landwirtschaftlichen Betrieben zu den städtischen Molkereien gebracht. Nach eigenem Verständnis bringt die DRP die Erzeuger damit näher an die Verbraucher und unterstützt die Landwirte auf diese Weise in ihrem schweren Wirtschaftskampf.

1930
Für Notfälle führt jeder Kraftpost-Omnibus einen Streckenfernsprecher mit, mit dem sich der Fahrer an der nächsten Telegraphenstange in die Fernsprechleitung einschalten kann.

1930
Die Post kauft Kraftverkehrslinien der KVG Sachsen-Anhalt AG.

1930
Die Straße von Berchtesgaden zum Obersalzberg wird eröffnet. Sie wird mit Magirus-Bussen der Reichspost befahren.

1930
Die Nationale Automobilgesellschaft in Berlin (NAG) geht eine Produktionsgemeinschaft mit Büssing ein.

1930
Die Schwarzwaldhochstraße (Baden-Baden - Freudenstadt, 65 km) wird eröffnet. Die Reichspost hat sich am Bau mit einem namhaften Betrag beteiligt und nimmt dort den Linienverkehr auf.

1930
Die DRP stellt die Fernreisewagen RP-13 527 bis 13 530 in Dienst. Es handelt sich um Mercedes-Benz N 2/6a-Busse mit Allwetterverdeck, 22 Klubsesseln, Toilette und Gepäckabteil im Heck.

1930
Ein Briefstempel wirbt für visumfreie Kraftpost-Linienfahrten nach Danzig.

1930-1933
Die Zahl der mit Kraftposten beförderten Personen fällt um ein Drittel von 87,8 auf 59,7 Mio. ab. Erst 1937 wird mit 88,3 Mio. Fahrgästen wieder der Stand von 1930 erzielt.

1930, 1.8.
Neuer Gemeinschaftsverkehr DRP/Rhein-Sieg-Eisenbahn AG auf der "Siebengebirgspost" Königswinter - Ittenbach - Oberpleis.

1930, 1.9
Die DRP widerspricht in einer Stellungnahme Gieses Schrift ("Die Wirtschaftlichkeit des Personenüberlandverkehrs", Berlin, 1930), nach der das Kraftpostwesen unwirtschaftlich sei. Die Wirtschaftlichkeit des Kraftpostdienstes bleibt auch in den Folgejahren bis 1938 umstritten. Während Verkehrsfachleute von einer überraschend geringen Ausnutzung der Omnibusse und einem Minus- bzw. Zuschussgeschäft sprechen, hält die DRP entgegen, dass die Betriebs- und Wirtschaftsergebnisse des Kraftpostbetriebes schon seit Jahren einen nennenswerten Überschuss aufweisen. Der finanzielle Ertrag wachse sogar stetig an. Die DRP verweist auf den volkswirtschaftlichen Nutzen der Kraftpost und den Wert, den die Beförderung von Postsachen in den Kraftwagenpersonenposten darstelle. Die Kosten des Kraftpostbetriebes seien im Ganzen gesehen durch die Bareinnahmen, vermehrt um den Wert der Postsachenbeförderung, gedeckt.

1930, 28.9.
Großeinsatz von Kraftpost und KVG Sachsen bei der Landung des Luftschiffs LZ 127 in Reichenbach (Vogtland).

1930, 31.10.
Letzte Fahrt der Pferdepersonenpost Oberdachstetten - Obernzenn (Franken).

1930, 15.12.
Eröffnung der Kraftpostlinie von Oberstdorf nach Mittelberg im österreichischen Kleinwalsertal. Für den Ausbau der Straße hatte die Reichspost einen Beitrag in Höhe von 30.000 RM geleistet.

1931, Februar
Auf der durch einen Eisenbahnunfall gesperrten Bahnstrecke Reurieth - Hildburghausen wird der Verkehr durch Postbusse aufrechterhalten.

1931, Februar
Die Reichspost zeigt auf der Berliner Automobilausstellung einen extrem tiefliegenden Rumpler-Niederrahmen-Bus mit Ganzstahlaufbau von Lindner und Vorderradantrieb der Fa. Voran. Die englische Omnibus-Fachpresse kritisiert, der Wagen habe keinerlei Eleganz.

1931, 1.7.
Inbetriebnahme der Deutschen Alpenpost auf der zunächst 507 km langen Alpenquerverbindung Berchtesgaden - Lindau. Die Einrichtung erfolgt u.a. im Hinblick auf die Olympischen Spiele 1936. Ein Prospekt in englischer Sprache ("With the German Alpine Post through the Bavarian Alps") zielt auf ausländische Touristen. Wegen der Länge der Strecke wird die Alpenpost bis 1976 in zwei Tagesetappen (Ost- und Westabschnitt) befahren.

1931
Die Schnellkraftpost Kiel - Schleswig wird eröffnet. Weitere Schnelllinien in Schleswig-Holstein folgen.

1931
In den Krapei-Verkehr sind 551 Bahnhöfe und 80 Kraftpoststrecken einbezogen.

1931
Der Verband deutscher Verkehrsverwaltungen beschwert sich in der Zeitschrift Verkehrstechnik über das "selbstherrliche Vorgehen der DRP, die ihre Sonderstellung gem. § 6 des Kraftfahrliniengesetzes dazu benutzt, sich den Überlandverkehr in die Hand zu spielen und alle anderen Unternehmer, seien es öffentliche, seien es private, auszuschalten."

1931
Die durchschnittliche Reisegeschwindigkeit der Kraftposten in der Provinz Brandenburg liegt bei 18 km/h, die der Neben- und Kleinbahnen bei 23,5 km/h.

1931
Die Reichspost übernimmt die KVG-Betriebe Butzbach, Nordmark, Hessen und Ostpreußen mit insgesamt 83 Kom sowie die Fa. Krawesa in Halle mit 46 Kom.

1931, 1.9.
Rückspiegel werden Vorschrift an Kfz.

1931, 8.10.
Durch die dritte Notverordnung zur Sicherung von Wirtschaft und Finanzen wird die Anzeigepflicht der Reichspost vor der Einrichtung von Kraftfahrlinien bestätigt.

Als frühe Form der Landverkraftung abseits größerer Routen wurden speziell in Bayern ab 1923 Phänomobil-Dreiräder zur Beförderung von bis zu vier Personen eingesetzt. Die Winzlinge waren Meister in der optimalen Nutzung von wenig Raum (MKN).

Ab 1926 stellte die Post in Bayern einige Serien des heimischen Fabrikats FAUN in Dienst (SK).

Beim PA Neustadt an der Saale lief RP-229, ein sehr wuchtig wirkender MAN NOG 4 vom Baujahr 1928 (SVS).

Eine Besonderheit stellt dieser 1929 gebaute MB N 2 dar, weil er 1933/34 kurzfristig eine in Bayern sonst unübliche gelbe Lackierung erhielt, bevor die neue rote Farbgebung eingeführt wurde (MKN).

Im Nummernschema der Reichspost für Bayern ist dieser MB N 2 (1926) als RP-59 eingereiht. In Dinkelsbühl führt er, wie das Laufschild erläutert, eine „Erholungsfahrt" für Kinder aus (MKN).

Postbusfahrer-Alltag in den zwanziger Jahren

von Heinrich Ostermann, PA Werl

Anfang 1926 bekamen wir DAAG-Busse. Sie waren rechts gesteuert und hatten Kulissenschaltung, die nur mit Kraft bedient werden konnte. Noch erheblich mehr Kraft aber brauchte man zum Bremsen. Mit beiden Händen mußte man sich am Steuerrad festhalten, um mit beiden Beinen das eigens verbreiterte Bremspedal mit aller Kraft durchdrücken zu können. Bremshilfen kannte man damals noch nicht. Man mußte über drei Trittbretter recht hoch hinauf in den Wagen klettern. Der Fahrer mußte bei jeder der zahlreichen Haltestellen seinen Sitz nach links verlassen, um den Sitz herumgehen und draußen vor dem Einstieg mit Ledertasche kassieren. Wer wollte, konnte sein Fahrrad oder ein größeres Gepäckstück mitnehmen, das wir dann auf dem Dach des Omnibusses unterzubringen hatten, und zwar nach strenger Vorschrift unter einer Plane! Milchkannen nahmen wir nicht mit, wie die Kollegen in Berleburg, die sie morgens von Girkhausen zur Molkerei nach Berleburg brachten. Die Wagen mußten mit der Kurbel angedreht werden, sie hatten gelegentlich ihre „Nücken" und schlugen zurück. Im Winter mußte oft einer von uns in den Wagen schlafen und sie dreimal in der Nacht warmlaufen lassen, damit wir sie morgens in Gang bekamen. Gehupt wurde viel mehr als heute, weil die Fußgänger damals noch recht unbekümmert die Straße mitbenutzten, aber auch das Vieh wurde noch häufig darüber getrieben, von den Pferdefuhrwerken ganz abgesehen. Anfangs war zum Hupen noch der Gummiball da, der über einen langen Schlauch die Luft für die auf dem Kotflügel befestigte Hupe lieferte. Dann kam die Tatü-Tata-Hupe, die mit einem Hebel oder mit einer Kurbel bedient wurde, schließlich erhielten wir dann zwei Boschhörner für jeden Bus, um den „postalischen" Warnton fabrizieren zu können. Laut genug war er. Die DAAG-Busse hatten Windschutzscheiben zum Kippen, damit wir bei Beschlagen durch Nebel die Scheiben einfach hochklappen konnten. Dadurch wurde es dem Fahrer und im Wagen nicht eben wärmer, zumal es keine Wagenheizung gab. Aber man war damals nicht so zimperlich, und die Fahrer hatten gegen Kälte und Nässe schwarze Lederkleidung, Brille und feste Wadengamaschen. Im Winter waren außerdem für alle Kraftfahrer zwei Bärenfell-Mäntel da; wir mußten uns untereinander einigen, wer einen davon tragen durfte. Reparaturen mußten wir selber machen, jedem Fahrer wurde „sein" Omnibus gegen schriftliches Anerkenntnis übergeben, er alleine war für ihn verantwortlich. Und wenn ein Reifen zu schnell defekt wurde (was damals ja noch häufig genug vorkam), gabs strenge Verhöre, warum das geschehen konnte. Dienst hatten wir Tag und Nacht, sonntags und werktags; wir kamen immer über 50 Wochenstunden, oft genug auch an 60. Der Wochenlohn betrug genau 28 Mark.

Die Kraftfahrtechnik hatte bis 1930 bereits deutliche Fortschritte gemacht. Im Jahr 1921 brachte Continental den Riesenluftreifen auf den Markt, ein deutlicher Gewinn für den Fahrkomfort der Passagiere. Die Einführung der Luftreifen zog sich jedoch bis 1926 hin. Die ab 1925 von der Reichspost beschafften großen Büssing-Sechsradomnibusse verfügten bereits über Sechszylindermotoren mit bis

Den letzten Chic der Mode um 1930 führen die Fahrgäste auf diesem Bild vor. Gleich wird ihre Reise mit dem Postbus beginnen (MK).

Vorgefahren sind die 1930 aktuellen Modelle der Motorrad- und Omnibusindustrie. Auffallender auf diesem Bild ist allerdings die englische Beschriftung der Wartehalle. Man ist auf ausländische Gäste eingestellt (MKN).

Zu Bayern gehörte auch die linksrheinische Rheinpfalz. In Pirmasens sind eine Reihe von MAN-Postbussen mit bayerischer Raute für einen größeren Einsatz bereitgestellt worden (SVS).

1931, 11.10.
Bei der Landung des Luftschiffs "Graf Zeppelin" in Meiningen setzen die OPDen Erfurt und Würzburg 70 Postbusse ein, um die 80.000 Schaulustigen zu befördern.

ab 1931, Winter
Die Straße Reit im Winkl - Seegatterl in Bayern wird mit reichsposteigenen Schneepflügen geräumt.

1932, 8.4.
Die Aachen-Dürener Verkehrsgesellschaft übergibt ihren Betrieb der Reichspost. Zeitgleich werden die Kölner Kraftwagen Betriebs-Gesellschaft (31 Kom), die Rheinische Verkehrsgesellschaft (34 Kom) und die KVG Mansfeld (14 Kom) an die Reichspost verkauft.

1932, Juli
In der Pfalz und in Baden werden neuntägige Pauschalreisen nach Oberbayern zu volkstümlichen Preisen (ab 67 RM, alles inklusive) mit Aussichtswagen der Reichspost angeboten. Die Fahrten schlagen glänzend ein. Die Firma Südwestdeutscher Reisedienst Hermann Groh in Mannheim ist Unternehmer der Reisen, die Kraftpost stellt nur die Wagen. In den folgenden Jahren werden die Ziele ausgeweitet. Im Angebot sind nun auch Venedig, Mailand, Monte Carlo, Nizza, der Lago Maggiore, Lugano, St. Moritz, Rom, Neapel und Budapest. Die zehntägige Rivierarundfahrt kostet ab und bis Karlsruhe 147 RM. Wegen politischer Spannungen mit Österreich und Frankreich werden diese Länder kaum angefahren.

1932
Neues Nummernschema für Postbusse, beginnend mit RP-22 001 (fortgeführt bis 1937).

1932
Die Freiwillige Feuerwehr in Alt Karbe (Neumark) benutzt bei Feuersnot zur Beförderung der Motorspritze und der Bedienungsmannschaft den dort stationierten Postbus RP-3285. Die Motorspritze und der Schlauchwagen laufen als Anhänger, die Steigleiter wird auf dem Dach des Busses verstaut.

1932
Anlässlich der Segelflugwettbewerbe auf dem Feldberg werden die Flugzeuge, zusammengeklappt auf Anhängern, durch Postomnibusse befördert.

1932
Über 50 Postbusse sind in Mannheim zur Wanderausstellung der Deutschen Landwirtschafts-Gesellschaft im Einsatz.

1932
In Flensburg wird der erste Zentrale Omnibusbahnhof (ZOB) in Deutschland eröffnet.

1932
In Magdeburg wird der Brief-Nebenstempel "Aus dem Briefkasten der Kraftpost Magdeburg - Domersleben" verwendet.

Für die Rheinpfalz gab die OPD Speyer einen eigenen Kraftpost-Reiseführer heraus (1925, SVS).

Beeindruckend war die Geländegängigkeit des Citroën P 19 (1933, Sammlung Arnold).

Auf der Linie Oberstdorf - Mittelberg (Kleinwalsertal) muss sich der Daimler-Postbus im Winter den Weg mit Hilfe eines vorgespannten Schneepflugs selbst räumen (SVS).

Postamt Oberammergau
Kraftpoststelle

German Post

With the German Alpine Post through the Bavarian Alps

from Berchtesgaden through Bad Reichenhall, Traunstein, Prien, Rosenheim, Tegernsee, Bad Toelz, Mittenwald, Garmisch-Partenkirchen, Fuessen, Oberstdorf, to Lindau on Lake Constance, and return.

Vor dem Hintergrund des Wettersteingebirges bei Garmisch-Partenkirchen stoppt RP-709 (MB N 2, 1930), der die Passagiere bei Sonnenschein mit offenem Dach durch die Alpenlandschaft fährt (SVS).

Symbolwert für die Ablösung der Pferdepost durch die Kraftpost hat diese Aufnahme aus Oberstdorf, 1931. Während die Pakete noch mit dem Fuhrwerk zugestellt werden, hat die Personenbeförderung längst der Kraftomnibus (im Bild zwei Magirus M 20) übernommen (SVS).

Die grenzüberschreitende Linie Bayrischzell - Kufstein wurde wechselseitig von deutschen und österreichischen Postomnibussen befahren. Wegen politischer Spannungen zwischen den Nachbarländern kam es von 1933 bis 1937 wiederholt zu Grenzsperrungen, die auch den durchgehenden Busverkehr beeinträchtigten. Links im Bild ein Wagen der Österreichischen Post, rechts RP-1159, ein 1928 gebauter Brennabor AST. Mit nur 14 Fahrgastsitzen zählte er zu den kleineren Omnibussen der DRP. Brennabor aus Brandenburg war in den 20er Jahren eine bekannte Marke und produzierte bis 1931 Kraftfahrzeuge (SH).

Im Sommer 1931 wird die Deutsche Alpenpost von Berchtesgaden nach Lindau in Betrieb genommen. Zielgruppen sind u.a. Engländer und Amerikaner (SG).

Ein herrlicher Ausflug mit dem MAN-Bus (3,5 to von 1925) in die bayerische Bergwelt. Man beachte die damals verbreitete Rechtslenkung (MKN).

Der Chauffeur und sein Hansa-Lloyd warten auf die Fahrgäste von Moosburg nach Erding (SVS).

Für den Einsatz im Münchener Stadtverkehr beschaffte die Post spezielle, in den Münchener Farben elfenbein/blau lackierte Busse. RP-745 war ein 1931 gebauter MAN NON 6. Der Auftragsverkehr in München währte von 1930 bis 1934 (SVS).

zu 100 PS, während die sonst üblichen Zweiachser Motorstärken von 40 bis 70 PS aufwiesen. Allgemein hatte die Post ein starkes Interesse an der Weiterentwicklung und Verbesserung der Kraftwagentechnik. Sie testete die Neuentwicklungen unter Betriebsbedingungen und gab ihre Erfahrungen an die Hersteller weiter. Immer störender machten sich zwei Aspekte bemerkbar: Es gab bis dato keine speziell auf die Bedürfnisse der Reichspost ausgelegten Fahrzeuge, und die Post musste aufgrund ihres hohen Bedarfs fast alles kaufen, was der Markt hergab. Ein daraus folgendes Problem war die breit gestreute Zusammensetzung des Wagenparks. Die Reichspost beklagte, dass ihre Omnibusflotte nicht annähernd so einheitlich sein konnte, wie es aus technischen, wirtschaftlichen und betrieblichen Gründen wünschenswert gewesen wäre: „Die zur Vereinfachung und Verbilligung der Instandsetzungen erstrebenswerte Typen- und Fabrikateinheit war nicht durchzuführen, weil die DRP als Reichsverwaltung bei der Auftragserteilung fast alle einschlägigen Firmen nach ihrer Leistungsfähigkeit weitgehend berücksichtigen und daher ihre Aufträge über das ganze Reich verteilen mußte“, so ihr Fazit. Als Konsequenz aus dieser Misere entwikkelte die DRP im Jahr 1929 in Zusammenarbeit mit fünf führenden Karosseriefabriken den Einheitsstahlaufbau für den im Wagenpark am häufigsten vertretenen Omnibustyp mit 33 Sitzplätzen. Die Außenabmessungen der stabilen Konstruktion wurden auf 7.330 mm Länge, 2.350 mm Breite und 2.245 mm Höhe festgelegt. Jeder beliebige Aufbau konnte auf jedes Fahrgestell in passender Größenordnung aufgesetzt werden, Reparaturen wurden erleichtert. Der Einheitsaufbau schloss diejenigen Hersteller bei der Vergabe von Aufträgen aus, die sich nicht an die Normen hielten. Der neue Einheitsaufbau bewährte sich rasch und war durch eine Veränderung der Fensterzahl auch für den kleineren 25-Sitzer und die dreiachsigen 45-Sitzer nutzbar. Wie für Postbusse üblich, war eine Dachgalerie für 750 kg Zuladung, ein Wertgelass für die Wertsachenbeförderung und (seit 1925) ein Briefkasten vorgesehen. Die Türanordnung und die Inneneinrichtung mit guter Polsterung der Sitze, gleichgroßen Fenstern und ausreichender Beleuchtung, Heizung und Lüftung waren ebenso vereinheitlicht wie Batterie, Kraftstofftank und die Elektrik-Schalttafel. Damit waren bereits viele Elemente späterer Standardbusse verwirklicht. Etwa zeitgleich erfolgte eine Abkehr vom bisher üblichen Holzaufbau für Busse. Trotz Verwendung der widerstandsfähigsten Hölzer neigte das Gerippe mit der Zeit zum Verstocken, die Aufbauten wurden klapprig. Die damit verbundene „Begleitmusik“ war nicht immer ein Ohrenschmaus für die Insassen. Schon 1925 hatte die Waggonfabrik Uerdingen erste Busse mit fortschrittlichem Stahlaufbau an die Reichspost geliefert.

RP-599, ein 14-sitziger Mercedes-Benz N 1-Aussichtswagen in Niederrahmen-Abteilbauweise von 1928. Die hintere Spurweite war breiter als die vordere (Foto bei Garmisch, DC).

Auch die ehemalige Kgl. Württembergische Post war noch bis 1920 selbstständig und wurde dann als vorläufig eigene Abteilung in die Reichspost eingegliedert. Zu den ersten Neufahrzeugen nach Kriegsende zählte 1919 dieser Daimler mit dem württembergischen Post-Kennzeichen III WP 102. Der Omnibus verfügte über Kardan-Antrieb und war mit Vollgummireifen ausgestattet (DC, SVS).

In Folge der schweren Wirtschaftskrise waren die Jahre nach 1929 von dramatischen Einbrüchen bei den Verkehrszahlen und einer äußerst angespannten Finanzlage der Post gekennzeichnet. Die DRP reagierte auf die Situation in allen ihren Dienstbereichen mit einem scharfen Sparprogramm. Damit stagnierte auch die Entwicklung der Kraftpost. Erst ab 1936 stiegen die Leistungen wieder deutlich an.

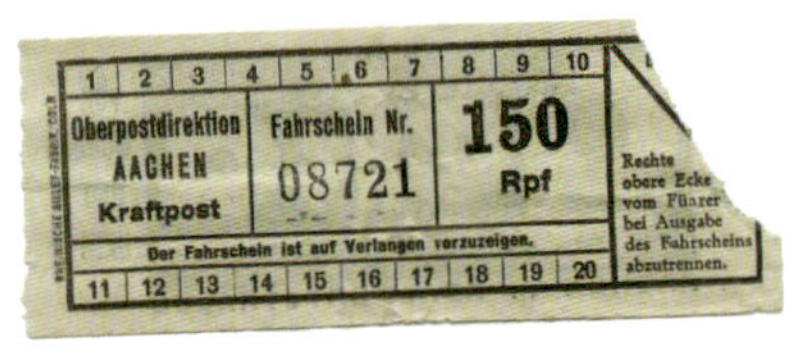

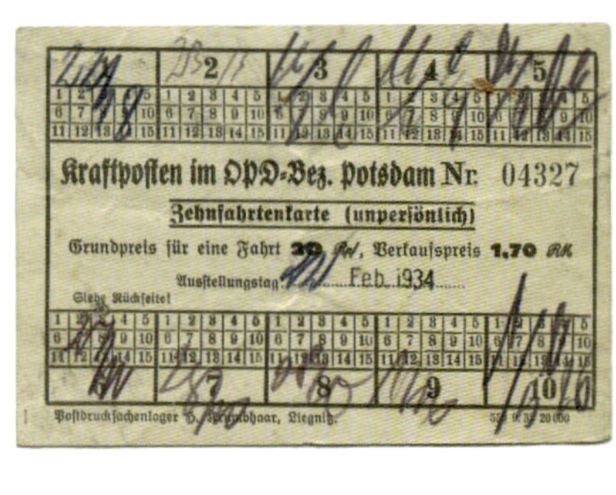

Kraftpost-Fahrscheine aus den zwanziger und dreißiger Jahren (SVS, SH).

Daimler-Kom des PA Öhringen (Württemberg). Das Foto entstand 1921 (MKN).

Zwei der 1919/20 an die OPD Stuttgart gelieferten Magirus-Omnibusse vom Typ 2 C V 110 (MKN).

Die benachbarte OPD Karlsruhe gab 1929 den 216 Seiten starken „Kraftpostführer durch das Badener Land" heraus (SVS).

Die OPD Stuttgart kaufte 1927 braun gestrichene Magirus-Niederrahmenbusse der Typen 2 C1 N V 100 (Typ „Lindau") und 1 C V 110. Die offenen Wagen (Bild rechts) tragen zivile Überführungskennzeichen, der vordere hat die RP-Nummer 18 851 (Magirus-Werkfotos, SVS).

Die beliebten Reichspost-Gesellschaftsfahrten erreichten 1930 ihren Höhepunkt (SVS).

Magirus-Omnibusse erklimmen die Geislinger Steige. Das Foto ist besonders bemerkenswert, da der zweite Wagen (RP-131) noch die alte Württemberger Lackierung trägt (bereits mit dem Schriftzug „Reichspost" statt „Württ. Post"), der vordere Bus (RP-127) aber Reichspost-gelb lackiert ist (SVS).

Mercedes N 1-Postbus der OPD Stuttgart mit „Rucksack" für die Gepäckbeförderung, Baujahr 1927. Der Wagen verfügte über einen 6-Zylinder-50 PS-Motor (DC).

5. 1933 – 1945 Rote Reichspost-Busse im „Dritten Reich“

Fast schon symbolisch für die damalige Zeit, dass die Perspektive der Reichspost-Werbung für Fahrten durch Deutschland leicht bedrohlich wirkt (Titel einer Broschüre von 1938, SVS).

RP-2859, ein DAAG ACO, bei einer Fahrt durchs Sauerland. 1934 war der vormals gelbe Bus bereits neun Jahre alt (SH).

In ihrer Ausgabe vom 17.11.1934 trifft die Deutsche Verkehrs-Zeitung im Ton der damaligen Zeit eine recht exakte Feststellung über den Grad der Gleichschaltung, der für die Reichspost im „Dritten Reich" vollzogen wurde. „Für die DRP im nationalsozialistischen Staat war es nach ihrer staatspolitischen Aufgabe selbstverständlich, sich mit ihrem umfassenden Nachrichtenapparat voll und ganz in den Dienst des Führers zu stellen. Als äußeres Zeichen der engen Verbundenheit der Deutschen Reichspost und der nationalsozialistischen Bewegung erhalten nach und nach die Postfahrzeuge und die Briefkästen und Wertzeichengeber als Anstrich das leuchtende Rot der Fahne der nationalsozialistischen Erhebung." Die neue Farbgebung wurde vom RPM am 19.5.1934 angeordnet und zuerst in Berlin, München und Nürnberg umgesetzt. Die radikale Änderung des äußeren Erscheinungsbildes der DRP in der Öffentlichkeit stellte einen tiefen Bruch mit der postalischen Tradition dar. Neben der Farbe Rot (vergleichbar mit RAL 3000, feuerrot), die der damaligen Staatsflagge entsprach, trugen die Postbusse fortan die Hoheitszeichen des NS-Staates, den Adler, der das Hakenkreuz im Ährenkranz in den Klauen hielt. Die Omnibusse sollten dieses Symbol als reliefartigen Messingabguss aufgesetzt bekommen. Da Metall mit Vorrang in die Rüstung floß, wurde der „Pleitegeier" in der Praxis meistens aufgemalt.

Eine interessante Bildwirkung durch den Schattenwurf erzielte das Titelbild des Taschenfahrplans der RPD Braunschweig von 1937 (SGK).

1933, 30.1.
Machtergreifung Hitlers. In den nächsten Jahren erfolgt eine enge Einbindung der DRP in den nationalsozialistischen Staat.

1933, 11.2.
Auf der Internationalen Automobil- und Motorrad-Ausstellung in Berlin formuliert Hitler seine These von der "Motorisierung als Schicksalsfrage des deutschen Volkes". Großprojekte sind u.a. der Ausbau der Straßenwesens, insbesondere die Schaffung eines Autobahnnetzes, und der KdF-Wagen (Volkswagen).

1933, 14.3.
Das RPM lehnt es gegenüber dem Reichsverband der Kraftomnibus-Besitzer ab, die Rundfunkreklame für Kraftpost-Sonderfahrten einzustellen. Diese stehe auch den privaten Kraftfahrunternehmen zur Verfügung, wenn sich deren Reklame nicht gegen die Kraftpost-Sonderfahrten der DRP richte.

1933, 18.3.
Die Kraftpost übernimmt den Personenverkehr der Dampf-Straßenbahn Eltville - Schlangenbad.

1933, 31.3.
Die Post richtet bis Mitte April einen Ersatzverkehr für die durch einen Erdrutsch unterbrochene Eisenbahnstrecke Pirmasens - Biebermühle ein.

1933, ab April
Die Omnibusse der OPD Stuttgart (Kennzeichen-Reihe RP 18) werden in das allgemeine Nummernschema RP 22 integriert. Die 1933 vorhandenen bayerischen Postbusse behalten dagegen ihre bisherige Nummer.

1933, 27.6.
Gesetz über die Errichtung eines „Unternehmens Reichsautobahn". Die Verwaltung und Vertretung des Unternehmens übernimmt die Deutsche Reichsbahn. In der Folgezeit kommt es zu Fragen der Verkehrsrechte von Bahn und Post auf den Reichsautobahnen.

1933, Sommer
Zur Ausstellung des Heiligen Rocks im Trierer Dom fahren Tausende von Pilgern mit Postbussen nach Trier.

1933
Die Bahn kündigt das Abkommen mit der Post von 1929 zum 31.3.1934, um freie Hand im Straßenpersonenverkehr zu bekommen. Bahn und Post verhandeln über die Neuverteilung des Straßenpersonenverkehrs.

1933
Das RPM, Abteilung VI München, beschafft zwei Citroën P 19 "Kegresse"-Halbkettenbusse (RP-393/394) für alpine Strecken im Raum Berchtesgaden.

um 1933
Im seenreichen Ostpreußen führen die Kraftposten auf den beliebten Wochenendfahrten vielfach besondere Anhänger für die Beförderung von Paddelbooten mit.

ab 1933
In den Kraftpostbussen finden zunehmend Dieselmotoren Verwendung.

1933-1937
Zeitweilige Sperrung der deutsch-österreichischen Grenze. Die grenzüberschreitenden Kraftpost-Linien werden eingestellt.

1933, 10.9.
In Pirmasens wird der erste Kraftposthof in Deutschland eröffnet.

1933, 1.10.
Masseneinsatz von Postbussen zum Reichs-Erntedanktag in Hameln und am Bückeberg.

1933, 1.11.
Ende der Eigenständigkeit der Reichspost in Bayern und Württemberg. Die dortigen Außenstellen des RPM werden im Zuge des Reichsgesetzes zur Vereinfachung und Verbilligung der Verwaltung aufgelöst. Auslaufend bleiben Abwicklungsstellen bestehen.

1934, 1.1.
Die KVG Hanau geht mit acht Bussen auf die Reichspost über.

1934, 1.1.
Die Fahrtrichtungsanzeiger der Kfz müssen als gelb-rot leuchtende Winker bzw. Pendelwinker ausgeführt sein.

1934, März
Auf der Internationalen Automobil- und Motorradausstellung in Berlin zeigt die DRP einen dreiachsigen Bus in Frontlenkerbauweise. Es handelt sich um einen Henschel 35 H 3 (RP-22 264) mit 250 PS (zwei parallel laufende Ottomotoren mit 2 x 6 Zylindern). Der Koloss mit Trutz-Aufbau verfügt über 53 Sitzplätze. Der von seiner Bauweise und Motorleistung her ungewöhnliche Wagen wird zunächst auf der Linie Dresden - Sebnitz eingesetzt.

1934, 1.4.
Die Oberpostdirektionen werden in Reichspostdirektionen (RPDen) umbenannt.

1934, 19.5.
Erlass zur Einführung der roten Farbe (RAL Nr. 7 analog RAL 3000, kombiniert mit Weiß nach RAL Nr. 1 für Zierleisten und Dach) bei der DRP. Im Laufe des Jahres werden - beginnend in Berlin, München und Nürnberg - die Post-Kfz, die Fernsprechzellen und die Wertzeichenautomaten von Gelb auf Feuerrot umlackiert. Zur Beschriftung erhalten die Postbusse das Hoheitszeichen des nationalsozialistischen Staates aus Metall-Guss und den silberfarbigen Schriftzug "Deutsche Reichspost" in Frakturbuchstaben.

1934, 28.5.
Erlass der Reichs-Straßenverkehrsordnung (erneuert am 13.11.1937). Darin heißt es: Fahrzeugen, die zur Erfüllung ihrer öffentlichen oder dem gemeinen Wohl dienenden Aufgaben freie Bahn brauchen und als solche kenntlich sind (Wegerechtsfahrzeuge), ist Platz zu machen. Zu den Wegerechtsfahrzeugen rechnen auch alle Kfz der DRP, die mit einer mehrtonigen Hupe ausgerüstet sind. Ein Vorfahrtsrecht schließt dieses Wegerecht nicht ein.

1934, ab Mai
Während der Jubiläums-Passionsspiele in Oberammergau kommt es vor Ort zu außergewöhnlichen Verkehrsspitzen bei der Kraftpost.

Plakat zur Arbeitssicherheit von 1936 (SVS).

Betriebsleitungen: Kraftpost Cloppenburg—Werlte.
Bahnpost Cloppenburg—Friesoythe.

Fahrplan der Kraftpost Cloppenburg=Werlte.

2 W	4	S		Kraftpost=Nr.		S	1	3 W
9.15	20.55	—	ab	Cloppenburg, Bahnhof	an	—	8.10	15.55
9.30	21.00	9.25		Cloppenburg, Postamt		10.20	8.05	15.50
9.35	21.05	9.30		Cloppenburg, Berg		10.15	8.00	15.45
9.45	21.15	9.45		Schmertheim		10.00	7.50	15.35
10.05	21.35			Molbergen			7.30	15.15
10.25	21.55			Peheim			7.10	14.55
11.00	22.30		an	Werlte	ab		6.35	14.20

Anträge auf Kraftpost=Sonderfahrten sind an die Betriebsleitung (Fernruf 451) zu richten.

Fahrplan einer typischen Überland-Kraftpostlinie von 1937. Von Cloppenburg nach Werlte (Niedersachsen) waren werktags zwei Fahrtenpaare vorgesehen. Dafür genügte der kleine Phänomen Granit 30, der im gleichen Jahr in Betrieb genommen worden war. Seine 58 PS bringt heute jeder Kleinwagen auf die Straße (SVS).

Zur „kleinen Klasse" mit 22 Sitzplätzen zählte auch dieser MB Lo 2750, der Mitte 1934 noch in alter gelber Lackierung und mit dem Weimarer Reichsadler zur Auslieferung kam. Bereits kurz danach musste er sein Farbkleid wechseln (SVS).

Neue Farben bei der Deutschen Reichspost (aus: Deutsche Verkehrs-Zeitung, 2.11.1934)

Die DRP hat sich entschlossen, die bekannte gelbe Farbe aufzugeben, und wird von jetzt an für ihre Fahrzeuge die Farben der nationalsozialistischen Bewegung verwenden. Künftig erhalten also die bisher gelben Fahrzeuge der DRP eine hellrote Lackierung, die mit weiß abgesetzt ist; auf den beiden Breitseiten ist das Hoheitszeichen der NSDAP zu sehen. Damit wird die Einheit von Bewegung und Staat symbolisiert.

Schon kurz nach der Machtergreifung Hitlers im Jahr 1933 wurde die Rolle des Kraftwagens und seine Bedeutung für Verkehr und Wirtschaft im Sinne der nationalsozialistischen Ziele klar umrissen. Die Motorisierung im „Dritten Reich" wurde als „lebendige Kraftäußerung einer modernen Nation" präsentiert und durch Hitler gezielt gefördert. Der forcierte Autobahnbau war eine der Maßnahmen in diesem Umfeld, in dem auch die Kraftpost nach 1935 einen starken Aufschwung erfuhr.
Der Reichspost kamen im Staate Hitlers zentrale Funktionen zu, die sie absolut loyal erfüllte. Der Rundfunk, verbreitet über den „Volksempfänger", und ab 1936 das Fernsehen dienten als Propagandainstrumente. Die technische Steuerung beider Medien oblag der Reichspost. Gleiches galt für das Fernsprech- und Telegrafenwesen und die gesamte Postbeförderung. Mithin befanden sich alle wichtigen Nachrichtenkanäle in der Hand bzw. unter Kontrolle der Reichspost. Ebenso war die Kraftpost voll in die Strukturen und Aufgaben der DRP im nationalsozialistischen Deutschland eingebunden. Dazu gehörte beispielsweise ihre Heranziehung zu Masseneinsätzen, die sich von Jahr zu Jahr mehrten. Die Zeitschrift „Die Deutsche Post" zog Mitte 1939 Bilanz:

Zwei Jahre nach der Machtergreifung sollte die Kraftpost die erste Probe ihrer Einsatzbereitschaft ablegen. Es war am 13. Januar 1935 anläßlich der denkwürdigen Abstimmung im Saargebiet. Über 150 Omnibusse wurden rasch aus den angrenzenden Reichspostdirektionsbezirken zusammengezogen und in zwei langen Kolonnen in Marsch gesetzt. Einen derartigen überraschenden Masseneinsatz von Postkraftfahrzeugen hatte es bisher nicht gegeben. In der Folgezeit sollte er sich dafür umso häufiger wiederholen. Jedesmal, wenn der Führer auf dem Reichsparteitag, dem Erntedankfest oder den anderen großen politischen Kundgebungen viele Tausende seiner Gefolgsmänner und -frauen um sich versammelte, setzte die

Durch das Moselhochwasser in Beilstein kämpft sich wacker der Magirus/Talbot M 27-Postbus am 26.2.1937. Der Typ verfügte über 65 PS (SVS).

stille und meist aufreibende Arbeit der Männer der Reichspost ein. Als nunmehr vor drei Jahren die Jugend der Welt sich in Deutschland zu den Olympischen Spielen einfand, war ebenfalls die deutsche Kraftpost aufgeboten worden, um die Massen der Zuschauer und Wettkämpfer zu den Kampfstätten zu befördern. Mehrere Hundert Omnibusse wurden in Garmisch Partenkirchen zu den Winterspielen und im Sommer in Berlin und Kiel zu den Sommerspielen zusammengezogen. In Berlin wurde eigens für diesen Zweck ein Olympia-Kraftpostamt eingerichtet. Dort waren 150 Omnibusse untergebracht.

Seinen Höhepunkt erreichte der Großeinsatz von Kraftfahrzeugen der Reichspost im abgelaufenen Jahr 1938. Als sich Anfang März die Lage in Österreich immer mehr zuspitzte, da hatte auch für die Kraftpost wieder die Stunde geschlagen. Mit den deutschen Truppen rückten rund 400 Postomnibusse in das jubelnde Österreich ein.

Es muß hierbei die Lage des Kraftpostdienstes zu Beginn des Jahres 1938 berücksichtigt werden. Die Anforderungen an alle Zweige des Postdienstes waren ungeheuer gestiegen. Statt bitterer Arbeitslosigkeit begann sich bereits in allen Sparten ein empfindlicher Personalmangel fühlbar zu machen. Nicht minder unangenehm war die Tatsache, daß die deutsche Industrie infolge äußerster Anspannung für wichtigste Staatsaufgaben nicht mehr in der Lage war, kurzfristig neue Fahrzeuge zu liefern. Durch die infolge der anhaltenden Belebung der Wirtschaft weiter steigende Benutzungsziffer der Kraftposten waren die Reichspostdirektionen gezwungen, inzwischen ihre letzten Wagenreserven heranzuziehen.

Nur eine kurze Ruhepause trat ein. Im Frühsommer 1938 befahl der Führer den beschleunigten Ausbau der Westwallbefestigungen. Da man anfangs keinen Begriff von dem Ausmaß der zu erwartenden Leistungen hatte, wurden zunächst bis zu 400 Omnibusse bereitgehalten, mit denen wir auszukommen hofften. Und selbst dieser Eingriff erschien uns schmerzlich genug, da der Sommer, die Hauptreisezeit, bevorstand, wo die meisten Kraftpoststellen ohnehin nie genug Wagen bekommen können. Aber schon nach wenigen Wochen änderte sich die Lage schlagartig. Die politische Lage erzwang eine Erhöhung des Arbeitstempos. Die Kraftpostgruppenleitung Südwest forderte von Woche zu Woche höhere Zahlen von Postomnibussen an, um die Hunderttausende von Arbeitern zu befördern. Bis Mitte September stieg die Zahl der im Westen eingesetzten Postomnibusse auf 2.500 an, außerdem liefen im Auftrage der Reichspost rund 2.000 Privatomnibusse.

Zu diesem Zeitpunkt wurden die Bauarbeiten im Westen unterbrochen. Aber die Pause war nur kurz. Zum Großdeutschen Reichsparteitag im September 1938 hatte die DRP wie schon in den Jahren zuvor die Aufgabe übernommen, zur Beförderung der Ehrengäste des Führers und zur allgemeinen Verstärkung der Nürnberger Verkehrsmittel die erforderlichen Omnibusse zu stellen.

Man konnte nicht wissen, was die letzten Septembertage bringen würden. Im Zuge der Sudetenkrise wurden hunderttausend sudetendeutsche Volksgenossen, die zu den Reichsgrenzen flüchteten, von der Kraftpost befördert. Nach der glücklichen Lösung der sudetendeutschen Frage beauftragte die Heeresleitung die DRP, den Post- und Fernmeldedienst und die Personenbeförderung aufzunehmen. So gingen denn im Oktober 300 fast durchweg fabrikneue Omnibusse ab in den Sudetengau, die sowohl für die Postsachen- wie auch die Personenbeförderung den Linienverkehr aufnahmen.

Und wenige Wochen ist es erst her, als noch einmal die Kraftpost aufgerufen wurde, an der Vollendung des Großdeutschen Reiches mitzuhelfen. Als Rechtsnachfolgerin der litauischen Postverwaltung fiel der DRP die Aufgabe der Post- und Personenbeförderung auf den Landstraßen des Memellandes zu.

1934, Juni
Speziell für die Deutsche Alpenpost werden sechs Reisewagen des Typs MAN F 1 N 6 (RP 810-815) mit Rupflin-Aufbau in Betrieb genommen. Sie tragen die große Aufschrift "Deutsche Alpenpost". Die Presse schwärmt: "Die Reichspost ist bestrebt, ihre wohl schönste Linie auch mit den schönsten Wagen zu befahren. Und die 'Alpenpost' hat sich sechs Aussichtswagen mit einer Gediegenheit, Schönheit und Zweckmäßigkeit zugelegt, daß man davor schier den Hut ziehen möchte. Ja, ein 'Mordskerl' ist so ein Alpenpost-Auto: Außen die neuen Reichspostfarben, ein freundliches Rot. Innen natürlich alle 'Schikanen': Ein Sechszylinder-Motor mit 100 PS. 27 Fahrgäste haben auf fahrenden Klubsesseln bequem Platz. Ein patentiertes Schiebedach der Fa. Bayer macht die 'Alpenpost' zu einem famosen Aussichtswagen." Es handelt sich um die letzten Wagen, die von der inzwischen aufgelösten Abt. VI des RPM in München beschafft wurden.

1934, Sommer
Die Schwarzwald-Bodenseepost (Freiburg - Konstanz/Lindau) und die Schwarzwald-Höhenfahrt (Freiburg - Baden-Baden) werden eröffnet. In Lindau hat die Schwarzwald-Bodenseepost Anschluss an die Deutsche Alpenpost und an die Dampfschiffe. Die DRP wirbt: "Eine Fahrt mit den deutschen Fernkraftposten sollte jeder einmal gemacht haben".

1934
Im Gemeinschaftsverkehr mit der Schweizer PTT wird die Rhein-Neckar-Post Schwenningen-Donaueschingen-Schaffhausen eingerichtet. Ebenfalls in Kooperation mit der PTT entsteht die bis Sommer 1939 betriebene Fernkraftpost Heidelberg - Triberg - Waldshut - Zürich - Luzern (426 km).

1934
Für Fernreisen in Europa sollen von der Industrie "Großraum-Kraftwagen" entwickelt werden, die 4.000 km Strecken leisten können, ohne dass Lagerschäden und sonstige Instandhaltungen auftreten. Die Post ist an solchen Fahrzeugen sehr interessiert.

1934
Mit Amtsblattverfügung 377/1934 verfügt der RPM die Verwendung der Deutschen Schrift für die Richtungsschilder der Postbusse.

1934-1939
Alljährlich gibt die DRP die regionalen Faltblätter "Mit der Reichspost durch Deutschland" mit nützlichen Winken für Kraftpostreisende heraus.

1934, 1.8.
Die DRP führt neue Kraftpost-Haltestellenschilder ein: Wandschilder (mit und ohne Continental-Werbung) sowie Masten mit Fahnenschildern, beide mit Frakturschrift und roten Farbelementen. Die Continental-Schilder werden vom Gummiwerk kostenlos bereitgestellt. Die Haltestellenschilder aus der Weimarer Zeit (gelb mit Reichsadler) werden Zug um Zug ersetzt.

1934, 1.8.
Die DRP übernimmt die Fa. Rücker in Jauer mit 12 Omnibussen.

1934, 4.12.
Im Gesetz über die Beförderung von Personen zu Lande (Personenbeförderungsgesetz, PBefG) werden Bahn und Post gleichgestellt und erhalten in § 14 die Genehmigungsfreiheit für die Einrichtung von Linienverkehren. Außerdem gilt für sie die Fahrplan- und Tariffreiheit. Die Ausführung von Gelegenheitsfahrten mit Fahrzeugen, die ausschließlich für diesen Zweck bestimmt sind, gehört nicht zu den Aufgaben von Bahn und Post. Die Ausführung solcher Fahrten mit Fahrzeugen des Linienverkehrs steht ihnen jedoch frei. Für Gelegenheitsfahrten mit nur für diesen Zweck bestimmten Fahrzeugen erhält die DRP eine Auslauffrist bis 1.4.1938.

1935, 13.1.
Volksabstimmung im Saargebiet, bei der über einen Verbleib des Status Quo (wirtschaftlicher Anschluss an Frankreich nach dem Versailler Vertrag) oder den Anschluss an Deutschland entschieden wird. Da sich die Reichsbahn außerstande sieht, Kapazitäten für den Transport der Wahlberechtigten zu den Abstimmungslokalen bereitzustellen, setzt die DRP in einer generalstabsmäßig organisierten Aktion 150 Postbusse für diesen Zweck ein.

1935, 16.1.
Die Wiesbadener Auto-Verkehrsgesellschaft geht mit fünf Bussen auf die Reichspost über.

1935, Februar
Beim Münchener Faschingsumzug nimmt ein als Berghütte "verkleideter" Postbus teil. Die rollende Hütte ist mit dem Schriftzug "Die Kraftpostalm" bemalt.

1935, 1.3.
Das Saargebiet kommt nach einer Volksabstimmung vom 13.1.1935 wieder zu Deutschland. Die RPD Saarbrücken nimmt den Dienst auf. Es werden sofort Kraftposten eingerichtet und dabei bis 1937 auch eine Reihe privater Betriebe übernommen.

1935, 31.3.
Das Bahn/Post-Abkommen von 1929 läuft nach dem Scheitern der Verhandlungen endgültig aus. Die Reichspost- und die Reichsbahndirektionen werden jedoch angewiesen, sich um eine Einigung bei der Neueinrichtung von Linien zu bemühen.

1935, 31.3.
Die DRP verfügt über 14.374 Kfz, darunter etwa 25% Omnibusse.

1935, 8.4.
Die RPD Kiel beabsichtigt kurzfristig die Einrichtung einer Kraftpostlinie zwischen Husum und Nordstrand. Die Damm- und Straßenbauarbeiten sind im Gange.

1935, 17.4.
Die RPD Koblenz teilt mit, dass die DRP die im Sommer durchgeführte Kraftsonderpost-Rundfahrt Bad Neuenahr - Adenau - Virneburg - Mayen - Maria Laach - Brohltal - Bad Neuenahr nur noch 1935, evtl. noch 1936 beibehalten und danach dem privaten Kraftverkehrsgewerbe überlassen wird.

1935, 19.5.
Das 22 km lange Teilstück Frankfurt a.M. - Darmstadt der ersten Reichsautobahn wird dem Verkehr übergeben. Die Deutsche Reichsbahn nimmt den Autobahn-Schnellverkehr mit Stromlinienbussen auf.

1935, 26.6.
Das Güterfernverkehrsgesetz tritt in Kraft. Es fördert die Stellung des Kraftwagenverkehrs in Deutschland.

1935
Für ihre Kfz mit Vergasermotoren verwendet die DRP den Treibstoff "Monopolin Post" der Deurag, ein "rein deutsches Produkt", das zu 70% aus Benzin, zu 15% aus Benzol und zu 15% aus reinem Alkohol besteht.

Ein Bus mit nur bescheidenen Maßen war der Steyr 740, der am 28.2.1941 den Kurs nach Hinterstein bei Sonthofen bediente (SVS).

Zum Ausflug mit dem Postbus (MB Lo 3500) lädt die Schwarzenbachtalsperre bei Forbach im Schwarzwald ein (Sammlung Wolfgang Clössner).

Mit dem MAN MP unterwegs im Schwarzwald. Der Wagen trägt die seit Kriegsbeginn vorgeschriebenen Scheinwerfermasken, die aus Luftschutzgründen nur schmale Lichtschlitze zuließen. Bis Sommer 1939 war dieser Bus auf der Schwarzwald-Bodenseepost eingesetzt (SN).

Hänschen klein ... lässt sich von dem MB O 3750-Postbus nicht beeindrucken. Auch dieser Wagen (aufgenommen im Kleinwalsertal) hat bereits getarnte Scheinwerfer (SVS).

Zwei Henschel 4 J 5 des Jahrgangs 1937 unterwegs im Kraftsonderpostdienst (SVS).

Nach heutigen Massstäben war der Arbeitsplatz der Postbus-Chauffeure – hier in einem 33-Sitzer – spartanisch ausgestattet. Über dem Fahrer mahnt das Schild „Nicht in den Wagen spucken!" (Sammlung Monsees).

Drei bis fünf Fahrgäste nahm die Landkraftpost mit, ein Kleintransporter für die kombinierte Post- und Personenbeförderung abseits der Kraftpostlinien. Im Mai 1939 passiert ein solcher Landkraftwagen vom Typ Phänomen Granit 25 das Lübecker Holstentor (MKF).

Dieser Parforceritt durch die zeitgenössisch dargestellten Ereignisse vor Beginn des Zweiten Weltkrieges zeigt auf, wie eng die Chronik der Kraftpost mit der Geschichte Deutschlands verbunden ist. Es würde zu weit gehen, auf alle Besonderheiten in diesem Zusammenhang einzugehen. Erwähnt werden muss aber der Name von Reichspostminister Wilhelm Ohnesorge, der die aufgeführten Einsätze der Reichspost in vollständiger Ergebenheit für seinen Führer straff organisierte. Er hatte dieses Amt Anfang Februar 1937 angetreten und nahm es bis zum Kriegsende wahr. Zeitgleich war als Reichsverkehrsminister Julius Dorpmüller, der seit 1926 amtierende Generaldirektor der Deutschen Reichsbahn, berufen worden. Zwischen beiden tat sich ein Konflikt auf, der schon länger gärte und vor dem Hintergrund der Gebietserweiterungen Deutschlands durch den so genannten Anschluss Österreichs und des Sudetenlandes neue Nahrung erhielt. Es ging um die Frage, welche Aufgabe der Eisenbahn im Straßenpersonenverkehr zukam. Dieser Konflikt beschäftigte die beiden großen Staatsverwaltungen über weitere Jahrzehnte hinweg.

Mittelgroßer Büssing-NAG 550 N-Postbus, ausgeliefert an die RPD Erfurt am 31.10.1939. Von 1931 bis 1950 führte Büssing die Firmenbezeichnung Büssing-NAG Vereinigte Nutzkraftwagen Gesellschaft. Das abgebildete Fahrzeug wurde von der Fa. Westwaggon-Gastell in Mainz aufgebaut (MKF).

Den ersten deutschen Eisenbahn-Kraftomnibus (die Bezeichnung „Bahnbus" entstand erst um 1954) hatte die private bayerische Lokalbahn AG bereits 1905 im Raum Garmisch eingesetzt. Der Betrieb war jedoch 1909 auf die Postverwaltung übergegangen. Auch in den Ländern Baden und Sachsen entstanden schon vor dem Ersten Weltkrieg größere Kraftwagennetze der Eisenbahnen. Sie hatten aber in dieser Form keinen dauerhaften Bestand. Die 1924 gegründete Deutsche Reichsbahn-Gesellschaft (DRG) lehnte zunächst eine eigene Betätigung im Straßenverkehr ab. Sie schloss 1925 Verträge mit der Reichspost und der Kraftverkehrsgesellschaft Deutschland über eine gegenseitige Interessenabgrenzung. 1928 kündigte sie diese Verträge wieder und setzte erstmals eigene Busse im Straßendienst ein. Im Jahr 1929 wurde mit der Reichspost die Einrichtung von Gemeinschaftslinien vereinbart, die durch Omnibusse der Post bedient werden sollten. Ein weiterer Sinneswandel folgte nach wenigen Jahren. 1933 begann die DRG, eigene Lastwagen- und Omnibuslinienverkehre einzurichten, wozu im Frachtbereich der Erwerb der Spedition Schenker (1931) gehörte. Entgegen kam ihr dabei, dass sie im „Gesetz über die Beförderung von Personen zu Lande" (Personenbeförderungsgesetz) 1934 von der Genehmigungspflicht für Omnibuslinien genauso wie die Post freigestellt worden war. Das führte schon bald zu Streitigkeiten mit der Post, die ihr angestammtes Betätigungsfeld auf der Straße tangiert sah. Zudem waren beide Staatsunternehmen expansionswillig, die Reichsbahn umso mehr, als die Straßenkonkurrenz für sie immer deutlicher wurde. Bis zum Zweiten Weltkrieg blieb

Ein schnittiger Wagen mit Dachrandverglasung und Gardinen! Wer möchte nicht gerne noch mal in diesen Magirus M 45 von 1935 einsteigen? Im Heck ist das Postabteil untergebracht, der Motor leistet 125 PS (Magirus-Werkfoto, SVS).

1935
Büssing bietet erstmals die Frontlenkerbauweise bei Omnibussen serienmäßig an und lässt sich den Begriff "Trambus" gesetzlich schützen.

1935
Das erste fahrbare Postamt, ein umgebauter Omnibus, wird in Betrieb genommen.

1935
Die Deutsche Alpenstraße wird ausgebaut. Damit kann auch die Deutsche Alpenpost mitten durch die Alpenwelt geführt werden.

1935/36
Die Dienstanweisung für das Postkraftfahrwesen (DAKf) tritt in Kraft. Sie beinhaltet Betriebs- und Verwaltungsvorschriften sowie Vorschriften über Kfz, ihre Unterhaltung und die Betriebsmittel. Die DAKf bleibt mit vielen Berichtigungen und Änderungen im Grundsatz bis 1985 in Kraft.

1935, Dezember
Für die Linie Berchtesgaden - Obersalzberg stellt die Reichspost neuartige, geländegängige Sechsradomnibusse mit Allradantrieb in Dienst. Auf der Fahrt zu seiner Residenz auf dem Obersalzberg benutzt Reichskanzler Adolf Hitler diese Wagen.

1935, 31.12.
Reichspost und Reichsbahn betreiben noch 131 gemeinsame Buslinien. Ferner ist die DRG an 15 Stützpunkten des Kraftsonderpostverkehrs beteiligt.

1936, 3.-16.2.
Zu den IV. olympischen Winterspielen in Garmisch-Partenkirchen werden 94 der besten Kraftpostbusse zusammengezogen. Die Presse schreibt: "Die neuen, farbenprächtigen roten Omnibusse der Kraftpost bestimmen weitgehend das bunte Bild des Straßenverkehrs in Garmisch-Partenkirchen." Die Fahrten zum Transport der Sportler und Besucher beginnen in den frühen Morgenstunden und enden erst gegen Mitternacht.

1936, Februar
Ein omnibusähnlicher Kraftpost-Kurswagen für die rollende Briefumarbeitung ("Kraftkursposten") wird auf der IAA vorgestellt. Es handelt sich um einen 13,65 m langen MB O 10000 mit Spezialaufbau, der zusammen mit einigen Nachbauten bis zum 31.8.1939 im Versuchsbetrieb läuft. Für den gleichen Zweck kommen einige zweiachsige Fahrzeuge von Henschel, MAN und Mercedes zum Einsatz.

1936, 15.5.
Im neuen Kraftpost-Kursbuch zum Sommerfahrplan 1936 sind weit über 1.000 Postämter mit Kraftpostdienst vermerkt, darunter besondere Ämter wie das Postfuhramt Breslau und das Bahnpostamt 2 Kassel.

1936, Mai
Streit der RPD Köln mit der Kraftverkehr Wupper-Sieg um die Kraftpost-Linie Köln - Bensberg - Lindlar. Seit 1924 kommt es zwischen den beiden Verkehrsunternehmen wiederholt zu Konflikten um Linienrechte.

1936, 15.7.
Die Reichspost setzt auf der Linie Gernrode - Harzgerode einen 10- bis 12-sitzigen Kraftomnibus, die kleinste zur Verfügung stehende Größe, an Stelle eines Landkraftwagens ein. Die Gernrode-Harzgeroder Eisenbahn erhebt Einspruch.

1936
Gegenüber dem Vorjahr steigt die Anzahl der Kraftpost-Fahrgäste um 9,2% auf 75,2 Millionen.

1936
Der Verkaufspreis für das Kraftpostkursbuch wird für Bezieher des Reichskursbuches auf 50 Rpf, sonst auf 2 RM gesenkt.

1936
Es bestehen noch 396 Posthaltereien überwiegend privater Postfuhrunternehmer mit 662 Postpferden.

1936
Der Deutsche Reichspost-Kalender gibt Antwort auf die Frage: "Wie wird das deutsche Frischei schnell, sicher und billig dem Verbraucher zugeführt?" Das besorgen die täglich verkehrenden Landkraftpostwagen!

1936
Die Reichspost-Buslinien im eingemeindeten Umland von Köln gehen auf die "Bahnen der Hansestadt Köln" über.

1936
Die Reichspost stellt den Stromlinien-Trambus RP-33 902 vom Typ MB OP 3500 in Dienst. Der zweifarbig weiß/rot lackierte "Besprechungswagen" kommt erstmals bei der Sommerolympiade zum Einsatz.

1936
Unter den 41 RPD-Bezirken werden in Berlin, Stettin und Nürnberg die wenigsten und in Potsdam, Chemnitz und Frankfurt a.M. die meisten Fahrgäste befördert.

1936, 1.-16.8.
Zu den XI. olympischen Sommerspielen in Berlin wird eine große Anzahl von Kraftpostbussen mit über 200 Kraftfahrern aus allen Landesteilen zusammengezogen. In Berlin-Haselhorst wird ein Olympia-Kraftpostamt eingerichtet. 140 Kraftpostbusse neuester Bauart und gleichen Typs unterstützen die Berliner Verkehrsträger. Weitere 60 Postbusse stehen in Potsdam bereit. Mit verstärktem Reiseverkehr sollen außerdem die Teilnehmer und Gäste der Spiele mit den Schönheiten der näheren und weiteren Umgebung Berlins und der Mark Brandenburg vertraut gemacht werden.

1936, 4.-14.8.
Zu den olympischen Segelwettkämpfen in Kiel sind 27 Postbusse eingesetzt, die während dieser Zeit die Straßenbahnlinie 3 (Seegarten - Lindenallee) ersetzen.

1937, Januar
Der RPM bittet 13 RPDen um Streckenvorschläge für die Einrichtung von Postkutschenlinien in landschaftlich reizvollen Gegenden. "Die Wiedereinrichtung von Personenposten mit Pferdebespannung soll nach dem Willen des Reichspostministers dazu beitragen, die Romantik der Postkutsche vor dem Aussterben zu bewahren und die Erinnerung wach zu halten an die historische Entwicklung der Personenbeförderung über Land durch die Post vor der Einführung der Eisenbahn und des Kraftwagens". Die Realisierung erfolgt im Sommer 1939.

1937, 2.2.
Die Personalunion in der Leitung des RPM und des Reichsverkehrsministeriums wird aus Anlass der Unterstellung der Reichsbahn-Gesellschaft unter die Hoheit der Reichsregierung aufgegeben. Wilhelm Ohnesorge wird Reichspostminister.

Eine ganze Palette kleiner und großer Dreiachs-Omnibusse erhielt die Reichspost in den dreißiger und frühen vierziger Jahren. RP-34 163 gehört zu den geländegängigen MB LG 3000, die in kleiner Zahl als Sonderausführung nur für die Reichspost gefertigt wurden. Im Heck befindet sich ein Postabteil (DC, SVS).

Ein Einzelstück war dieser elegante MB LG 3000 mit Kässbohrer-Aufbau von 1936. Der Bus verfügte über Allradantrieb und wurde bei winterlichen Straßenverhältnissen mit vorgespanntem Schneepflug eingesetzt (SJ).

Die dreißiger Jahre waren von Massenveranstaltungen und Aufmärschen geprägt, zu denen Reichspost und Reichsbahn den An- und Abtransport bewältigten. Bei einem solchen Einsatz ist der große Büssing-NAG 900 N-Dreiachser von 1937 zu sehen (SVS).

VOMAG in Plauen steuerte den 150 PS-Typ 7 OR 660 bei, hier ein Ausschnitt aus dem Werksprospekt von 1937 (SVS).

Der Büssing/Werdau VI GLn RP-12 935 war bereits im März 1929 in Betrieb genommen worden. 1936 erhielt er bei Credé in Kassel einen formschönen Neuaufbau (MKF, SVS).

Ab 1937 kamen die mächtigen MB 0 10000 bei der Reichspost zum Einsatz. Hier ein solcher Wagen mit beigestelltem Gepäckanhänger, 1940 in Lindenfels (Odenwald) (SVS).

Der MB 0 10000 wies 150 PS Motorleistung und 12,9 m Länge auf. Bis 1941 erhielt die Reichspost 244 Exemplare. Der abgebildete Wagen stammt aus einer Serie von 160 Stück der Jahre 1939/40. Auf den drei Achsen befanden sich übergroße Riesenluftreifen, von denen einer durch zwei Männer nur mit Mühe getragen werden konnte. Da die Wagen aufgrund ihrer Schwere nicht fronttauglich waren, überlebte ein guter Teil den Krieg und kam noch bis in die fünfziger Jahre bei Bundespost und Österreichischer Post zum Einsatz. Bei BREKINA ist dieser Typ als Modell in den Ausführungen von Reichspost, Bundespost, Saarpost und Österreichischer Post erschienen (DC, SVS).

Auf dem gleichen Fahrgestell war bereits zur IAA 1936 der 13,65 m lange Kraftpost-Kurswagen für die rollende Briefverteilung (ähnlich wie bei der Bahnpost) vorgestellt worden, dem eine kleine Serie folgte (BK).

Mercedes-Benz widmete dem Kraftpost-Kurswagen einen eigenen Prospekt. Die mit diesen Fahrzeugen beförderten Postsendungen erhielten Briefstempel mit dem Aufdruck „Kraftkurspost“ (SVS).

1937, Februar
Die ersten 13,3 m langen Mercedes-Benz-Dreiachsomnibusse des Typs 0 10000 mit 150 PS-Motor werden von der DRP in Dienst gestellt.

1937, Frühjahr
Streit zwischen RPD Breslau und Hirschberger Thalbahn AG wegen bahnparalleler Kraftpostlinien (Spindlerpass - Obergiersdorf).

1937, ab April
Die DRP übernimmt 35 MB-Frontlenker der Bauart OP 3500 "Valencia", die ursprünglich für Spanien bestimmt waren, aber wegen des dortigen Bürgerkrieges nicht abgeliefert werden konnten. Ein Teil davon wird bis 1941 im Stadtverkehr Bamberg eingesetzt. Der anfangs bei allen OP 3500 "Valencia" vorhandene Heckeinsteig wird bei der Post teilweise verschlossen.

1937, 5.5.
Die RPD Schwerin beantragt eine Kraftpost-Linie Bad Doberan - Rostock. Gegenüber konkurrierenden Privatunternehmern sei der Reichspost aus verkehrspolitischen Gründen der Vorzug zu geben.

1937, 1.7.
Einrichtung der Fernkraftpost Bad Reichenhall - Passau und (im Gemeinschaftsverkehr mit der Schweizer Post) der durchgehenden Verbindung München - St. Moritz. Die Kraftpost-Linie München - Bozen mit Anschluss nach Venedig wird eröffnet.

1937, 1.7.
Die Zeitschrift "Akademie für deutsches Recht" schreibt: "Bei Gründung der Eisenbahn ist das Personenbeförderungsregal der Post nicht beseitigt worden und ging auf die Eisenbahn nur insoweit über, als es zum Betrieb der Schienenbahnen notwendig war. Im übrigen verblieb es bei der Post."

1937, 1.7.
14 Omnibusse vom Städtischen Omnibusverkehr Lindau werden zur Kraftpost übernommen.

1937, 24.7.
Der RPM verfügt, dass die letzten gelben Kfz der Post bis spätestens 1.1.1938 rot lackiert werden.

1937, Sommer
Der Kraftpost-Kundendienst in Dresden legt erneut (wie schon seit 1930) einen deutsch/englischsprachigen Prospekt mit farbigem Titel auf, der für Reichspost-Rundfahrten in und um Dresden wirbt. Die DRP steht damit in direkter Konkurrenz zur KVG Sachsen, die einen ähnlichen Prospekt für ihr Fahrtenangebot drukken lässt.

1937
Die Postkraftfahrlinien erreichen eine Länge von 54.000 km. Sie stellen mit 46% aller Kraftfahrlinien das größte Liniennetz in Deutschland dar. Auf die Post entfallen 88 Mio. Reisende, das sind etwa 15% der Gesamtverkehrsleistung (kommunale und gemischtwirtschaftliche Unternehmen = 75%, private Unternehmen = 10%, Reichsbahn = unter 1%). Der Kraftpostbetrieb weist demnach umfangreiche Verkehrseinrichtungen bei verhältnismäßig geringen Verkehrsleistungen auf, die ihre Ursache darin haben, dass die Post kaum Stadtlinien, sondern ganz überwiegend Linien auf dem flachen Land betreibt.

1937
Die DRP nimmt die ersten schweren 150 PS-Dreiachser der Typen Büssing-NAG 900 N und VOMAG 7 OR 660 in Betrieb.

1937
Neues Nummernschema für Postbusse, beginnend ab RP-33 301 (fortgeführt bis 1938/39).

1937
Für den Werkstättendienst auf überörtlicher Ebene bestehen sechs Kraftpostwerke in Bamberg, Berlin, Breslau, Dortmund, Erfurt und Karlsruhe. Das Kraftpostwerk Berlin-Borsigwalde ist zentrale Beschaffungs-, Versuchs- und Prüfstelle.

1937
Die DRP hat die Kraftstoffversorgung ihres mehr als 16.000 Fahrzeuge umfassenden Kraftwagenparks restlos auf heimische Erzeugnisse (Diesel aus Braunkohle sowie Flüssiggas) umgestellt. Reifen werden aus künstlichem Gummi (Buna) hergestellt.

1937
Die Deutsche Alpenpost verläuft zum Teil auf der neuen Reichsautobahn. Auch die Fernkraftpost Heidelberg - Schwarzwald - Luzern benutzt auf ihrer anderthalbtägigen Fahrt abschnittsweise die Reichsautobahn.

1937
Der seit 1925 bestehende Freundschaftsvertrag der DRP mit der Bremer Vorortbahnen Gesellschaft (BVG) wird wegen lukrativer Jahrmarkt- und Arbeiterfahrten beiderseitig gebrochen. Ein heftiger Wettbewerb mit gegenseitigen Wettfahrten und Schlägereien unter dem Fahrpersonal setzt ein. Die postseitige Kündigung des Vertrages hat zur Folge, dass die örtliche Polizei regelrecht Jagd auf Postbusse macht und jeden kleinsten Verstoß ahndet. Der schlimme Konkurrenzkampf wird erst am 16.9.1937 durch einen neuen Vertrag beendet. Die Polizei wird dadurch milde gestimmt, dass die Polizisten Freifahrtscheine für die Postbusse erhalten. Ab 7.6.1943 muss die Kraftpost ihren Verkehr auf stadtbremischem Gebiet an die BVG abtreten.

1937
Postbusse ersetzen das „Lobberle“, die Lokalbahn Karlsruhe - Durmersheim.

1937, September
Die DRP stellt 65 Postbusse für den Reichsparteitag in Nürnberg.

1937, 24.9.
Zugwagen mit Anhänger müssen von nun an auf dem Fahrerhausdach ein gelbes Dreieck tragen.

1937, Herbst
Streit mit der Eisenbahn-AG Schaftlach-Gmund-Tegernsee um die Einrichtung einer direkten Kraftpostlinie München - Tegernsee, der noch dadurch verschärft wird, dass auch die Reichsbahn eine solche Busverbindung unterhält.

1937, 6.12.
Neufassung des Personenbeförderungsgesetzes.

1937, 31.12.
Die Reichspost hat 2.384 Kraftfahrlinien mit 54.336 km Länge, die Reichsbahn 58 Linien mit 4.492 km Länge. Die Post setzt 4.148 Busse, die Bahn 125 Busse ein. In den Jahren 1938 bis 1941 wachsen beide Betriebe stark an.

Postkraftwagen mit Raupenbändern

Auf einer 5 km langen Kraftpoststrecke in der Umgebung von Berchtesgaden sind bei einem Höhenunterschied von 400 m Steigungen bis zu 29 vH zu überwinden. Da dies im Winter bei Schneelage bisher nicht möglich war, hat die Deutsche Reichspost besondere Fahrzeuge eingesetzt, die mit Raupenbändern und einem Untersetzungsgetriebe ausgerüstet sind. Der heizbare Raupenwagen faßt 11 Personen, hat ein zurückschiebbares Dach und ist bei jedem Wetter verwendbar.

Der Postomnibus, das stets bereite Beförderungsmittel für den Berufs- und Ausflugsverkehr.

Eine Spezialität der Post waren die Halbkettenbusse für die Aufrechterhaltung des Linienverkehrs im Hochgebirge bei winterlichen Verhältnissen. Nähere Informationen gibt der Reichspost-Kalender von 1934 (SVS).

Von der Österreichischen Kraftpost übernahm die Reichspost 1938 sechs Citroën/Lohner C 6 D-„Raupenbandbusse" (so die damalige Bezeichnung) der Baujahre 1929/30. RP-37 214 wurde bei der Reichspost rot lackiert. Nach dem Krieg lief der 45 PS-„Skibus" noch bis 1951 in Österreich (SH).

der Omnibusverkehr der Reichsbahn jedoch eher unbedeutend und beschränkte sich im Wesentlichen auf den Autobahn-Schnellverkehr. 1939 betrieb sie 109 Buslinien, davon alleine 33 Schnellverkehre über die neuen Reichsautobahnen. Der Wagenpark der Bahn umfasste Ende 1938 lediglich 460 Busse, darunter 120 Schnellreisewagen. Die Reichspost hatte zur gleichen Zeit deutlich über 5.000 Omnibusse im Einsatz. Erst mit der Einverleibung Österreichs (März 1938) und des Sudetenlandes (September 1938) in das Deutsche Reich gelang es der Bahn, im Überlandlinienverkehr in größerem Umfang Fuß zu fassen. Anfang der vierziger Jahre waren bereits über 1.000 Reichsbahnbusse vorhanden. Vom heftigen Streit um die Verkehrsrechte in den angeschlossenen Gebieten ist von April/Mai 1938 ein umfangreicher Schriftwechsel zwischen Ohnesorge und Dorpmüller bekannt, der bis in die Reichskanzlei vorgetragen wurde. Giftig hielt Ohnesorge der Bahnseite vor: „Nach dem Zusammenbruch im Jahre 1918 war die Post die einzige Verwaltung, die die Notwendigkeit zur Einrichtung von Kraftfahrlinien erkannte, während es die Eisenbahn damals erst für notwendig erachtete, den Kraftwagen zu bekämpfen."

Fest steht jedenfalls, dass damals beide Behörden stark von der Erweiterung des deutschen Staatsgebietes profitierten. Von der österreichischen Kraftpost, die ihren Betrieb am 7.8.1907 aufgenommen hatte, gingen 364 Linien mit über 10.300 km Länge sowie 627 Postbusse verschiedenster Fabrikate auf die DRP über. Der Wagenpark nahm daraufhin nicht nur zahlen-, sondern auch typenmäßig stark zu. Die österreichischen Postbusse erhielten eine RP-Nummer und den üblichen roten Anstrich. Damit aber nicht genug: Die DRP ging mit Elan dazu über, Hunderte von privaten Omnibusbetrieben samt zahlreicher Fahrzeuge in ihren Besitz zu bringen. Die Deutsche Reichsbahn stand dem nicht nach, und so trieb dieser kuriose Wettbewerb zweier Staatsbetriebe die Preise in die Höhe. Die Differenzen eskalierten mit der Eingliederung des Sudetenlandes. Die Reichsbahn übernahm dort den Bahnbetrieb und den Busdienst der tschechoslowakischen Staatsbahn, ein Vorgehen, das die Reichspost hinsichtlich der Kraftfahrlinien keineswegs billigte. Im Mai 1939 wurden die Meinungsverschiedenheiten vorläufig mit der folgenden Interessenabgrenzung beendet: Der Reichsbahn sollte die Personenbeförderung mit Omnibussen im Fernverkehr, insbesondere auf den Reichsautobahnen, sowie im Schienenparallel- und Schienenersatzverkehr obliegen. Der Reichspost wurde der Verkehr auf den Reichs- und Landstraßen sowie der Zubringerdienst zu den Autobahnen zugesprochen. Ausführungsbestimmungen und Sonderfallregelungen bargen allerdings Tücken, die infolge der Kriegsentwicklung erst nach 1945 offen in Erscheinung traten. Kommentiert wurde diese Regelung postseitig mit der Feststellung, dass „nach der endgültigen Bereinigung der Streitfälle der Weg frei ist zu einem großzügigen Ausbau der Verkehrsverbindungen im Großdeutschen Reich auf den Reichsautobahnen und Reichs- und Landstraßen. Hauptträger dieses Verkehrs werden die Deutsche Reichspost und die Deutsche Reichsbahn sein. Ihre jetzt vollzogene Einigung kann nicht ohne Wirkung auf die sonst noch im Personen-Kraftverkehr über Land tätigen Gesellschaften und privaten Unternehmer bleiben." Dies bedeutete faktisch die Absicht, den Markt zwischen Post und Bahn aufzuteilen.

Gleich 25 Exemplare kaufte die DRP 1938 vom MB LR 75-Halbkettenbus mit Rupflin-Aufbau. Dem Fotografen begegnete das gut besetzte Fahrzeug auf der Turracher Höhe. Zehn Fahrgäste hatten in dem 65 PS starken Gefährt Platz (SVS).

Dienstpflichten des Kraftwagenführers im Postreisedienst (1939)

Der Kraftwagenführer hat die Fahrten nach dem ihm vom dienstleitenden Postamt bekanntgegebenen Fahrplan auszuführen. Er darf hiervon nur abweichen, wenn zwingende Gründe dies erfordern. Solche Änderungen hat der Kraftwagenführer dem dienstleitenden Amt unverzüglich anzuzeigen. An den im Fahrplan

Dem Zeitgeschmack entsprechend verfügte die Reichspost über einige Omnibusse mit Elementen aus dem Stromlinienbau, wenn auch nicht in so großem Umfang wie die Reichsbahn für deren Autobahn-Schnellverkehr. Das erste dieser Fahrzeuge war der Konferenzwagen vom Typ MB OP 3500, der zur Sommerolympiade 1936 in Betrieb ging. Der Frontlenker konnte mit einer 85 PS-Maschine im Schnellgang immerhin 91 km/h erreichen (SVS).

Ein stromlinienförmiges Design zeichnete diesen Gräf & Stift 120-O-Frontlenker aus (SVS).

Fross-Büssing IV FB 4 D-Trambus auf Büssing-NAG 400 T-Fahrgestell in Wien, Mai 1938. Der moderne Wagen mit Gräf & Stift-Aufbau (Erstzulassung am 23.12.1937) ist bereits rot lackiert, trägt aber vorübergehend noch das alte österreichische BP-Kennzeichen (SVS).

Die Heckpartie des MB O 2750-Allwetterwagens von 1938 war strömungsgünstig ausgelegt (DC, SVS).

1938, Februar
Auf der Internationalen Automobil- und Motorrad-Ausstellung in Berlin werden zwei Postbusse gezeigt. Der MB LR 75 mit Aufbau der Fa. Rupflin ist ein als "Raupenbandomnibus" bezeichneter, 65 PS starker Wagen mit Gleiskettenantrieb. Die Wendigkeit des Zehnsitzers, der über eine Steigfähigkeit bis 50% verfügt, wird als "verblüffend" beschrieben. Der andere Bus ist der zweifarbig lackierte RP-34 194, ein MB OP 3750-Konferenzwagen "mit allen Bequemlichkeiten". Die Presse scheibt über den „Wunderwagen": „Der schnittige Spezialaufbau ähnelt einem Triebwagen der Reichsbahn. Die Raumausnutzung mit Fahrerraum, Vorraum, Konferenzraum, Ruheraum und Gepäckraum ist bewunderungswürdig."

1938, 12./13.3.
Österreich wird dem Deutschen Reich als "Ostmark" angeschlossen. Kurz danach wird die Österreichische Kraftpost mit Erlass des Führers und Reichskanzlers vom 18.3.1938 in die DRP integriert. 364 Linien mit 10.300 km Länge sowie 627 Postbusse kommen zur Reichspost. Die Busse werden alsbald vom österreichischen Postgelb in die rote Farbe der Reichspost umlackiert. Die Strategie der DRP in der Ostmark steht schnell fest: "Es ist vordringliche Aufgabe der DRP, die Postverbindungen beschleunigt auszubauen und zu verbessern. Bei Überprüfung des Kraftpostnetzes in der Ostmark stellte sich heraus, daß weit mehr noch als im Altreich eine unbeschreibliche Planlosigkeit auf dem gesamten Gebiet des Kraftfahrlinienverkehrs herrscht."

1938, Frühjahr
Streit mit der Kolberger Kleinbahn AG um die Einrichtung der Kraftpost Köslin - Kolberg. Auch mit den Stolper Kreisbahnen hat die RPD Köslin Dissens.

1938, 1.4.
Der Gelegenheitsverkehr der DRP soll mit dem Ende der Auslauffrist, die das Personenbeförderungsgesetz in der Fassung vom 4.12.1934 eingeräumt hat, weitgehend auf das private Kraftomnibus-Gewerbe verlagert werden. Der Reichspostminister bittet den Reichsverkehrsminister bereits am 15.1.1938, die DRP von den Vorschriften des Personenbeförderungsgesetzes betreffend den Gelegenheitsverkehr zu befreien, was dieser ablehnt. Die DRP erhält aber eine weitere Nachwirkungsfrist bis 1.11.1938. Danach darf sie keinen Gelegenheitsverkehr mit ausschließlich für diesen Zweck bestimmten Bussen mehr betreiben, wohl aber mit Linienwagen.

1938, 1.4.
Aufteilung der bisherigen 114 Gemeinschaftslinien von Bahn und Post. Nach Auffassung der Reichspost lassen ihre Betriebsverhältnisse in keinem einzigen Fall die Abgabe von Bussen und Fahrern für diejenigen Linien zu, die der Reichsbahn zufallen. Die Post betreibt diese 47 Linien noch bis 15.5.1940 auf eigene Rechnung weiter.

1938, 4.4.
Die NSDAP-Gauleitung Bayerische Ostmark setzt sich für die Einrichtung bzw. Verlängerung der Bayerischen Ostmarkpost Marktredwitz - Passau nach Freilassing - Berchtesgaden ein.

1938, 11.4.
Die RPD Trier teilt der RBD Saarbrücken den Ankauf des Autounternehmers Weinandi in Tawern mit, um die Grenzland-Kraftpost Saarburg - Tawern - Trier einrichten zu können. Daraufhin versucht die RBD Saarbrücken am 15.4.1938, den Unternehmer Weinandi zum Verkauf seiner Linien an die Reichsbahn zu bewegen und überbietet den Kaufpreis der DRP um 5.000 RM. Die Postseite muss preislich nachziehen und beklagt sich über diese Wettbewerbspolitik der Bahn.

1938, 12.4.
Die RPD Saarbrücken zeigt die Einrichtung von acht Grenzland-Kraftposten an, die zum Teil im Interessengebiet der Gesellschaft für Straßenbahnen im Saartal liegen.

1938, April
Die bisher dem Land Österreich gehörende Verkehrsgesellschaft "Oberkraft" geht mit einer Linienlänge von 2.300 km auf die Reichspost über. Weiterhin kauft die DRP in großer Zahl und zu hohen Preisen private Kraftfahrlinien samt den dazugehörigen Fahrzeugen an. Die DRP bekommt dadurch 50% des gesamten Kraftfahrliniennetzes im bisherigen Österreich in ihre Hand. Die Reichsbahn wirft der Reichspost vor, ein Monopol im Omnibusverkehr anzustreben.

1938, 30.4.
Der RPM schreibt dem Reichsverkehrsminister, dass die DRP ungeachtet des freundschaftlichen Verhältnisses zu dieser Verkehrsgesellschaft den Ankauf der KVG Sachsen plane, da das Nebeneinander beider Gesellschaften zum größten Schaden für die Allgemeinheit wäre ("Doppelaufwand an Material und Fahrpersonal"). Dass eine Zusammenfassung nur bei der DRP geschehen könne, liege wegen der Wahrung der sozialen und kulturellen Belange der Bevölkerung auf der Hand.

1938, April/Mai
Briefwechsel zwischen Reichspostminister Ohnesorge und Reichsverkehrsminister und Reichsbahnchef Dorpmüller: Streit um die Straßenverkehrsrechte von Bahn und Post in den angeschlossenen Gebieten, namentlich in der Ostmark. Beide werfen sich gegenseitig reinen Wettbewerb zum Nachteil des Reiches vor. Dieser Wettbewerb, so der RPM am 30.4.1938, sei nicht nur unzulässig, sondern auch für die Gesamtheit schädlich. Der Reichspost stehe aber aus der geschichtlichen Entwicklung und den tatsächlichen Verhältnissen ein Vorrecht auf dem Gebiet des Kraftfahrlinienverkehrs zu. Der RPM schlägt daher die Zusammenfassung des staatlichen Kraftfahrwesens in der Hand der DRP als zweckmäßigste und der Allgemeinheit am besten dienende Lösung vor. Der Reichsverkehrsminister lehnt diesen Vorschlag am 4.5.1938 ab.

1938, 5.5.
Das RPZ gibt bekannt: Bei allen Kfz der DRP war bisher stets eine zweite Hupe mit Gummiball vorgeschrieben. Diese Handhupe kann nun bei Fahrzeugen fortfallen, die mit einer elektrischen Hupe ausgestattet sind.

1938, 11.5.
Die Büssing-NAG-Werke bitten das RPM um eine Anzahlung von 33% für die Lieferung der 30 am 6.4.1938 bestellten Dreiachs-Fahrgestelle des Typs 900 N.

1938, 18.5.
Kundmachung des Reichsstatthalters zur Einführung des Rechtsverkehrs in Österreich. Die Einführung erfolgt in einem Teil des Landes zum 1.7., im Rest zum 3.10.1938. Grund sind die vielen Verkehrsunfälle, da die deutschen Fahrzeugführer das Rechtsfahren gewohnt sind. In Österreich wurde seit 1915 links gefahren.

1938, 24.5.
Die RBD Breslau erhebt Widerspruch gegen die von der RPD Breslau mit Schreiben vom 29.4.1938 beabsichtigte Einrichtung der "Deutschen Sudetenpost" im Bereich Görlitz/Krummhübel.

Die größten Einheiten der Deutschen Reichspost waren die 20,20 m langen Büssing-NAG/Gaubschat 650 N-Omnibuszüge von 1938/39. Gaubschat hatte für Deutschland das Patent (Macchi/System Baratelli) für durchgehend begehbare, fest gekuppelte Faltenbalgzüge erworben. Die 135 PS starken Wagen mit einem Fassungsvermögen von gut 100 Personen kamen in wenigen Exemplaren bei Reichspost und Reichsbahn zum Einsatz. Die RPD Dresden setzte sie im Sudetenland im Raum Reichenberg/Deutsch Gabel ein. Von 1939 stammen die Prospekte der RPD Dresden und der Fa. Gaubschat (SVS).

Die berühmteste und längste Fernlinie der Post, die 1931 eingerichtete Deutsche Alpenpost, lief über 500 km von Berchtesgaden nach Lindau. In passender Tracht werben zwei blonde Maiden auf dem Prospekt von 1937 für die Strecke (SVS).

Deutsche Alpenpost

Platzkarte

von Garmisch-Partenkirchen
nach
am
Wagen
Platz
RM 0.50
№ 002681

1934 wurden fünf Spezialbusse für die Alpenpost beschafft und entsprechend beschriftet. Die luxuriös ausgestatteteten Wagen des Typs MAN F 1 N 6 wurden von ausgesuchten Fahrern gesteuert, die blütenweiße Jacketts trugen. Selbstverständlich ließ sich das Dachverdeck der Busse öffnen. Das zweite Bild entstand vor dem Rubihorn bei Sonthofen (SVS).

Die Deutsche Alpenpost war platzkartenpflichtig. 1938 kostete eine Fahrt über die Gesamtstrecke 30 RM, dreißig Jahre später übrigens 39 DM (SVS).

Zur Ablösung der älteren Alpenpost-Wagen wurde 1939 der „Reichspost-Alpenreisewagen" vom Typ MB OP 3750 A (100 PS, 45 Sitze, 70 km/h Höchstgeschwindigkeit) gebaut. Der moderne Allwetter-Frontlenker dürfte wegen des Kriegsausbruchs im Spätsommer desselben Jahres kaum noch für seinen eigentlichen Zweck gebraucht worden sein (DC, SVS).

1938, Mai
In ihrem Taschenfahrplan wirbt die RPD Speyer für "Ausflugs, Grenzland- und KdF-Fahrten in neuzeitlichen und bequemen Kraftpostwagen". Gleichzeitig wird der Fahrplan für die Deutsche Weinstraßenpost von Neustadt (Weinstraße) nach Schweigen veröffentlicht.

1938, 26.7.
Der RPM schreibt an die RPDen, dass das vorgesehene Anzeigeverfahren bei der Einrichtung von Kraftpost-Linien seitens der Reichsbahn gröblich dazu missbraucht werde, um auf den angezeigten Strecken selbst gleiche Pläne aufzugreifen und zu verfolgen. Als Beispiel gelten Linienvorhaben der Post im Salzgitterschen Industriegebiet und im Gebiet des Volkswagenwerkes bei Fallersleben.

1938, Sommer
Vom 1.7. bis zum 15.9. verkehrt die Fernkraftpost München - Wien über die 1935 eröffnete Großglockner-Hochalpenstraße.

1938, Sommer
Über 2.500 Postbusse kommen beim Westwallbau zum Einsatz. Zum Teil werden sie an die Organisation Todt verliehen und erhalten das OT-Signet, behalten aber ihre RP-Kennzeichen. Der Masseneinsatz erfordert den Aufbau erheblicher Logistik (Werkstätten, Tankstellen, Fahrerlager etc.) im Gebiet entlang der deutsch-französischen Grenze.

1938
Durch die Übernahme der österreichischen Kraftpost sowie zahlreicher privater Busbetriebe im bisherigen Österreich, ergänzt durch umfangreiche Neubeschaffungen, steigt der Omnibusbestand der DRP auf rund 6.100, das sind 2.000 mehr als 1937. Auch im Altreich werden weiterhin private Busunternehmen aufgekauft, so z.B. die Flensburger Autobus-Gesellschaft mit drei Kom.

1938
Magirus, wichtiger Omnibuslieferant der Post und seit 1936 Teil der Humboldt-Deutz Motoren AG, kommt zum Konzern Klöckner-Humboldt-Deutz.

1938
In der Serie "Die Deutschen Bücher" erscheinen die Bildbände "Mit der Kraftpost durch das schöne Deutschland" und "Mit der Reichspost durch Deutschland".

1938
Die Reichspost nimmt verschiedene geländegängige Omnibusse in Betrieb.

1938
Großauftrag der DRP an Mercedes-Benz über 325 Busse des Typs O 3750. Der einhunderste ausgelieferte Wagen, RP-34 300, ist für den Westwall-Einsatz vorgesehen und wird auf den Namen "Walli 100" getauft.

1938
In der Dissertationsschrift "Das Postkraftfahrwesen in Deutschland" von Walter Becker wird ausgesagt, dass die Beförderung von Personen in den Kraftposten und Landkraftposten lediglich eine Nebenaufgabe darstellt. Hauptaufgabe der Post sei die Nachrichtenübermittlung.

1938
In ihren Kraftpost-Werbeprospekten betont die DRP, dass auf zuverlässige, technisch gut ausgebildete Kraftwagenführer besonderer Wert gelegt wird. Die mit Allwetterverdeck ausgestatteten Kraftpostwagen, so heißt es, entsprechen in ihrer technischen Einrichtung und inneren Ausstattung allen Anforderungen, die an ein sicheres und bequemes Verkehrsmittel gestellt werden.

1938
Differenzen zwischen der RPD Kiel und den Verkehrsbetrieben des Kreises Schleswig um Linienrechte.

um 1938
Mitglieder der NS-Organisationen erhalten in den Kraftposten umfangreiche Fahrpreisermäßigungen. Ähnliches gilt für Teilnehmer an Urlaubsfahrten der NS-Organisation "Kraft durch Freude", Losverkäufer der Arbeitsbeschaffungslotterie und weitere Personengruppen.

ab 1938
Die DRP gibt Quittungsscheine über 5 Rpf heraus, die Fahrgäste erhalten, wenn sie diesen Betrag bei Benutzung der Kraftpost für das Winterhilfswerk spenden.

1938/39
Die DRP gibt den Prospekt "Mit der Kraftpost nach Italien" heraus.

1938/39
Die RPD Köslin führt einen umfangreichen Schriftwechsel mit der Reichsbahn und mehreren Kleinbahnen, die sich gegen die Einrichtung von konkurrierenden Grenzland-Kraftposten wehren.

1938/39
Streit zwischen DRP und Reichsbahn um Linien, die teilweise die neuen Autobahnen im Raum Frankfurt a.M./Darmstadt und Gießen/Bad Hersfeld benutzen. Weiterhin kommt es zu langwierigen Konflikten um die Einrichtung von Buslinien im Westerwald.

1938/39
Die RPD Dresden stellt drei Faltenbalgzüge der Bauart Büssing-NAG 650 N RP mit Übergang und Anhänger von Gaubschat in Dienst. Die neuen Omnibuszüge, die nur einen Schaffner benötigen, fassen fast 100 Fahrgäste. Im Jahrbuch des Postwesens 1938 wird die Innovation vor allem wegen der durchgängigen Begehbarkeit, der hohen Kapazität und der Vermeidung der Staubbelästigung für die Anhängerpassagiere gelobt.

1938, 16.8.
Der RPM verfügt den Einbau von ZF-Motorbremsen in alle Kom.

1938, September
Die DRP stellt 220 Postbusse für den Reichsparteitag in Nürnberg.

1938, 28.9.
Die RPD Gumbinnen beabsichtigt die Verbindung der Kraftpost-Linien Trakehnen - Tollmingen und Eichkamp - Rominten - Goldap. Die DRB erhebt Einspruch.

1938, 29.9.
Das Münchener Abkommen bedeutet die Abtrennung der sudetendeutschen Gebiete von der Tschechoslowakischen Republik. Am 1.10.1938 marschiert dort die Wehrmacht ein.

1938, ab Oktober
Einrichtung von Kraftpostlinien im "angeschlossenen" Sudetengau. Neben der Post treten wettlaufartig auch die Reichsbahn und die KVG Sachsen auf den Plan und liefern sich untereinander sowie mit den bestehenden tschechischen Kraftfahrlinien auf teilweise parallelen Streckenführungen heftige Konkurrenz.

Mit der Kraftpost nach Italien (Prospekt von 1939, SVS).

Für ihre Rundfahrten in Dresden warb die DRP 1937 in Farbe und zweisprachig (SVS).

bezeichneten Haltestellen ist anzuhalten. Dabei ist der Name der Haltestelle deutlich auszurufen. Wenn der Wagen voll besetzt ist und sich kein Fahrgast zum Aussteigen meldet, darf ausnahmsweise an einer Haltestelle in langsamer Fahrt vorübergefahren werden. Etwa zur Mitfahrt bereitstehende Personen sind durch Zuruf „Besetzt" über den Grund des Durchfahrens und darüber aufzuklären, ob und wann ein weiterer Kraftomnibus folgt. Die mit der Prüfung der Kraftposten und Landkraftposten beauftragten Beamten sind berechtigt, ein Anhalten des Kraftwagens außerhalb der Haltestellen zu verlangen. Sie geben das Zeichen zum Anhalten dadurch, daß sie mit dem rechten Arm Kreise vor dem Körper schlagen. Bei Dunkelheit wird hierzu eine Taschenlampe benutzt. Die Wagentüren hat der Kraftwagenführer mit größter Vorsicht zu schließen, damit die Reisenden nicht verletzt werden. Der Kraftwagenfahrer muß sich den Fahrgästen gegenüber stets höflich und zuvorkommend verhalten. Der Kraftwagenführer haftet für die ihm übergebenen Fahrscheine. Für verlorengegangene Stücke ist er ersatzpflichtig. Dem Kraftwagenführer ist jede Unterhaltung während der Fahrt streng untersagt.

Im März 1934 hatte die DRP auf der Internationalen Automobil- und Motorradausstellung in Berlin einen gigantischen Dreiachs-Omnibus von Henschel in Frontlenkerbauweise vorgestellt. Der Wagen mit Doppelmotor und 250 PS Leistung war eines der stärksten Fahrzeuge seiner Zeit, blieb aber ein Einzelstück. Ab 1936/37 kamen die mächtigen Dreiachser von Mercedes (O 10000), Büssing (900 N) und VOMAG (7 OR 660) mit 150-PS-Maschinen bei der Post zum Einsatz, mit bis zu 13,3 m Länge und 18 Tonnen Gewicht wahre „Schiffe der Landstraße". Alleine Büssing lieferte 111 Stück. Fast die Hälfte davon überstand den Krieg, da die schweren Fahrzeuge nicht fronttauglich waren. Am stärksten vertreten war der MB O 10000 mit 244 Stück, von denen 1950 noch 53 bei der DBP und sieben bei der Österreichischen Post in Betrieb waren. Von VOMAG kamen 49 solcher Wagen. Ansonsten blieb der 33-Sitzer die am meisten verbreitete Fahrzeuggröße im Wagenpark, der sich nach wie vor sehr typenreich darstellte. Daran änderten einige größere Serien (1939/40 kamen beispielsweise 255 neue Mercedes-Benz O 3750 in den Bestand) wenig.

Einen guten Überblick zur Entwicklung der Kraftfahrzeugtechnik bis Mitte der dreißiger Jahre vermittelt der nachfolgende Artikel. Gleichzeitig wird deutlich, welchen Stellenwert man damals der Harmonie und Schönheit des Omnibusbaus beimaß. Da nahm es nicht Wunder, dass auch die Reichspost einige Busse in der modischen Stromlinienform kaufte, obwohl sie dafür keinen unmittelbaren Nutzen hatte. Das Prestige – vor allem gegenüber der Reichsbahn – spielte dabei sicherlich eine Rolle.

Mit dem Postbus durch die Alpenregion. Nahe Füssen macht der Fahrer des Magirus M 27a eine Pause, damit die Reisenden den Ausblick auf die Landschaft genießen können (1938, SK).

Fortschritte im Automobilbau – Vervollkommnung der Postkraftwagen
aus: K. Löffler, Die Entwicklung des Kraftfahrwesens der Deutschen Reichspost, 1935

Die in einem heutigen Postomnibus oder in einem Allwetter-Klubsesselwagen reisenden Fahrgäste können sich die Vorkriegs- wie die ersten Nachkriegswagen kaum mehr vorstellen, um so weniger, als auch beim Automobilbau die Mode eine große Rolle gespielt hat und noch spielt. Ursprünglich Kettenwagen mit von Hand zu bedienender Andrehkurbel ohne Differentialausgleich, erst später Kardanantrieb, machten sie den Eindruck zu schwerer, zu hoher und zu plumper Karren. Wahrlich, das Fahren in einem solchen schweren Omnibus mit Vollgummireifen und den kurzen, unnachgiebigen Federn war kein Vergnügen. Der Fehler lag daran, daß sich die Industrie hinsichtlich der Aufbauten zu lange fast sklavisch an den Pferdeomnibus hielt. Erst später ging sie daran, einen geeigneten besonderen Oberbau herzustellen. Für unsere Postomnibusse spielte eine besondere Rolle die gesicherte Verwahrung der Postladung, wofür Wertgelasse und eine Gepäckgalerie nebst Plane auf dem Dach erforderlich wurden. Für die Motor-Omnibusse benutzte man dieselben Fahrgestelle wie für Lastwagen, Hochrahmen, bei denen der Karosseriefußboden so hoch über dem Boden lag, daß das Ein- und Aussteigen beschwerlich war. Die Forderung nach leichterer Einstiegsmöglichkeit und höherer Geschwindigkeit wurden erst nach Erfindung des Riesenluftreifens durch den Niederrahmen-Omnibus im Zusammenhang mit tieferer Schwerpunktlage erreicht, wodurch größere Stabilität gegen Schwankungen und ein gutes Liegen auf der Straße erreicht wurden (1924). Die Forderung nach größerer Schnelligkeit führte vom Vier- zum Sechs- und Achtzylinder und zur Vierradbremse, das Verlangen nach größerer Aufnahmefähigkeit schließlich zum Sechsradomnibus (Dreiachser) und zur Verbesserung der Personenanhänger mit Knorrbremse. Die Wagen für den Kursverkehr waren ausnahmslos geschlossene Omnibusse mit festem Verdeck, für den Ausflugsverkehr im Sommer gab es offene Wagen ohne Verdeck, später solche mit Amerikanerverdeck, bis die Allwetterkarosserie erfunden wurde, die, wie schon der Name besagt, im Gegensatz zu den nur im Sommer bei gutem Wetter verwendbaren offenen Wagen bei jedem Wetter, weil heizbar, auch im Winter in Dienst gestellt werden können. Die weiteren Verbesserungen sind bekannt, elektrischer Anlasser, Batteriezündung, von der Petroleumlampe über Karbidbeleuchtung zum Boschlicht, automatische Kupplung, Simplex- und Heringstahlscheibenräder, Schnellgang, Frischluftheizung, Servobremse, Stahl- statt Holzaufbauten, Sommer- und Winterverdeck, so daß derselbe Wagen im Sommer offen, im Winter geschlossen gefahren werden kann. Die Dieselmotoren verdienen, nachdem die Reichspost nur noch Omnibusse mit solchen bestellt, eine besondere Erwähnung. Heute muß der Wagen rassig, schnittig, von edler Eleganz, muß form- und farbenschön sein, schlanke Linie zeigen, die Karosserie vom Architekten und Künstler entworfen werden, die Inneneinrichtung verwöhntesten Ansprüchen genügen; der Wagen muß fest auf der Straße liegen, ruhig auch bei hoher Geschwindigkeit dahingleiten, still versonnen, als ob er auf Flügeln junger Liebe zum trauten Stelldichein eilte; sein Äußeres gefalle in erster Linie nicht dem Manne, sondern der Frau, es sei heiter, freundlich, als ob es allen Mitmenschen schönsten guten Morgen sagen wolle, gegen deutsche Gefährten sei der Wagen liebenswürdig und nachsichtig, gegen ausländische von kühlster Zurückhaltung, als ob er sagen wolle, ohne die großen Deutschen Benz und Daimler und deren Lizenzen wärt Ihr ja gar nicht auf der Welt! Der neue Motor ist so behutsam zu betreuen wie eine junge Frau in den Flitterwochen. Und nicht zu vergessen: Automobil und Mode, an sich grundverschieden, haben gemeinsam – Bild unserer raschlebigen Zeit – was gestern noch neu war und modern, ist heute überholt und veraltet.

1938, 12.10.
Die Reichenberger Zeitung schreibt über die Einrichtung von Kraftposten im Sudetenland: "Mit der Befreiung unseres Gebietes von den Bedrückern setzte schlagartig die Tätigkeit der Deutschen Reichspost ein. Häufig noch vor der militärischen Besetzung trafen die mutigen Stephansjünger mit ihren Kraftfahrzeugen ein, um den Post-, Telegraphen-, Fernsprech- und Kraftpostbetrieb aufzunehmen. Deutsches Organisationstalent, Pflichteifer und Pflichtgefühl waren Trumpf. Als Bravourstück zog in Aussig noch vor dem Militär eine Kolonne von acht Kraftpostomnibussen, vorneweg ein Landkraftwagen, ein. Das Kind für alles sind die Postomnibusse. Unermüdlich fahren sie ihre bereits aufgenommenen Kurslinien. Daneben haben sie noch die schwere Aufgabe, den noch nicht aufgenommenen Eisenbahnbetrieb zu ersetzen. Es ist keine leichte Arbeit für den Kraftpostleiter am Halteplatz der roten Postelefanten, neben den verantwortungsvollen Entscheidungen alle die Fragen und Wünsche anzuhören und zu beantworten."

1938, Herbst
Die RBD Nürnberg widerspricht der Einrichtung einer Kraftpost Bayreuth - Kulmbach durch die RPD Bamberg.

1938, November
Oberst von Schell wird zum Generalbevollmächtigten für das Kraftfahrwesen berufen. Ihm werden umfassende Vollmachten für die Straßenverkehrslenkung und für die Standardisierung und Beschränkung der Kraftfahrzeugtypen erteilt. Das "Schell-Programm" (Verminderung der Bauarten in der deutschen Nutzfahrzeugfabrikation von 130 auf weniger als 20 Typen) wirkt sich in den kommenden Jahren auch auf die Omnibusbeschaffungen der DRP aus.

1938, 1.12.
Die Busse der ehemaligen Österreichischen Post werden offiziell in den Wagenpark der DRP integriert und erhalten RP-Kennzeichen.

1938, 20.12.
Auf der neuerbauten Privatstraße der Reichspost von Seegatterl zur Winklmoosalm wird der Kraftpostverkehr mit Halbkettenomnibussen des Typs MB LR 75 aufgenommen.

1938, Winter
Bei der Austragung der Deutschen und Heeresskimeisterschaften im badischen Feldberggebiet setzt die DRP mehr als 100 Kraftpostwagen zur Bewältigung des Besucherandrangs ein.

1938, Winter
Im angeschlossenen Österreich werden reichsdeutsche Kraftpostbusse eingesetzt, deren Ausstattung nicht immer den dortigen Straßen- und Witterungsverhältnissen gewachsen sind. So scheitern Postbusse des Typs MB O 3750 mehrfach am Pötschenpass zwischen Bad Ischl und Bad Aussee.

1938, Winter
Die Zeitschrift "Die Deutsche Post" schreibt: "Meterhoch lag stellenweise der Schnee auf der prachtvollen Glockner-Höhenstraße. Durch den Einsatz ihrer Raupenbandomnibusse konnte die Deutsche Reichspost den Verkehr aufrechterhalten. Mit diesen Fahrzeugen gelang es, auch bei heftigem Schneetreiben die 13 km lange Strecke Gutal - Fuscher Törl zurückzulegen. Auf Grund der gewonnenen Erfahrungen wird die DRP auch auf anderen Höhenstraßen eine Anzahl von Raupenbandomnibussen einsetzen."

1939, Anfang
Im Bericht über die DRP im Rechnungsjahr 1938 wird ausgeführt, dass der schnelle Einsatz der Kraftpost bei der Rückkehr der Ostmark und des Sudetengaues sowie die Abbeförderung von vielen Tausend sudetendeutschen Flüchtlingen und ihre spätere Rückführung besonders bemerkenswert sei. Der umfassende Ausbau des Kraftfahrliniendienstes in den neuen Gebieten habe außergewöhnliche Geldmittel erfordert, deren Aufwendung den Grundsätzen nationalsozialistischer Gemeinnützigkeit entspreche.

1939, 18.1.
Der RPM gesteht in einem Schreiben an den Reichsverkehrsminister der Reichsverkehrsgruppe Kraftfahrgewerbe zu, den Fahrzeugpark des privaten Omnibusgewerbes wegen der hohen Nachfrage für Omnibusfahrten - namentlich im sommerlichen KdF-Verkehr - zu erweitern. Er weist jedoch darauf hin, dass nur die Reichspost und ihr großer Kraftomnibus-Wagenpark zur Durchführung von Masseneinsätzen und staatspolitischen Transportaufgaben wie dem Westwallbau in der Lage sei. Nur sie verfüge reichsweit über einen Kraftfahrdienst mit allen nötigen technischen Einrichtungen.

1939, 1.2.
Die RPD Wien gibt einen Taschenfahrplan für die nach dem Sudetenland neu eingerichteten Kraftpost-Linien heraus.

1939, 13.2.
Durch eine Verordnung über den gewerblichen Personenverkehr wird für Omnibusse vorgeschrieben: Metallaufbau, dritte Bremse (Motorbremse), Notausstieg, Omnibusführerschein (Mindestalter 23 Jahre).

1939, 23.3.
Das Memelland wird von deutschen Truppen besetzt. In Memel nehmen Postbusse ab sofort den Zubringerdienst zu den Schiffen des Seedienstes Ostpreußen wahr.

1939, März
Die DRP berichtet in der Fachzeitschrift "Deutsche Werbung" über die Förderung des Fremdenverkehrs durch die Kraftpost.

1939, März/April
Die Deutsche Reichsbahn hat seit dem 10.10.1938 die Omnibuslinien der tschechoslowakischen Staatsbahnen übernommen. Die DRP bezeichnet diese Linien als überflüssig und unzulässig. Die Streitigkeiten mit der Bahn beziehen sich auch auf Kraftpostlinien im Böhmerwald und Sudetenland.

1939, 23.5.
In den "Richtlinien" zum PBefG wird durch Anordnung des Führers und Reichskanzlers bestimmt, dass der Linienverkehr auf den Reichsautobahnen Aufgabe der Reichsbahn, der Linienverkehr auf Reichs- und Landstraßen Aufgabe der Reichspost sei. Die Bestimmungen des PBefG in der Fassung vom 6.12.1937 sollen im Verhältnis zwischen Reichsbahn und Reichspost nicht mehr angewendet werden. Ein paritätisch zusammengesetzter Ausschuss von DRB, DRP, dem Generalinspekteur für das deutsche Straßenwesen Dr. Todt und dem für den Fremdenverkehr zuständigen Staatssekretär soll Streitfragen über Linienrechte von Reichsbahn und Reichspost entscheiden.

1939, Juni
Daimler-Benz liefert der DRP zwei gemeinschaftlich entwickelte Alpenreisebusse vom Typ MB OP 3750 A. Die Frontlenkerbusse sind besonders komfortabel ausgestattet und verfügen über 100 PS-Motoren.

Selten sind Farbaufnahmen aus den dreißiger Jahren. Hier eine Ansichtskarte aus der Mercedes-Benz-Farbbildserie „Fahrt durch schöne deutsche Landschaft". Der MB O 3750 mit dem Kennzeichen RP-33 743 steht „vor dem Stadttor eines alten süddeutschen Städtchens" (SGK).

Zeitgenössische Kraftpost-Werbung von 1939 (SVS).

Schöne Reise mit der Reichspost! MB Lo 3500-Postbus als Kraftsonderpost vor der Hohensyburg bei Dortmund. Der 1936 ausgelieferte Wagen war 95 PS stark (SVS).

Von Jupp Wiertz gezeichnet wurde dieses stimmungsvolle Titelbild einer Broschüre von 1938 (SVS).

Auf kleinen Nebenstraßen ist dieser MB LG 3000 im Allgäu unterwegs (SVS).

Werbegrafik aus dem Jahr 1939 (SVS).

„Bitte einsteigen" in den MB O 3750, dessen 24 Sitzplätze schon gut gefüllt sind. Laut Aufschrift darf der Bus höchstens 40 km/h fahren, mehr gibt der Generatorbetrieb wohl auch nicht her. Der Wagen stammt aus der 255 Stück umfassenden Großserie RP-100 601 bis 856 von 1939/40 (Foto bei Baden: Dr. Pötschner, SVS).

Damenmode anno 1941. Der Bildtitel lautet: „Die Reichspost im Dienste der Volkswohlfahrt: Kinderlandverschickung mit Postomnibussen" (SK).

Kraftpost im Hochgebirge am „Adolf-Hitler-Pass". Ein Blick ins Kursbuch verrät, dass die Strecke Hindelang - Oberjoch (Allgäu) gemeint war (SVS).

1939, 11.7.
Das RPM schreibt an die RPDen: "Während anläßlich des Reichsparteitages 1938 rund 220 Kom mit 400 Kraftwagenführern an die RPD Nürnberg abgeordnet wurden, wird es in diesem Jahr notwendig, dieser RPD für den gleichen Zweck rund 400 Omnibusse mit 450 Kraftwagenführern zur Verfügung zu stellen. Dies ist darauf zurückzuführen, daß die DRP außer den Fahrten für die Ehrengäste des Führers auch die Beförderung der Parteitagsteilnehmer von ihren Lagern nach der Stadt Nürnberg übernehmen soll. Insbesondere ist dafür zu sorgen, daß die Kom, die Anzüge der Kraftwagenführer und die Flaggen der Fahrzeuge sich in einem erheblich besseren Zustand befinden als im Vorjahr, der dem Ansehen der DRP keineswegs entsprochen hat."

1939, 19.7.
Einführung einheitlicher Haltestellenzeichen für Straßenbahnen und Kraftfahrlinien. Für Kraftpost-Linien gelten besondere Übergangsfristen.

1939, Sommer
Die Reichspost richtet die ersten von 16 geplanten historischen Postkutschenlinien ein. Dazu gehören u.a. die Strecken Bad Kissingen - Bad Bocklet (ab 7.6.1939, diese Linie existiert noch heute), Merzig - Steinbach (RPD Saarbrücken, ab 18.7.1939), Berchtesgaden - Badersee (RPD München) und Gmunden - Hoisen (RPD Linz). Weitere Linien sind geplant u.a. im Glatzer Bergland, im Thüringer Wald und im Erzgebirge. Es werden historischen Vorbildern nachgebaute, neunsitzige Postkutschen in der traditionellen gelben Farbe mit schwarzer Absetzung eingesetzt. "Schwager Postillion auf dem Bock trägt eine Uniform, die man sicher als sehr geschmackvoll bezeichnen darf", heißt es. Da es sich um Vergnügungsfahrten handelt, werden besondere Fahrgebühren erhoben. Schon am 1.9.1939 werden die Postkutschenlinien kriegsbedingt wieder eingestellt.

1939
Das Kraftpost-Kursbuch erscheint letztmals, danach kriegsbedingte Unterbrechung bis 1950.

1939
Die Reichspost setzt für den Winterbetrieb im Hochgebirge (Oberbayern und Ostmark, dort im Arlberg-Gebiet und den Radstädter Tauern) insgesamt 30 Kraftomnibusse mit Halbkettenantrieb der Bauart MB LR 75 ein. Aufgrund der allgemeinen Typenbereinigung wird Mercedes diese Fahrzeuge künftig nicht mehr bauen. Die Reichsbahn überlegt deshalb, im Bedarfsfall (z.B. für ihre Linien im Riesengebirge) solche Wagen von der Post zu entleihen.

1939
Das Kraftpostnetz erstreckt sich von Apenrade in Dänemark bis nach Venedig. Das Kraftpostkursbuch umfasst 837 Seiten. Die Zahl der Postbusse erreicht mit über 6.000 einen neuen Höchststand.

1939
Die Zeitschrift "Deutsche Post" schreibt: "Der DRP blieb es vorbehalten, durch Abordnung von Fahrern und Kfz unmittelbar Schulter an Schulter mit Wehrmacht und Partei an dem großen Zeitgeschehen des Anschlusses der Ostmark und der Sudetendeutschen Gebiete teilzunehmen. Dem leuchtenden Rot der Fahrzeuge - als äußeres Sinnbild der Verbundenheit von Partei und Post - begegnet man heute in diesen Gebieten fast ebenso zahlreich wie im Altreich."

1939
Es sind die Kraftpostgruppenleitungen Ost (Berlin), Mitte (Erfurt), Nordwest (Dortmund), Südwest (Frankfurt a.M.), Süd (München) und neu Südost (Wien) für die Ostmark (Österreich) eingerichtet.

1939
Der Umfang des Streckennetzes der Kraftpost ist dreimal so groß wie das Schienennetz der deutschen Eisenbahnen.

1939
Parallel zur Eingliederung der österreichischen Postkraftwagen wird ein neues Nummernschema für Postbusse eingeführt, beginnend mit RP-100 001 (fortgeführt bis 1944).

1939
Die Vorbereitungen für die geplante Internationale Verkehrsausstellung, die von Mai bis Oktober 1940 in der Hansestadt Köln stattfinden soll, sind in vollem Gange. Die Reichspost will sich mit einer großen Leistungsschau und an den vorgesehenen Korsofahrten beteiligen. Dabei sollen eine Postkutsche, der erste Kraftpostbus aus den Anfängen des Kraftfahrwesens und "neuzeitliche Reisewagen" mitwirken. Die IVA fällt kriegsbedingt aus.

1939, 1.9.
Mit dem deutschen Überfall auf Polen beginnt der Zweite Weltkrieg.

1939, ab 1.9.
Bis August 1941 sind Postbusse für das Euthanasie-Programm im Einsatz.

1939, 1.10.
Alle Kfz müssen mit Tarnscheinwerfern ausgestattet sein.

1939, 6.10.
Bildung der Deutschen Post Osten im Generalgouvernement (besetztes Polen) mit Sitz in Krakau. Der Chef der Zivilverwaltung in Lodz regt an, die Post solle möglichst schnell die Personenbeförderung mit Omnibussen übernehmen, um die vordringlichen Verkehrsverbindungen zu schaffen, die für die Verwaltung des Landes unentbehrlich seien. Mit zunächst angemieteten Fahrzeugen gelingt es der Post bald, den gesamten Linienverkehr auf der Landstraße in ihre Hand zu bekommen. Außer der Deutschen Post Osten, so die Begründung, sei kein Verkehrsträger vorhanden, der die schnelle und umfassende Einrichtung eines Omnibuslininennetzes gewährleisten könne. Anfang November 1939 verkehren die ersten Kraftposten linienmäßig.

1939, 8.10.
Erlass Hitlers zur (völkerrechtswidrigen) Eingliederung der Westgebiete Polens in den Reichsgau Danzig-Westpreußen. Die DRP übernimmt die Danziger Postverwaltung am 1.11.1939. Die 13 Danziger Postbusse werden am 1.1.1940 in den Wagenpark der DRP eingegliedert.

Zwischen Neunkirchen (Saar) und einer Vorstadtsiedlung

Bild: F. Brincour, Neunkirchen (Saar)

Die Kraftpost hilft den Siedlern

Nicht immer ist es möglich, die Vorstadtsiedlungen mit Eisenbahn- oder Straßenbahnverbindungen zu versehen. In vielen Fällen ist die Kraftpost berufen, für die Beförderung der werktätigen Siedler und ihrer Familienangehörigen von und zur Arbeitsstelle und Schule oder beim Wareneinkauf zu sorgen.

Der Kraftpostdienst hat sich seit der Machtübernahme stark entwickelt. Während im Rechnungsjahr 1932 (1. 4. 32–31. 3. 33) im Altreich 60,4 Millionen Personen durch die Kraftposten befördert wurden, stiegen diese Zahlen in den Rechnungsjahren 1936 und 1937 auf 75,2 und 88,3 Millionen an.

Die Kraftpost hilft den Siedlern, wie der Reichspost-Kalender 1939 verkündet. Besondere Aufmerksamkeit verdient der abgebildete Frontlenker vom Typ MB OP 3750. Die Bauart „Valencia" war ursprünglich für Spanien gedacht, konnte aber wegen des dortigen Bürgerkrieges nicht abgeliefert werden. Die DRP übernahm einen großen Teil der Wagen und verschloss die ursprünglich im Heck vorhandene Tür, wie das zweite Bild aus Karlsbad zeigt (Foto von 1941: Dr. Pötschner, SVS).

Im Jahr 1938 hatte sich die DRP zum Schutz des privaten Omnibusgewerbes aus dem Gelegenheitsverkehr zurückzuziehen. Zumindest durfte sie für solche Zwecke keine reinen Reisebusse mehr einsetzen, wohl aber Linienwagen. Entsprechend besaß die Reichspost nur wenige echte Reisebusse (jedoch zwei luxuriöse „Konferenzwagen"). Am Anfang des Jahrzehnts hatte dies noch anders ausgesehen. Mit dem Aufkommen touristischer Reiseangebote (1929) wurden besonders zahlungskräftige Gäste aus dem Ausland angesprochen. Speziell dafür waren im Jahr 1930 die Mercedes-Fernreisewagen RP-13 527 bis 13 530 beschafft worden, die mit Klubsesseln und sogar schon mit Toiletten ausgestattet waren. Zum Stil der späten dreißiger Jahre passten dagegen besondere Postbustypen, die ein fast militärisches Gepräge hatten und durchaus nicht nur für friedliche Zwecke geeignet erschienen. Verschiedene geländegängige Allradomnibusse und Halbkettenfahrzeuge, so genannte Raupenbandbusse, kamen zunächst auf besonderen Bergstrecken zum Einsatz, sollten sich aber später auch als kriegstauglich erweisen. Dazu gehörten der Mercedes-Halbkettenbus LR 75, ein Zehnsitzer mit 65 PS-Motor, sowie relativ kurze, allradgetriebene Vier- oder Sechsradwagen von Magirus und Mercedes.

Wichtigste Lieferanten der Reichspost im gesamten Zeitraum von 1920 bis 1945 waren die Daimler-Benz AG, die Büssing-Werke und MAN, gefolgt von DAAG, Magirus, Henschel und Krupp. Die fünf bedeutendsten Firmen stellten zusammen zwei Drittel der Neuauslieferungen.

Letztmalig erfreuten sich die Reisenden im Friedenssommer 1939 an den Fernlinien der Reichspost, die seit Anfang der dreißiger Jahre entstanden waren. Die Deutsche Alpenpost erfuhr eine Verlängerung bis Salzburg, und noch gab es die zwischenstaatlichen Linien in Zusammenarbeit mit der Schweizer Post (z.B. München - St. Moritz) und der italienischen SAD (München - Venedig). Wie schon in den Jahren zuvor wurde mit künstlerisch gestalteten Plakaten („Mit der Kraftpost nach Venedig") und Prospekten („Mit der Kraftpost durch Deutschland") reichsweit für die Vorzüge des Reisens mit der Kraftpost geworben.

Die fünf freundlichen Fahrgelderheberinnen in Bremen-Vegesack vertreten ihre zur Front eingezogenen männlichen Kollegen (1941, Sammlung Monsees).

Kraftpost-Fahrscheine aus den dreißiger und vierziger Jahren. Besonders bemerkenswert ist die Quittung über die Spende von 5 Rpf an das Winterhilfswerk, die die Kraftpost-Fahrgäste mehr oder weniger freiwillig entrichteten (SVS, SH).

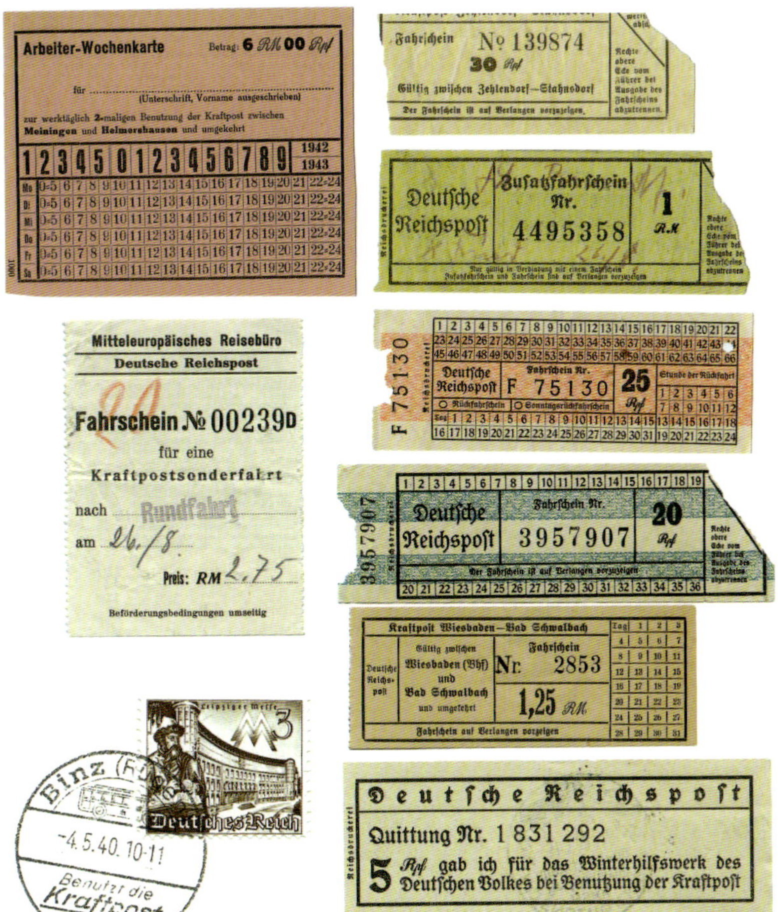

Auch in der Zeit des Dritten Reiches warben Briefserienstempel für die Benutzung der Kraftpost, im Jahr 1940 sogar noch mit dem seit 1934 nicht mehr üblichen Reichsadler aus der Weimarer Republik (SVS).

1939, 15.12.
Der RPM gibt die Anordnung vom 23.5.1939 bekannt. In Ausführung dieser Anordnung sind die Richtlinien für die Abgrenzung der Aufgabengebiete im Kraftomnibus-Linienverkehr zwischen Reichsbahn und Reichspost erstellt worden (2. Bahn/Post-Abkommen). Der RPM schreibt, die Richtlinien haben klare Verhältnisse für die Betätigung von Reichsbahn und Reichspost im Kraftomnibus-Linienverkehr geschaffen und die Ursachen beseitigt, die in den letzten Jahren vielfach zu einem Gegeneinanderarbeiten der beiden Reichsverwaltungen geführt haben. Er erwarte deshalb, dass die Verhandlungen mit den RBDn in freundschaftlichem Geiste mit dem Ziel geführt werden, künftig in allen Fragen des Kraftfahrdienstes vertrauensvoll zusammenzuarbeiten. Keinesfalls dürfe es wieder vorkommen, dass Meinungsverschiedenheiten vor den Genehmigungsbehörden oder in der Öffentlichkeit ausgetragen werden und dadurch das Ansehen der beiden Reichsverwaltungen geschädigt werde.

1939, Winter
Trotz des strengen Winters gelingt es, mit Vorsatz-Schneepflügen oder Halbkettenomnibussen den Betrieb auf den wichtigsten Kraftpostlinien im Hochgebirge weitgehend aufrecht zu erhalten.

1939-45
Rund 800 Postbusse sind bei der Feldpost im Einsatz.

1940, 22.2.
Neue Kraftpost-Haltestellenzeichen aus Kunstharz oder Hartholzfaser-Pressstoff werden eingeführt. Die Armstechschilder tragen die Aufschrift "Kraftpost" in Antiqua-Schrift. Da die Herstellung von Ständern aus Eisen oder Stahl bereits seit 16.12.1937 rüstungsbedingt verboten ist, sind Holzmasten zu verwenden, vornehmlich ausgemusterte Telegrafenstangen.

1940, 9.3.
Erweiterung und Auslegung der "Richtlinien" (2. Bahn/Post-Abkommen) vom 23.5.1939 dahingehend, dass der Reichsbahn auch der Schienenparallel- und Schienenersatzverkehr zufällt. Damit sind die Aufgabengebiete von Bahn und Post vorläufig abgegrenzt. Die Bekanntgabe erfolgt am 16.5.1940.

1940, 26.4.
Der Reichsverkehrsminister erlässt die Richtlinien über die Bevollmächtigten für den Nahverkehr zur Durchführung des Straßenverkehrs im Kriege.

1940, Sommer
Nach Beendigung des Westfeldzuges werden in den Gebieten, die dem Deutschen Reich angegliedert werden (Eupen/Malmedy von Belgien, Elsass/Lothringen von Frankreich), Kraftpostlinien eingerichtet. Dazu zählt z.B. die 70 km lange Querverbindung Aachen - Eupen - Malmedy - St. Vith. In Elsass/Lothringen entstehen innerhalb eines Jahres 440 km Kraftpostlinien.

1940
Es bestehen 2.228 Landkraftposten mit einer Linienlänge von 123.252 km.

1940
Infolge kriegswirtschaftlicher Maßnahmen und auf Grund einer vorläufigen Regelung zwischen der Deutschen Reichsbahn Omnibusverkehrsgesellschaft (ROB) und den RPDen Wien und Linz übernimmt die DRP in diesem Raum 23 Buslinien der Deutschen Reichsbahn.

1940
Beim PA Bremen-Vegesack sind acht junge Fahrgelderheberinnen, die bei den (männlichen) Fahrgästen sehr beliebt sind, für den Schaffnerdienst in Dreiachsern eingesetzt. Fehlt eine von ihnen, hängt der Fahrer im Fenster ein Schild mit dem Grund der Abwesenheit aus, um nicht ständig auf entsprechende Fragen antworten zu müssen.

1940, August
Die Verlängerung von Kraftpost-Linien in die grenznahen Kreise der besetzten Niederlande wird geplant, unterbleibt aber im Frühjahr 1941 aus "kriegswichtigen Gründen".

1940, 1.10.
Die DRP übernimmt den gesamten Busbetrieb der Frankfurter Lokalbahn AG.

1941, 9.1.
In einem Rundschreiben verbietet NSDAP-Reichsleiter Bormann die Verwendung der Frakturschrift (gotische Schrift). Die Antiqua-Schrift wird als deutsche Normalschrift eingeführt. Entsprechend wird bei der DRP verfahren.

1941, Januar
Treibstoffkrise: Viele Kraftpost-Linien müssen vorübergehend wegen Kraftstoffmangels stillgelegt werden. Die Umrüstung der Busse auf Ersatzkraftstoffe wird forciert.

1941, 29.3.
Die Zeitschrift Deutsche Post berichtet über den Einsatz von Halbkettenomnibussen der Reichspost auf der tiefverschneiten Flexenpaßstraße am Arlberg. "Erstaunliches leisten die kleinen wendigen Raupenbandfahrzeuge. Infolge breiter Skier an den Vorderrädern, eines Auslaufbleches und der Raupenbänder schieben sie sich ohne allzu große Einsinktiefe langsam über die Schneemassen hinweg. Selbst bei stark geneigten Flächen kippen sie nicht um. Staunend betrachten die Fahrgäste diese sonderbaren Fahrzeuge, lächeln wohl manchmal über die ungewöhnliche Form, sind aber immer wieder von der Leistungsfähigkeit und Sicherheit der kleinen Skiraupenomnibusse überrascht."

1941, Juli
Für Juden treten Beschränkungen bei der Beförderung mit Postbussen in Kraft.

1941
Die DRP erhält letztmals Dreiachser des Typs MB 0 10000.

1941
Die DRP besitzt rund 14.000 Kfz, darunter über 6.000 Busse.

1941
Im Raum Siegen erfolgt ein Linientausch mit der Siegener Kreisbahn.

1941, Mitte
Bis zu diesem Zeitpunkt kann die DRP verhindern, dass Teile ihres Fahrzeugparks für Kriegszwecke beschlagnahmt werden.

1941/42
Die Deutsche Post Osten betreibt in den besetzten polnischen Gebieten und im Generalgouvernement 46 Kraftpost-Linien mit 1.800 km Länge, 1942 bereits 60 Linien mit 3.500 km. 90 weitere Linien sind geplant. Im Jahr werden über 100.000 Personen befördert.

1941-1944
Einrichtung von (wenigen) Kraftpost-Linien in den Generalpostkommissariaten Ostland, Ukraine, Russland und Kaukasien (besetzte Teile Russlands).

Die Kraftpost in Braunau — Bild: Bildstelle Reichspostdirektion Landshut (Bay)

Mit der Kraftpost zur Geburtsstadt des Führers

Die Deutsche Reichspost wirbt für den Reise- und Fremdenverkehr durch Ausbau ihres Kraftpostdienstes. Immer dichter spannt sie das Liniennetz und sorgt dafür, daß Bauweise, Sicherheit und Bequemlichkeit der Wagen dem neuesten Stand der Technik entsprechen. Die Kraftpostlinie Passau–Berchtesgaden berührt die Stadt Braunau und hält vor dem Geburtshaus unseres Führers.

Deutsche, lernt die Bayerische Ostmark kennen! Fahrten mit der Kraftpost zeigen die versteckten Reize dieser urwüchsigen Landschaft.

In die Propaganda des Dritten Reiches war die Kraftpost - wie alle Bereiche des öffentlichen Lebens - voll einbezogen. Mit der Kraftpost ging es in die Geburtsstadt des Führers, und mit Hakenkreuzen war der Postbus in Schönau (Niederbayern) ausstaffiert (SVS).

Der 1935 gebaute, allradgetriebene MB LG 2500 mit dem Kennzeichen RP-22 483 stand Reichskanzler Adolf Hitler für die Fahrt von Berchtesgaden zu seinem Anwesen „Berghof" am Obersalzberg zur Verfügung (SVS).

Aus dem Prospekt „Mit der Kraftpost nach Italien", 1939

Die roten Aussichtswagen der Post lassen ihr Zweiklang-Horn ertönen, und wenn das auch nicht so romantisch und melodisch klingt wie das Posthorn der Postkutsche, die den Geheimrat Goethe nach Italien brachte, so bürgt es doch für die größere Bequemlichkeit und Schnelligkeit. Die mit Allwetterverdeck ausgestatteten Omnibusse entsprechen in ihrer technischen Ausstattung allen Anforderungen, die an ein sicheres und bequemes Verkehrsmittel gestellt werden können. Der klassische Reiseweg München - Venedig ist heute keine Dreiländerfahrt mehr mit allen Umständlichkeiten, nein, es heißt nur noch Deutschland - Italien. Ist dadurch den deutschen Menschen der Süden nicht um vieles nähergerückt?

Dass diese Jahre für Deutschland und seinen größten Straßenverkehrsbetrieb keine glücklichen waren, sei durch zwei dunkle Kapitel verdeutlicht, in die die Kraftpost miteinbezogen wurde.

Nicht nur die Reichsbahn hat während der nationalsozialistischen Diktatur die grausame Rolle übernommen, Menschen in Konzentrations- und Vernichtungslager zu transportieren. Die Reichspost trug im Zusammenhang mit dem „Euthanasieprogramm" ebenso dazu bei. Das streng geheim gehaltene Programm zur Tötung von Kranken und Behinderten basierte auf dem „Gesetz zur Verhütung erbkranken Nachwuchses" vom 14.7.1933. Zur Tarnung bediente man sich einzelner Omnibusse der Reichspost für das schaurige Werk, Anstaltsinsassen in Tötungsstätten zu „verlegen". Dahinter stand die im November 1939 gegründete „Gemeinnützige Krankentransport GmbH" (Gekrat), die nach außen hin nicht in Erscheinung trat. Die eingesetzten Postbusse wurden anfangs in ihrer roten Lackierung belassen, um kein Aufsehen zu erregen. Später erhielten sie einen grauen Tarnanstrich und abgedunkelte Fenster. Die Wagen wurden nicht von Postangehörigen, sondern von Mitarbeitern der Gekrat gesteuert. Eilfertig bot die DRP an, diese Fahrzeuge jederzeit in allen Postwerkstätten bevorzugt zu reparieren.

Ebenso tragisch ist das Kapitel der Diskriminierung von Juden in allen Bereichen des Lebens, was auch die Bewegungsfreiheit, so z.B. Fahrten mit der Kraftpost, einschloss. Dazu verfügte der Reichspostminister am 30.9.1941: „Juden sind von der Benutzung der Kraftsonderposten und Landkraftposten grundsätzlich ausgeschlossen. Bei Kraftposten im Überlandverkehr sind Juden mit Erlaubnisschein nur zu befördern, soweit Platz vorhanden ist. Erforderlichenfalls haben Juden auch an Unterwegsorten den Wagen zu verlassen, wenn sonst andere Reisende zurückbleiben müssten. Juden dürfen Sitzplätze nur einnehmen, wenn diese nicht für andere Reisende benötigt werden." Die RPD Hamburg sah sich ergänzend zu folgender Erläuterung veranlasst: „Danach können Juden unsere Kraftposten, die alle Überlandlinien sind, ohne Erlaubnisschein überhaupt nicht benutzen." Bereits seit Juni 1937 hatte die DRP Kraftomnibusse für Gelegenheitsfahrten nicht mehr an „Nichtarier" vermietet. Anfang 1943 entzog das RPM in Zusammenarbeit mit dem Reichsverkehrsministerium den Juden auch alle Möglichkeiten, Fahrpreisermäßigungen in Anspruch zu nehmen, es sei denn, die Fahrten betrafen den Weg zwischen Wohn- und Arbeitsstätte, für die im Kraftpostdienst Arbeiterwochenkarten ausgegeben wurden. Die Reichspost reihte sich damit nahtlos in den langen Katalog der Willkürakte gegen jüdische Mitbürger in Deutschland ein.

Im März 1938 wurde Österreich dem Deutschen Reich als „Ostmark" angeschlossen. Die Busse der Österreichischen Kraftpost wurden offiziell zum 1.12.1938 in den Fuhrpark der Reichspost übernommen und bereits frühzeitig rot umlackiert (SVS).

Der ungehemmte Expansionsdrang Hitlers führte zunächst zu einer absurden Ausweitung des Verkehrsgebiets der Kraftpost und zu einem Anwachsen der Omnibusflotte auf gigantische 6.500 Stück in den Jahren 1940/41. Nach dem Überfall und dem siegreichen Feldzug gegen Polen kam es zur Gründung der Deutschen Post Osten. Sie betrieb 1942 von Krakau aus 60 Kraftpostlinien mit etwa 3.500 Streckenkilometern. Fast schon aberwitzige Fernkraftposten wie die 645 km lange Strecke Wien - Preßburg - Zakopane kamen hinzu. Selbst in den Weiten des besetzten Teils Russlands entstanden bis März 1944 noch 54 Kraftpost-Linien. Damit war der Zenit erreicht, aber auch all zu bald überschritten.

Im Kerngebiet Deutschlands herrschte derweil eine allumfassende Kriegswirtschaft, die die Kraftpost zu drastischen Einsparungen an Material- und Treibstoffverbrauch zwang. Wegen hoher Beförderungsanforderungen mussten die Leistungen trotzdem in etwa gehalten werden. Dabei gewann ab 1942 die Umrüstung der Kraftfahrzeuge auf Holzgasgeneratoren immer größere Bedeutung. Vorhandene Wagen rüstete man aufwendig um, Neufahrzeuge erhielten eingebaute Generatoranlagen von Wisco oder Imbert. Im Betrieb war der Umgang mit dieser Technik mühselig. Die größten Probleme bestanden im Leistungsverlust der Motoren, der langen Vorrüstzeit von anderthalb Stunden, dem Verteeren der Rohrleitungen und schließlich im ungünstigen Aufwand/Nutzen-Verhältnis beim Kohleverbrauch. Noch Ende Oktober 1944 propagiert ein Artikel in der Zeitschrift „Die Deutsche Post" dagegen die Vorteile des Einsatzes von Festkraftstoffen im Kraftfahrdienst der DRP. Folgende Aussage spricht für sich: „Trotz weitgehender Vorarbeiten durch das Generatorbüro im Reichspostministerium wird es bei der Umstellung von Postomnibussen auf Generatorgasbetrieb noch manche Schwierigkeiten im Werkstätten- und Fahrdienst geben. Sie müssen und werden überwunden werden, damit immer größere Mengen von flüssigen Kraftstoffen freiwerden und der Wehrmacht zur Verfügung stehen." Aus Sicht eines Busfahrers sah die Sache so aus: „Unser Büssing-Dreiachser hatte hinten einen einachsigen Nachläufer, der den mit Anthrazit geheizten Gasgenerator trug. Den dazwischen eingebauten Teerabscheider zu reinigen war eine ganz große „Schweinerei". Man wußte die Hände nicht wieder sauber zu bekommen, besondere Reinigungsmittel gab es nicht, erst recht keine amtlich gelieferten." Kein Wunder, dass eine damals gängige Redensart lautete: „Der Herrgott schuf in seinem Zorn den Imbert mit dem Rütteldorn".

1941, 29.9.
Der DRP wird das Kontingent für Dieselkraftstoff um 30% gekürzt.

1941, 30.9.
Der RPM verfügt ein Beförderungsverbot für Juden in Landkraftposten und Kraftsonderposten. In den übrigen Kraftposten dürfen Juden Sitzplätze nur einnehmen, wenn diese nicht für andere Fahrgäste benötigt werden. Erforderlichenfalls haben Juden auch an Unterwegsorten den Wagen zu verlassen, wenn sonst andere Reisende zurückbleiben müssten.

1941, 5.11.
Das RPM verfügt, alle mit flüssigen Kraftstoffen betriebenen Kfz auf Flüssiggasbetrieb umzustellen.

1942, Januar
Auf Wunsch Hitlers stellt die DRP 500 Busse und Personal für die Ostfront. Unter dem Tarnnamen "Fernkraftpost Osten" wird eine Nachschublinie Wilna - Minsk - Smolensk eingerichtet. Erhebliche Verluste treten ein.

1942, 7.2.
Der RPM beklagt sich in einem Schreiben an den Reichsverkehrsminister über die zum 1.9.1941 erfolgte Gründung der "Verkehrsbetriebe Sudetengau" (VBS). Die Selbstverwaltung des Gaus Sudetenland plane mit dieser Maßnahme die Einrichtung eines gaueigenen Kraftfahrliniennetzes unter Ausschaltung der DRP und der DRB. Aus verkehrspolitischen Gründen widerspricht der RPM der Schaffung der VBS schärfstens.

1942, 21.2.
Der RPM fordert die Präsidenten der RPDen auf, den strengsten Maßstab bei der Prüfung der Frage anzulegen, ob noch immer nicht unbedingt kriegs- und lebensnotwendige Fahrten mit Kfz ausgeführt werden. Ziel ist die Kraftstoffeinsparung.

1942, 20.3.
Der Reichsverkehrsminister gibt die Durchführung von Einschränkungsmaßnahmen im Kraftomnibusverkehr bekannt.

1942, 11.5.
Der RPM berichtet den RPDen, dass kürzlich zwei mit Imbert-Holzgasanlagen ausgerüstete Opel-Blitz-Kom der RPD Posen einem Hallenbrand zum Opfer gefallen sind, der durch ausströmendes Gas verursacht wurde. Es folgen Sicherheitsvorschriften zum Umgang mit solchen Fahrzeugen.

1942, 17.6.
Der RPM beklagt die mangelnde Umsetzung seiner Anordnung zur Kraftstoffeinsparung vom 21.2.1942. Bei einigen RPDen werde gerade im Kraftpostdienst ein zu großzügiger Maßstab angelegt.

1942, 2.7.
Die Kraftpostgruppenleitung Mitte schreibt: Die RPD Erfurt senkte die friedensmäßigen Kraftpost-Leistungen um 53% und konnte hierdurch 64% Kraftstoff einsparen. Die anderen RPDen werden aufgefordert, diesem Beispiel zu folgen.

1942, 15.7.
Der RPM schreibt an die Kraftpostgruppenleitungen: "Der Umfang des aufrechtzuerhaltenden Kraftpostdienstes wird durch die zur Verfügung stehende Kraftstoffmenge bestimmt." Auf kriegswichtigen und lebensnotwendigen Kraftposten sollen Einschränkungen erst dann vorgenommen werden, wenn weitere Kürzungen bei den übrigen Dienstzweigen des Post- und Fernmeldedienstes zugunsten der Kraftpost nicht mehr möglich sind.

1942, ab 15.7.
Erneut sind 300 Reichspost-Busse als "Fronthilfe der DRP - Kraftfahrstaffel" an der Ostfront im Einsatz. Die Fronthilfe ist als Teil des Postschutzes seit dem 1.5.1942 der Waffen-SS unterstellt.

1942, 23.7.
Der RPM schreibt an die RPDen, dass die Umstellung aller Kfz auf Flüssiggas nicht wie geplant erfolgen kann, da auch Flüssiggas mittlerweile ein Mangel-Kraftstoff sei. Die bereits eingeleiteten Umbaumaßnahmen seien zurückzuziehen und der Übergang auf den Generatorbetrieb schnellstens vorzubereiten. In erster Linie sollen Kohle-Generatoren unter Verwendung von Anthrazit, hauptsächlich aber Schwelkoks und Braunkohle eingeführt werden. Die erforderlichen Kohle-Generatoren befänden sich derzeit in der Entwicklung.

1942, Sommer
Die DRP richtet in Waldgebieten Bedarfshaltestellen von Landkraftposten zum Verladen von Beeren und Waldfrüchten als "wertvollem Beitrag für die Volksernährung" ein.

1942
Während des Afrikafeldzuges fordert die Wehrmacht Transportunterstützung durch Postbusse an. Die Postautogarage Klagenfurt spritzt sechs Postbusse sandgelb um und stellt sie via Triest dem Afrikakorps zur Verfügung. Am anderen Ende des Einflussbereiches der Wehrmacht, am Polarkreis bei Hammerfest ("Eismeerfront"), kommen zur Wehrmacht abgestellte Halbkettenbusse der DRP zum Einsatz.

1942
Die Kraftpostgruppenleitungen werden kriegsbedingt "vorübergehend" aufgelöst.

1942
Unter den 38 RPD-Bezirken werden in Gumbinnen die wenigsten und in Saarbrükken, Oppeln und Aussig die meisten Fahrgäste befördert.

1942-1944
Die DRP erteilt Büssing Aufträge über rund 300 Kriegs-Trambusse des Typs 4500 T. Mit zunehmendem Kriegsverlauf werden die Baumaterialien immer mehr "entfeinert". Ein Teil der Fahrzeuge kann kriegsbedingt nicht mehr fertig gestellt werden und wird erst nach 1945 ausgeliefert.

1942/44
Die DRP erhält von VOMAG rund 60 Exemplare des Typs 4,5 OHG, einer selbsttragenden Konstruktion (Aufbau Harmening, Patent Prof. Dr. Deiters) mit integrierter Imbert-Holzgas-Generatoranlage im Heck.

1942, November
Kürzung der Zuteilung von Dieselkraftstoff für die DRP um weitere 25%. Kraftpostbusse mit Dieselmotoren werden an die Wehrmacht bzw. die Feldpost abgegeben. Zum Ausgleich erhält die DRP gasbetriebene Privatbusse zugeteilt. Die schweren, frontuntauglichen Dreiachser bleiben aber meist in der Heimat. Mit der Einschränkung der Fahrleistungen werden gleichzeitig vermehrt Postkraftwagenführer zum Militär abgegeben. Sie waren bisher wegen der kriegswichtigen Transporte von Rüstungsarbeitern nicht eingezogen worden.

RP-100 164, ein Saurer 2 VC TDV mit Rohrbacher-Karosserie, könnte dem Prospekttitel auf der Vorseite als Vorbild gedient haben (SVS).

Saurer 3 BL aus österreichischer Fabrikation im roten Kleid auf Alpentour, um 1939 (SVS).

Auf der Linie Graz - Mariazell verkehrte 1940 ein Gräf & Stift V 6 PD mit Gepäckanhänger (Foto: Dr. Pötschner, SVS).

Durch die Übernahme der Österreichischen Kraftpost und zahlreicher Privatunternehmer kam die DRP im angeschlossenen Österreich zu einem extrem heterogenen Wagenpark. Typisch war der Anblick einer bunten Fahrzeugpalette, die sich dem Betrachter in einer Postgarage bot (SVS).

Die Kraftpost im wiedergewonnenen Westen

Die Deutsche Reichspost hat in dem zurückeroberten Lothringen zahlreiche Kraftpostlinien eingerichtet und damit den raschen Aufbau des Wirtschaftslebens nachhaltig unterstützt. Besonderer Wert ist dabei auf die Förderung des Berufsverkehrs gelegt worden. Die Abbildung zeigt den Transport von Werkarbeitern zur Grube Falkenberg (Westm). Die Grube ist s. Z. von deutschen Unternehmern auf Reparationskonto modern aufgebaut worden. Nach der Rückgliederung Lothringens wurden 1940 sogleich die Kraftpostlinien Kreuzwald—Lubeln—Grube Falkenberg (29 km) und St. Avold—Lixingen—Hellmer—Grube Falkenberg (46 km) eingerichtet, um die Bergarbeiter zur Arbeitsstätte zu bringen. Vor 1940 lag die Arbeiterbeförderung in Privathänden.

Im Rechnungsjahr 1941 (1.4.41—31.3.42) wurden von der Deutschen Reichspost auf rund 3200 Kraftpostlinien mit einer Streckenlänge von 86200 km über 226 Millionen Personen befördert.

Hitlers Expansion führte nach den Feldzügen von 1939/40 zur Eingliederung von eroberten Gebieten in das Deutsche Reich. Im Westen kam Elsass/Lothringen unter deutsche Verwaltung, im besetzten Polen wurde das Generalgouvernement etabliert. In beiden Bereichen wurden sogleich Kraftpost-Linien eingerichtet. In Krakau war dieser Henschel-Frontlenker der Deutschen Post Osten im Einsatz (Reichspost-Kalender 1943, SVS).

Mit fortschreitendem Kriegsverlauf machte sich der Kraftstoffmangel immer stärker bemerkbar. Fast alle Postomnibusse wurden auf Ersatzkraftstoffe umgerüstet. 1941 kam eine 100 Stück umfassende Serie von Ford/Harmening G 917 T mit eingebauten Holzgasgeneratoren zur Auslieferung. Der Fahrer musste den Generator am Heck besteigen und von oben mit Holzschnitzeln befüllen, eine mühsame Prozedur (Foto aus Bergisch-Gladbach, 1942; SVS).

Nicht nur über einen Gasgenerator verfügte dieser 1937 gebaute Henschel, sondern er musste sich wegen der Rohstoffknappheit ab 1942 auch noch mit einer Notbereifung begnügen (MKF).

Im Jahr 1944 ging man dazu über, den Bussen Gasgeneratoren auf Einachsanhängern beizustellen. Das vom Holzvergaser erzeugte Gas stand unter so geringem Druck, dass es vom Motor angesaugt werden musste (Sauggasbetrieb). Da die Beschickung und Reinigung des Generators eine äußerst schmutzige Angelegenheit war, sprachen die Fahrer sarkastisch von „Saugas" (SVS).

Besonders abenteuerlich wirkte dieser grau gestrichene Zug, bei dem der Generator hinter dem Personenanhänger angeordnet war (SVS).

1942, 11.11.
Der RPM verfügt an die RPDen: "In allen Fragen der Beibehaltung oder Stillegung wichtiger Kraftpost-Linien ist mit den Landeswirtschaftsämtern ebenso einträchtig wie mit dem Bevollmächtigten des Nahverkehrs zusammenzuarbeiten." Diese Anordnung ist auf den Reichsverkehrsminister zurückzuführen. Er hatte darauf hingewiesen, dass von den Landeswirtschaftsämtern immer wieder Kraftomnibusfahrten der DRP beobachtet würden, die nicht als kriegswichtig angesehen werden könnten.

1942, Ende
Täglich benutzen rd. 440.000 Reisende die Kraftpost.

1943, 1.1.
Senkung der Kraftpost-Fahrgebühren auf 5 Rpf/km.

1943, 3.1.
Winker und Scheinwerfer an Kfz entfallen, vorgeschrieben sind nur noch kleine Positionslampen und Tarnscheinwerfer.

1943, Januar
Kraftpostfahrten zur Schülerbeförderung müssen vermehrt stillgelegt oder stark eingeschränkt werden.

1943, 5.2.
Die Auflösung von 13 RPDen wird verfügt. Es verbleiben nur noch 38 RPDen.

1943, März
Die Fronthilfe der DRP nimmt solche Ausmaße an, dass sich das RPM gezwungen sieht, 752 Kraftpost-Linien im gesamten Reichsgebiet stillzulegen, falls nicht von anderer Seite zusätzliche Ersatzomnibusse und Personal gestellt werden.

1943, April
Gestattung des verstärkten Einsatzes von Frauen als Führer von leichten bis mittleren Kraftomnibussen.

1943, April
Von der 1. Frontstaffel der Fronthilfe der DRP sind nur noch 112 von ursprünglich 358 Omnibussen einsatzbereit.

1943, 7.7.
Der RPM schreibt an die RPDen, wegen der unzureichenden Kraftstoffzuweisungen sei die DRP in weit größerem Umfang als alle anderen Verkehrsträger von jeher gezwungen gewesen, Linien einzuschränken oder stillzulegen. Die durch diese Maßnahmen frei gewordenen Busse (rund 1.000) seien schon durch die Fronthilfe der DRP bei der Wehrmacht eingesetzt worden. Überzählige Busse seien daher bei der DRP nicht vorhanden. Lediglich für "kriegsentscheidende" Maßnahmen oder Katastrophenfälle könnten auf Anforderung kurzfristig Aushilfs-Kom gestellt werden, wenn sie ohne Beeinträchtigung des Kraftpostdienstes entbehrt werden können.

1943, 22.7.
Im Deutschen Reich sollen ab sofort nur noch Einheitsomnibusse gebaut werden. Die Zahl der Sitzplätze wird zugunsten der Stehplätze stark reduziert, um möglichst viele Personen befördern zu können. Einige Herstellerfirmen (z.B. VOMAG und Opel) liefern aber auslaufend ihre bisherigen Typenprogramme weiter.

1943, Sommer
Wegen der Vernichtung ihrer Wohnstätten infolge der Flächenbombardierungen weicht ein großer Teil der Bevölkerung der Hamburger Innenstadt auf die Randgebiete von Groß-Hamburg aus. Der dortige Kraftpostdienst wird dadurch erheblich belastet. Nach den Fliegerangriffen werden Postbusse zum Katastropheneinsatz und Verwundetentransport herangezogen.

1943
15 Jahre Landkraftposten. Das Streckennetz umfasst 120.000 km.

1943
Der akute Treibstoffmangel zwingt die Post, fast alle Kraftomnibusse mit Generatoren auszustatten. Aus Anthrazit erzeugen sie im Schwelverfahren Gas, das zum Antrieb der Motoren verwendet wird.

1943
Die DRP beschlagnahmt einen MAN/Kässbohrer-Stromlinienbus für Versuchszwecke. 1945 wird der Bus von den französischen Besatzungstruppen requiriert.

1943
Zur Beförderung von Angehörigen der Wehrmacht, der Waffen-SS und des Reichsarbeitsdienstes mit Kraftposten und Landkraftposten werden Kraftomnibus-Gutscheine herausgegeben.

1943
Der Film "Motorkraft" der Reichspost-Filmstelle zeigt den Aufbau des Kraftpostnetzes und die dort eingesetzten Fahrzeuge.

1943, 23.11.
Die Beförderung von Skiern und Fahrrädern in Postbussen wird verboten.

1943, 1.12.
Zur Frage der Überlastung der Busse schreibt der RPM, dass im Kriege erhebliche Überfüllungen von Bussen unvermeidlich seien. Von einer strengen Einhaltung der Vorschriften über die Besetzung der Busse könne bis auf weiteres abgesehen werden. Bis auf die Firmen Ford und Opel hätten sich sämtliche Automobilfabriken mit einer Erhöhung der zulässigen Traglast ihrer Omnibus-Fahrgestelle um 20% einverstanden erklärt.

1944, Februar
Zur Erhaltung des unter den jetzigen Verhältnissen nicht mehr ersetzbaren Wagenparks wird den Postämtern eine Belastung der Kom über die zulässige Grenze der Tragfähigkeit hinaus untersagt. Es werden Pappschilder mit der Aufschrift "Zulässige Personenzahl .." gefertigt.

1944, 5.4.
Der RPM verfügt ein allgemeines Rauchverbot im Postreisedienst, um bei der andauernd starken Benutzung der Postbusse Schäden an der Kleidung der Fahrgäste durch glimmende Zigaretten und Zigarren zu verhindern und den Reinigungsaufwand zu ersparen.

1944, 13.4.
Die RPD Hamburg bedauert, dass infolge der Abgabe zahlreicher Kom für Zwecke der Reichsverteidigung und wegen Kraftstoffmangels nicht der erforderliche Wagenpark zur Verfügung steht, um die Verkehrsschwierigkeiten zu beheben.

1944, 6.6.
Invasion der Alliierten in der Normandie. Am gleichen Tag müssen viele Kraftpostlinien wegen Treibgasmangels eingestellt werden. Grund ist die Bombardierung der Leuna-Werke, die als Lieferant des Gases ausfallen.

Ab 1943 wurde das leuchtende Rot der Postbusse durch graue Behelfs- und Tarnanstriche ersetzt. Der dunkelgraue DAAG war zum Zeitpunkt der Aufnahme im Jahr 1943 schon 18 Jahre alt. Das größere Gepäck wird auf dem Dach verstaut (SH).

Der abgebildete MB O 3000 war 1943 zusammen mit 100 gleichen Wagen beschafft worden. Der Kässbohrer-Kriegsaufbau bestand aus einem leichten Stahlgerippe, das mit Pressplatten beplankt war. Dem Nachkriegs-Typ O 3500 von 1949 sah er schon sehr ähnlich. Die Aufnahme des grauen und mit getarnten Scheinwerfern ausgestatteten Wagens entstand kurz vor Kriegsende 1945 in der Postgarage Baden (Foto: Dr. Pötschner, SVS).

Am 25.9.1944 wurde ein grauer Postbus bei Northeim in einen Unfall verwickelt (SR).

Mit dem Generator-Anhänger und der Tarnfarbe wirkt der Mercedes-Frontlenker nur noch wenig elegant (SVS).

Bis Mitte 1941 konnte sich die Reichspost widersetzen, größere Teile ihres Wagenparks der Wehrmacht zur Verfügung zu stellen. Spätestens ab der Stalingrad-Krise im Winter 1942/43 musste die DRP in ständig wachsender Zahl Personal zum Militär abstellen. Bereits Anfang 1942 wurden 500 Postomnibusse unter dem Decknamen „Fernkraftpost Wilna - Smolensk" nach Osten beordert. Die Fahrzeuge blieben Reichsposteigentum, die Fahrer Postangehörige. Nach erheblichen Ausfällen wurden bis August 1942 erneut 300 Postbusse für Transportaufgaben angefordert. Zu dieser Zeit stellte die DRP die „Fronthilfe der Deutschen Reichspost" auf, die als Teil des Postschutzes ab 1.5.1942 der Waffen-SS unterstellt war. Die Fronthilfe nahm schließlich solche Ausmaße an, dass sich das RPM im März 1943 gezwungen sah, 752 Kraftpost-Linien im gesamten Reichsgebiet stillzulegen, falls nicht von anderer Seite zusätzliche Ersatzomnibusse und Personal gestellt würden. Während das männliche Personal in der Heimat zum Teil durch Frauen ersetzt werden konnte (ab April 1943 wurden Frauen zum Fahren von leichten bis mittleren Kraftpostbussen zugelassen), stieg der Fahrzeugmangel. Schließlich waren nur noch kriegswichtige Fahrten, vorrangig für die Rüstungsproduktion, zugelassen. Drastische Einschränkungen bei der Kraftstoffzuteilung trugen ihren Teil zu der Situation bei. So meldete die RPD Erfurt im Sommer 1942 eine Einschränkung der friedensmäßigen Kraftpostleistungen um 53%, wodurch 64% Kraftstoff eingespart worden sei. Den anderen RPDen wurde dieses Beispiel als Vorbild genannt, verbunden mit der Aufforderung, beim Betrieb ihrer Kraftpostlinien den „strengsten Maßstab auf Kriegswichtigkeit" anzulegen.

Zur Feldpost oder zur Organisation Todt abkommandierte Busse der Kraftpost fanden nur in wenigen Fällen nach Kriegsende zurück nach Hause. Leider galt dies auch für einen Teil des mitentsandten Begleitpersonals. Der Bombenkrieg tat ein Übriges, um die Ressourcen der Kraftpost zu dezimieren. Hier kam es zu Großeinsätzen an der „Heimatfront", um Ausgebombte und Flüchtlinge zu transportieren. Einer der umfangreichsten Einsätze dieser Art fand im Sommer 1943 statt, nachdem die alliierte „Operation Gomorrha" in Hamburg einen verheerenden Feuersturm ausgelöst hatte.

Den Reichspostminister plagten unterdessen ganz andere Sorgen. Anfang 1942 beschwerte er sich beim Reichsverkehrsminister über die Gründung der Verkehrsbetriebe Sudetengau durch die Gauselbstverwaltung und begründete dies mit den ungesunden Wettbewerbsverhältnissen, der Verkehrszersplitterung und der Vergeudung kriegswichtiger Rohstoffe, wenn neben den erforderlichen Kraftpostlinien noch andere Kraftomnibuslinien betrieben würden. Außerdem habe sich die Reichspost zum Ziel gesetzt, den Verkehr in verkehrsarmen und dünn besiedelten Gegenden zu pflegen. Dagegen seien die privaten Kraftverkehrsgesellschaften in erster Linie auf Erwerb eingestellt und führten ihre Linien durch gut und dicht besiedelte Gegenden, in denen reger Personenverkehr stattfinde. „Die Nachkriegszeit wird an den Ausbau des Verkehrsnetzes im gesamten Großdeutschen Reich große Anforderungen stellen. Erstes Erfordernis dazu ist die straffe Zusammenfassung des Verkehrs in möglichst wenigen Händen, statt der Aufteilung auf viele Einzelunternehmen und Splitterbetriebe", so Ohnesorges verkehrspolitische Zukunftsvision und Empfehlung für eine starke Stellung der Reichspost.

Mit zunehmendem Kriegsverlauf konnten immer weniger Postbusse in Dienst gestellt werden. Der letzte, 1944 beschaffte Wagen mit der höchsten vergebenen RP-Nummer war RP-103 309 von der RPD Königsberg. Schon ab 1939 hatte die deutsche Kraftfahrzeugindustrie damit beginnen müssen, ihre Produkte nach dem Schell-Programm zu „entfeinern", das heißt unter Verwendung schlichter Baustoffe immer mehr zu vereinfachen. Dies sah man den Produkten jener Zeit deutlich an. Das leuchtende Rot der Postbusse wich zunehmend grauen Behelfs- oder Tarnanstrichen.

„Zum Besten der Allgemeinheit" erfolgten Anfang 1943 und Mitte 1944 Senkungen der Kraftpost-Fahrgebühren auf schließlich 4 Pfennig/km. Im Juni 1944 hieß es dazu in der Zeitschrift „Die Deutsche Post": „Wir hoffen zuversichtlich, daß die Zeit nicht mehr fern ist, in der wir nach dem siegreichen Ende des Krieges die Kraftpost unbehindert durch kriegsnotwendige Einschränkungen in Kürze wieder auf ihren alten allgemein als hervorragend anerkannten Stand bringen und sie dann auch weiter ausbauen werden. Die Kraftomnibusse der Deutschen Reichspost sollen dann nicht nur den berufs- und lebensnotwendigen Verkehr befriedigen, sondern wie früher allen Volksgenossen Gelegenheit geben, das schöne Deutschland in den alten und neuen Teilen des Großdeutschen Reiches kennen und schätzen zu lernen." Der Autor sollte mit seiner Hoffnung auf das nahe Kriegsende und das spätere Wiedererstarken der Kraftpost Recht behalten, aber unter ganz anderen Umständen, als er sie beim Schreiben seiner Zeilen angenommen hatte.

Postbusse im Kriegseinsatz: Für den Einsatz bei der Feldpost war dieser MB O 3750 hergerichtet worden. Auf dem Kotflügel trägt er das taktische Zeichen „WH" (Wehrmacht Heer). Das Nummernschild lautet aber auf RP, der Wagen blieb also Eigentum der Reichspost (Foto: Dr. Pötschner, SVS).

Der Betrieb der Kraftpost unterlag ab Herbst 1944 immer stärkeren Einschränkungen. Stellenweise wurde er noch bis April 1945 provisorisch aufrechterhalten. Für die Bevölkerung war dieser Rest von Normalität lebenswichtig, zumal die Schienenverkehrsmittel aufgrund der Zerstörungen meist nicht mehr fahren konnten. Dem enormen Ansturm waren die wenigen verbliebenen Postbusse nicht gewachsen. Um dem Ausfall der Wagen durch Überladung vorzubeugen, gab es scharfe Zugangsbestimmungen, die als Ergänzung zur Fahrkarte einen Berechtigungsschein erforderten.

Eine Rarität stellt diese Aufnahme dar: Der MB LR 75-Halbkettenbus RP-33 985 war in weißer Tarnfarbe an der „Eismeerfront" bei Narvik (Norwegen) für die Feldpost eingesetzt (SH).

Beim Zusammenbruch Anfang Mai 1945 lag das Kraftpostwesen genau wie das Deutsche Reich in Trümmern. Dass ein Neuanfang überhaupt möglich sein sollte, erschien kaum vorstellbar.

Bereits sehr mitgenommen sieht der frühere Reichspost-Omnibus (siehe Briefkasten rechts neben der Tür) aus, der die Wehrmacht im Feldpostdienst bis in die Tereksteppe am Nordostrand des Kaukasus begleitete. Viele solcher Fahrzeuge gingen in den Weiten Russlands verloren (SH).

Bei der Organisation Todt (OT) landete der Mercedes RP-33 734 (SR).

1944, 1.7.
Senkung der Kraftpost-Fahrgebühren auf 4 Rpf/km und damit Angleichung an die Sätze der Reichsbahn. Die Gebührenermittlung für Zeitkarten wird vereinfacht. Gleichzeitig werden vielerorts Berechtigungsscheine zur Benutzung der Kraftpost eingeführt. Vorrangig erhalten Personen mit guten Verbindungen zur NSDAP oder zur Post solche Scheine. Danach gilt die Reihenfolge: Rüstungsarbeiter, Wehrmachtsangehörige auf dem Weg zur Front, Fronturlauber und Ausgebombte.

1944
Der Kraftpostdienst wird geleitet vom Referat Kraftfahrwesen in der Abteilung VI des RPM.

1944
Letzte Omnibus-Neuzugänge für die DRP. Die Postbusse erhalten zunehmend eine feldgraue Lackierung oder Tarnfarbe.

1944
Die RPD Braunschweig gibt im ganzen Jahr 17 RM für eine Kraftpost-Werbeanzeige in der Harzer Tageszeitung aus. 1945 und 1946 gibt es keine, 1947 nur geringe Ausgaben für Kraftpost-Werbung.

1944, 15.8.
Alleine an diesem Tag werden bei Luftangriffen 42 Postbusse zerstört.

1944, 26.8.
Die 100 bestellten Postbusse der Bauart MB O 4500 (RP 103 009-108) stehen bei der Aufbaufirma Kässbohrer in Ulm zur Abholung bereit, allerdings ohne Getriebe. Mitte Oktober sind die Fahrzeuge wegen Zerstörung der Bahnwege immer noch nicht an die RPDen abgesandt worden. Zu diesem Zeitpunkt hofft man, drei der 100 Wagen in absehbarer Zeit fahrbereit machen zu können.

1944, 4.9.
Die Kraftpost im Kreis Heinsberg (Rheinland) wird wegen der herannahenden Front eingestellt.

1944, 7.9.
Die RPD Königsberg stellt den gebraucht übernommenen Postbus RP-103 309 in Dienst. Er erhält damit die letzte von der DRP vergebene Nummer für Busse.

1944, 22.9.
Fernmeldeentstörer dürfen ihr Fahrrad im Postbus mitnehmen. Wenn eine Frau als Kom-Führerin oder Fahrgelderheberin eingesetzt ist, muss das Fahrrad selbst verladen werden.

1944, 25.9.
Als letztes Aufgebot stellt Hitler den Deutschen Volkssturm auf. Da die Fronten jetzt heimatnah liegen, werden an verschiedenen Orten Volkssturmeinheiten mit Bussen der Kraftpost zum Einsatz befördert.

1944, 27.9.
Beim Großangriff auf Karlsruhe werden in der dortigen Hauptwerkstatt für Kraftwagen (Kraftpostwerk Karlsruhe-Grünwinkel) insgesamt 30 Postbusse aus dem südwestdeutschen Raum durch Fliegerbomben zerstört.

1944, September
Carl Goerdeler, inhaftierter Verschwörer des Hitler-Attentates vom 20.7.1944, verfasst eine Denkschrift zum Neuaufbau Deutschlands nach dem Krieg. Darin plädiert er für die Einrichtung eines Eigenbetriebes des Reiches für Kraftwagenlinien, um den Wettbewerb zwischen Reichsbahn und Reichspost zu vermeiden.

1944, Herbst
Durch die immer stärkere Zerstörung der Schienenwege, besonders der Eisenbahnbrücken, fahren Postbusse vielerorts im Schienenersatzverkehr. Auch Bahnpostleistungen gehen auf Postbusse über.

1944, 21.10.
In der Zeitschrift "Die Deutsche Post" wird der Einsatz von Festkraftstoffen (Holz, Braunkohlenschwelkoks, Braunkohlenbriketts, Anthrazit) im Kraftfahrdienst der DRP beschrieben. Die Wisco-Gaserzeugungsanlagen sind in den Omnibussen an der Rückwand fest eingebaut oder werden auf besondere Einradanhänger gesetzt, die durch eine Kupplung mit dem Omnibus verbunden sind und abgeschwenkt werden können. In geringem Umfang werden zum Antrieb auch Flüssiggase (Propan- und Butangemische) als Kraftstoff verwendet.

1945, 5.1.
Das RPM stimmt der Abtretung von Linien an die Siegener Kreisbahn zu, da die Reichspost keinen Kraftstoff zur Verfügung hat. Im März 1945 wird diese Abtretung widerrufen, da es gelungen ist, vier Postbusse mit Anthrazit-Generator zu organisieren. Sie gehen aber erst am 7.6.1945 in Betrieb. In der Folgezeit ergeben sich bis 1959 erhebliche Streitigkeiten um Linienrechte im Raum Siegen.

1945, 4.4.
Im Bereich der RPD Bremen wird der Kraftpostbetrieb wegen Feindannäherung eingestellt.

1945, 5.4.
Die Postgarage Wien wird Opfer von Fliegerbomben. Viele Postomnibusse werden vernichtet.

1945, 18.4.
Noch vor Kriegsende wird im amerikanisch besetzten Gebiet die erste Kraftpostlinie (Würzburg - Rimpar) für den Arbeiterverkehr wieder eröffnet.

1945, April
Die Kraftpost Biberach - Memmingen wird mit den letzten Kraftstoffreserven betrieben.

1945, Ende April
Mit Hilfe von dienstverpflichteten Ausländern und Frauen wird der Kraftpostdienst in Schleswig-Holstein bis 14 Tage vor der Kapitulation planmäßig abgewickelt. Auch in der bisher unbesetzten Ostmark wird der Kraftpostbetrieb bis kurz vor Kriegsende aufrechterhalten.

1945, 8.5.
Kriegsende. Der Kraftpostdienst liegt still. Ein für das Deutsche Reich und auch für die DRP handlungsfähiges Organ ist nicht mehr vorhanden. An seine Stelle tritt der alliierte Kontrollrat in Berlin.

6. 1945 – 1950
Schwere Nachkriegsjahre: Der Wiederaufbau der Kraftpost

Herkunft und Zukunft symbolisiert der Titel des Deutsche Post-Kalenders von 1950 (SVS).

Die Kriegsereignisse hatten den Kraftwagenpark der Deutschen Post fast vollständig vernichtet. Mit Omnibusveteranen, angekauften Wehrmachtskastenwagen und z. T. sogar Lastwagen wurde der Linienbetrieb nach der Kapitulation wiederaufgenommen, um wenigstens die Arbeiter zu ihren Arbeitsstätten bringen zu können. Ständiger Materialmangel und spärliche Neuproduktion waren die unerfreulichen Weggenossen des Wiederaufbaus. Nach der Währungsreform machten sich die Fortschritte immer schneller bemerkbar. Heute kann die Deutsche Post wieder formschöne und bequeme Kraftfahrzeuge auf den meisten Linien einsetzen. Das Ziel, ansprechende Wagen auf allen Linien, wird bald erreicht sein.

Die Kraftpost: sicher, bequem und zuverlässig.

Den Wiederaufbau der Kraftpost beschreibt der Deutsche Post-Kalender 1950 (SVS).

Schreiben des Präsidenten der RPD Köln an die Reichspost-Oberdirektion der britischen Zone in Bad Salzuflen vom 8.12.1945

Von allen RPD-Bezirken in der britischen Besatzungszone hat der RPD-Bezirk Köln die stärksten Einbußen erlitten. Die Kraftomnibusse sind ausgeplündert, beschädigt oder weggeschleppt worden. Die Kfz-Werkstätten sind ausgeraubt oder bis auf die Grundmauern zerstört. Aber auch Reichs- und Straßenbahnen sind weitgehend und auf Monate hinaus unbrauchbar und die Bevölkerung ist daher auf die Straßenverkehrsmittel angewiesen. Der Arbeiter- und Berufsverkehr, besonders für Stein- und Braunkohlengruben, verlangt gebieterisch den Einsatz von Kraftomnibussen. Die RPDen im Norden der britischen Besatzungszone haben nicht annähernd solche Verluste erlitten wie der Kölner Bezirk. Dabei sind die Bahnanlagen nur geringfügig zerstört. Darüber hinaus erhalten die genannten Gebiete einen erheblichen Zustrom an Kfz aus dem Osten des Reiches. Es darf erwartet werden, daß der RPD Köln, die in jeder Hinsicht unter schwierigeren Verhältnissen arbeitet als die übrigen RPDen, geholfen wird. Zu diesem Zweck müssen aus den erwähnten Bezirken 30 Kraftomnibusse überlassen werden. Mit Rücksicht auf die starke Beeinträchtigung der Werkstätten käme nur ein Baumuster, der 33-Sitzer Büssing, Typ 550 N, in Frage. Ich bitte, der außergewöhnlichen Lage hier im Westen Rechnung zu tragen und zu helfen, selbst wenn die Abgabe der Kraftomnibusse für die durch den Krieg weniger geschädigten Bezirke ein Opfer bedeuten sollte.

Am 1.6.1945 jährte sich die Einrichtung der ersten deutschen Kraftpost-Linie zum vierzigsten Mal. Sicherlich dachte damals niemand an dieses Jubiläum, war doch die Kraftpost – so wie ganz Deutschland – wieder an einem Nullpunkt angekommen. Die Aufbauarbeit vieler Jahrzehnte war zunichte gemacht. Interessanterweise sollte es erneut genau 40 Jahre dauern, in denen die Kraftpost zunächst mühevoll wieder aufgebaut und dann wiederum zum größten deutschen Omnibusbetrieb wurde, um schließlich vollkommen von der Straße zu verschwinden.

1945, Ende Mai
In Bremen verkehren unregelmäßig wieder Postbusse. Allerdings beschlagnahmen die Besatzungsmächte erhalten gebliebene Busse für ihre Zwecke.

1945, 1.6.
Die Kraftpost in Deutschland besteht 40 Jahre. Zunächst muss am Nullpunkt völlig neu mit ihrem Aufbau begonnen werden, ehe die Postbusse 40 weitere Jahre unterwegs sein werden.

1945, 5.6.
Deutschland wird in vier Besatzungszonen aufgeteilt.

1945, 14.7.
Die Bestimmung, wonach der Kraftpost-Betrieb an Sonn- und Feiertagen zu ruhen hat, wird im Bereich der RPD Braunschweig aufgehoben.

1945, 16.7.
Das Flensburger Tageblatt berichtet: "Von heute Vormittag ab überzieht die Provinz Schleswig-Holstein bis hinunter nach Hamburg ein Netz regelmäßiger Omnibusverbindungen für die Personen- und Postbeförderung. Dieses Gebiet verfügt damit als erstes im ganzen besetzten Deutschland über eine fahrplanmäßige Personenbeförderung mit Kraftposten. Zehn Linien wurden heute in Betrieb genommen. Sie verteilen sich auf 800 km Strecke und ermöglichen einen Umsteigeverkehr von Flensburg bis Hamburg. Die Einrichtung dieser Linien ist, wenn man die Unzahl von Schwierigkeiten bedenkt, ein eindrucksvoller Beweis der ausgezeichneten Zusammenarbeit der RPD Kiel mit den ihr übergeordneten englischen Besatzungsdienststellen." Die Fahrscheine werden nur gegen Vorlage eines Berechtigungsscheins der Militärregierung bzw. der Gemeinden ausgegeben. Zwei Dutzend Postbusse, vom 18-Sitzer bis zum Dreiachser, sind trotz aller Probleme fahrbereit.

1945, 17.7.-2.8.
Potsdamer Konferenz der Alliierten Siegermächte. Einer der Beschlüsse verbietet staatlichen deutschen Unternehmen den gewerblichen Straßenpersonenverkehr. Das Verbot geht in erster Linie auf die grundsätzliche Einstellung der USA zurück, wo sich der Straßenpersonenverkehr - ähnlich wie in England und Frankreich - ausschließlich in privater Hand befindet. Außerdem sollen Reichsorganisationen ausgeschaltet werden.

1945, 19.7.
Die RPD Braunschweig erhebt Forderungen gegen die ehemalige Wehrmacht. Das Vermögen der DRP sei durch den Verlust von Fahrzeugen, die die Wehrmacht beschlagnahmt hatte, erheblich geschmälert worden.

1945, 25.7.
Das Saarland wird aus der französischen Besatzungszone herausgelöst und unter französisches Protektorat mit wirtschaftlichem Anschluss an Frankreich gestellt.

1945, ab Sommer
Ungeachtet der Potsdamer Beschlüsse laufen in ganz Deutschland auf örtlicher Ebene erste Kraftpostverkehre wieder an, wenn auch unter schwierigsten Bedingungen. Neben den wenigen noch verfügbaren Postbussen kommen auch Behelfsbusse, Lkw und Pferdefuhrwerke für die Personenbeförderung zum Einsatz. Bei der Zuweisung von Linien und der in den Beutelagern der Alliierten als Strandgut des Krieges angesammelten Omnibusse wird die Post als staatliches Unternehmen stark benachteiligt. Zum bis auf geringe Reste zusammengeschrumpften, überalterten und stark reparaturbedürftigen Wagenpark kommt der empfindliche Mangel an Personal, Betriebsmitteln und Ersatzteilen. Durch die Bevorzugung der Privatunternehmer kommt es in der Folgezeit zu einer ähnlichen Zersplitterung des Verkehrswesen wie nach dem Ersten Weltkrieg.

1945, 21.8.
Verschiedene RPDen berichten, dass sich zur Befriedigung des außergewöhnlichen Reiseverkehrs (Rückwanderer, Flüchtlinge usw.) allenthalben der Brauch entwikkelt habe, Kfz durch die deutsche Polizei anzuhalten und die Fahrer zur Mitnahme der Fußgänger zu verpflichten. Dabei seien erhebliche Beträge in die Taschen der Kraftwagenfahrer geflossen.

1945, 21.8.
Bei der RPD Braunschweig stößt die Wiedereröffnung des Kraftpostlinienverkehrs wegen starken Wagenmangels auf erhebliche Schwierigkeiten. Die RPD bemüht sich daher um die Zuteilung von 20 Büssing-Trambussen, die kurz vor Kriegsende fabrikneu ausgeliefert wurden und dem Abtransport der Bevölkerung aus den zerstörten Städten dienen sollten. Die nach Ende der Kampfhandlungen im Lappwald bei Helmstedt aufgefundenen Busse sind von der KVG Braunschweig abgeschleppt worden. Die RPD bittet die alliierte Militärregierung, ihr zumindest die Hälfte der Busse zuzuteilen, da sich diese im Reichseigentum befänden. Das Ansinnen wird abgelehnt.

1945, 1.9.
Einrichtung des Deutschen Postzentralamtes in der französischen Besatzungszone mit Sitz in Rastatt.

1945, 13.9.
Befehl Nr. 17 der Sowjetischen Militäradministration in Deutschland (SMAD) zur Schaffung der Zentralverwaltung für das Post- und Fernmeldewesen (ZVPF) in der sowjetischen Besatzungszone (SBZ).

1945, 15.9.
Die ZVPF in der SBZ führt die gelbe Farbe für Postfahrzeuge und das Symbol Posthorn mit vier Blitzen als Kennzeichen der Deutschen Post ein. Bis zu diesem Zeitpunkt wird in der SBZ zum Teil der Schriftzug "Post" in kyrillischen Buchstaben verwendet. Die Reichspostdirektionen in der SBZ erhalten die Bezeichnung "OPD".

1945, 19.9.
Einrichtung der Reichspost-Oberdirektion für die britische Besatzungszone (BZRPO) in Bad Salzuflen.

1945, Herbst
Bei der RPD Neustadt (Weinstraße) sind 35, bei der RPD Köln ganze sieben Postbusse einsatzbereit. Bitten um Zuweisungen von Bussen können nicht erfüllt werden. Im Land Hessen sind trotz der widrigen Umstände bereits 46 Kraftpost-Linien wieder in Betrieb, ein Jahr später fahren dort 128 Postbusse auf 75 Linien.

1945, Herbst
Im Bereich der RPD Karlsruhe werden erste Kraftpost-Linien eingerichtet. Nach einer zwischenzeitlich erneuten Stilllegung auf Anordnung der Besatzungsbehörden kann der planmäßige Aufbau erst ab 1946 erfolgen.

1945, ab Oktober
Im Raum Braunschweig/Helmstedt werden auf Veranlassung der britischen Militärregierung rund 150 der noch betriebsfähigen Postbusse mitsamt ihrem Fahrpersonal für humanitäre Sonderaktionen zusammengezogen. Bis 1947 sind sie im Einsatz, um die in den Auffanglagern Marienborn und Friedland eintreffenden Flüchtlinge aus den Ostgebieten in ihre neue Heimat zu befördern ("Aktion Schwalbe"). Außerdem werden im Rahmen der "Aktion Storch" 25.000 hungernde Kinder aus Berlin in die ländlichen Bezirke und zurück nach Berlin gefahren. Der durch diese Aktionen entstehende Aderlass verschärft den Materialmangel bei der Kraftpost zusätzlich und nimmt ihr vielerorts die Möglichkeit zur Wiedereinrichtung der Linien. Andererseits gewinnt die Kraftpost durch die gute Organisation der Transporte nicht nur bei den dankbaren Fahrgästen, sondern speziell auch bei den britischen Besatzungsbehörden Sympathiepunkte.

Und so sah der Personenverkehr nach Kriegsende 1945 aus: Die Reisenden mussten mit Lkw unterschiedlichster Herkunft (hier ehemalige Fahrzeuge der US-Armee und des Fernmeldedienstes) vorlieb nehmen. Die Behelfsbusse waren provisorisch für den Personentransport hergerichtet worden. Eingestiegen wurde über eine Leiter am Heck. Man war froh, wenn es überhaupt eine Fahrgelegenheit gab. Immerhin reichte es bei allem Elend für die Aufschrift „Deutsche Post" (MKN, SVS).

In erbärmlichem Zustand befindet sich dieser noch rot lackierte Mercedes-Postbus. Das Hoheitszeichen des Dritten Reichs ist übermalt, einige Fenster sind mit Hartfaserplatten verschlossen worden (SVS).

Schon im Sommer 1945 kamen die ersten Kraftpostlinien wieder in Gang. Aber was war das für ein jämmerlicher Verkehr: Mühselig zusammengeflickte, oft heillos überladene Busse oder abenteuerliche Behelfsbusse, die unkoordiniert und auf örtliche Initiative hin wieder einen sporadischen Liniendienst durchführten. Der RPD Köln beispielsweise, die sich in einer besonders schlechten Lage befand, standen ganze sieben einsatzfähige Omnibusse zur Verfügung. In der bayerischen US-Zone requirierten findige Organisationstalente unter dem Kraftfahrpersonal defekte, am Straßenrand liegen gebliebene Mack-Lkw der US-Army. Im Einvernehmen mit dem jeweiligen Ortskommandanten wurden sie repariert und mit Hilfe von handgezimmerten Holzsitzbänken zum provisorischen Omnibus umfunktioniert. Schon der Einstieg auf die überfüllte Ladefläche über eine „Hühnerleiter" am Heck ließ wenig Freude aufkommen. Aber Hauptsache, es gab eine Alternative zu Schusters Rappen! An den restlichen Bussen wurde das Reichspost-Rot schnellstmöglich durch das traditionelle Gelb ersetzt und der schlichte Schriftzug „Post" (also ohne das Hoheitssymbol Adler oder Posthorn) an der Seite aufgemalt.

Bei aller Aversion der Besatzungsmächte gegen die Postorganisation des „Dritten Reiches" war diese zunächst unverzichtbar. Auf Anordnung der britischen Militärregierung wurde die Post ab Oktober 1945 verpflichtet, von dem ohnehin bis auf einen geringen Rest zusammengeschmolzenen Wagenpark 150 Busse mit Personal für Sonderaktionen zur Verfügung zu stellen. Zunächst bis zum Januar 1946, dann verlängert bis 1947, waren Zehntausende von Flüchtlingen und Vertriebenen, die aus den russisch besetzten Gebieten in den Auffanglagern eintrafen, in ihre neue Heimat in den Westzonen zu befördern („Aktion Schwalbe"). Rücktransporte von Ausländern und Zwangsarbeitern („Displaced Persons") in deren Heimat kamen hinzu. Noch wesentlich aufwendiger war die sog. „Aktion Storch" (1945/46 und 1948/49), bei der Postbusse viele Berliner Kinder, die an Unterernährung litten, aufs Land im Westen und danach zurück nach Berlin brachten. Diese Anforderungen standen im Dienst der Humanität und brachten der Post durch ihre – bei allen Schwierigkeiten – gut organisierte Abwicklung viel Anerkennung der englischen Besatzungsbehörden ein. In der britischen Zone stieß die Wiedereinrichtung der Kraftpostlinien später auch auf das größte Wohlwollen. Zunächst aber bedeuteten die Sondereinsätze für den notdürftig aufrecht erhaltenen Linienverkehr einen zusätzlichen Rückschlag.

Die RPD Köln litt nach Kriegsende unter besonders extremem Fahrzeugmangel. Kurzerhand wurde 1946 ein DAAG-Aufbau aus den zwanziger Jahren auf ein altes Büssing-Lkw-Fahrgestell gesetzt, und fertig war der Omnibus. Das Fahrpersonal ist zu Recht stolz auf diese Improvisationsleistung (SR, SVS).

Ein Weiteres kam in dieser akuten Notzeit hinzu: Die Beschaffung von dringend erforderlichen Ersatzteilen, Bereifung und Betriebsstoffen, von neuen Fahrzeugen ganz zu schweigen, war bis auf die völlig unzureichenden Zuteilungen durch die Bezugsscheinstellen für einen Staatsbetrieb wie die Post fast unmöglich. Sie lebte förmlich von der Substanz. Die gravierenden Probleme gipfelten in der Festlegung des alliierten Kontrollrats, dass deutsche staatliche Unternehmen – in Auswirkung des Potsdamer Abkommens von August 1945 – keinen entgeltlichen Kraftfahrbetrieb mehr unterhalten sollten und vielmehr kleinere örtliche Betriebe zu bevorzugen seien. Dieser Beschluss ist insofern nachvollziehbar, als die Siegermächte allen Institutionen mit der Bezeichnung „Reich" höchst skeptisch gegenüberstanden und namentlich den USA eine Betätigung des Staates im Kraftfahr-Linienverkehr fremd war. In der Anordnung des US Military Governments vom 3.12.1946 hieß es dazu: „Besitz, Betrieb oder Kontrolle von Kraftfahrzeugen durch den Staat oder staatliche Behörden zum Zweck des gewerblichen Straßentransports als geschäftliches Unternehmen, das den Interessen des privaten Unternehmens abträglich ist, ist grundsätzlich verboten. Ausnahmen unterliegen der ausdrücklichen Genehmigung des Amtes der Militärregierung in Deutschland." Ähnliche

1945, 1.11.
In den vier Besatzungszonen werden Kfz-Kennzeichen nach einem alphanumerischen System ausgegeben. 1946 und 1947 folgen überarbeitete Systeme, die 1948 von einheitlichen Besatzungskennzeichen abgelöst werden. Die Post-Kfz tragen systemkonforme Kennzeichen, haben aber eigene Nummernreihen für die jeweiligen Postdirektions-Bezirke.

1945, 12.11.
Die Post muss in Schleswig-Holstein Kraftpostlinien wieder einstellen oder stark einschränken. Diese mit Treibstoffmangel begründete Maßnahme wird aber nur der Post aufgezwungen, während gleichzeitig Privatunternehmer ohne Konzession auf den Postlinien auftauchen.

1945, 27.11.
Die OPDen Potsdam und Leipzig streiten sich um die Herausgabe des 33-sitzigen Kom RP-101 652 mit Wisco-Generator. Durch die Kriegsereignisse sind viele Busse in anderen OPD-Bezirken gestrandet. Die OPD Leipzig argumentiert gegenüber der ZVPF, ihr ständen nur zwei einsatzbereite Busse zur Verfügung, der OPD Potsdam jedoch fünf.

1945, November
Die OPD Halle betreibt seit 19.11.1945 eine Linie Halle-Berlin und seit 27.11.1945 eine Kraftpost von Halle nach Magdeburg.

1945, 8.12.
Die RPD Köln schreibt an die BZRPO in Bad Salzuflen und bittet wegen der außergewöhnlich schwierigen Lage im Westen um die Zuteilung von Kraftomnibussen aus anderen, weniger stark beeinträchtigten RPD-Bezirken.

1945, 26.12.
Befehl der SMAD, wonach die Deutsche Post in der SBZ keine Beförderungsmittel haben darf, welche ausschließlich für kommerzielle Zwecke genutzt werden. Die Umsetzung dieses Befehls zieht sich für die Kraftpost bis 1953 hin.

1946, 1.1.
In Kiel entsteht das Kraftpostamt (ab 1.1.1952 Postfuhramt) als selbstständiges Amt.

1946, 1.3.
Die OPD Halle meldet, dass von 113 Kraftpost-Linien nur 58 befahren werden. Der Zustand der Bereifung verschlechtere sich von Tag zu Tag.

1946, 13.3.
Anordnung der Militärregierung Deutschland - Britisches Kontrollgebiet - über das Betreiben von Omnibussen und Straßenbahnen: Kein Unternehmen im staatlichen Besitz soll - abgesehen von Ausnahmen - Fahrzeuge besitzen oder auf geschäftlicher Grundlage als gewinnbringendes Unternehmen betreiben. Große Unternehmen sind nicht erwünscht, kleinere örtliche Betriebe werden bevorzugt. Regelmäßige Fahrten im Fernverkehr sind nicht erlaubt.

1946, 15.3.
Die OPD Leipzig nimmt die Kraftpost Leipzig - Berlin in Betrieb.

1946, 30.3.
In der britischen Zone erlässt die Militärregierung die Anweisung über den "Reichspost-Bus-Service". Danach wird das allgemeine Verbot dahingehend eingeschränkt, dass es der Post nicht gestattet ist, Kfz ausschließlich für Erwerbszwecke im Kraftfahrliniendienst zu halten und zu betreiben. Die Beförderung von Fahrgästen zusammen mit Postsachen ist nur im Ausnahmefall unter der Kontrolle der alliierten Mächte erlaubt. Damit erlangt die Post Spielräume zur Wiedereinrichtung ihrer Kraftpostverkehre.

1946, April
Im München wird das Oberpostdirektorium für die amerikanische Besatzungszone eingerichtet.

1946, 29.4.
Die Verkehrsdirektion Schleswig-Holstein lehnt gegenüber der RPD Kiel alle vorgesehenen Erweiterungen der Fahrpläne ab, fordert bei einem Teil der vorhandenen Kraftposten die Einstellung oder Einschränkung und genehmigt nur zwei von 30 beantragten Linien. Gleichzeitig werden Privatunternehmern von einem Tag auf den anderen Linienrechte auf Poststrecken zugesprochen. Die Post behält nur etwa 1/3 ihres Bestandes von 1939. Außerdem werden posteigene Omnibusse rechtswidrig Privatunternehmern zugewiesen.

1946, 9.5.
Die RPD Braunschweig weist aus gegebenem Anlass darauf hin, dass es ausdrücklich untersagt ist, Personen auf Trittbrettern, auf dem Dachverdeck oder bei Landkraftposten im Laderaum zu befördern.

1946, 9.5.
Die ZVPF in Ost-Berlin empfiehlt den OPDen in der SBZ, ihre Kfz an der Windschutzscheibe mit dem Schriftzug "Post" in kyrillischer Schrift zu versehen. Nach Erfahrung mehrerer Postdienststellen würden die so gekennzeichneten Kfz bei Verkehrskontrollen der Polizei und der russischen Besatzungsmacht fast ausnahmslos unbehindert und ohne nennenswerte Beschlagnahmen durchgelassen.

1946, 28.5.
Streit zwischen den OPDen Leipzig und Halle um die Beheimatung von Postbussen, da der Wagenpark der OPD Leipzig wesentlich stärker durch die Kriegsereignisse gelitten habe.

1946, 1.6.
In der SBZ sind 187 Kraftpost-Linien wieder in Betrieb: OPD Dresden = 21, OPD Erfurt = 46, OPD Halle = 61, OPD Leipzig = 45, OPD Potsdam = 5, OPD Schwerin = 9 Linien.

1946, 5.6.
Die RPD Braunschweig teilt mit, dass der auf der Linie Goslar - Bad Harzburg aushilfsweise eingesetzte Güterpostwagen zurückgezogen wurde, nachdem endlich ein Omnibus verfügbar war. Zuvor hatten sich Fahrgäste beschwert, dass postseitig ein Lkw eingesetzt gewesen sei, der nicht für Personen, sondern für Pakete bestimmt war, ohne jede Lüftung und von innen nicht zu öffnen. An diesem Wagen hätten sich täglich die wüstesten Szenen um einen Platz abgespielt. Sodann sei der Wagen so voll gepresst gewesen, dass man der Ohnmacht nahe gekommen sei.

1946, 17.6.
Die ZVPF in Ost-Berlin teilt der OPD München auf Anfrage mit, dass die im ehemaligen RPM geführte Reichsliste aller Kfz der früheren Deutschen Reichspost durch die Kriegseinwirkungen vernichtet worden sei.

1946, 18.7.
Das Handelsblatt berichtet von Tendenzen zur Verlagerung des Busverkehrs von der Reichspost auf Privatunternehmer im Bereich der britischen Zone.

1946, Sommer
Denkschrift der Deutschen Post in der britischen Zone: Die Beförderung von Reisenden auf Kraftpostlinien sei mit derjenigen von Postsendungen aufs engste verbunden, und deshalb sei - zumal bei dem daniederliegenden Verkehrswesen - die Aufrechterhaltung dieser Linien unumgänglich notwendig.

1946
Zu einer schweren Schädigung des Kraftpostdienstes gestaltet sich die alliierte Anordnung, nach der alle Fahrzeuge, die infolge der Einstellung ehemaliger Kraftpostlinien frei werden, dem Verkehrsgewerbe zu überlassen sind.

Der bescheidene Reichspost-Bus hat den Krieg überlebt und sorgt nun wieder – sofern es die Reifen- und Kraftstofflage zulässt – für Mobilität. Die Fahrgäste haben sogar auf dem Dach Platz genommen (SVS).

Regensburg Hbf, 1948: Der Opel Blitz-Postbus nach Bad Abbach nimmt Fahrgäste auf. Beachtenswert ist der provisorische Kriegsaufbau und der Schriftzug „Post" auf dem Kotflügel (SVS).

Typische Nachkriegsszene vor einem süddeutschen Bahnhof: Diverse Postbusse unterschiedlichster Alt- und Behelfsbauarten stehen zur Abfahrt bereit (MKN).

Anordnungen existierten in der britischen („große Unternehmen sind nicht erwünscht") und französischen Zone. Die Entwicklungen in den vier Besatzungszonen verliefen aber nicht deckungsgleich. Besonders in der französischen und der sowjetischen Zone bestanden strikte Restriktionen, die der Kraftpost das Wiederaufleben erschwerten. Die Zeitleiste gibt dazu detailliert Auskunft.

Umlagerungstendenzen im Omnibusverkehr
(aus: Handelsblatt vom 18.7.1946)

Die britische Militärregierung wünscht, wie wir aus zuverlässiger Quelle erfahren, keine Großunternehmen im Omnibusverkehr. Daher besteht die Absicht, den Betrieb der in der britischen Zone im Omnibusverkehr führenden Reichspost stark einzuschränken. Im Zusammenhang damit dürfte früher oder später die Übernahme von Reichspostlinien durch private Omnibusunternehmer erfolgen. Als erste Maßnahme dieser Art ist daran gedacht, denjenigen Privatunternehmern, die gegenwärtig im Auftrage der Reichspost Kraftfahrlinien betreiben, diese Linien in eigene Regie zu übergeben. Weitere Maßnahmen der Militärregierung dürften noch zu erwarten sein. Es laufen gegenwärtig schon die Untersuchungen, welche Linien unbedingt auch weiterhin durch die Reichspost betrieben werden müssen.

Dem Fehlen einer funktionierenden Infrastruktur stand ein sprunghaft gestiegenes Verkehrsbedürfnis gegenüber, das durch Ströme von Flüchtlingen, Vertriebenen, Heimkehrern und Hamsterfahrern noch gesteigert wurde. In diesem Umfeld trat auf brachliegenden Linien massiv private Konkurrenz auf, die ihre Chance ergriff und sich wenig um frühere Konzessionen kümmerte. Die von der Besatzungsmacht bevorzugten Privatunternehmer hatten den Vorteil, schneller und flexibler fahrbares Material organisieren zu können. Mangels einsatzfähiger Fahrzeuge und infolge des Verlusts ihrer früheren Privilegien konnte sich die Post oft nicht oder nur mühsam privater Wettbewerber erwehren. Dieser Existenzkampf traf die Kraftpost nun mit voller Härte, und er kam zu der materiellen Notlage noch verschärfend hinzu. Erst Mitte 1948 erfolgte in der Bizone (amerikanische und britische Zone) eine Wende zugunsten der Kraftpost. Im damaligen Offenbacher Abkommen erhielten Bahn und Post wieder die offizielle Erlaubnis zur Einrichtung von Omnibuslinien, allerdings unter Aufgabe der

Noch in dunkelgrauer Farbe lackiert und mit „Deutsche Reichspost" beschriftet war dieser MB O 10000 im Jahr 1949 (München, SVS).

Der Magirus M 45 trägt bereits ein gelbes Kleid in Kombination mit der Aufschrift „Deutsche Reichspost". Erstmals taucht um 1947 das Posthornsymbol an den Bussen auf (SVS).

Immerhin, die Kraftpost fährt wieder. Viel mehr darf man von diesem instand gesetzten Anhängerzug mit Büssing-Zugwagen und einem eigenwilligen Posthornsymbol nicht erwarten (MKN).

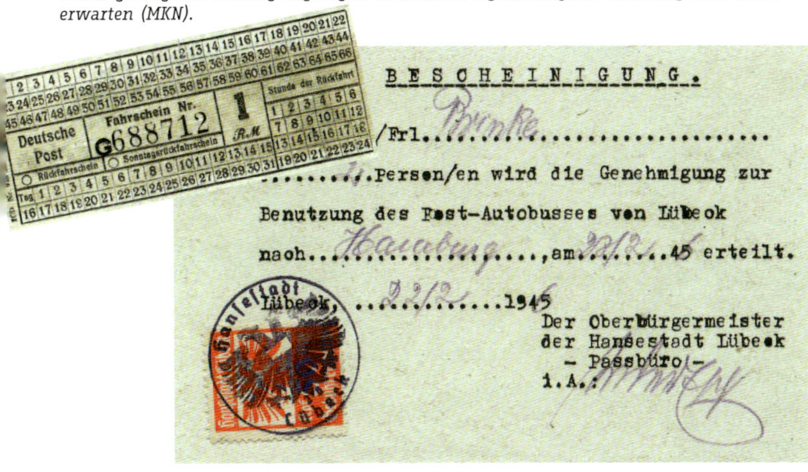

BESCHEINIGUNG.

Frl. Brinke

1 Person/en wird die Genehmigung zur Benutzung des Post-Autobusses von Lübeck nach Hamburg am 22/2.46 erteilt.

Lübeck, 22/2 1946

Der Oberbürgermeister der Hansestadt Lübeck – Passbüro – i.A.:

Wer mitwollte, bedurfte meist eines Zulassungsscheins. Hier eine solche Bescheinigung vom Februar 1946, die die Mitfahrt im Postbus von Lübeck nach Hamburg gestattete. Die Fahrscheine selbst lauteten noch auf Reichsmark (SVS).

1946/47
Beim PA Düren laufen Lkw mit völlig leeren und dunklen Laderäumen als Behelfsbusse. Ein umgebauter Henschel-Feldpostwagen, der an der Hecktür über ein vergittertes Fenster verfügt, wird von den Fahrgästen als "KZ-Bus" bezeichnet.

1946, 21.8.
Das Postzentralamt der französischen Zone in Rastatt wendet sich an die Militärregierung mit der Bitte, den Personenverkehr der Deutschen Post zum Wohle der Gesamtheit und im Interesse der Postverwaltung beizubehalten.

1946, Herbst
Die Generaldirektion Bielefeld als oberste Verkehrsbehörde im britischen Besatzungsgebiet verlangt, dass spätestens zum 1.1.1947 sämtliche Postbusse als Überbleibsel des Dritten Reiches von der Landstraße verschwunden sein müssen.

1946, 5.9.
Die französische Militärregierung behält sich die Genehmigung für jede Kraftpostlinie mittels Fahrbefehls ausdrücklich vor. Nur Landkraftposten dürfen die Postbehörden selbst einrichten.

1946, 3.10.
Die BZRPO in Bad Salzuflen weist die RPDen auf die Zweckmäßigkeit hin, tunlichst mit allen Kraftpostfahrten eine Postbeförderung zu verbinden.

1946, Oktober
Die Postdirektion München bestellt bei Krauss-Maffei 36 Omnibus-Fahrgestelle des Typs KMO 130.

1946, Oktober
In Göttingen besticht ein Schwarzhändler den Fahrer des Reichspost-Busses mit Zigaretten, um mitgenommen zu werden. Andere Fahrgäste müssen dafür zurückbleiben. Die RPD Braunschweig ermittelt.

1946, 28.10.
In der amerikanischen Besatzungszone darf die Post dann Linien weiterbetreiben, wenn diese gleichzeitig der Brief- und Postsachenbeförderung dienen. Durch diese Entscheidung des Office of Military Government US (OMGUS) wird die Stellung der Post gegenüber Privatunternehmern, die ihr Linienrechte streitig machen, gestärkt.

1946, 29.10.
Vorläufige Einstellung aller Kraftpost-Linien der OPD Schwerin, da alle Omnibusse, die mit Flüssiggas betrieben werden, stillgelegt werden müssen.

1946, November
Die RPD Braunschweig schreibt an die britische Militärregierung mit der dringenden Bitte um Zuweisung von Omnibusreifen, da anderenfalls lebenswichtige Linienverbindungen stillzulegen wären.

1946, 22.11.
Im Bereich der amerikanischen und britischen Besatzungszone wird das traditionelle Gelb als Erkennungsfarbe der Post wieder eingeführt. Die Beschriftung der Fahrzeuge lautet anfangs schlicht "POST", später "Deutsche Post".

1946, 2.12.
Der Göttinger Kraftwagenbetrieb, Reichsbahn, Reichspost, die Stadtverwaltung und drei Privatunternehmer schließen sich zur Sicherstellung des Arbeiterberufsverkehrs zu einer Arbeitsgemeinschaft zusammen.

1946, 2.12.
Im Höflichkeitswettbewerb der Braunschweiger Zeitung siegen die Schaffner der Postbusse, die gleichzeitig Fahrer ihrer Wagen sind. Sie seien dem Publikum gegenüber höflich, jedoch bestimmt gewesen, heißt es.

1946, 3.12.
Eine Anordnung des OMGUS bestätigt das Verbot des Busverkehrs für Bahn und Post. Ausnahmen bedürfen der Genehmigung des Amtes der Militärregierung in Deutschland.

1946, 17.12.
Im Bereich der RPD Braunschweig verwenden einige PÄ in vorbildlicher Weise belehrende Hinweisschilder an den Fenstern der Postbusse. Sie weisen die Fahrgäste darauf hin, dass der Fahrer auf höhere Anordnung - insbesondere zur Schonung der fast unersetzlichen Reifen - nur so viele Fahrgäste befördern darf, wie neben der Eingangstür angegeben ist.

1946, 27.12.
Die seit dem 5.3.1946 wieder betriebene Kraftpost-Linie Wadern - Trier wird unterbrochen, weil an der Grenze zwischen Saarland und der französischen Besatzungszone am 22.12.1946 eine Zollgrenze eingerichtet worden ist. Auf beiden Seite finden strenge Kontrollen statt. Bei Grenzvergehen durch den Fahrer droht die Beschlagnahme des Busses.

1947, 1.1.
Als Konsequenz aus den Versorgungsschwierigkeiten im Winter 1946/47 vereinigen USA und England ihre Besatzungszonen zur so genannten Bizone.

1947, 3.1.
Die amerikanische Militärregierung genehmigt einen Antrag der Deutschen Post, der beinhaltet: Die Deutsche Post wird ermächtigt, ihre eigenen Motorfahrzeuge für die Beförderung von Fahrgästen und Gepäck zu verwenden. In Ausnahmefällen kann auf Ersuchen der Post ein Einsatz privater Unternehmer erfolgen, soweit das Postgeheimnis gesichert ist.

1947, 22.1.
Die RPD Köln telegrafiert an die BZRPO in Bad Salzuflen und bittet dringend, die Zuteilung einer größeren Zahl neuer Büssing-Busse zu erwirken.

1947, 12.2.
Die Post erhält die vorläufige Treuhänderschaft über die Buslinien der Kraftverkehrslinien der Ostharzbahn GmbH und des Kraftverkehrs Zeitz.

1947, 15.2.
Es wird festgestellt, dass der Kraftpostdienst nicht unter das Gesetz der Militärregierung zur Entflechtung der deutschen Kartelle fällt.

1947, 22.2.
In der „Schleswig-Holsteinischen Volkszeitung" wendet sich ein Artikel gegen die Unterdrückung der Kraftpost. Der Scheingrund für diese Politik, nämlich der Hinweis auf die in Potsdam angeordnete Zerschlagung monopolistischer Unternehmen, sei nie triftig gewesen. Daher sei die Reichspost mit ihrem Kraftverkehr wieder an den Platz zu setzen, der ihr gebührt.

1947, 6.3.
Mit Bildung des Vereinigten Wirtschaftsgebietes wird in Frankfurt a.M. eine Hauptverwaltung für das Post- und Fernmeldewesen (HVPF) errichtet, die die Oberdirektionen in München (amerikanische Zone) und Bad Salzuflen (britische Zone) ablöst. Die Begriffe "Reichspost" und "RPD" werden durch "Deutsche Post" und "OPD" ersetzt.

1947, 1.4
Mit Schaffung eines eigenen Zollrechts ist die Loslösung des Saarlandes von Deutschland vollzogen.

Ins Siegerland führen uns diese beiden Aufnahmen, die um 1949 entstanden. Überall sind fleißige Postler bei der Arbeit, um die Busse zu fahren und zu warten und die Telegrafenleitungen wieder instand zu setzen. Interessant sind die Omnibusse: MB 0 4500 mit dem vereinfachten Kriegsaufbau (ab 1942) sowie der große Büssing 900 N-Dreiachser mit Anhänger im Hof des PA Siegen (SH).

Einfacher geht es kaum noch: Büssing-Trambusse mit Varianten spartanischer Kriegsaufbauten (SVS).

Langsam bessern sich die Zeiten: Von 1948 an lieferte die Industrie Neubaufahrzeuge, zunächst meist auf Basis der Kriegs- oder Vorkriegskonstruktionen. Dazu gehörte bei der Post eine große Zahl des Magirus-Haubentyps 0 3000 (75 PS) bzw. ab 1949 0 3500 (85 PS) (BK).

Gleichzeitig starteten wieder bescheidene Werbeaktivitäten. Stilisiert dargestellt ist auf dieser Anzeige ein Ford-Frontlenker (SVS).

Auf Basis der Kriegstypen kam ab 1946 der Ford G 198 TS/V 3000 S in den Wagenpark. Abgebildet ist ein solches Fahrzeug im Erscheinungsbild der Deutschen Post (MKN).

Ebenfalls für die Deutsche Post ist ein Gräf & Stift 120-0 im Einsatz. Wir können das Ladegeschäft vor einem Postamt beobachten. Die Dachgalerie wird zum Verstauen von Postgut und Reisegepäck genutzt (MKN).

Magirus/Talbot M 27, ein ehemaliger „Reichspostler". Im August 1950 war er noch aktiv für das PA Leer, das damals das Jubiläum „25 Jahre Kraftpost im Rheiderland" beging (SVS).

seit 1934 genehmigungsfreien Sonderstellung bei der Einrichtung von Linien (stattdessen bestand nun eine Einvernehmenspflicht mit dem jeweiligen Landesverkehrsminister). Zum einen hatte sich die Dienstleistung der Kraftpost in den schlimmsten Nachkriegsjahren als unverzichtbar erwiesen, zum anderen überzeugte die nach wie vor bei der Postverwaltung vorhandene Kompetenz zur Personenbeförderung. Geschickt wurde dabei der ohnehin notwendige Transport von Postsachen für amtliche und private Zwecke eingesetzt, um den Postbussen eine zusätzliche Existenzberechtigung zu geben. Einen weiteren Pluspunkt beschreibt Gotthard Lowag 1956 rückblickend wie folgt: „Einen stark ideellen Auftrieb verlieh dem oft aussichtslos erscheinenden Bemühen die Tatsache, dass gerade in diesen schweren Jahren zahlreiche Eingaben und Gesuche aus allen Kreisen der Verkehrsnutzer nachdrücklich die Wiederaufnahme des Kraftpostdienstes verlangten und zur Begründung vor allem auf seine sprichwörtliche Zuverlässigkeit, Sicherheit und Pünktlichkeit sowie auf seine Gemeinnützigkeit verwiesen, also die Eigenschaften, die von Anfang an die Grundlage des Kraftpostdienstes bildeten."

1947, 9.4.
Die OPD Braunschweig stellt fest, dass der Kraftpost-Betrieb in Göttingen auf einen Tiefstand abgesunken ist, der sich auf den ganzen Bezirk auswirkt.

1947, Mai
Die Straßenverkehrsdirektion München gibt bekannt, dass die Militärregierung zur Beseitigung der gegenwärtigen Verkehrsstockung zwar der Postverwaltung gestattet habe, vorübergehend ihre Omnibuslinien im bisherigen Umfang zu befahren, dass aber alle reinen Personenfahrten für die Folgezeit an Private abzutreten seien.

1947, 3.6.
Entwurf für eine einheitliche Regelung des Kraftpostdienstes im Vereinigten Wirtschaftsgebiet: Der Deutschen Post wird die Benutzung ihrer eigenen Kfz zum Transport von Reisenden und Gepäck auf Linien erlaubt, über die Postsachen befördert werden. Der Begriff der Linie ist hierbei auch gewahrt, wenn nicht alle Fahrten Postsachen mitführen.

1947, 4.6.
Die ZVPF in der SBZ (Ost-Berlin) wird in "Hauptverwaltung für das Post- und Fernmeldewesen" (HVPF) umbenannt.

1947, 9.6.
In der französischen Zone wird die Wiedereinrichtung von Kraftpostlinien zugelassen, "wenn ihnen ein postalisches und wirtschaftliches Interesse innewohnt".

1947, 20.6.
Die HVPF in Frankfurt a.M. weist die OPDen darauf hin, dass die Verkehrspolizei in einer Stadt in der US-Zone wiederholt die vorschriftswidrige Überlastung von posteigenen Kom festgestellt und die Einhaltung der Belastungsgrenzen verlangt habe.

1947, 1.7.
Auslieferung des ersten neuen Krauss-Maffei-Busses KMO 130 an die Post.

1947, 3.7.
Die OPD Braunschweig schreibt: Die Kom sind durch die Inhaber von Zeitkarten meistens schon voll belegt. Für die wenigen noch verbleibenden Plätze ist eine besondere Rangfolge vorgesehen. Bevorzugt sind Inhaber des Ausweises "Opfer des Faschismus" einzureihen.

1947, Sommer
Die HVPF in Frankfurt a.M. ordnet an, nunmehr alle Postbusse wieder regelmäßig den Ingenieuren des Dampfkessel-Überwachungs-Vereins (Vorgänger des TÜV) zur technischen Überprüfung vorzuführen.

1947, Sommer
Wie bereits vor dem Krieg kommt es zum Streit um Linienrechte mit der Rhein-Sieg-Eisenbahn AG, Beuel. Auf der Strecke Bonn - Siegburg wird dagegen ein Gemeinschaftsverkehr eingerichtet.

1947
Neues internes Nummernschema für Postbusse in den Westzonen, beginnend mit RP/BP-130 001 (fortgeführt bis 1950).

1947
Bestrebungen werden laut, die im Personenbeförderungsgesetz festgelegte Sonderstellung von Bahn und Post hinsichtlich des Omnibusverkehrs bis zu einer gesamtdeutschen Regelung aufzuheben.

1947
Die Deutsche Post in der SBZ meldet: Die Zahl der Kraftpost-Linien ist wegen der nicht mehr zu beschaffenden Omnibus-Bereifung ständig im Sinken begriffen. 1946 wurden im Jahresdurchschnitt 171 Kraftposten und 250 Landkraftposten, 1947 nur noch 129 Kraftposten, aber 316 Landkraftposten betrieben.

1947, 30.9.
Die OPD Leipzig bittet die HVPF in Ost-Berlin, Schritte einzuleiten, um bei der Berliner Verkehrsgesellschaft (BVG) laufende frühere Postbusse zurückzuerhalten. Dazu seien bei der BVG unauffällige Feststellungen durchzuführen, ob sich dort weitere ehemalige Postbusse befänden.

1947, 9.10.
SMAD-Befehl zur Einführung von Kfz-Kennzeichen in der SBZ. Folgende Länderkennungen werden vergeben: SM für Mecklenburg, SL für Sachsen, SB für Brandenburg, SN für Sachsen-Anhalt und ST für Thüringen. Bis zum 16.7.1948 wird der Befehl für alle Post-Kfz umgesetzt. Sie erhalten die einheitliche Nummernreihe 08 mit eigenen Unternummern für Postomnibusse.

1947, 11.10.
Die Kraftpost tritt ihre am 22.1.1930 in Betrieb genommene Linie Hamm - Dinker - Soest unter Wahrung ihrer Rechte an die Fa. VOB in Hamm ab. Grund ist, dass ihr selbst nur ein mit Holzbänken ausgestatteter und mit einer Plane überdachter Lkw für diese Strecke zur Verfügung steht. Der Kampf um die Rückgabe dieser Linie zieht sich von 1953 bis 1958 hin.

1947, 31.10.
Rundschreiben der Hauptverwaltung der Straßen über die Einführung der neuen Kraftfahrzeugkennzeichen in den Westzonen ab Anfang 1948.

1947, 3.11.
Die HVPF der SBZ beantragt bei der Zentralverwaltung des Inneren, Postfahrzeuge - analog zur früheren RP-Nummer - wieder mit eigenem Kennzeichen zu versehen und selbst zulassen zu dürfen. Das Ansinnen nach einer DP (Deutsche-Post)-Nummer wird abgelehnt.

1947, 4.11.
Die Straßen- und Verkehrsdirektion in Düsseldorf teilt der OPD Dortmund mit: Linien, die von der Post infolge Material-, Reifen- oder Treibstoffmangels z. Zt. nicht befahren werden, können im Sinne des Erlasses des früheren Reichsverkehrsministers vom 15.1.1944 als "ruhende Linien" angesehen werden. Die Behörde behält sich jedoch vor, das auf einer solchen Linie bestehende Verkehrsbedürfnis durch Einsatz anderer Unternehmer zu befriedigen, bis die Post selbst wieder in der Lage ist, die Linie zu befahren.

1947, 10.11.
Die OPD Braunschweig teilt der RBD Hannover mit, dass Reichsbahnbedienstete, die ein Fahrrad besitzen, keine Kraftpost-Fahrscheine zugeteilt bekommen.

1947, 12.11.
Einrichtung der Post-, Telegraphen- und Telephon-Verwaltung des Saarlandes.

1947, 20.11.
Das Saarland wird durch Einführung der französischen Währung wirtschaftlich an Frankreich angeschlossen. Dadurch wird der Neubeginn der Kraftpost im Saarland zusätzlich erschwert.

1947, November
Konflikt der Post mit der Straßenverkehrsdirektion Hannover um die Genehmigung von Kraftpost-Linien. Der SVD wurde von der Militärregierung am 13.10.1947 das Recht zur Genehmigung von Omnibuslinien verliehen.

Frühlingspartie mit der Kraftpost, um 1950: Der ehemalige Reichspost-MB O 3750 führt auf der malerischen Dorfstraße noch einen Personenanhänger mit (MKN).

Trari, Trara, die Post ist da!
So tönt es einst von fern und nah.
Verklungen leider ist die Weise. -
Begibst du heut dich auf die Reise,
so soll es meistens schneller gehn.
Die alte Zeit, sie war wohl schön,
doch heut will man Geschwindigkeit,
hat wieder alles, nur nicht Zeit.
Faß drum den richtigen Entschluß,
und wähl den gelben Omnibus,
der, hunderttausendfach bewährt,
so schnell, bequem und sicher fährt!

Kraftpost-Werbung anno 1950 (SVS).

Unter Aufsicht der amerikanischen Besatzungsmacht begann Krauss-Maffei bald nach Kriegsende mit der Omnibusfertigung. Erstmals in Deutschland kam die Heckmotor-Bauweise zur Anwendung. Der KMO 130 mit 130 PS starker Maybach-Maschine wurde bereits ab Mitte 1947 an die Deutsche Post ausgeliefert (SVS).

Krauss-Maffei-Reklame von 1950 (SVS).

Die Postversorgung der Insel Fehmarn lief über die Kraftposten Burg (Fehmarn) - Kiel und Burg (Fehmarn) - Bad Segeberg. Da der Fehmarnsund damals noch nicht von einer Brücke überquert wurde, mussten die Postbusse auf den Trajektfähren der Eisenbahn übersetzen, so wie hier im Jahr 1949 auf dem Fährschiff „Fehmarn" (SVS).

Außergewöhnlich schwierig gestaltete sich der Wiederaufbau der Kraftpost in der französisch besetzten Zone. Hier wurde erst durch das Mainzer Abkommen von 1952 eine ähnliche Rechtslage wie in der Bizone geschaffen. In der russischen Besatzungszone war bereits Ende 1945 das „Aus" für die Kraftpost befohlen worden. Die Umsetzung dieses Befehls konnte aus pragmatischen Gründen - Alternativen standen auf absehbare Zeit nicht zur Verfügung - nur schrittweise erfolgen und zog sich schließlich bis Mitte 1953 hin. Von allen Besatzungszonen hatte es die Kraftpost hier am schlimmsten getroffen. Sie konnte ab 1945 keinen einzigen neuen Bus mehr in Dienst stellen. Umso mehr ist das Improvisationstalent der Postmitarbeiter zu bewundern, die die lebensnotwendige Mobilität der Bevölkerung trotz aller Widrigkeiten bestmöglich sicherzustellen versuchten.

Über die Wirklichkeit jener Jahre gibt die Zeitleiste ein beredtes Zeugnis ab. Auch der nachfolgende Brief kann als exemplarisch angesehen werden:

Sammelrundschreiben der Hauptverwaltung für das Post- und Fernmeldewesen des amerikanischen und britischen Besatzungsgebietes an die Oberpostdirektionen vom 2.4.1947, Betreff: Kraftposten

Es ist aus den Reihen der Kraftpostbenutzer Klage darüber geführt worden, daß der Betrieb vieler Linien nicht dem Verkehrsbedürfnis entspricht, daß die Wagen überfüllt sind und oft ein Mitkommen überhaupt nicht möglich ist. Es wurde auch in einzelnen Fällen über ein unangemessenes Verhalten der Kraftwagenführer gegenüber den Fahrgästen geklagt. Durch den schlechten Zustand der Straßen werden die eingesetzten Fahrzeuge übermäßig beansprucht, wodurch besonders die Reifen vorzeitig abgenutzt werden. Ersatzreifen können bei der Produktionslage jedoch nur unzureichend zugeteilt werden. Viele Fahrzeuge sind überaltert, was einen häufigen Ausfall durch Vornahme häufiger Instandsetzungen bedingt. Die Instandsetzungen dauern durch Mangel an Ersatzteilen und Überlastung der Werkstätten oft lange Zeit. Trotz dieser Schwierigkeiten konnte der Kraftpostverkehr bisher im Rahmen des Möglichen durchgeführt werden. Die Postämter müssen allerdings den örtlichen Verhältnissen angepaßte Anordnungen zur Dringlichkeit der Fahrmöglichkeiten erlassen. Es muß auf jeden Fall vermieden werden, daß sich vor Fahrtbeginn unter den Fahrgästen Kämpfe um einen Sitz- oder Stehplatz abspielen, es darf auch nicht dem Kraftwagenführer allein überlassen bleiben, wer zur Mitfahrt zugelassen wird.

Ab 1948 konnte Büssing den Kunden den Oberflur-Trambus 5000 T in hoher Stückzahl übergeben. Damals waren die Autobahnen leer, sodass „Gagfotos" wie dieses möglich waren. Die neuen Postbusse tragen noch das Kürzel „RP" für Reichspost (BW, BK).

Ein MB O 5000 hat am 12.9.1950 in Geilenkirchen einen Personenanhänger im Schlepp. Die Szene ist noch geprägt von der grauen Nachkriegszeit. Da wird der gelbe Postbus wie ein freundlicher Farbtupfer gewirkt haben (Foto: John C. Gillham).

Glücklicherweise hatten alleine in Westdeutschland über fünfzig MB O 10000 die Kriegswirren überstanden. Die fassungsstarken Fahrzeuge waren noch lange Jahre unverzichtbar und liefen, wie dieses Bild aus Schweinfurt zeigt, sogar mit Personenanhängern. Ohne Lenkhilfe und mit 26 m Wendekreis waren sie jedoch schwer zu steuern (MKN).

1947, 3.12.
Zur wirksamen Bekämpfung des Schwarzhandels ist die Polizei in der SBZ ermächtigt, die Fahrgäste der Deutschen Post und deren Reisegepäck zu kontrollieren.

1947, Dezember
Streit zwischen der OPD Leipzig und der KVG Sachsen um die Rückgabe ehemaliger Postbusse, die sich jetzt im Dienst der KVG Sachsen befinden. Die KVG beruft sich darauf, die Busse wären ihrer Betriebsleitung Plauen von der amerikanischen Besatzungsmacht als ehemalige Wehrmachts-Kfz zugewiesen worden. Die Post macht geltend, dass die Busse während des Krieges nur leihweise der Wehrmacht überlassen worden seien und nun an die Staatsverwaltung zurückfielen.

1947, 31.12.
In den Westzonen sind 1.000 Kraftpost-Linien mit 23.000 km Länge wieder in Betrieb, ein noch 1946 überhaupt nicht erhoffter Stand des Wiederaufbaus.

1948, 30.1.
In einer Übersicht zur Beschaffungssituation von Omnibussen stellt die Deutsche Post fest: Anfang Oktober 1947 wurden bei Krauss-Maffei 35 Stück bestellt, davon wurden bis Ende 1947 14 Stück (davon zwei ohne Bezugsschein) ausgeliefert. Außer der Firma Büssing-NAG sind zur Zeit keine anderen Firmen lieferfähig. Magirus wird in der zweiten Hälfte 1948 einen 32-sitzigen Omnibus herausbringen, ebenso Ford und Opel. Aufgrund der schwierigen Lage muss ein Notprogramm für die Omnibusbeschaffung eingeleitet werden. Die Vielzahl der vorhandenen Typen bedeutet eine ungeheure Erschwernis durch Materialmangel. Hinzu kommt, dass die Deutsche Post gezwungen ist, selbst älteste Typen in Betrieb zu halten, weil neue Fahrzeuge fehlen. Baumuster, die älter als 20 und 25 Jahre sind, werden als "Sperr-Typen" bezeichnet, um einer Materialvergeudung entgegenzutreten.

1948, Februar
Die OPD Dresden muss auf Befehl der SMAD fünf Postomnibusse an die Bergwerksgesellschaft Wismut in Aue zum Einsatz im Bergbau für Uranerz abgeben ("Aktion Aue").

1948, 12.4.
Die HVPF in Ost-Berlin schreibt an die GDK, dass sich die Meldungen über die Einstellung von Kraftpost-Linien wegen Reifenmangels täglich mehren. Kom-Bereifung sei in den vergangenen Jahren nicht zugeteilt worden. Jetzt sei der Zeitpunkt gekommen, wo die Bereifung vollständig verbraucht sei.

1948, 29.4.
In der französischen Zone wird angeordnet, dass die Deutsche Post keine der früher zugestandenen Vorrechte mehr für sich in Anspruch nehmen könne. Bei gleichzeitigem Antrag auf Genehmigung einer Linie durch die Deutsche Post und durch ein gewerbliches Transportunternehmen darf bei gleichen Bedingungen die Genehmigung nicht der Deutschen Post erteilt werden. Dies bedeutet einen schweren Rückschlag für die Post.

1948, 1.6.
Inkrafttreten der "Postvereinbarung" (Offenbacher Abkommen). Es erlaubt der Post im Vereinigten Wirtschaftsgebiet wieder die Einrichtung von Omnibuslinien, allerdings unter Verlust der Sonderstellung nach dem Personenbeförderungsgesetz von 1934 (Genehmigungsfreiheit, Freiheit von der Aufsicht durch die Genehmigungsbehörden, Fahrplan- und Tariffreiheit). Für das Betreiben, Einrichten, Ändern oder Einstellen von Linien hat die zuständige OPD das Einvernehmen mit dem jeweiligen Landesverkehrsministerium herzustellen. Für die Bahn wird eine entsprechende Vereinbarung getroffen.

1948, 20.6.
Währungsreform, Einführung der D-Mark. Jeder Bewohner der Westzonen erhält 40 DM "Kopfgeld". Als Reaktion erfolgt in der Sowjetzone drei Tage später die Umstellung der Reichsmark auf die Deutsche Mark der Deutschen Notenbank; es werden 70 Mark Kopfgeld ausgezahlt.

1948, 1.7.
Einführung von Besatzungskennzeichen in ganz Deutschland.

1948
Erste Lieferungen fabrikneuer Omnibusse durch Büssing, Ford, Magirus, Mercedes-Benz und Opel an die Deutsche Post in der Bizone.

1948
Viele Postbus-Linien in der SBZ können nach wie vor nur mit besonderen Zulassungskarten, ergänzend zu den Fahrscheinen, benutzt werden. So wird beispielsweise auf der Linie Dresden - Sebnitz verfahren.

1948
Der Postfilm "Ferienfahrt mit Barbara" zeigt eine Kraftpostreise durch den Schwarzwald.

ab 1948
Bei den neuen Büssing 5000 T-Postbussen mit 105 PS liegt der Motor im Innenraum neben dem Fahrer. Durch den Motorlärm werden manche Fahrer dieses Bustyps mit der Zeit auf dem rechten Ohr schwerhörig.

1948, 1.8.
Im Westdeutschland wird die bis 1939 gültige Kraftpost-Regelfahrgebühr von 6,0 Pf/km wieder eingeführt. In Ostdeutschland wurden die Fahrgebühren bereits am 26.11.1947 von 10 auf 8 Pf/km herabgesetzt.

1948, 1.8.
Das Postfuhramt München wird eingerichtet.

1948, 19.8.
Die OPD Hannover berichtet über ihre Erfahrungen mit Büssing-Trambussen der Baujahre 1943 (Stahlaufbau), 1944 (kriegsmäßiger Aufbau mit Hartholzplatten) und 1947. Die letztgenannten Wagen haben als Behelfsbusse weniger Fenster und in der Rückwand eine doppelflügelige Tür. Diese ungewöhnliche Ausführung wurde seinerzeit gewählt, weil zur Zeit der Vergabe noch nicht über den Fortbestand der Kraftpost entschieden war und den Firmen von den Dienststellen der Militärregierung keine Genehmigung zur Herstellung von Omnibus-Aufbauten für die Post erteilt worden wäre.

1948, 20.8.
Reisefreiheit im Interzonenverkehr in Württemberg. Die OPDen Tübingen (französische Zone) und Stuttgart (amerikanische Zone) richten interzonale Linien ein. Die stark frequentierte Linie Stuttgart - Tübingen war bereits seit 1946 wieder in Betrieb, an der Zonengrenze erfolgten jedoch strenge Kontrollen.

1948, 23.8.
Wegen Wagenmangels konnte die Post ihre Linie Bremen - Vegesack - Meyenburg nach Kriegsende nicht mehr bedienen. Die entstandene Lücke hatte zwischenzeitlich die Bremer Vorortbahnen GmbH mit ihren Bussen genutzt. Nun setzt die Post wieder eigene Busse zu höheren Fahrgebühren ein, was einen Sturm der Entrüstung auslöst.

1948, 10.12.
Die KVG Sachsen bittet die sächsische Landesregierung, die Vorrechte von Bahn und Post nach §14 des PBefG und das Bahn/Post-Abkommen von 1940 außer Kraft zu setzen und die Linien von Bahn und Post sowie deren Busse an die KVG abzugeben.

1949, 11.2.
SMAD-Befehl betreffend Maßnahmen zur Steigerung der Einnahmen der Postanstalten in der Sowjetzone, in dem es heißt, dass "im Rahmen der materiellen Möglichkeiten zusätzliche Kraftomnibuslinien für die Post- und Personenbeförderung zu organisieren sind".

Postbusse im kriegszerstörten Münster, 1950. Neben alten Wagen aus der Vorkriegsproduktion (rechts) fallen im Vordergrund die Neubaufahrzeuge von Büssing auf, besonders der moderne Unterflur-Trambus 5000 TU in der Mitte (SVS).

Bereits 1947/48 konnten in den Westzonen die ersten neuen Busse in Dienst gestellt werden. Büssing, Krauss-Maffei, Magirus-Deutz und Mercedes-Benz waren als erste - wenn auch in bescheidenem Umfang - in der Lage, fabrikneue Fahrzeuge zu liefern. Für das zweite Halbjahr 1948 hatten Ford und Opel wieder Neuauslieferungen von Omnibussen angekündigt. Die Typen basierten auf Vorkriegsmodellen. Nur im Falle von Krauss-Maffei stellten sie bereits Neukonstruktionen dar, bemerkenswerter Weise die ersten deutschen Heckmotorwagen überhaupt. Die sehnlichst erwarteten Zugänge erhielten die Beschriftung „Deutsche Post". Neben dem Besatzungskennzeichen als amtliche Zulassung und Nummernschild wurde intern das alte sechsstellige Reichspost-Nummernschema noch bis 1950 fortgeführt. Diese postinterne Wagennummer war in den meisten Fällen seitlich am Fahrzeug angeschrieben.

Die ausklingenden vierziger Jahre berechtigten in Westdeutschland zum Optimismus. Die gröbsten Kriegsschäden konnten beseitigt werden, und die Währungsreform (1948), die Gründung der Bundesrepublik Deutschland (1949) und die Unterstützung der Amerikaner (Marshall-Plan, ab 1947) taten ein Übriges zum Wiederaufbau und zur Erholung der Verhältnisse. Davon profitierte auch die Kraftpost, deren Ausstattung und Einrichtungen nun erneuert werden konnten. Die Einnahmen hielten jedoch mit den Qualitätssteigerungen und den verbesserten Fahrangeboten nicht durchgängig Schritt.

Es geht wieder aufwärts, spätestens seit der Währungsreform im Juni 1948. Symbolisch steht dafür das Bild des General Motors CCKW 353-Dreiachsers, der im Winter 1950 das Roßfeld bei Berchtesgaden mit Hilfe von Schneeketten erklimmt. Einige solcher Fahrzeuge waren aus amerikanischen Heereskraftwagen in Omnibusse umgebaut wurden. Seit 1949/50 trugen die Postbusse den Bundespost-Schriftzug (SVS).

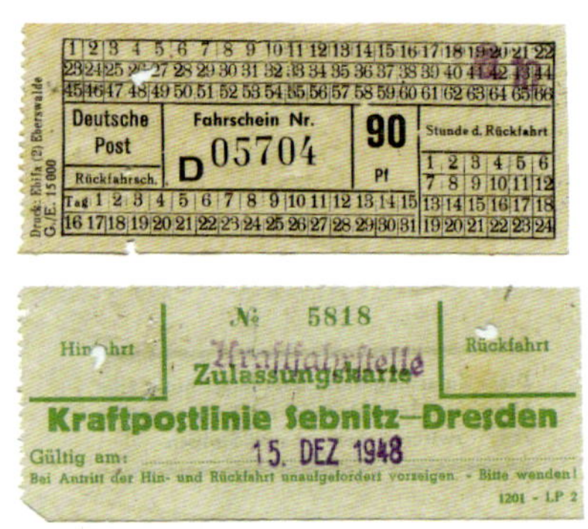

Kraftpost-Fahrkarten aus Ostdeutschland, 1948. Für die Linie Dresden - Sebnitz bedurfte es neben der Fahrkarte eines besonderen Zulassungsscheins, um den Postbus benutzen zu dürfen. Zu geringe Platzkapazitäten waren der Grund für diese Regelung (SVS).

Büssing VI GLn der Ost-Post, ein 49-Sitzer mit Uerdinger Aufbau aus dem Jahr 1929. In der Windschutzscheibe trägt er das Wort „Post" in kyrillischen Buchstaben, was bei Straßenkontrollen des sowjetischen Militärs Wunder wirkte. Das Foto stammt aus dem Jahr 1946 (SVS).

Extrem schwierig war der Wiederaufbau der Kraftpost in der sowjetischen Besatzungszone. Der MB 0 3750 des PA Blankenburg (Harz) trägt ein SN-Kennzeichen der OPD Halle (SVS).

1943 wurde dieser MB/Kässbohrer 0 3000 gebaut, der nach dem Krieg auf der Linie Frankfurt (Oder) - Müncheberg - Dammsdorf lief. Auch in der DDR trugen die Postfahrzeuge die gelbe Farbe und eine „Deutsche Post"-Kennzeichnung (SVS).

1949, 26.2.
Die Post beteiligt sich am Koordinierungsausschuss für die Zusammenarbeit im Personenverkehr im Ruhrgebiet.

1949, 1.3.
Die HVPF in Frankfurt a.M. stellt die Wiederherausgabe des Kraftpostkursbuches zunächst noch zurück. Es sei noch nicht abzusehen, welche Fahrplaneinschränkungen die jetzige und etwaige noch folgende Treibstoffverkürzungen zur Folge haben werden, so die Begründung.

1949, 8.3.
Die HVPF in Frankfurt a.M. gibt bekannt: Alle Postfahrzeuge erhalten neue RP-Nummern. Die polizeilichen Besatzungskennzeichen verlieren dadurch ihre Bedeutung nicht und stellen weiterhin die einzig gültigen Kennzeichen im öffentlichen Straßenverkehr dar. Die RP-Nummern sind an beiden Wagenseiten an den Türen unterhalb der Fenster aufzumalen. Das Kürzel RP wird vorläufig weiter verwendet.

1949, 11.3.
Die Ruhr-Lippe-Eisenbahn erhebt Widerspruch gegen die Erweiterung des Postfahrplans auf der Linie Werl - Neheim am 8.11.1948. Dies stelle eine Existenzbedrohung für die Bahnlinie dar.

1949, 6.4.
Die HVPF in Frankfurt a.M. verfügt, das Sinnbild "Posthorn mit Blitzen" (analog zur Bundespost-Flagge) oberhalb der Aufschrift "Deutsche Post" an den Kfz anzubringen.

1949, 8.4.
Frankreich tritt der Bizone bei, die damit zur Trizone wird.

1949, 23.5.
Verabschiedung des Grundgesetzes für die Bundesrepublik Deutschland.

1949, 30.5.
Der Deutsche Volkskongress beschließt die Verfassung der DDR.

1949, 17.6.
Die Regierung des Saarlandes ermahnt die Post- und Telegraphenverwaltung wegen unlauteren Wettbewerbs auf der Kraftpostlinie Wadern - Saarbrücken.

1949, 18.7.
Die bundesweit erste Gemeinschaftslinie Bahn/Post wird auf der Linie Füssen - Pfronten - Nesselwang - Kempten eingerichtet. Hintergrund sind Schwierigkeiten mit der Bahn aufgrund des schienenparallelen Teilstücks Kempten - Nesselwang.

1949
Denkschrift der Reichsbahn (West), in der sie einen angemessenen Anteil am Straßenpersonenverkehr fordert, um ihre gemeinwirtschaftlichen Aufgaben erfüllen und ein ausgeglichenes Ergebnis erzielen zu können.

1949
Im Post-Kulturfilm "An frohen Ufern" ist Hans-Joachim Kulenkampff mit der Kraftpost am Rhein unterwegs.

1949/50
Die Saarpost erhält erste fabrikneue Chausson-Busse mit 80 bzw. 100 PS und Einzelreifen an der Hinterachse. Die Fahreigenschaften sind für die Fahrer gewöhnungsbedürftig. Gleichzeitig beginnt die Ausmusterung der über 10 Jahre alten deutschen Busfabrikate bei der Saarpost. Außerdem führt die Saarpost an ihren Bussen die grüne Farbe mit gelben Streifen ein. Die gelbe Aufschrift lautet "Post Saar" mit Posthorn. Die Busse tragen französische Kennzeichen (zunächst mit SA-, später mit OE-Kennung).

1949, August
Die HVPF in Ost-Berlin stellt fest, dass sich die Omnibusse der Deutschen Post allgemeiner Beliebtheit erfreuen. Dort, wo neben Postbussen auch andere Busse dieselbe Strecke befahren, werde stets der Postbus von den Reisenden bevorzugt. Eine Abgabe der Postbusse an eine neue volkseigene Verkehrsorganisation werde einen nicht wieder gutzumachenden Schaden für die Deutsche Post und die gesamte Wirtschaft mit sich bringen. Andererseits sei gerade die Deutsche Post aufgrund ihrer Gesamtorganisation und ihrer langjährigen Erfahrung im Omnibusverkehr mit verhältnismäßig wenig zusätzlichen Mitteln in der Lage, das gesamte Kraftomnibuswesen in der Ostzone zu übernehmen und auszubauen. Dies würde sich auch hinsichtlich der angestrebten Verbesserung der allgemeinen Postversorgung – insbesondere auf dem flachen Land – sehr vorteilhaft für die Allgemeinheit auswirken.

1949, August
Die Deutsche Post in der Ostzone verfügt über rund 2.500 Kfz, davon ca. 14% Omnibusse.

1949, 19.8.
Die HVPF in Frankfurt a.M. stellt in einer OPD-Verfügung fest, dass die allgemeinen Sparmaßnahmen aufgrund der äußerst schwierigen Kassenlage nicht genügend beachtet werden. Besonders im Kraftpostdienst sei eine ständige Vermehrung der Fahrleistungen zu verzeichnen, mit der die Zunahme der beförderten Personen nicht Schritt halte. Dies bedeute unvermeidlich eine entsprechende Steigerung der Ausgaben. Die höheren Durchschnittseinnahmen infolge der Überbelastung der Kom in den vergangenen Jahren seien vorbei. Auch die notgedrungene Vermehrung der Kraftpostfahrten zur Abwehr des Wettbewerbes sei keine Rechtfertigung, notwendige Einsparungen auszusetzen. Da eine Einnahmesteigerung im erforderlichen Umfang nicht zu erwarten sei, wird eine baldige Einschränkung sämtlicher Kraftfahrleistungen der Post angeordnet.

1949, 2.9.
In Gummersbach entsteht das kommunale Verkehrsunternehmen Oberbergische Verkehrs AG. Der Oberbergische Kreis und seine Kommunen wollen damit "der Monopolstellung der Post im Personenverkehr entgegentreten".

1949, 17.9.
In Württemberg, Baden und Rheinland-Pfalz erscheinen zum Jubiläum "100 Jahre deutsche Briefmarke" 20-Pfennig-Postwertzeichen mit Postbus-Motiv.

1949, Herbst
Nach dem Ende der Berliner Blockade (24.6.1948 bis 12.5.1949) werden in einer erneuten "Aktion Storch" mehrere tausend Berliner Kinder, die infolge der Blockade an Unterernährung leiden, durch Postbusse zur Erholung aufs Land gefahren und später wieder nach Hause gebracht. Dabei kommt es bei den sowjetischen Kontrollen an den Zonengrenzen teilweise zu Schikanen.

1949, Herbst
Die Deutsche Post ist auf der Leistungsschau des Hotel- und Gaststättenverbandes in Hannover mit einem großen Stand zum Thema "Mit der Kraftpost durch das schöne Deutschland" vertreten.

1949, 7.10.
In der DDR wird die HVPF in das Ministerium für das Post- und Fernmeldewesen (MPF) umgebildet. Ihm unterstehen sechs OPDen, später 15 Bezirksdirektionen.

1949, Winter
Da die alten Krupp-Busse des PA Düren bei Kälte schlecht anspringen, wird ersatzweise oft über viele Kilometer hinweg ein Traktor vorgespannt.

7. 1950 – 1959
Die „goldenen Jahre" der Kraftpost

Liebevoll gestalteter Titel des Amtlichen Kraftpostfahrplans der OPD Braunschweig von 1954 (SVS).

Die fünfziger Jahre - zwischen Wirtschaftswunder und Idyll. Der Hanauer Busbahnhof macht einen fortschrittlichen Eindruck (SVS).

Mehrklanghupen für Kraftomnibusse
(aus: Mitteilungen aus dem Posttechnischen Zentralamt, Oktober 1950)

Vor etwa einem Jahr wurde das PTZ vom BPM beauftragt, Mehrklanghupen für Kraftomnibusse zu beschaffen. Hierbei war daran gedacht, eine Zweiklanghupe mit Folgeton, die die allgemein bekannte Posthornmelodie – zwei verschieden hohe Töne mit Folgeton – erklingen ließ, zu entwickeln. Bis zum Frühjahr dieses Jahres fertigte die einschlägige Industrie Muster als Druckluft- und Elektro-Zweiklanghupe. Grundlegend für die Drucklufthupe war die bereits früher verwendete Postquinte. Nunmehr liegen zufriedenstellende Ergebnisse vor. Die Elektro-Zweiklanghupe der Fa. Hella, Lippstadt, wurde in den letzten Monaten weiter verbessert und in Bezug auf die Tonlänge genau abgestimmt. Wir beabsichtigen, sobald die Genehmigung des BPM vorliegt, eine Abrufserie von einigen tausend Stück auflegen zu lassen. Wegen ihrer Lautstärke soll die Zweiklanghupe nur im Überlandverkehr eingesetzt werden. Es steht zu erwarten, daß in Kürze wieder allerorts die bekannte und beliebte Postmelodie erklingt:

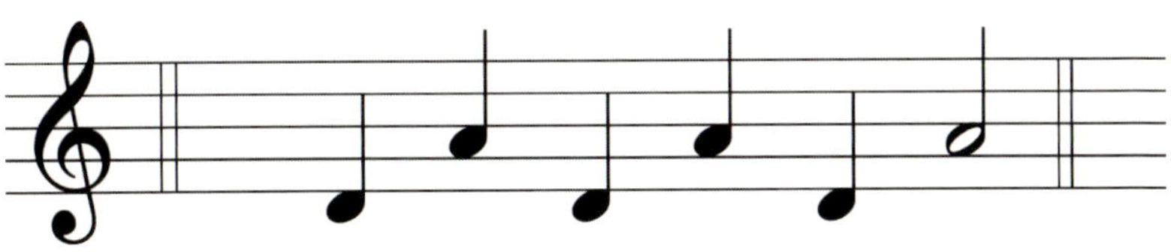

Auf dem Lande dagegen schien die Zeit noch stehen geblieben zu sein. Der Titel des Bildes, „Die Kraftpost, oft einzige Verbindung zwischen Stadt und Land", lässt noch nichts von der kommenden Vollmotorisierung der Bevölkerung erahnen (MKN).

1950, 14.2.
Das Land Niedersachsen versucht, den heftig entbrannten Wettbewerb im Omnibuslinienverkehr zu kanalisieren. Der Straßenbusdienst soll zwischen kommunalen und privaten Unternehmen einerseits und der Bahn (im Schienenersatz- oder Schienenergänzungsverkehr sowie im Fernlinienverkehr) andererseits aufgeteilt werden. Die Post soll nur noch Postsachen befördern und sich ganz vom Personenverkehr zurückziehen.

1950, Februar
Beim Münchener Faschingsumzug fährt ein ausgemusterter, bunt geschmückter Postbus als "Krampfpost" mit.

1950, 1.3.
In der DDR sind 202 Kraftpost-Linien in Betrieb: OPD Dresden = 21, OPD Erfurt = 36, OPD Halle = 85, OPD Leipzig = 36, OPD Potsdam = 13, OPD Schwerin = 11 Linien.

1950, 10.3.
Vertragsabschluss mit dem Deutschen Reisebüro (DER) über den Verkauf von Kraftpost-Fahrscheinen, ähnlich dem Vertrag mit dem Mitteleuropäischen Reisebüro (MER) vor 1945.

1950, 20.3.
Wiedereinrichtung der ersten zwischenstaatlichen Kraftpost auf der Linie Bad Reichenhall - Salzburg im Gemeinschaftsverkehr mit der Österreichischen Post.

1950, 1.4.
Gemäß Artikel 130 des Grundgesetzes geht die Verwaltung des Post- und Fernmeldewesens in Westdeutschland einschließlich der französischen Zone auf den Bund über. Als Sondervermögen des Bundes entsteht die Deutsche Bundespost unter Leitung des BPM in Bonn, das die HVPF in Frankfurt a.M. ablöst.

1950, 20.4.
Die Braunschweiger Zeitung schreibt zum Jubiläum "30 Jahre Kraftpost Braunlage-Harzburg": "Der große dreiachsige Büssing-Omnibus, der auch heute noch den Hauptverkehr der Post auf der Strecke Bad Harzburg - Braunlage versieht, glich nach dem Zusammenbruch 1945 einer vollgepressten Heringstonne. Die solcher Überbelastung nicht gewachsenen Reifen platzten häufig, aber bis auf eine nur wenige Wochen währende Zeit im Frühjahr 1948, wo buchstäblich der letzte Reifen geplatzt war, konnte der Betrieb auch in diesen schweren Notjahren aufrechterhalten werden."

1950, 4.5.
BPM-Verfügung, nach der alle aus der Neufertigung gelieferten Fahrzeuge ab sofort mit der Aufschrift "Deutsche Bundespost" zu versehen sind. Die bisherige Abkürzung "RP" ist durch "BP" zu ersetzen. Bestandsfahrzeuge sollen erst geändert werden, wenn eine Anstrichausbesserung oder ein Neuanstrich erforderlich ist.

1950, Mai
Das PA Dresden hat für seine beiden Überlandlinien nur zwei überalterte Postbusse zur Verfügung, die oft wochenlang wegen Reparaturbedarf ausfallen.

1950, ab Mai
Aufgrund des niemals schriftlich fixierten "Abkommens Schleswig-Holstein" kommt es in diesem Bundesland zu einer Reihe von Bahn/Post-Gemeinschaftslinien. Die Zusammenarbeit wird durch die Firma Autokraft, die Ende 1950 von der DB aufgekauft wird, erheblich gestört.

1950, 22.7.
Die Bundesbahn legt einen Entwurf zur Änderung des Bahn/Post-Abkommens von 1939/40 vor. Sie beabsichtigt, sich von den einschränkenden Richtlinien zu befreien. Die Post hält diesen Entwurf für nicht tragbar.

1950, 28.7.
Bekanntgabe der Interessenabgrenzung der DBP mit der Deutschen Touring Gesellschaft.

1950, Sommer
Die DBP nimmt den 1939 kriegsbedingt unterbrochenen Verkehr der Deutschen Alpenpost wieder auf. Auch die historische Postkutsche Bad Kissingen - Bad Bocklet fährt wieder.

1950
Der Deutsche Post-Kalender (ab 1951 Deutscher Bundespost-Kalender) erscheint wieder. Die bebilderte Kraftpost-Werbung hat darin erneut einen hohen Anteil.

1950
Der Fahrleistungs-Anteil (gefahrene Kilometer) der Post am gesamten westdeutschen Omnibuslinienverkehr beträgt 22%.

1950
Das Kraftpost-Referat der OPD Stuttgart spricht von der Bundesbahn als "Staatsfeind Nr. 1".

1950
Mit dem Gesetz über den Volkswirtschaftsplan 1950 wird die Deutsche Post in der DDR Teil der volkseigenen Wirtschaft.

1950
An drei Stellen im Raum Leer/Papenburg setzen Postbusse planmäßig mit Wagenfähren über die Ems (Leerort, Hilkenborg, Halte).

ab 1950
In Velbert (Rheinland) entsteht ein Netz von Kraftpostlinien zur Bedienung des örtlichen Stadtverkehrs. Das PA Velbert nimmt diesen Stadtverkehr (zum Teil gemeinschaftlich mit der Rheinbahn Düsseldorf) bis 1983 wahr.

1950, 23.8.
Das MPF teilt mit, dass das Kraftpostwesen in der DDR Gegenstand der Verhandlungen mit maßgeblichen Stellen der Regierung sei. Bei diesen Verhandlungen sei insofern Übereinstimmung erzielt worden, dass eine reine Personenbeförderung, also der Einsatz von Omnibussen ohne gleichzeitige Mitnahme von Postgut, nicht zu den Aufgaben der Deutschen Post gehöre. Die Linien des Berufsverkehrs werden daher zu gegebener Zeit abgetreten.

1950, 1.10.
Neues Nummernschema für Omnibusse der Bundespost, beginnend mit BP 10-001 und vorgesehen bis 16-999 (fortgeführt, zum Teil in zweiter Besetzung, bis 1967).

1950, 14.10.
Die OPD Nürnberg schreibt dem BPM, dass in ihrem Bereich noch eine Reihe von so genannten Behelfs-Kom (umgebaute Lkw) eingesetzt werden. Die Kritik in der Öffentlichkeit über die "Viehtransportwagen" sei sehr abfällig. Die Reisenden weigern sich, in die Behelfs-Kom einzusteigen und weisen auf die bequemen Kom privater Unternehmer hin. Um schnellen Ersatz für diese Fahrzeuge wird gebeten. 1951 werden dann die letzten Behelfs-Kom ausgemustert.

1950, Oktober
Mitteilung des PTZ über die Einführung von Mehrklanghupen für Postbusse.

Am Hamburger ZOB wartet BP 14-552 (Büssing 6000 T, 1954) auf die planmäßige Abfahrtzeit nach Ratzeburg (Foto: Sammlung Peter F. Linhart).

Fahrzeuge der frühen und späten 50er Jahre auf dem Busbahnhof in St. Blasien. Links und rechts MB 0 6600 H von 1953, wobei der rechte Wagen ein Allwetterverdeck aufweist. In der Mitte ein 1958 gebauter Krauss-Maffei KMS 110 (SN).

Kraftpost-Werbegrafik im Stil der fünfziger Jahre (SVS).

Büssing, bis heute eine Legende unter den Nutzfahrzeugmarken, stand auch in der Nachkriegszeit als Lieferant der Post hoch im Kurs. In Norden (Ostfriesland) haben sich am 8.6.1957 drei Generationen von Büssing-Trambussen versammelt: Links ein 1950 von FAKA aufgebauter 5000 T, in der Mitte ein 6000 T (Emmelmann, 1952) und rechts ein TU 7 von 1957. Dieser Wagen trägt bereits ein BP-Nummernschild, die anderen Busse noch die alten Besatzungskennzeichen, die zu diesem Zeitpunkt gerade abgelöst werden (JW).

Mitte 1955 feierte die Kraftpost ihr fünfzigjähriges Bestehen. Kurt Kranz entwarf dazu dieses farbenfrohe Plakat, das in allen Postämtern aushing. Kranz war Professor an der Hochschule für Bildende Künste in Hamburg (SVS).

Die fünfziger Jahre sind unter dem Blickwinkel der bundesdeutschen Kraftpost als „goldene Jahre" zu bezeichnen. Die schwere Existenzkrise der Kriegs- und Nachkriegsjahre war überwunden, die Verkehrs- und Bestandszahlen stiegen rasch an. Äußeres Zeichen und Grundlage für das neue Selbstbewusstsein war die Bildung der Deutschen Bundespost unter Leitung des Bundesministeriums für das Post- und Fernmeldewesen (BPM) zum 1.4.1950. Entsprechend erfolgte jetzt die Beschriftung der Postfahrzeuge mit „Deutsche Bundespost" und dem Posthorn mit Blitzpfeilen. Im Herbst 1950 erschien wieder das Amtliche Kraftpostkursbuch, neue Busse wurden in großer Zahl in Auftrag gegeben, und man begann, die Werbung für die Kraftpost forciert aufzunehmen.

Gute Reise mit der Deutschen Alpenpost
(Faltblatt der OPD München, 1955)

Die Alpenpost gehört zu den vielfältigen Wundern des bayerischen Hochlandes. Modernste, bequemste Aussichtswägen mit wirklichen „Schaufenstern", entlüftet, gelenkt von den bewährtesten Fahrern, begleitet von hilfsbereiten Schaffnern, vermitteln die herrliche Reise quer durchs Alpenland. Bequemer, sorgloser, billiger, sicherer als das eigene Auto erschließt die Alpenpost die unvergleichliche Alpenwelt. Es ist eine Lust zu reisen: Die altvertraute gelbe Postkutsche ist in modernerer Form neu entstanden. Tatü-Tatü-Tatüh! Die Alpenpost!

Auf der üblichen Pflasterstraße legt der Büssing 5000 T-Postbus (Aufbau der Fahrzeugwerke Recklinghausen) am 8.8.1956 einen Halt in Harsewinkel ein. Diese Bauart verfügte über einen vorne neben dem Fahrer stehend eingebauten 105 PS-Motor (JW).

Selbstbewusstsein prägte auch das Eintreten des BPM für die Kraftpost, vor allem gegenüber der konkurrierenden Bundesbahn, aber auch gegen erste Bestrebungen aus Politik, Verbänden und Öffentlichkeit, die staatlichen Dienstleistungen verstärkt für den freien Markt zu öffnen. Dazu stand im Straßenpersonenverkehr das Signal ohnehin auf grün. Bahn und Post hatten nach dem Krieg zwar nicht de jure (das Personenbeförderungsgesetz von 1934/37 war weiterhin gültig), aber de facto (nach Besatzungsrecht und dem Offenbacher Abkommen) ihre besonderen Rechte, insbesondere die Genehmigungsfreiheit für die Einrichtung neuer Linien, verloren. Sie standen damit vor den Genehmigungsbehörden als Gleiche unter Gleichen und waren mit anderen Verkehrsbetrieben, aber auch untereinander, im direkten Wettbewerb. Da half auch der Verweis auf die althergebrachten Rechte der Post im öffentlichen Personenverkehr und die untrennbare Einheit von Postsachen- und Personenbeförderung (Denkschrift des BPM, 1953) wenig. Das Verhältnis zur Bahn war zunehmend durch Auslegungsprobleme des Bahn/Post-Abkommens von 1939/40 geprägt. Die Konflikte eskalierten und führten Mitte 1953 zu einem Übernahmeangebot der DBP für den Bahnbusdienst. Die DB, deren Schienenpersonenverkehr schon seit der Währungsreform unter starken Konkurrenzdruck geraten war, verhielt sich solchen Ansinnen gegenüber abweisend. Sie hatte früh die Unausweichlichkeit einer Verkehrsverlagerung von der Schiene auf die Straße erkannt und musste eigene Interessen wahren.

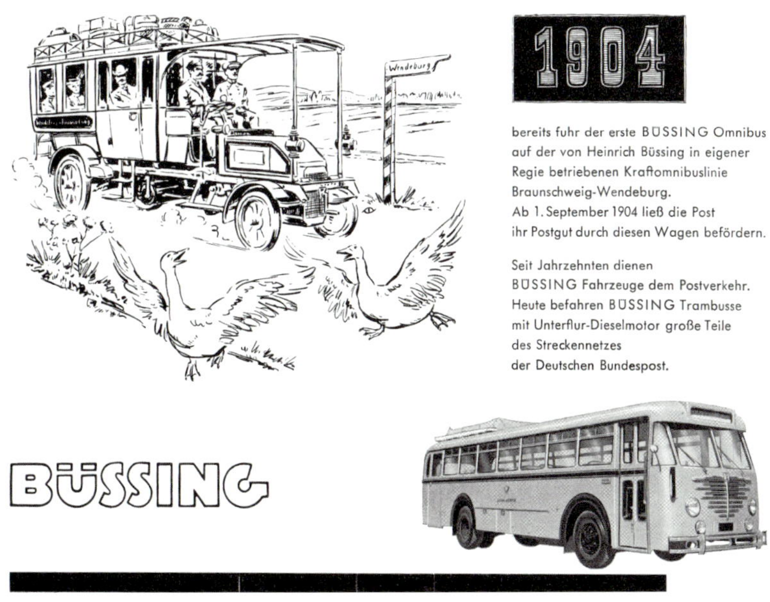

Selbstverständlich schaltete Büssing Werbeanzeigen in den posteigenen Medien (SVS, 1955).

1950, 26.10.
Am "Tage der deutschen Kriegsgefangenen" ruht um 12.00 Uhr der Kraftpostverkehr für zwei Minuten zum Gedenken.

1950, Herbst
Zum Winterfahrplan 1950/51 erscheint wieder das "Amtliche Kraftpost-Kursbuch für das westliche Deutschland".

1950, 13.12.
Die OPD Karlsruhe übernimmt einen MB O 10000 von der Senatsverwaltung für das Post- und Fernmeldewesen in Berlin.

1951, 15.1.
Die Einwirkung der französischen Militärregierung auf den Kraftpostdienst in den Ländern Baden, Rheinland-Pfalz und Württemberg-Hohenzollern endet.

1951, 29.1.
Das Postfuhramt München übernimmt von der Erdinger Verkehrs-GmbH die Linie München - Erding.

1951, 15.2.
Auf der Kraftpost-Besprechung wird festgestellt, dass von der ersten Neuausgabe des Kraftpost-Kursbuches im Herbst 1950 (Auflage 7.500 Stück) mehr als 1.800 Stück abgesetzt werden konnten. Der Verkaufspreis beträgt 2,50 DM. Für die nächste Ausgabe soll hinsichtlich der "Bestimmungen über den Postreisedienst" ein höflicherer, mehr persönlich gehaltener Text entwickelt werden. Mit der DB soll über die gegenseitige Aufnahme von Fahrplänen verhandelt werden, nachdem die Fahrpläne der Deutschen Touring GmbH bereits im Kraftpost-Kursbuch erscheinen. "All-Fahrpläne" würden die Herausgabe des Kraftpost-Kursbuches dagegen gefährden, auch bestehe die Gefahr der Werbung für private Konkurrenz-Unternehmen. Gleichzeitig wird beklagt, dass die Werbung der DBP im Vergleich zur DB und zur Wirtschaft steif, unbeholfen und altfränkisch wirke. Dies habe für die Kraftpost, die sich im schwersten Existenzkampf befinde, besondere Bedeutung. Beklagt wird weiterhin, dass das Deutsche Reisebüro (DER) die Interessen der DBP kaum wahrnehme und nur wenige, oftmals falsch ausgestellte Kraftpost-Fahrscheine verkaufe.

1951, 16.2.
Die OPD Halle schreibt an das MPF in Berlin: Der beim PA Schierke (Harz) stationierte Raupenband-Postbus RP-33 969, ein MB LR 75, soll Kraftsonderposten zum Brocken fahren. Im Oktober 1951 ist der Zehnsitzer wegen Differentialschadens nicht einsetzbar, die Instandsetzung hängt von den dafür erforderlichen Importersatzteilen ab.

1951, ab 28.2.
Während der II. Internationalen Skiflugwoche in Oberstdorf führt die Kraftpost mit 48 Omnibussen neuester Bauart den Pendelverkehr zwischen dem Bahnhof und der Skiflugschanze durch.

1951, 1.3.
Die DBP erwirbt die Peill Verkehrsgesellschaft mbH in Stade mit zwei Überlandlinien, dem Ortsverkehr Stade, 17 Bussen und elf Anhängern. Die Firma war 1928 als "Stadt-Omnibus Heinrich Peill" gegründet worden.

1951, 4.4.
Die staatliche Plankommission der DDR berät über die Übernahme der Kraftomnibusse der Deutschen Post in die Kraftverkehre der Länder und bittet das MPF um Angabe der noch vorhandenen Linien und Busse der Deutschen Post. Es wird vereinbart, dass die Deutsche Post bis zum 15.6.1951 alle Linien mit ausschließlich Personenverkehr, auf denen keine Post befördert wird bzw. deren Post auf vorhandene Landkraftposten oder Bahnposten umgelagert werden kann, an die Generaldirektion Kraftverkehr übergibt. Es handelt sich um 49 Linien mit den darauf eingesetzten 60-65 Postbussen. Zuvor soll der Deutschen Post Gelegenheit zu einem Typenausgleich der Busse gegeben werden.

1951, 19.-29.4.
Auf der IAA in Frankfurt a.M. stellt Mercedes-Benz den neuen 145 PS starken Heckmotoromnibus O 6600 H vor. Die DBP kauft - Ausdruck einer eher konservativen Beschaffungspolitik - bis 1953 noch den klassischen Haubentyp O 6600. Erst ab 1953 kommt der O 6600 H/O320 H in den Wagenpark der Post und wird bis 1958 in weit über 500 Exemplaren in Dienst gestellt (das sind rund 40% der Gesamtproduktion dieses Typs). Ebenfalls auf der IAA 1951 zeigt die Fa. Josef Rathgeber aus München ihren selbstkonstruierten Leichtbus RO 4000 mit 90 PS-Heckmotor. Nur zwei Stück finden Eingang in den Postbuspark. Sie laufen bei den OPDen München und Neustadt (Weinstraße).

1951, 19.-29.4.
Die OPD Frankfurt a.M. erhält für die Sonder-Kraftpostverbindungen zur Automobilausstellung werksneu neun Krauss-Maffei- und acht Mercedes-Omnibusse. Damit beim Publikum nicht der Eindruck einer Bevorzugung dieser Fabrikate durch die DBP entsteht, soll eine Massierung der Busse möglichst vermieden werden.

1951, 20.5.
Gemeinsam mit der österreichischen Post wird auf der uralten Poststraße München - Mittenwald - Innsbruck der regelmäßige Verkehr der "Alpen-Adria-Post" wieder aufgenommen. Der Name ist mit Einverständnis der beteiligten Länder gewählt worden. In Innsbruck besteht Anschluss und direkte Personen- und Gepäckabfertigung auf die Linien der italienischen SAD nach Venedig und Genua - Nizza. Werbefaltblätter gehen allen PÄ zu. Die Werbung ist besonders wichtig, weil am gleichen Tag zwei Konkurrenzlinien (DB/ÖBB sowie zwei private Unternehmer) auf derselben Strecke in Betrieb genommen werden.

1951, 24.5.
Die Deutsche Post der DDR verfügt über 215 einsatzbereite und 84 in Reparatur befindliche Omnibusse. Die aktiven Busse verteilen sich auf die OPDen Dresden (19), Erfurt (56), Halle (64), Leipzig (56), Potsdam (14) und Schwerin (6). Ganz überwiegend handelt es sich um Altfahrzeuge der Reichspost. Nur wenige Omnibusse mit Neuaufbau auf alten VOMAG-Fahrgestellen werden 1950/51 von LOWA in Werdau an die Deutsche Post übergeben.

1951, 6.8.
Die Ost-Berliner GDK schreibt an das MPF und bittet wegen der Übernahme von Bussen der Deutschen Post um eine Stellungnahme. Am 1.7.1951 habe die VVB Kraftverkehr des Landes Brandenburg die Linien Potsdam - Bornim - Marquardt und Potsdam - Eiche - Golm zusammen mit vier Bussen von der Deutschen Post übernommen. Die VVB Brandenburg beschwert sich, dass die vier Postbusse in einem extrem schlechten Zustand seien. Offenbar habe die OPD Potsdam den Schrott der DDR zusammengesucht und stattdessen Busse in gutem Zustand für eigene Zwecke und Sonderfahrten behalten.

1951, 1.7.
Tarifgemeinschaft für die Alpen-Adria-Post mit Anschlusszielen nach Bozen, Meran, Venedig, Mailand, Genua und Nizza. In den beteiligten Ländern Deutschland, Österreich und Italien können Fahrkarten und Gepäckscheine nach allen Stationen des Tarifnetzes in Landeswährung gelöst werden.

Den 135 PS starken Büssing TU-Trambus BP 13-293 treffen wir im März 1958 auf der Landstraße bei Minsen. Er wurde 1951 von der OPD Bremen beschafft (JW).

Mit einem zweiachsigen Güteranhänger im Schlepp startet der Büssing/Emmelmann 6000 T-Postbus am 17.4.1957 von Oldenburg nach Werlte (JW). Von den Baureihen 6000 T und 6500 T mit 150 PS-Maschine kaufte die Bundespost von 1952 bis 1958 über 700 Stück. Die Aufträge für die Wagenaufbauten wurden auf die Firmen Emmelmann, FAKA, Recklinghausen und Büssing selbst verteilt.

Eine typische Szene der späten fünfziger Jahre, aufgenommen in Salzhausen in der Lüneburger Heide (SVS).

Auf politischen Druck hin schließen Bahn und Post 1955 ein neues Abkommen, dass das Verhältnis Bahnbus/Kraftpost mit Wirkung vom 1.1.1956 erstmalig einvernehmlich regelt. Als Kompromissformel gilt der Grundsatz, dass sich „die Verkehrsanstalten des Bundes, Bundesbahn und Bundespost, bei der Betätigung im Kraftomnibusverkehr nicht als Wettbewerber betrachten, sondern ihre gemeinsame Aufgabe in der besten und zweckmäßigsten Bedienung des Verkehrs nach den Grundsätzen der Verkehrspolitik der Bundesregierung sehen". Das umfangreiche Abkommen steht unter dem Bestreben, diesen Verkehr in enger Zusammenarbeit möglichst wirtschaftlich zu gestalten und unter Rücksichtnahme auf das Schienennetz der Bundesbahn für die Allgemeinheit gedeihlich fortzuentwickeln, so der Originaltext. Geregelt werden u.a. Gemeinschaftsverkehre von Bahn und Post, die Beförderung von Post-Briefbeuteln durch Bahnbusse und die durchgehende Abfertigung Schiene-Kraftpost (Kraftpost-Eisenbahn = Krapei-Verkehr). 1956 wird ergänzend vereinbart, dass der Verkehr bei der Neueinrichtung von Linien demjenigen zugesprochen wird, der ihn am wirtschaftlichsten durchführen kann. Zusätzlich kommt es zu Absprachen über den Einsatz von Postomnibussen bei Betriebsstörungen der Eisenbahn („Omnibusnotverkehr"). Die Postseite betont, dass das Abkommen überhaupt nur dadurch zustande gekommen sei, weil die DBP 37 ihrer verkehrsreichsten Linien ohne Gegenleistung der Bahn in den Gemeinschaftsverkehr eingebracht habe. Die Verhandlungen mit der DB seien äußerst schwierig gewesen und hätten nur mit großer Mühe vor dem Scheitern bewahrt werden können. Immerhin tritt der gemeinsame Bahn-Post-Ausschuss zur Schlichtung von Streitigkeiten in der Folgezeit von Jahr zu Jahr seltener zusammen. Äußeres Zeichen der Zusammenarbeit ist ab Mai 1957 die gemeinsame Herausgabe des Amtlichen Omnibuskursbuches als Ersatz für die separaten Kursbücher von Kraftpost und Bahnbus. Das Grundproblem der Existenz zweier staatlicher Omnibusbetriebe wird allerdings nicht gelöst. Es kommt jedoch ein Prozess in Gang, der sich erst schleichend und später immer offener gegen die Kraftpost wendet.

Der Büssing TU 11 (Baujahr 1959) markierte den Schlussstrich für die bis dahin übliche Bauweise mit schweren Rahmenfahrgestellen. Auf der Linie Kiel - Lübeck führt der Bus einen einachsigen Westfalia-Gepäckanhänger für die Postbeförderung mit. Das Foto wurde bei Plön aufgenommen (MKF).

Es hat gezündet! Freizügige Verkehrsbedienung von Bahn und Post
(aus: Zeitschrift für das Post- und Fernmeldewesen, Nr. 14/1958)

Du stehst im Harzstädtchen Clausthal-Zellerfeld an der Omnibushaltestelle und willst nach Goslar fahren. Es regnet, ein unangenehmer Wind weht. Zugegeben, es war etwas unvorsichtig, bei solchem Hundewetter ganz einfach zur Bushaltestelle zu gehen, ohne vorher den Fahrplan anzusehen. Da hättest Du nämlich festgestellt, daß die nächste Fahrgelegenheit nach Goslar, der Bundesbahn-Bus über Lautenthal, erst in 44 Minuten und die übernächste, der Postbus auf der direkten Strecke über die Bundesstraße, in eineinhalb Stunden verkehrt. Aber ehe Du Dir es noch recht überlegt hast, ob es nicht doch besser gewesen wäre wenn... kommt schon ein Bahnbus der ebenfalls über die direkte Strecke führenden Linie Clausthal - Goslar - Hannover. Deine Freude ist groß und Deine Enttäuschung noch größer. Der Fahrer des Omnibusses erklärt Dir ebenso höflich wie bestimmt, er fahre zwar nach Goslar, aber er dürfe Dich nicht mitnehmen ...

Solches konnte Dir früher widerfahren, und die Bundesbahn drückte den Sachverhalt auf Deine Beschwerde hin in Amtsdeutsch wie folgt aus: „Wir müssen zu unserem Bedauern leider mitteilen, daß die erteilten Auflagen uns daran hindern, den Verkehr auf der direkten Bundesstraße uneingeschränkt zu bedienen. Die Verkehrsbedienung auf dieser Straße ist zur Zeit alleiniges Recht der Deutschen Bundespost. Das Befahren der Bundesstraße konnte uns seinerzeit nur genehmigt werden, weil wir die noch bestehende Auflage hinnahmen. Solche Auflagen sind oft notwendig – obwohl die Öffentlichkeit kein Verständnis dafür hat – weil sie die einzige Möglichkeit bieten, den bereits vorhandenen Unternehmer zu schützen." Die Verärgerung war groß und fand in der Presse ein lebhaftes Echo: „Bundesbahn und Bundespost als feindliche Brüder!".

Wenn Du heute wieder einmal von Clausthal nach Goslar fahren willst, brauchst Du im Fahrplan nicht erst lange nach dem „richtigen" Bus zu suchen. Seit einigen Wochen kannst Du, ganz wie es Dir beliebt, in jeden Post- oder Bundesbahn-Omnibus einsteigen, der auf der Strecke verkehrt. In Amtsdeutsch ließe sich dies etwa so ausdrücken: „In Ausführung des am 1. Januar 1956 in Kraft getretenen Bahn/Post-Abkommens über den Omnibusverkehr hat die Deutsche Bundespost der Aufhebung des Bedienungsverbots auf der Bahnbuslinie Clausthal - Goslar - Hannover ihre Zustimmung gegeben. Gleichzeitig wurden im Raum von Göttingen und Salzgitter eine Reihe anderer Bedienungsverbote aufgehoben, die teils der Post zugunsten der Bahn und teils der Bahn zugunsten der Post auferlegt worden waren." Du bist erfreut und erzählst es gerne weiter. Der Fall Clausthal war nicht der einzige dieser Art im Bundesgebiet. Hoffen wir, daß das Abkommen zwischen den beiden Verkehrsanstalten des Bundes bald auch dort seine Früchte tragen wird, wo es heute noch nicht so weit ist.

1951, 1.7.
Die Post begeht das Jubiläum "100 Jahre staatliche Post in Württemberg" u.a. mit einer Anzeige: "Alte Tradition: Zuverlässig, schnell, pünktlich, bequem. Die Kraftpost, Deutschlands größter und ältester Kraftomnibus-Verkehrsträger".

1951, 9.7.
Der Kriegszustand zwischen Deutschland und den Westmächten wird beendet.

1951, 12.7.
Auf der Kraftpost-Besprechung äußern alle OPDen den Wunsch, wieder Kraftpostgruppenleitungen einzurichten, um den OPDen in ihrem schwerem Kampf um die Erhaltung der Kraftpost Unterstützung zu gewähren. Außerdem erhebt die Mehrzahl der OPDen lebhaft Klage darüber, dass sich die Deutsche Postreklame nicht ausreichend um die Gewinnung von Werbeanzeigen für Kraftpostfahrpläne bemühe. Es wird erwogen, spezielle Beamte für die Kraftpost-Werbung einzusetzen, zumal auch im Ausland, insbesonders aber in den USA, ein starkes Interesse an Kraftpostreisen bestehe.

1951, 12.7.
Nach Angabe der OPDen Koblenz und Regensburg droht der Rentabilität der Kraftpost dadurch Gefahr, dass aus Gründen der Sicherheit im Omnibusverkehr die Verwendung von Personenanhängern allgemein untersagt werden soll. Die Richtigkeit dieser Angabe wird von den anderen OPDen bestritten.

1951, 25.7.
Die GDK kritisiert, dass sich die bei den III. Weltfestspielen der Jugend und Studenten für den Frieden eingesetzten Postbusse in schlechterer Verfassung als andere Omnibusse befunden hätten. Das MPF antwortet, dass die Deutsche Post seit 1945 keinen Zugang an Kom mehr gehabt hätte und der Zustand der Fahrzeuge daher nicht verwunderlich sei.

1951, ab Sommer
Gemeinschaftsverkehr Bahn/Post auf den Linien Kiel - Neumünster - Hamburg und Kiel - Eutin - Lübeck - Hamburg.

1951
Die DBP gibt wieder farbige Werbeprospekte für die Kraftpost heraus, u.a. für die im Sommer verkehrenden Linien Schwarzwaldpost und Schwarzwald-Bodenseepost.

1951
Die Deutsche Alpenpost nimmt großen Aufschwung, nicht zuletzt infolge der Herausgabe eines ansprechenden Prospekts in deutscher und englischer Sprache. Wegen des Andrangs in den Ferienmonaten müssen einige Kurse der Deutschen Alpenpost doppelt gefahren werden.

1951
Das BPM bedauert, wegen der schlechten wirtschaftlichen Lage der DBP im Allgemeinen und des Kraftpostdienstes im Besonderen keine Fahrpreisermäßigungen durch die allgemeine Einführung von Fünfer- oder Zehnerfahrkarten gewähren zu können.

1951, 13.8.
Die 172 km lange Eifelschnellpost Aachen - Trier nimmt den Betrieb auf.

1951, 3.9.
Postbusse ersetzen die Überland-Straßenbahn Horn - Bad Meinberg (Lippe).

1951, 7.10.
Einrichtung von grenzüberschreitenden Kraftpostlinien zwischen bundesdeutschem und saarländischem Gebiet. Als erste werden im Gemeinschaftsverkehr DBP/Saarpost die Strecken Wadern - Trier sowie Wadern - Hermeskeil eröffnet. Je nach Streckenabschnitt werden Fahrscheine in DM oder Franc verkauft. An der Grenze erfolgt eine Pass- und Zollkontrolle.

1951, 10.10.
Für die Alpen-Adria-Post werden der OPD München die MB 0 6600 BP 13-179 bis 185 mit Dachrandverglasung sowie Rundfunkempfangs- und Besprechungsanlage zugewiesen.

1951, 15.10.
Während die DB ihre Tarife anhebt, bleibt die Post bei ihrem Fahrgebührensatz von 6 Pf/km. Dadurch nimmt die Zahl der Postreisenden weiter stark zu.

1951, 28.11.
Das Mitführen eines zweiten Kfz-Anhängers wird durch die StVZO verboten.

1951, 5.12.
Die Post macht der Bahn einen Gegenvorschlag zur Änderung des Bahn/Post-Abkommens von 1939/40, in dem sie die übersteigerten Wünsche der Bahn auf ein ihr erträglich scheinendes Maß zurückschraubt.

1952, 1.1.
Das PA Helmstedt übernimmt die private Omnibuslinie des Unternehmers Petry vom Bf Helmstedt zur Zonengrenze. Ein Bus mit Personenanhänger wird angekauft. Ab 1.4.1960 wird die Linie durch Bahnbusse im Auftrag der Post befahren.

1952, 8.1.
Das Mainzer Abkommen erlaubt - analog zum Offenbacher Abkommen für das Vereinigte Wirtschaftsgebiet vom 1.6.1948 - Bahn und Post wieder offiziell die Einrichtung von Omnibuslinien im Bereich der ehemaligen französischen Besatzungszone. Damit wird bundesweit die Rechtsgleichheit für die Omnibusverkehre von Bahn und Post hergestellt.

1952, 1.3.
Das BPM fordert das PTZ und die OPDen auf, an den Seiten der Gepäckgalerien der Postbusse hölzerne Richtungsschilder anzubringen. Dies soll schlagartig zum Sommerfahrplan erfolgen.

1952, 31.5.
Nach der Freigabe durch die amerikanische Besatzungsmacht wird der öffentliche Omnibus-Linienverkehr auf der höchsten deutschen Alpenstrecke, vom Obersalzberg (970 m) zum Kehlsteinparkplatz (1.710 m) bei Berchtesgaden, aufgenommen. Mit der Durchführung des Betriebes beauftragt der Fremdenverkehrsverband Berchtesgaden die DBP. Die im Oktober 1938 fertiggestellte, 6,5 km lange Kehlsteinstraße gilt als technisches Meisterwerk und sollte ein Geschenk der NSDAP an Hitler zu dessen 50. Geburtstag im Jahr 1939 darstellen. Auf dieser Straße, die nur im Sommerhalbjahr von Mitte Mai bis Mitte Oktober befahren werden kann, verkehren ausschließlich Postomnibusse. Anfangs kommen Wagen des Typs MB 0 3500, später der Typen MB 0 321 H, 0 317, 0 302 und zuletzt 0 307 zum Einsatz. Sie sind mit speziellem Berggetriebe ausgestattet.

Mercedes-Postbusse der 50er Jahre: Von 1949 an baute Mercedes den aus dem Kriegstyp 0 4500 abgeleiteten 0 5000 mit 120-PS-Maschine. Die Deutsche Post konnte sich einen Teil der Produktion sichern. Das Foto entstand bei Monschau in der Eifel (SVS).

Der bis heute populäre 0 3500 mit 90 PS unter der Haube war bis 1953 eines der erfolgreichsten Mercedes-Produkte und auch bei der Post mit mehr als 300 Exemplaren weit verbreitet. Am 24.7.1956 steht ein solcher Wagen blank gewienert in Verden (JW).

Der letzte klassische Haubenbustyp von Mercedes war der große 0 6600 mit 145 PS, der von 1951 bis 1953 gebaut wurde. BP 14-19 stammte aus einer der letzten Serien und tat am 6.6.1963 in Freudenstadt noch wacker seinen Dienst. Hinter dem riesig wirkenden Lenkrad hatte es der Fahrer sicher nicht leicht mit dem schweren Gefährt. BREKINA nahm sich der Typen 0 5000 und 0 6600 als Modell an (JW).

Die Post blieb der hergebrachten Haubenbauweise relativ lange treu und kaufte erst ab 1953 den moderneren Heckmotorbustyp 0 6600 H. Ausgestattet mit Elektro-Media-Getriebe bot er dem Fahrer eine Erleichterung beim Schalten. Bis 1958 kamen 542 dieser 0 6600 H bzw. 0 320 H zur Post. Bei der Bahn war die Bauart dagegen kaum vertreten. Am 12.7.1958 stand ein solches Fahrzeug mit aufgeklapptem Allwetterverdeck im Posthof in Idar-Oberstein (JW).

Im Februar 1951 führte die Kraftpost anlässlich der internationalen Skiflugwoche den Pendelverkehr zur Oberstdorfer Sprungschanze durch. Dabei kamen moderne Omnibustypen von Krauss-Maffei und Mercedes-Benz zum Einsatz (SVS).

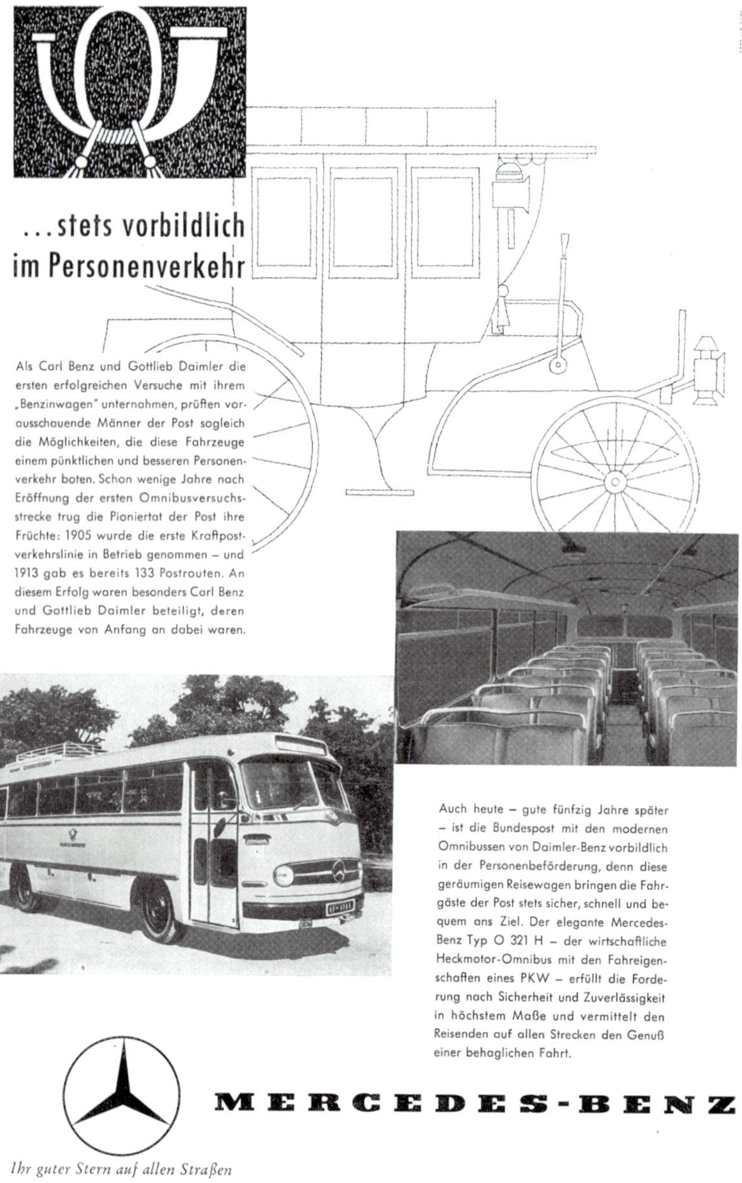

Mercedes warb gerne mit der Referenz, schon seit 1905 Omnibusse an die Post zu liefern (SVS).

Der MB O 321 H hatte 1954 den O 3500 abgelöst. Wie sein Vorgänger war er mit 141 Exemplaren recht zahlreich im Wagenpark der DBP vertreten. BP 15-648 war am 6.6.1963 in Freudenstadt anzutreffen. Um den Fahrgästen die Schönheiten des Schwarzwaldes besser erschließen zu können, verfügte er über verglaste Dachränder. Der Einbau des Briefkastens rechts neben der Vordertür dürfte recht aufwendig gewesen sein. Auch diesen Typ baute BREKINA als Miniaturmodell (JW).

Bei St. Peter begegnet uns ein weiterer MB O 321 H. Ob den Fahrgästen der Porsche-Schlepper auf dem Feld aufgefallen ist? (MKF)

Ende der fünfziger Jahre brachte Mercedes den neuen 12 m langen O 317 auf den Markt. Bei der DBP wurde dieser Typ mit dem 200 PS-Unterflurmotor bis 1972 über tausendmal beschafft. Am Kölner ZOB steht mit BP 16-923 einer der Wagen aus den frühen Lieferungen an die Post. Auf dem Bordstein liegen einige Postbeutel zur Mitnahme im Bus bereit (MC).

1952, Mai
In der SBZ betreibt die Deutsche Post noch 115 Kraftpostlinien mit rund 2.500 km Länge und befördert 14,8 Mio. Fahrgäste im Jahr. Es werden 134 Postbusse eingesetzt, weitere 56 sind nicht betriebsbereit. Die Abgabe der noch vorhandenen Kraftpostlinien an die Generaldirektion Kraftverkehr scheitert bisher am mangelnden Ersatz durch neue Landkraftwagen für die Postsachenbeförderung. Die OPD Potsdam betreibt noch acht Linien mit neun Postbussen. Fünf ihrer Linien wurden bereits an die GDK abgegeben.

1952, Juni
Das Merian-Heft "Wunderbare Post-Reise" erscheint.

1952, 27.7.
Der Vorsteher des PA Sebnitz (Sachsen) schreibt an den Staatsratsvorsitzenden Walter Ulbricht und beklagt sich über den seiner Meinung nach nicht gerechtfertigten Beschluss, die Kraftpost in der DDR auf die GDK zu überführen.

1952, Sommer
Wiedereinrichtung der Sommerlinie Füssen - Reutte (Tirol) - Innsbruck im Gemeinschaftsverkehr OPD München/PTD Innsbruck. Die Linie wird jährlich wechselnd von deutschen und österreichischen Postbussen durchgehend befahren.

1952
Gemeinschaftsabkommen über den zwischenstaatlichen Kraftpostverkehr mit der österreichischen Postverwaltung, zunächst über sieben, ab 1954 über 21 Linien.

1952
Analog zu den früheren Kraftpostgruppenleitungen richtet das BPM drei Kraftfahr-Oberbetriebsleitungen (Süd, Nord, West) als seine ständigen Beauftragten für das Postkraftfahrwesen ein. Sie fungieren als Vertretung der OPDen gegenüber den Ländern und den Dienststellen der Bundesbahn. Ferner sollen sie den einheitlichen Aufbau des Kraftfahrdienstes und seine Vertretung nach außen gewährleisten.

1952
Die OPD Braunschweig leistet sich ein künstlerisch gut gelungenes Werbeblatt für den Kraftpost-Reiseverkehr im Harz. Bis 1968 wird fortan regelmäßig das Faltblatt "Mit der Kraftpost in den Harz" herausgegeben.

1952
Kraftsonderposten stellen nur etwa 3% des gesamten Gelegenheitsverkehrs mit Omnibussen im Bundesgebiet dar.

1952
Die DBP betont die wirtschaftlich vordringliche Forderung nach einer Typenbeschränkung im Kraftfahrwesen. Es heißt, bei der Vielzahl deutscher Hersteller seien Versuche der Firmen abzuwehren, ins Typenprogramm der Post einzudringen. Die Post habe sich als öffentliches Unternehmen Bestrebungen aus der Wirtschaft zu erwehren, den Nutzern des Post- und Fernmeldewesens mit eigenen Aufträgen entgegenzukommen. Das Typenprogramm der Post für Omnibusse umfasst verschiedene Produkte der Firmen Daimler-Benz, Büssing, Krauss-Maffei, Magirus und MAN. Die Bereinigung der Omnibustypen sei noch nicht abgeschlossen, so das Resümee der Post.

1952-1956
Mehrere Faktoren beeinflussen den Kraftpostdienst: 1.) Der Arbeiter- und Berufsverkehr entwickelt sich immer stärker. Dadurch erfolgt eine laufende Verschlechterung des Verhältnisses zwischen dem vollzahlenden Verkehr und dem Verkehr zu ermäßigten Gebühren. 2.) Selbst kleinste Gemeinden suchen Anschluss an das Verkehrsnetz. Die Post nimmt sich zahlreicher Linien an, die von ihren früheren Inhabern aus wirtschaftlichen Gründen nicht aufrecht erhalten werden konnten. 3.) Größere Städte wollen einen Omnibusbahnhof. Die Post beteiligt sich daraufhin bundesweit am Bau zentraler Omnibusknotenpunkte (sog. "Gummibahnhöfe"). 4.) Zunahme des Verkehrs mit Pkw um 210%, mit Krafträdern um 170%, mit Mopeds um das zwanzigfache. Der Individualverkehr wird immer stärker zum Konkurrenten der Kraftpost.

1952-1956
Streit mit der Kraftverkehr Westfalen GmbH um die Postlinie Lippstadt - Rüthen.

1952-1962
Das Kraftpostnetz der OPD Kiel wird durch die Übernahme zahlreicher in der Nachkriegszeit entstandener Privatlinien abgerundet und von Wettbewerbslinien befreit.

1952, 15.8.
Gründung der Verwaltung der volkseigenen Kraftverkehrs- und Kfz-Instandsetzungsbetriebe (VVK) in der DDR.

1952, 19.9.
Die Liberal-Demokratische Zeitung in Halle schreibt: "Ihr könnt loofen ...", das sind die Worte, die ein Postomnibusfahrer des PA Roßla den Werktätigen von Breitungen mehrmals in der Woche zynisch zuruft, da nicht genügend Postbusse zur Verfügung stehen."

1953, 1.1.
Mit Auflösung der Länderstrukturen (Gesetz vom 23.7.1952) werden die OPDen in der DDR aufgelöst und in 14 Bezirksdirektionen für das Post- und Fernmeldewesen (BPF) umgewandelt. 1954 folgt als 15. BPF Berlin.

1953, 4.2.
Die GDK der DDR fordert beim MPF 30 Postbusse zum Einsatz bei den Wintersportmeisterschaften vom 11. bis zum 16.2.1953 in Oberhof an. Das MPF sagt lediglich 19 Busse mit der Begründung zu, die meisten Postbusse seien bereits an die GDK abgegeben worden.

1953, 18.2.
Das MPF plant, Kraftomnibusse der Deutschen Post in Landkraftpostwagen umzubauen. Die GDK hält dies wegen der angespannten Kom-Lage in der DDR und der Tatsache, dass mit der Zuweisung von Kom aus Import oder der Neuproduktion in absehbarer Zeit nicht zu rechnen sei, für nicht vertretbar.

1953, 10.3.
Die Hauptverwaltung der DB lehnt den Post-Gegenvorschlag zur Änderung des Bahn/Post-Abkommens von 1939/40 mit der Begründung ab, dass dieser Vorschlag die lebenswichtigen Interessen des größten Verkehrsträgers im Personenverkehr stärkstens beeinträchtige.

1953, 1.4.
Die DB legt einen Vertragsentwurf über die Einrichtung eines Bundeskraftomnibusverkehrs vor. Das BPM gelangt nach eingehender Prüfung zu der Auffassung, dass eine Herauslösung des Kraftpostdienstes aus dem übrigen Tätigkeitsbereich der Post aufgrund seiner engen Verflechtungen mit dem übrigen Postkraftfahrdienst und mit Rücksicht auf die Belange der Überlandpostbeförderung nicht vertretbar wäre.

Krauss-Maffei KMO 133 mit Kässbohrer-Aufbau und 120 PS-Heckmotor von Daimler (Martinstein, 12.7.1958). Die DBP bezog bis zum Schluss keine Komplettbusse der Marke Setra, wohl aber in den dreißiger und fünfziger Jahren Omnibusse mit den formschönen Aufbauten aus Ulm (JW).

Im Jahr 1955, als der Postbus (Krauss-Maffei/Rathgeber KMO 133) mit der Rheinfähre von Linz nach Kripp übersetzt, sind auf dem Fluss noch Dampfschlepper unterwegs (SVS).

Am 24.4.1957 machte sich der Krauss-Maffei KMO 131 (Kässbohrer-Aufbau) im Münchener Berufsverkehr nützlich (MKF).

Kraftpost-Werbung von 1952 (SVS).

Mit dem Postbus in die Berge ... (SVS).

Unterdessen hatte die Kraftpost in der DDR auf politischen Druck hin die Segel streichen müssen. Pikanterweise war noch im August 1949 von der HVPF in Ost-Berlin festgestellt worden, dass die Abgabe der Postbusse an eine neue volkseigene Verkehrsorganisation einen nicht wieder gutzumachenden Schaden für die Deutsche Post und die gesamte Wirtschaft mit sich bringen würde. Im Gegenteil, es wurde gefordert, das gesamte Omnibuswesen in der Ostzone der Organisation und der langjährigen Erfahrung der Deutschen Post anzuvertrauen. Diese Auffassung

In wenigen Exemplaren kam der Krauss-Maffei KML 110, ein 1954 konstruierter Leichtbus in selbst tragender Gitterbauweise, zur Post. Die strömungsgünstige Karosserie war an den Flugzeugbau angelehnt. Hier ein solches Fahrzeug in natura (Bielefeld, 8.8.1956, JW) ...

... und auf einer Werbeanzeige von Krauss-Maffei (SVS).

deckte sich aber keineswegs mit der Tendenz der sowjetischen Besatzungsmacht, jegliche Produktionsmittel in „Volkseigentum" nach russischem Vorbild zu überführen. Eigenartigerweise hatte jedoch die SMAD selbst noch Anfang 1949 die Organisation zusätzlicher Kraftomnibuslinien für die Post- und Personenbeförderung befohlen, was die Widersprüchlichkeit der Besatzungspolitik offenbarte. Bereits im Sommer 1950 wurde nach Verhandlungen zwischen dem MPF und der mächtigen Wirtschaftskommission endgültig entschieden, alle Postbusse an die Generaldirektion Kraftverkehr als Dachorganisation der späteren volkseigenen Kraftverkehrsbetriebe abzugeben. Grundsätzlich gehöre, so die Festlegung, der Einsatz von Omnibussen ohne die gleichzeitige Mitnahme von Postgut nicht zu den Aufgaben der Post. Da die Postbeförderung auf andere Verteilwege (Lkw, Bahnpost, Landkraftpost) umgeleitet werden sollte, war diese Entscheidung gleichbedeutend mit dem Ende der Kraftpost. Deren Wagenpark war ohnehin mangels jeglicher Neuzugänge technisch und wirtschaftlich am Ende. Sukzessive erfolgte ab 1950 die Verlagerung der Kraftpostlinien auf die Kraftverkehrsbetriebe in der „Vereinigung der volkseigenen Betriebe" (VVB) der Länder bzw. ab 15.8.1952 auf die neue Organisation der „Verwaltung der volkseigenen Kraftverkehrs- und Kraftfahrzeuginstandsetzungsbetriebe" (VVK) als Vorläufer der VEB Kraftverkehre. Nachdem sich die völlige Umstellung aufgrund der stockenden Lieferung von Landkraftwagen für die Postbeförderung immer wieder hinausgezögert hatte, wurden am 30.6.1953 die letzten Postbusse der Deutschen Post an die GDK übergeben. Offiziell zumindest, denn neben dem Landkraftpostdienst blieben mancherorts auch halböffentliche „Werkslinienverkehre" als eine Art Grauzone bei der Post erhalten, und dies in einigen Fällen noch bis 1990. Damit betätigte sich die staatliche Postorganisation selbst an einer gewissen Form von Schattenwirtschaft, Ausdruck von ökonomisch nicht nachvollziehbaren Ausprägungen der sozialistischen Planwirtschaft.

Zur Arbeit, auch zu Spiel und Sport,
Im Urlaub zum Erholungsort
Fährt dich die Kraftpost angenehm,
Weil pünktlich, sicher und bequem.

Im Westen stellte das Jahr 1955, mitten im Wirtschaftwunder, einen Kulminationspunkt in der Geschichte und Entwicklung der Kraftpost dar. Es stand ganz im Zeichen des Jubiläums „50 Jahre Kraftpost".

1953, 6.5.
Der BPM kündigt die Lieferung der neu bestellten Omnibusse und Personenanhänger (diese ausschließlich mit 29 Sitzplätzen) für den Spätsommer 1953 an. Bei der Bereitstellung der dafür erforderlichen Mittel sei man durch Einsparungen an anderer Stelle an die äußerste Grenze des Möglichen gegangen.

1953, 11.5.
Zur Steigerung der Einnahmen fordert die OPD Braunschweig die Ämter mit Kraftpostdienst auf, verstärkt für Kraftsonderposten zu werben.

1953, Mai
Einrichtung der grenzüberschreitenden Kraftpost Trier - Vianden (Luxemburg).

1953, 10.6.
Das katholische Pfarramt Renshausen beschwert sich bei der OPD Braunschweig über den "ganz alten Wagen", der auf der Kraftpost-Linie Northeim - Duderstadt eingesetzt ist und ständig der Gefahr eines "Umkipps" ausgesetzt sei.

1953, Juni
Die Denkschrift des BPM "Gedanken zum Kraftomnibusverkehr" erscheint. Darin wird die Überführung des Bahnbusdienstes auf die Kraftpost empfohlen. Weiter wird ausgeführt, dass die Besatzungsmächte, die sich gegen jeglichen staatlichen Omnibusverkehr wandten, den Wiederaufbau des Kraftpostdienstes durch einengende Vorschriften schwer gehemmt hätten. Die Aufhebung dieser Verordnungen in jüngster Zeit sei zu spät gekommen, als dass sie nicht erhebliche Einbußen zur Folge gehabt hätten. Das Bestreben der Post sei es, ungeachtet aller Beschränkungen den Kraftpostdienst wieder zu einem gesunden, leistungsfähigen und wirtschaftlichen Verkehrsbetrieb zu gestalten. Der heutige Kraftpostverkehr sei durchaus gesund. Die Aufgaben der Personenbeförderung mit Omnibussen seien in Ausübung des historisch begründeten Rechts und der jahrhundertealten Tradition aufs engste mit der Postsachenbeförderung verbunden. Ohne Schaden für den Postdienst und die Allgemeinheit könne diese organische Einheit nicht auseinandergerissen werden.

1953, 30.6.
Offizielle Abgabe der letzten 124 Postbusse in der DDR an die Generaldirektion Kraftverkehr. Einige Linien, so Schleiz - Gera, werden bis zum Schluss gemeinsam von Omnibussen der Deutschen Post und des VEB Kraftverkehr befahren. Die Personenbeförderung durch die Deutsche Post wird jedoch nicht vollständig beendet. Die Landkraftposten nehmen nach Maßgabe des verfügbaren Platzes auch weiterhin Personen mit. Außerdem werden inoffiziell und örtlich bedingt so genannte Arbeiterberufsverkehre von der Post durchgeführt. Grund ist die Mangelwirtschaft in der DDR, die nicht an allen Orten die nötige Transportkapazität bereitstellen kann. Die DDR-Post behält für diese Zwecke noch bis 1990 einige Omnibusse.

1953, 17.7.
Das BPM verfügt: Werbeanzeigen privater Omnibusunternehmen, die dem Kraftpostdienst Wettbewerb bereiten, sind in Fernsprechbüchern nicht zuzulassen.

1953, 18.7.
Im grenzüberschreitenden Verkehr zum Saarland erfolgt die Wiedereröffnung der Kraftpost Saarburg - Tünsdorf. Die örtliche Postchronik vermerkt: "Der festlich geschmückte gelbe Bundespost-Bus wird auf seiner Jungfernfahrt in den saarländischen Ortschaften, in denen er sein Horn erklingen läßt, jubelnd begrüßt." Auch die Linie Saarburg - Perl wird wiedereröffnet, aber nicht durchgehend. An der deutsch-saarländischen Grenze in Münzingen müssen die Fahrgäste in den Anschlussbus der jeweils anderen Postverwaltung umsteigen.

1953, 24.7.
Gesetz über die Verwaltung der DBP.

1953, 30.7.
Die DBP bietet der DB offiziell die Ausführung des Bahnbusdienstes durch die Post an. Eine Antwort der Bahn erfolgt nicht.

1953, Sommer
Die OPD München führt Fern- und Rundverkehre für Tagesausflugsfahrten ein.

1953
Rekordinvestition in den Wagenpark: Über 600 neue Postbusse und über 100 Personenanhänger werden von der DBP in Dienst gestellt, die höchsten Zahlen nach dem Zweiten Weltkrieg überhaupt.

1953
Fünf in den bayerischen Bergen eingesetzte Postbusse neuester Bauart werden erstmals mit Funk ausgestattet. Die Gespräche werden über Ultrakurzwelle an die Postantenne auf der Zugspitze gesendet und von dort in das Drahtfernleitungsnetz geleitet. Vom fahrenden Omnibus werden probehalber Sprechverbindungen in verschiedene europäische Städte und sogar zum in der Nordsee kreuzenden Dampfer "Italia" hergestellt. Sie zeichnen sich durch gute Verständigung aus.

1953
Die DBP erhält von der Fa. Orion den 500. Personenanhänger des Typs WH 112.

1953
25 Jahre Landkraftpostdienst. Auf 63.000 km verkehren 1.100 Landkraftposten.

1953
Hatte die DRP 1937 55% aller Buslinien betrieben, sind es 1953 durch die DBP nur noch 21%. Der Anteil der Kraftpost an allen mit Omnibussen beförderten Personen bleibt gegenüber 1937 mit ca. einem Fünftel etwa gleich, was als Beweis für die Leistungsfähigkeit der Post gewertet wird. Die Kraftpostlinien der DBP erfreuen sich während des ganzen Jahres einer erheblichen Frequenzzunahme gegenüber dem Vorjahr.

1953
In der Zeitschrift Omnibus-Revue werden die Aussagen der DBP-Denkschrift "Gedanken zum Kraftomnibusverkehr" aus Sicht des privaten Omnibus-Gewerbes in Frage gestellt.

1953
Eröffnung der Wallberg-Watzmannpost von Tegernsee nach Lofer (Tirol).

1953
Die DBP hat gegenüber den fünf anderen Postverwaltungen mit Kraftpostverkehr (Österreich, Schweiz, Saarland, Finnland, Schweden) den mit weitem Abstand umfangreichsten Postreisedienst und befördert mehr als doppelt so viele Personen wie die anderen fünf Postverwaltungen zusammen.

1953
Das PA Trier testet über mehrere Jahre einen Firmenversuchswagen des Typs Klatte TK 115 in Leichtbauweise auf der Strecke Trier - Körperich. Der gemietete Wagen wird jedoch nicht in den Bestand der DBP übernommen.

Krauss-Maffei KMO 150 mit Rathgeber-Aufbau und Daimler-Motor. Das Foto entstand 1960 in Oberreifenberg im Taunus (MKF).

Konrad Pernetta fotografierte den Krauss-Maffei KMO 150 mit Werkskarosserie und Dachrandverglasung auf der Linie Schongau - Steingaden - Wieskirche.

Praktisch einziger Abnehmer des Krauss-Maffei KMS 110 war die DBP, die diese Fahrzeuge von 1958 bis 1960 in mehreren Serien mit zusammen 190 Stück beschaffte. Beim KMS 110 war es gelungen, das Leergewicht je Sitzplatz auf unter 100 kg zu beschränken. Das Fahrpersonal empfand den 110 PS-Wagen oft als untermotorisiert. Am Grenzübergang Norderriß bei Lenggries passiert BP 16-457, der aus der ersten Tranche von 1958 stammt, die deutsch-österreichische Grenze (SVS).

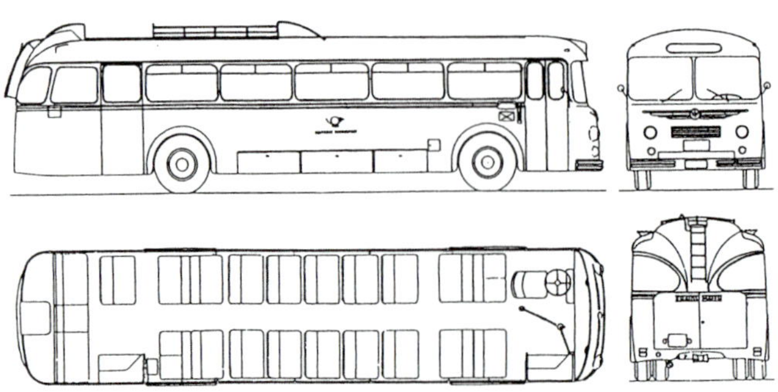

Der KMO 150 kam von 1953 bis 1957 in rund 350 Exemplaren in den Wagenpark der Post. Auf besonderen Kundenwunsch erhielt er den OM 315-Motor von Daimler (145 PS), der baugleich in den Mercedes-Postbustypen Verwendung fand. Der KMO 150 stellte eine der letzten Postbus-Bauarten mit schwerem Rahmen-Fahrgestell dar. Besonders gelungen war das Heckdesign mit dem markanten Luft-Ansaugschacht für den Motor (Maßskizze: JJ).

Werbeaktionen und liebevoll gestaltete Fahrpläne und Plakate wiesen darauf hin, und natürlich durfte auf der historischen Strecke Bad Tölz - Lenggries eine Jubiläumsfahrt nicht fehlen. Dabei kamen der museal noch vorhandene erste Kraftpost-Bus von 1905 und ein moderner Krauss-Maffei KMO 150 zum Einsatz. Sogar philatelistische Ehren gab es in diesem Jahr, als die DBP eine eigene Sondermarke zum Kraftpost-Jubiläum herausgab. Auch das Umfeld stimmte: Der gesamte Kraftpostdienst befand sich in starkem Aufwind, steigende Verkehrszahlen gaben den Fördermaßnahmen des BPM recht. Bereits 1954 überschritten die Beförderungsleistungen der DBP im Bundesgebiet das 1943 im damaligen „großdeutschen" Reichsgebiet erzielte Ergebnis. Bemerkenswerterweise war der Kilometertarif der Kraftpost mit sechs Pfennig von 1905 bis 1955 praktisch unverändert geblieben.

Postbusfahrer-Anekdoten (1953)
von Karl-Heinz Doll, PA Merzig

Anfang der 1950er Jahre herrschte auf dem ganzen Saargau Hochkonjunktur in Erdbeeren. Viele Fahrgäste aus dem gesamten Saarland fuhren mit unseren Omnibussen in Richtung Perl. Meistens Frauen fuhren dann mit mehreren Erdbeerkörbchen beladen zurück in Richtung Merzig. Wenn schon einmal gleichzeitig zehn Fahrgäste an einer Haltestelle einstiegen, bedeutete das je Person mindestens 4 Körbchen, zusammen vierzig Körbchen, die der Fahrer ja irgendwo unterbringen mußte. An mehreren Haltestellen kamen dann leicht über hundert Erdbeerkörbchen zusammen. Anfangs traten die Fahrgäste schon einmal mit den Füßen in die im Gang stehenden Körbchen, sodaß ohne viel Zutun Erdbeermarmelade entstand. Als wir die Schwierigkeiten erkannten, ließen wir uns durch das technische Referat der Oberpostdirektion einen geschlossenen einachsigen Anhänger mit tausend Kilogramm Tragkraft zuweisen. Während das Einladen der Körbchen in den Anhänger reibungslos verlief, kam es beim Entladen oft zu Auseinandersetzungen mit den Fahrgästen, wegen der Möglichkeit, das falsche Körbchen erwischt zu haben. Auch aus einem anderen Grund war der Anhängereinsatz ein Flop. Da die Straßen sehr schlecht und voller Schlaglöcher waren, kamen die Körbchen nur noch halb gefüllt an. Vielleicht haben die Fahrer das ihrige dazu getan. Da der Anhänger unheimlich schwer in der Handhabung war und sich sehr schlecht rangieren ließ, waren die Fahrer am Ende froh, das Vehikel wieder los zu sein.

Am Postkutscher-Stammtisch erzählt (1958)
von Günter Graßmann, PA Regensburg

Der Gustl, wie den Postbusfahrer seine Kollegen nannten, befuhr unter anderem auch die Kraftpostlinie Regensburg – Steinsberg – Hohenfels. Damals wie heute machten halbwüchsige Fahrgäste den Busfahrern oftmals das Leben schwer. Jeden Freitagabend, wenn der Gustl an der Haltestelle in der Ortsmitte von Steinsberg stand und die Zeitkartenbesitzer ihre neuen Wochenkarten für die kommende Woche lösten, kletterten zwei oder drei junge Burschen auf die hinten am Busheck befestigte Dachgepäckleiter und wippten solange auf und ab, bis der Bus richtig schön schaukelte. Bei dieser Schaukelei fiel dann oft das Wechselgeld für die Fahrgäste zu Boden. Wenn es dem Gustl dann doch einmal zuviel wurde und er sich aufraffte, um mit Flüchen die Schaukelburschen zur Rechenschaft zu ziehen, waren dieselben meistens schon über alle Berge. Wochenlang war am Freitagabend in Steinsberg das Schaukeln angesagt, bis dem Gustl eines Tages der Kragen endgültig platzte. Am nächsten Freitag nach der Mittagsfahrt pinselte er Altöl dickauftragend auf das Leitergestänge und staubte fest mit Sand nach, um alle Ölspuren zu verwischen und um seine Widersacher in dem Glauben zu lassen, die Dachgepäckleiter sei durch den aufgewirbelten Straßenstaub so grau. Siegesgewiß legte der Gustl dann bei der Abendfahrt am Postamt in Regensburg

Der schwere MAN-Haubenwagen aus der MKN-Baureihe von 1953 ist ein Musterbeispiel für den Zeitgeschmack und die Schönheit des Industriedesigns der frühen fünfziger Jahre (MW, SVS).

Auf der Werbeanzeige von MAN tritt natürlich ein Postbus auf (SVS).

den Gang ein, gab Gas und lenkte sein Gefährt in Richtung Steinsberg. Dort angekommen, begann alsbald das obligate Schaukelritual. Diesmal allerdings nur von ganz kurzer Dauer, und mit innerster Genugtuung sah unser Gustl im Außenspiegel, wie seine Kontrahenten mit ölverschmierter Kleidung, einer Abreibung durch den Vater sicher, nach Hause schlichen. Ab diesem Tag war für unseren Gustl die Welt auch in Steinsberg wieder in Ordnung.

In dem stark verjüngten und erweiterten Wagenpark, der neuerdings verstärkt von Heckmotorbussen geprägt war, wurden die letzten Vorkriegs-Omnibusse ersetzt. Die größte Ausdehnung der Flotte wurde 1957 mit der Integration der saarländischen Postbusse mit über 4.000 posteigenen Bussen erreicht. Der Anteil der Auftragnehmerfahrzeuge war zu diesem Zeitpunkt noch unbedeutend und sogar rückläufig. Erst ab 1958 kehrte sich der Trend aus wirtschaftlichen Gründen um: Die Zahl der posteigenen Busse nahm durch die „Abmietung" der Fahrleistungen von Jahr zu Jahr ab, der Anteil der Auftragnehmerwagen stieg dagegen kontinuierlich an.

Die Kraftpost
VERBINDET SEIT JAHRZEHNTEN
STADT UND LAND

Pünktlich
Sicher
Preiswert

1953
Die OPD Kiel erprobt Berliner Doppeldeck-Omnibusse. Sie erweisen sich aber für den Kraftpostdienst als nicht geeignet, weil sie bei der üblichen Schräglage der Fahrzeuge auf den gewölbten Fahrbahnen zu leicht die überhängenden Zweige der Chausseebäume berühren.

1953
Der Postfilm "Die Wette" bezieht in seine Handlung die Fahrt mit der Deutschen Alpenpost nach Lindau ein.

ab 1953
Die DBP stellt den Krauss-Maffei-Heckmotor-Omnibustyp KMO 150 in Dienst, der speziell für die Post mit dem hier üblichen Daimler-Benz-OM 315-Motor (150 PS) geliefert wird.

1953, 11.9.
Der Nordwestdeutsche Rundfunk (NWDR) berichtet in einer Radiosendung über die Kraftpostverbindungen im Harz.

1953, 4.10.
Erlass der Ordnungsvorschriften für den Postreisedienst mit Ge- und Verboten für die Fahrgäste. U.a. wird das Rauchen in den Personenanhängern gestattet.

1953, Herbst
Vorbesprechung der deutschen, österreichischen und schweizerischen Postverwaltungen zur Wiedereinrichtung der Linie München - St. Moritz. Wegen Einsprüchen der Deutschen Bundesbahn und der Rhätischen Bahn zieht sich die Umsetzung bis Mitte 1955 hin.

1953, November
Ungeachtet der offiziellen Abgabe aller Postbusse der Deutschen Post lässt der VEB Landmaschinenbau Brielow bei Brandenburg seine Arbeiter weiterhin durch Fahrzeuge des PA Brandenburg befördern.

1954, 13.1.
Vorschlag der SPD-Bundestagsfraktion: Zur Ordnung des Omnibus-Überlandverkehrs sollte eine von Bahn und Post getragene Omnibus-Betriebs-Gemeinschaft mit der Möglichkeit der Beteiligung anderer öffentlicher und privater Unternehmen geschaffen werden.

1954, 14.2.
Die Post übernimmt den gesamten Personenverkehr der Bielefelder Kreisbahn.

1954, 15.2.
Das PTZ gibt Richtlinien für die Gestaltung der Kraftpost-Fahrpläne heraus.

1954, 12.3.
Im Rechnungsjahr 1954 sollen für 10 Mio. DM Postomnibusse beschafft werden, und zwar 50 von Büssing, 60 von Mercedes-Benz und 30 von Krauss-Maffei. Einige der Büssing- und Mercedes-Wagen werden mit Allwetterausstattung (Schiebedach) bestellt.

1954, 24.5.
Postbusse ersetzen die Überland-Straßenbahn Horn - Detmold.

1954, 1.6.
In einem Kabinettsbeschluss werden Bahn und Post aufgefordert, mit aller Beschleunigung ein Abkommen über die Beseitigung des Wettbewerbs und die reibungslose Zusammenarbeit auf dem Gebiet des Kraftomnibusverkehrs zu schließen.

1954, 1.6.
Das BPM teilt mit, dass für andauernde und besonders erfolgreiche Werbung für Kraftsonderposten Belohnungen in Aussicht genommen werden.

1954, 14.6.
Das PA Biberach (Riß) nimmt tägliche Arbeiter-Werksverkehre auf, die bis in die 60er Jahre ständig ausgeweitet werden.

1954
In Freiburg wird der erste gemeinschaftliche Omnibusbahnhof von Bahn und Post im südwestdeutschen Raum eröffnet.

Der Schornstein raucht im Wirtschaftswunder. In Aschaffenburg stehen mehrere MAN MKN 630-Postbusse für den Arbeiterverkehr bereit. Die ersten Wagen der MKN-Baureihe beschaffte die Post bereits 1949/50. Von 1951 bis 1957 kaufte die Post 360 Wagen des bewährten klassischen Baumusters vornehmlich für die bayerischen OPDen. Kein anderer Hersteller lieferte so lange Haubenwagen an die Post. Die Aufbauten stammten etwa zu gleichen Teilen von Hubertia, Kässbohrer und Trutz (MKN).

Gerade eine Hand voll Magirus O 6500 H der Baujahre 1953/54 besaß die Post. Danach schloss sich eine zehnjährige Beschaffungspause der DBP für Magirus-Omnibusse an. Jürgen Warntjen traf am 9.7.1958 den eleganten BP 13-779 in Trier an.

Erst ab 1957 kamen von MAN moderne Heckmotorwagen des Typs 545 HOC 2 zur Bundespost, allerdings nur 55 Stück. BP 16-385, hier im Raum Coburg, war einer von ihnen (MKN).

Am 1.1.1957 wurde die Postverwaltung des Saarlandes in die Deutsche Bundespost integriert. Dazu gehörten rund 200 saarländische Postbusse aus französischer Fabrikation. Den 1954 gebauten Floirat B 8 R fotografierte Jürgen Warntjen im Juli 1958 in St. Wendel. Zu diesem Zeitpunkt trug der Bus bereits ein BP-Kennzeichen, aber gleichzeitig noch die grüne Farbe der Saarpost (analog zur französichen PTT) mit der gelben Aufschrift „Post Saar".

Eine Anzahl weiterer Postbusse hatte bereits andere Vorbesitzer. Im April 1957 hatte die DBP in Bielefeld die Fa. Ewert übernommen und einen Teil von deren Bussen in ihren Wagenpark integriert. Dazu gehörte der reich mit Chrom verzierte und zweifarbig weiß/gelb lackierte BP 16-202, ein Büssing/Emmelmann 6000 T (Baujahr 1953). Weiterhin kamen drei Büssing/Gaubschat-Faltenbalgzüge des Typs 6000 T zur Post. Der mächtige rot/creme gestrichene Zug war durchgehend begehbar und wurde „D-Zug der Landstraße" genannt. Beide Fotos entstanden am 2.8.1957 in Bielefeld (JW).

Als Kraftsonderpost kam BP 16-119, ein Chausson AP 52, am 6.7.1958 nach Koblenz. Er war bereits gelb lackiert, aber noch mit „Post Saar" beschriftet (JW).

Ungemütlich geht es im winterlichen Saarland zu. Die Fahrgäste sind froh, in den geheizten Postbus zu kommen. Bei ihm handelt es sich um einen Berliet PLR D 10 mit Gangloff-Aufbau. Das französische Fahrzeug wurde erst 1959 bei der OPD Saarbrücken in Dienst gestellt, da auch nach der Wiedereingliederung des Saarlandes in die Bundesrepublik Deutschland enge Wirtschaftsbeziehungen mit Frankreich bestanden (SVS).

Einige Situationen bei der Kraftpost muteten recht exotisch an. Im Herbst 1955 wurde ein Anhängerzug auf der Weserfähre Bremen-Vegesack - Lemwerder abgelichtet. Der Büssing und sein Kriegseinheitshänger von Kässbohrer passen so eben auf die Fähre (Sammlung Monsees).

Auch das geschah: Postbus auf Abwegen in der „Bratwurst-Bar" (Stadthagen, 4.1.1963, SM)

Die Busse des PA Leer benutzten planmäßig kleine Fähren über die Ems, wie hier in Hilkenborg im Rheiderland (1957). Bei Niedrigwasser drohte der MB 0 3500 beim Verlassen der Fähre aufzusetzen (SVS).

1954
Die Schwarzwald-Bodenseepost wird über das schweizerische Schaffhausen geführt.

1954
Die Badische Weinstraßenpost Baden-Baden - Oberkirch geht in Betrieb.

1954
Die durchschnittliche Länge der Kraftpostlinien beträgt 27,7, die der Bahnbuslinien 49,9 km.

1954
Die Saarpost gibt zum Tag der Briefmarke ein Sonderpostwertzeichen im Wert von 15 Franc heraus, das eine Postkutsche und einen Postbus zeigt.

1954
In Füssen richtet die Post einen Stadtverkehr ein.

1954/55
Die Produktion des weitverbreiteten 90 PS-Haubenomnibustyps MB 0 3500 läuft aus. Er wird bei der Post durch den MB 0 321 H mit Heckmotor ersetzt.

1954, 7.8.
Über die Poststraße wird das Skigebiet Winklmoosalm auf den Strecken von Ruhpolding und Reit im Winkl wieder angeschlossen. Hier verkehrten bereits vor dem Krieg Halbketten-Postbusse. Einige Fahrten erfolgen nur bei gutem Wetter. Bei den PÄ Ruhpolding und Reit im Winkl werden dann gelbe Fahnen ausgehängt. Eingesetzt werden Postbusse mit Allradantrieb.

1954, 8.11.
Die OPD Münster berichtet der OPD München über gute Erfahrungen mit der 1952 eingeführten Werbung für Kraftsonderposten. Bei Bedarf werden in den Bussen bei solchen Fahrten ohne Preisaufschlag Mittelsitze eingebaut. Klage wird dagegen über die DB geführt, die teilweise zu Preisen fahre, mit denen die Post nicht konkurrieren könne.

1954, 31.12.
Die OPD Kiel beantragt den Ersatz der im grenzüberschreitenden Verkehr nach Dänemark eingesetzten Büssing 5000 TU, da diese Fahrzeuge nach den dänischen Zulassungsbestimmungen zu schwer sind.

1954, 31.12.
Die DBP verfügt über 19.500 Kfz, davon knapp 20% Postbusse. Die DB verfügt zum gleichen Zeitpunkt über 6.200 Kfz, davon ca. 24% Bahnbusse.

1955, 2.3.
Das PA Bad Harzburg beklagt das Fehlen von Lautsprecheranlagen in Postbussen. Sie werden benötigt, um bei Sonderfahrten "die Landschaft und andere Natur- und Kulturschöpfungen erklären zu können". Das PTZ prüft die Anschaffung beweglicher Sprechanlagen, die zwischen den Bussen ausgetauscht werden können.

1955, 1.4.
Die Post übernimmt den Busbetrieb der Eckernförder Kreisbahnen.

1955, Mai
Gemeinschaftlich von Bahn und Post wird die 134 km lange Linie Bremen - Itzehoe eröffnet. Die Busse benutzen dabei die Schwebefähre in Osten und die Elbefähre Wischhafen - Glückstadt. Im Fahrplan ist vermerkt, dass dadurch die Fahrten bei Sturm, Nebel oder Eisgang ausfallen können.

1955, 1.6.
Mit vielfältigen Aktivitäten wird das Jubiläum "50 Jahre Kraftpost" begangen. Die Zeitschrift ZPF berichtet: "Rund 4.000 gelbe Postomnibusse zwischen Flensburg und Berchtesgaden stimmten an diesem Tag ein Jubiläums-Hupkonzert an. Mit fast lautlosen Motoren, blitzenden Chromleisten, eingebauten Klima-Anlagen und Schiebedächern feierten sie den ersten deutschen Postomnibus aus dem Jahr 1905, der vor 50 Jahren auf die Reise ging." Zum Jahrestag erscheint ein 20-Pfennig-Sonderpostwertzeichen "50 Jahre Kraftpost" (Bund 211).

1955, 5.6.
Jubiläumsfahrt mit dem noch vorhandenen ersten bayerischen Motorpostbus auf der historischen Strecke Bad Tölz - Lenggries unter Anwesenheit des Bundespostministers Balke. Enthüllung einer Gedenktafel am PA Bad Tölz.

1955, 1.7.
Eröffnung der 314 km langen Isar-Engadin-Post, die als Dreiländer-Kraftpost von München über Landeck nach St. Moritz fährt (ab 1962 Europabus-Linie). An der Einweihungsfahrt am 28.6.1955 nimmt der Bundespostminister teil.

1955, Juli
Auftrag des BPM an das PTZ, den Einsatz von Fahrscheindruckern bei der Kraftpost zu prüfen und Vorschläge über die einzuführenden Baumuster vorzulegen.

1955, Sommer
Die Stadtwerke Braunschweig mieten zunächst einen Postomnibus für ihre Linie 14, ab 24.10.1955 zwei weitere Omnibuszüge der Post für die Linie 11 an.

1955
Bei den 20 OPDen (ohne Landespostdirektion Berlin) sind 458 Postämter mit der Verwaltung von Kraftpost-Linien betraut. Kleinster Bereich ist die OPD Hamburg (8 Ämter mit Kraftpostdienst), größter die OPD München (43 Ämter). Bei der Saarpost haben 12 Ämter Dienstleitungsaufgaben für die Kraftpost.

1955
Die DBP vertritt die Auffassung, dass der Kraftpostdienst nach seinen postdienstlichen, verkehrspolitischen und allgemeinwirtschaftlichen Grundlagen unlösbar in das Gefüge der Post gehört und aus diesem nicht mehr wegzudenken ist. Diese Einstellung werde auch für die Zukunft eine sichere Grundlage für die Erhaltung des Kraftpostdienstes abgeben. Im "Ottmann-Gutachten" wird unter bestimmten Bedingungen die Übernahme des Bahnbusdienstes durch die Post befürwortet.

1955
Ausnahmebestimmung zu § 55 StVZO: Bei Kraftomnibussen der DBP dürfen Zweiklanghupen mit der Postquinte, dem seit Jahrhunderten der Tradition der Postbeförderung entsprechenden Signal, verwendet werden. Diese Zweiklanghupen dienen nur der Kennzeichnung der Postomnibusse, geben ihnen aber keine Verkehrsrechte, wie z.B. in der Schweiz.

1955
Die Firma Wiking-Verkehrsmodelle bringt vom MB 0 6600 H das Modell eines Postbusses im angenäherten H0-Maßstab heraus, zunächst noch unverglast und ab 1956 mit passendem Anhänger, 1961 dann in verglaster Ausführung als Solowagen.

1955
In Landstuhl betreibt die Post einen Ortsverkehr mit 5 Linien, vornehmlich zum Anschluss der US-Kasernen.

Die HWKw Berlin-Borsigwalde richtete 1952 den Krupp OD 5,5 N der Deutschen Post (Ost) wieder her und feierte das Ereignis mit einem alten Weggenossen. Der Bus trägt das Berliner Kennzeichen KB für Kommandantura Berlin (MKF).

Die DDR-Post hatte seit 1945 keinerlei Neubaufahrzeuge für ihren Kraftpostdienst erhalten. Die Überalterung des Wagenparks war einer der Gründe für die Übergabe der Postomnibusse an die volkseigenen Kraftverkehrsbetriebe Ende Juni 1953. Wenigstens einige wenige Neuaufbauten verbesserten die Fahrzeugsituation. Im Auftrag der OPD Leipzig entstand im Juni 1950 auf einem 20 Jahre alten VOMAG-Fahrgestell dieser rekonstruierte Bus bei LOWA in Werdau (VA).

Die Landkraftpost überdauerte in der DDR das Ende der Kraftpost. Für die kombinierte Post- und Personenbeförderung wurden neue Landkraftwagen wie dieser Garant K 30 mit 60 PS-Ottomotor gebaut. Hersteller war das VEB Kraftfahrzeugwerk (vormals Phänomen) in Zittau im Jahr 1956 (BK).

„Unter der Hand" betrieb die Deutsche Post der DDR örtlich bedingt einige halböffentliche, so genannte Arbeiterberufsverkehre und besaß zu diesem Zweck eine Anzahl Omnibusse. Der abgebildete Robur LO 3000 war noch 1990 in der Kraftfahrstelle des PA Halberstadt anzutreffen. Etwas merkwürdig mutet die orange Farbgebung an (Foto: Werner Hartwig).

Ab 1958 begannen deutliche Probleme. Die ersten Wolken am strahlenden Himmel des deutschen Wirtschaftswunders zeigten sich mit dem Abflauen der Hochkonjunktur. Bei allen öffentlichen Verkehrsträgern folgte ein Rückgang der Fahrgastzahlen. Von 1958 bis 1962 gingen die Beförderungsleistungen im Postreisedienst zurück, um dann zu stagnieren und ab 1967/68 durch die Ausweitung des Schülerverkehrs wieder markant anzusteigen. Dieser Effekt wurde durch die Motorisierungswelle im Individualverkehr und durch Kostensteigerungen (Reduzierung der Wochenarbeitszeit, höhere Löhne) noch verstärkt. Die Fahrgastrückgänge zwangen, verstärkt auf die Kosten zu achten und Rationalisierungsmaßnahmen einzuleiten. Eine Maßnahme bestand darin, die Bestände an Personenanhängern rasch abzubauen. Noch 1956/57 waren über 700 Personenanhänger im Einsatz, der Gesetzgeber hatte jedoch ihr Verbot für das Jahr 1960 angekündigt. Außerdem wurde der Verkauf von Fahrscheinen von den Omnibusschaffnern (im Postjargon „Fahrgelderheber") auf die Busfahrer verlagert. 1957/58 erfolgte die Ausstattung mit Fahrscheindruckern von AEG und Almex. Gebührenerhöhungen sollten die Einnahmeseite verbessern.

Weitere, bereits seit den frühen 1950er Jahren erkennbare Faktoren blieben ebenfalls nicht ohne Einfluss auf die Kostenrechnung:

- Der Arbeiter- und Berufsverkehr entwickelte sich immer stärker. Dadurch erfolgte eine laufende Verschlechterung des Verhältnisses zwischen den Vollzahlern und dem Verkehr zu ermäßigten Gebühren.
- Selbst kleinste Gemeinden suchten den Anschluss an das Verkehrsnetz. Die Post nahm sich zahlreicher Linien an, die von ihren früheren Inhabern aus wirtschaftlichen Gründen nicht aufrechterhalten werden konnten. Dabei wurden auch ganze Betriebe übernommen.
- Zunahme des Pkw-Verkehrs von 1952 bis 1956 um 210%, mit Krafträdern um 170%, mit Mopeds um das Zwanzigfache. Der Individualverkehr wurde immer stärker zum Konkurrenten der Kraftpost.

Ende 1959 läuteten endgültig die Alarmglocken: Das Defizit der Kraftpost hatte trotz Produktivitäts- und Einnahmesteigerungen fast 70 Mio. DM erreicht. Der Bundespostminister setzte daraufhin eine Kommission zur Erforschung der Ursachen ein. Erstes Ergebnis war, dass nur 5,5% aller Kraftpostlinien kostendeckend betrieben wurden. Die beginnenden sechziger Jahre sollten daraufhin von starken Bemühungen um eine Wirtschaftlichkeit des Postreisedienstes geprägt werden.

Fahrplan- und Werbemedien der Kraftpost aus den fünfziger Jahren (SVS).

Ein Frühlingstag im Mai 1954 auf der Schwäbischen Alb: Der MB O 6600-Postbus von Reutlingen passiert Eningen unter Achalm. Vorlage: Staatsarchiv Sigmaringen, Foto: Hauptstaatsarchiv Stuttgart

um 1955
Im OPD-Bezirk Karlsruhe gibt es zwei exemplarische Beispiele für die Flexibilität der Kraftpost: Beim ersten Morgenkurs auf der Strecke Oberwittstadt - Boxberg führt der Postbus stadteinwärts einen großen Anhänger mit, um Milchkannen in die Molkerei zu bringen. Auf der Linie Au am Rhein - Rastatt werden die Bauern auf dem Weg zum wöchentlichen Markttag mit ihren Ferkel-Kisten in einem umgebauten Personenanhänger befördert.

um 1955
Für die Post-Plakatwerbung entstehen rund 20 Motive zum Thema Kraftpost. Namhafte Grafiker und die Akademie der bildenden Künste in Stuttgart werden mit der Gestaltung beauftragt.

um 1955
Inbetriebnahme von posteigenen Lautsprecheranlagen für die Postbusabfertigung in Füssen und in Oberstdorf. Dort werden die mit den Zügen eintreffenden Fahrgäste begrüßt und es wird auf die Anschlussverbindungen der Kraftpost hingewiesen. In Oberstdorf wird diese Einrichtung bis 1985 genutzt.

1955-1957
Die DBP mustert die letzten Vorkriegs-Omnibusse aus.

1955-1959
In Nordrhein-Westfalen wird der Post zugestanden, 10% ihres Omnibusbestandes für Gelegenheitsfahrten einzusetzen.

1955-1965
Für Briefe, die am Postbus eingeliefert werden, kommen in wenigen Fällen verschiedene Nebenstempel "Aus der Kraftpost", "Aus dem Kraftpost-Briefkasten" oder "Kraftpost" zum Einsatz.

1955, 24.9.
Das PA Salzgitter beklagt, dass die Post bei Sonderfahrten häufig von Privatunternehmern, die sich zum großen Teil einen sehr modernen Wagenpark angeschafft hätten, unterboten werde, obwohl postseitig die niedrigsten Preise gemacht würden. Auch habe sich das Fehlen kleinerer Busse (z.B. Büssing 4500 T) nachteilig bemerkbar gemacht, da die Leiter kleinerer Reisegesellschaften nicht gerne den Büssing 5000 T nähmen, der zudem nicht geräuschlos genug sei.

1955, 2.10.
Zum Winterfahrplan wird die Deutsche Alpenpost für die Teilstrecken West (Garmisch-Partenkirchen - Lindau, 197 km) und Ost (Garmisch-Partenkirchen - Berchtesgaden, 277 km) in eigene Fahrplantabellen unterteilt.

1955, 21.10.
Die Orion-Werke in Eschwege bitten das BPM im Anschluss an einen Auftrag über 60 Personenanhänger um Abnahme ihres neuentwickelten Omnibustyps WH 158.

1955, 31.10.
Das 3. Bahn/Post-Abkommen wird abgeschlossen. Im Geschäftsbericht für 1955 erklärt die DBP, dass dies nur zustande kommen konnte, weil die DBP 37 ihrer verkehrsreichsten Linien ohne Gegenleistung der Bahn in den Gemeinschaftsverkehr einbrachte.

1955, 15.11.
Das Postfuhramt Kiel betreibt 20 Kraftpost-Linien mit 1.237 km Länge, auf denen 45 Postbusse und acht Anhänger verkehren. Neben 80 Fahrern sind 55 Fahrgelderheber (Schaffner) eingesetzt.

1956, 1.1.
Inkrafttreten des 3. Bahn/Post-Abkommens. Dazu zählen: Die Aufhebung von Bedienungsverboten, die gegenseitige Anerkennung von Fahrausweisen, die durchgehende Abfertigung, der gegenseitige Fahrscheinverkauf, die Abstimmung der Fahrpläne, gemeinsame Haltestellen, die fallweise Zusammenlegung von Bahnbus- und Kraftpostlinien, gemeinsame Fahrpläne, gemeinsame Auskunft, gemeinsame Werbung, die gegenseitige Übernahme von Fahrleistungen und die gegenseitige Inanspruchnahme von Hallen, Werkstätten und Tankstellen.

1956, 14.3.
Im Bundesgesetzblatt wird die Kennzeichnung der Kfz nach dem noch heute gültigen System (Zeichen und Nummern in schwarzer Schrift auf weißem Grund) verkündet. Die DBP erhält die Kennbuchstaben "BP". Die Vorschrift tritt am 1.7.1956 für alle Neuzulassungen, zum 1.7.1958 für alle Kfz in Kraft. Die 1948 eingeführten Besatzungskennzeichen verlieren ihre Gültigkeit.

1956, 3.4.
In den Richtlinien für den Kraftsonderpostverkehr 1956 kündigen die OPDen Braunschweig, Hannover und Münster die Herausgabe von Kraftpost-Werbefaltblättern für Harz und Lippe/Weser in Auflagen von 60.000 - 70.000 Stück an. Die Faltblätter sollen als Postwurfsendung oder durch Werbebeamte mit gewandtem Auftreten verteilt werden. Besonders wird auf den kombinierten Verkehr Postbus/Weserdampfer (Hameln - Bodenwerder - Polle) hingewiesen.

1956, April
Das BPM bittet die OPDen um Belieferung der Deutschen Zentrale für Fremdenverkehr in Frankfurt a.M. mit Kraftpost-Reisefaltblättern. Gleichzeitig wird das Plakat "Mit der Kraftpost in den Sommer" angekündigt.

1956, 12.7.
Erster Probeeinsatz von Fahrscheindruckern beim PA Salzgitter.

1956, Sommer
Jubiläumsfahrten "25 Jahre Deutsche Alpenpost".

1956
Das PTZ stellt fest, dass die Post bewusst davon Abstand genommen habe, sich an der Erprobung von selbsttragenden Omnibussen zu beteiligen, da dies Sache der Omnibusfirmen sei. Eine Aufnahme in das Typenprogramm der DBP sei erst nach der Erprobung der im Bau befindlichen Versuchswagen zu überlegen. Dagegen wird der in Erprobung befindliche Typ Büssing TU 7 als Zugwagen für Anhänger in Aussicht genommen. Der Einsatz von Gelenkzügen wird kritisch betrachtet, da sie unter den Betriebsbedingungen der Post keine Vorteile brächten.

1956
Höhepunkt des Anhängereinsatzes: 724 Personenanhänger sind im Bestand der DBP. Die Beschaffung von Neufahrzeugen läuft allerdings aus.

1956
Für die Isar-Engadin-Post München - St. Moritz werden zwei MB O 321 H mit Dachverglasung beschafft. Die Aufbauten stammen von der Fa. Voll.

1956
Die OPD Kiel erreicht, dass auch die Autokraft GmbH in das Bahn/Post-Abkommen von 1955 einbezogen wird.

ab 1956
Kosteneinsparungen führen zur einheitlichen, schmucklosen Gestaltung der zuvor mit bunten graphischen Darstellungen bedruckten Kraftpostfahrpläne der OPDen.

Postbus und Punktekleid waren 1953 „up to date" (SVS).

Mitte 1955 gab die OPD Neustadt (Weinstraße) einen liebevoll gestalteten Werbeprospekt für die Deutsche Weinstraßenpost heraus. Als Motivträger diente ein MB O 6600 H-Postbus (SVS).

Weinseligkeit versprach die Deutsche Weinstraßenpost (Leinsweilerhof, 13.8.1959, SVS).

Die ersten nach dem Krieg auf der Deutschen Alpenpost eingesetzten Busse waren MAN MKN-Haubenwagen. Noch 1950 trug das abgebildete Fahrzeug das postinterne Kennzeichen RP (Reichspost) 131 976; die Bundespost existierte erst seit April diesen Jahres (MKN).

Magirus-Postbusse des Typs O 3500 im Kleinwalsertal (SH).

Immer wieder waren die eleganten MB O 6600 H ein beliebtes Fotomotiv, hier BP 14-644 unterwegs im Odenwald. 1955 wurde vom Werk die neue Bezeichnung O 320 H eingeführt. Ab 1956 wurde der bewährte, aber technisch schon überholte Typ praktisch nur noch für die Post gebaut. Die von 1953 bis 1958 beschafften 542 Postbusse dieser Bauart sind Anlass für ein neues BREKINA-Modell im Jahr 2005 (SVS).

Die Aufnahme aus Lindau (1951) zeigt die planmäßige Begegnung von Postbussen der Österreichischen und der Deutschen Post. Der österreichische Wagen ist ein 1950 gebauter Saurer 5 GF-U, der rechte Bus ein Magirus O 3500 vom gleichen Baujahr. Er trägt ein FW-Kennzeichen der französischen Zone Württemberg (MKF).

Interessanterweise betätigte sich die DBP bereits seit 1951 - ein früher Versuch privatwirtschaftlichen Handelns - als privatrechtlicher Busunternehmer, indem sie die Peill-Verkehrsgesellschaft in Stade (ab 1966 KVG Stade) erwarb. Nach außen hin lief der Betrieb aber weiter als eigenständiges Unternehmen. Offen bleibt, warum dieses Vorgehen trotz guter Erfahrungen nicht wiederholt wurde. Im Gegensatz dazu wurden in der Folgezeit einige weitere private Busbetriebe „zur sinnvollen Arrondierung des eigenen Verkehrsnetzes" übernommen, die man personell und organisatorisch voll in die DBP integrierte (z.B. die Firma Ewert aus Bielefeld im April 1957 und die Euskirchener Kreisbahn im Juli 1959). Damals gelangten mit der Übernahme des Wagenparks auch einige „exotische" Fahrzeuge in die Postbusflotte. Dazu gehörten in Bielefeld drei Büssing/Gaubschat-Faltenbalgzüge, die bekannten „D-Züge der Landstraße", von denen bereits die Reichspost einige Stücke gekauft hatte. In kleinerem Umfang kam es auch in späteren Jahren zur Übernahme privater Busgesellschaften durch die Post.

Da die Postbusse auch ins benachbarte Ausland fuhren, gab die OPD München im Sommer 1956 dieses internationale Fahrplanheft heraus. „Mit dem Postauto nach Österreich und darüber hinaus nach Italien und der Schweiz" lautete der Untertitel (SVS).

Auf der Isar-Engadin-Post von München nach St. Moritz trafen sich am 24.7.1964 die beiden Kurse in Imst (Tirol). Genau wie der Schweizer Postbus im Vordergrund (FBW Alpenwagen IV-U, 1959) verfügt auch der deutsche BP 15-420 über ein verglastes Aussichtsdach. Zusammen mit einem Schwesterfahrzeug wurde der MB O 321 H mit Aufbau der Fa. Voll 1956 eigens für diese Linie in Dienst gestellt (MKF).

1956, 3.8.
Die OPD Nürnberg zeigt zur Geltendmachung ihres Altverkehrsrechts die Wiedereinrichtung der Kraftpostlinien von Selb und Wunsiedel nach Eger (jetzt CSSR) an.

1956, 12.9.
Das PA Helmstedt sieht den Erfolg von Kraftsonderposten gefährdet, da die Busse der Mietwagenunternehmen zum Teil mit Schlafsesseln und Radio ausgestattet sind und die Postbusse an Komfort weit übertreffen.

1956, 18.9.
Das PA Northeim prüft die Kraftpost-Dauerwerbung mittels Diapositiv im Kino.

1956, 30.9.
Der letzte MB O 10000-Dreiachser der Post wird in Schramberg ausgemustert.

1956, 1.10.
Die DBP übernimmt den Personenverkehr auf der Teilstrecke Hohenhameln - Hämelerwald von der Hildesheim-Peiner-Kreis-Eisenbahn.

1956, 29.10.
Das BPM gibt zur Durchführung des Bahn/Post-Abkommens bekannt: Bei der Eröffnung von Linien durch Bahn und Post sowie deren Tochtergesellschaften wird der Verkehr im Zweifelsfall demjenigen zugesprochen, der ihn am wirtschaftlichsten durchführen kann.

1956, Herbst
Für einen Feldversuch sind alle Kraftpost-Stützpunkte der OPD Braunschweig mit Fahrscheindruckern des Typs Almex ausgestattet.

1957, 1.1.
Integration des Saarlandes in die Bundesrepublik Deutschland. Es beginnt eine wirtschaftliche Übergangszeit, in der die Wirtschafts- und Währungsunion mit Frankreich bestehen bleibt. Zum gleichen Zeitpunkt wird die Saarpost mit der neuen OPD Saarbrücken in die DBP übernommen, behält aber vorerst ihr eigenes Rechnungswesen. Die Saarpost bringt rund 200 Postbusse und 63 Kraftpost-Linien mit ca. 1.500 km Länge ein.

1957, 25.1.
Die OPD Braunschweig lässt ein vierfarbiges Plakat "Mit der Kraftpost in den Harz" entwerfen.

1957, 15.4.
Erhöhung der Regelfahrgebühren um 25% von 6,0 auf 7,5 Pfennig/km.

1957, 15.4.
Die DBP übernimmt das Busunternehmen Ewert in Bielefeld mit zwei Linien und elf Bussen. Darunter befinden sich drei Büssing/Gaubschat 6000 T-Faltenbalgzüge. Die Fahrzeuge laufen beim PA Bielefeld weiterhin in ihrer rot/cremefarbenen Lakkierung.

1957, Mai
Das Amtliche Kraftpost-Kursbuch und das Bahnbus-Kursbuch (Teil 6 des Amtlichen Kursbuches der Deutschen Bundesbahn) werden ab Sommerfahrplan 1957 zum Amtlichen Omnibus-Kursbuch vereinigt. Gleichzeitig werden die Bahnbuslinien in die Taschenfahrpläne der OPDen aufgenommen. Fernkraftposten werden von nun an im DB-Schienenkursbuch veröffentlicht. Außerdem erfolgt eine neue Nummerierung der Linien. Die Omnibus-Fahrplandrucksachen werden von DB und DBP gemeinsam herausgegeben.

1957, 1.7.
Die Kraftpostlinie Berchtesgaden - Ramsau - Hintersee besteht 50 Jahre.

1957, 4.7.
Die OPD München wirbt für die im Sommer durchgeführte Vier-Länder-Alpenfahrt (Deutschland, Österreich, Italien, Schweiz) durch das Hochgebirge.

1957
Mit der Integration der Saarpost laufen bundesweit über 4.300 Postbusse, der Höchststand nach dem Zweiten Weltkrieg. Damit besitzt die DBP rund ein Sechstel aller 24.000 in der Bundesrepublik Deutschland zugelassenen Omnibusse. Die DBP ist daher als Auftraggeber für Kraftomnibusse bei der Industrie besonders geschätzt.

1957
Im Bundespost-Kalender wirbt die DBP damit, dass die im Postreisedienst eingesetzten Busse zusammengerechnet täglich bis zum Mond fahren.

1957
Die letzten Pferde im Dienst der Post gehen in Pension. In Kiel werden bis zum 30.3. Pakete mit Pferdepostwagen zugestellt, danach nur noch in Wuppertal.

1957
In Süddeutschland wird die letzte größere Serie an Haubenbussen von der Post übernommen. Es handelt sich um Wagen des Typs MAN MKN 630.

1957
Das PA Siegen stellt für das Vorjahr eine deutliche Einnahmesteigerung fest, die aus dem gestiegenen Verkehrsbedürfnis herrührt. Nach der Beobachtung des PA ergibt sich, dass die Menschen heutzutage selbst kleine Strecken nicht mehr zu Fuß gehen mögen.

1957
Die Deutsche Post der DDR definiert als primäre Aufgabe der Landkraftposten die Postversorgung. Dieser Aufgabe nachgeordnet sind 1. die Beförderung von Waren der Staatlichen Handelsorganisation und der Konsumgenossenschaften und 2. die Personenbeförderung.

1957-1963
Die Blockfahrscheine werden durch Fahrscheindrucker vom Typ Almex (OPD Regensburg: Typ AEG) ersetzt. Gleichzeitig erfolgt die Umstellung der Fahrgelderhebung von Schaffnern bzw. dem Fahrscheinverkauf am Postschalter auf die Fahrer (Einmannbetrieb).

1957, 1.12.
Das Plakat "Erholsame Winterreisen mit der Kraftpost" wird bis März 1958 in allen Poststellen ausgehängt. Zeitgleich erscheint eine Serie mit 12 Werbepostkarten, auf denen Motive der bayerischen Kraftpostlinien und der Deutschen Weinstraßenpost dargestellt sind.

1957, 18.12.
Auf Grund des Bahn/Post-Abkommens wird vereinbart, bei Betriebsstörungen der DB, die durch Unfälle oder Frost und Schnee eintreten können, Postomnibusse als Ersatz für Schienenzüge einzusetzen.

1958, 1.4.
Erhöhung der Postreisegebühren für Zeitkarten.

1958, 5.6.
Auf der Linie Haren (Ems) - Rütenbrock - Ter Apel eröffnet die DBP den ersten grenzüberschreitenden Kraftpost-Verkehr mit den Niederlanden.

Mit der Kraftpost mitten in den Winter ging es 1957 in Feldberg-Bärental. Zum Glück verfügt der MB O 3500-Postbus über einen Dachgepäckträger, um die vielen Skier verstauen zu können (Foto: Gerhard Greß).

Bereits Ende 1950 war angekündigt worden, dass die bisherigen Besatzungskennzeichen der Kraftfahrzeuge durch neue Nummernschilder nach dem noch heute gültigen Muster (schwarze Schrift auf weißem Grund) ersetzt werden sollten. Für alle Fahrzeuge der Bundespost waren die Kennbuchstaben „BP" vorgesehen. Tatsächlich tauchten die neuen Nummernschilder dann erst 1956 an den Postbussen auf. Die letzten alten Kennzeichen mit weißer Schrift auf schwarzem Grund als Relikte der Besatzungszeit verschwanden Mitte 1957. Die bisherige interne Wagennummer erschien nun auch auf den Kennzeichenschildern. Übrigens ließ die Post ihre Kfz nicht nur in Eigenregie zu, nach 1950 versicherte sie sich auch selbst und sparte dadurch hohe Prämienzahlungen.

Das Beschaffungsprogramm der Nachkriegszeit beschränkte sich in der Hauptsache auf zwei Größen und wenige Fabrikate, und zwar auf den Omnibus mit 29 Fahrgastsitzen und 90 PS sowie den Großraum-Omnibus mit 37-40 Sitzplätzen und einem Motor mit 130-150 PS Leistung. Dadurch sollten Betrieb und Instandsetzung vereinfacht und verbilligt werden. Noch im Jahr 1956/57 erhielt die Bundespost im Zuge ihrer eher konservativen Beschaffungspolitik die letzten klassischen „Schnauzenbusse" mit Motorhaube, eine Serie des MAN-Typs MKN 630. MAN hatte bereits ab 1950 zahlreiche Haubenwagen geliefert. Alle anderen Hersteller waren spätestens ab 1955 nur noch mit den modernen Heck- oder Unterflurmotor-Bauarten vertreten. Besonders Büssing konnte ab 1950/51 seine Trambus-Unterflurmodelle in großer Zahl bei der Post absetzen. Die Baureihen 5000 TU, 6000 T, 6500 T und TU 10/TU 11, solide Fahrzeuge mit Rahmen- bzw. Verbundfahrgestell, wurden noch bis 1960 für Post und Bahn gefertigt. Über 900 Stück kaufte die DBP. Krauss-Maffei war nach 1945 auf Anordnung der amerikanischen Militärbehörden als neuer Omnibus-Hersteller aufgetreten und konnte bereits 1946/47 erste neue Heckmotorbusse des Typs KMO 130 an die Post liefern. Ihnen folgten in den fünfziger Jahren hohe Stückzahlen der Baureihen KMO 131, KMO 133, KMO 150 und KMS 110. Die Krauss-Maffei-Busse waren mit Motoren ausgestattet, die - ganz im Sinne von Wirtschaftlichkeit und Wartungsfreundlichkeit - baugleich in den Modellen von Mercedes-Benz verwendet wurden. Die Busproduktion von Mercedes war 1947 wieder in Gang gekommen. Im Anschluss an den Kriegs-Einheitsbustyp O 4500 lieferte das Mannheimer Werk der Post zunächst den O 5000 und ab 1950 in großer Zahl (über 300) den 90 PS-Haubenbus O 3500. Ihm folgte ab 1951 der fassungs- und leistungsstärkere O 6600, der seinerseits 1953 vom Heckmotortyp O 6600 H abgelöst wurde. Davon kamen bis 1958 mehr als 500 Wagen zur Post. Ab 1955 folgten in der „kleinen Klasse" über 100 Exemplare des halb selbst tragenden Heckmotorbusses O 321 H. Zwei Stück dieser Bauart wurden mit Aufbau der Firma Voll und Dachverglasung für den Reise-Einsatz auf der Europabus-Linie Isar-Engadin-Post (München - St. Moritz) beschafft. 1959 erschienen bei der Post die ersten Muster des späteren Erfolgstyps O 317 mit 200 PS-Unterflurmotor. In verschiedenen Serien wurden hiervon bis 1972 weit über 1.000 Stück gekauft. Der O 317 wurde zum meistbeschafften Postbustyp der Deutschen Bundespost. Magirus-Deutz lieferte bereits ab 1948 wieder Haubenbusse der Typen O 3000 und O 3500. Nach 1954 stockte der Kontakt der Post zu Magirus, zumindest auf dem Omnibussektor (die 3,5-to-Paketwagen dieses Herstellers waren weiterhin stark vertreten). Die vorerst letzte Busbestellung der DBP bei Magirus umfasste einige wenige der modernen Heckmotorwagen des Typs O 6500 H. Auch die MAN AG erhielt von 1958 an, dem Jahr des drastischen Zurückfahrens der Neubestellungen, für mehr als ein Jahrzehnt keine neuen Post-Aufträge an Bussen. Die Fa. Kässbohrer lieferte zwar bis 1956 Omnibusaufbauten an die DBP, für eine Bestellung der selbst tragenden Setra-Baureihe aus Ulm konnte sich die Post – ganz im Gegensatz zur Bahn – jedoch nie entschließen.

Schon 1956 hatte das PTZ festgestellt, dass sich die Post nicht an der Erprobung von selbst tragenden Omnibussen beteiligen werde. Dies sei Sache der Industrie. Postseitig wurde stattdessen die Leichtbauweise von Krauss-Maffei bevorzugt. Bis zum Ende der Busproduktion von Krauss-Maffei erhielt die Post von 1958 bis 1960 den speziell für sie entwickelten Typ KMS 110 in rund 200 Exemplaren. Mit gewisser Verzögerung folgte auch die Bundespost bei ihrer Modellpolitik dem 1957/58 eingeleiteten Wechsel von den schweren Fahrgestellen hin zur leichteren Verbund- bzw. selbst tragenden Omnibusbauweise.

Insgesamt konnte die Post ab 1950 genügend Neufahrzeuge in Dienst stellen, um ihren Wagenpark umfassend zu modernisieren und gleichzeitig deutlich auszubauen. Die letzten Alt-Omnibusse aus dem Bestand der früheren Reichspost konnten bis 1953 fast ganz und um 1955 herum dann vollständig ausgemustert werden. Ein weiteres wichtiges Detail verschwand Ende der fünfziger Jahre: Der Dachgepäckträger. Die als lästig empfundene Dachgalerie der Busse konnte wegfallen, da Gepäck und Postgut bei den moderneren Bussen in den unterflurigen Gepäckfächern Platz fanden. Bei Bedarf wurden einachsige, seltener zweiachsige Gepäckanhänger mitgeführt.

Mit dem Postbus durch den tief verschneiten Schwarzwald (MKF).

Mit der Eingliederung des Saarlandes in die Bundesrepublik Deutschland zum 1.1.1957 übernahm die DBP auch die bis dahin selbstständige Saarpost. Sie hatte zuletzt mit rund 200 grün-gelb lackierten Postbussen 63 Kraftpostlinien auf 1.500 km Länge bedient. Seit 1951 gab es grenzüberschreitende Gemeinschaftslinien von Saarpost und Bundespost, wobei je nach Streckenabschnitt Fahrscheine in Franc oder D-Mark verkauft wurden. An der Grenze war eine genaue Pass- und Zollkontrolle üblich. Durch die enge wirtschaftliche Bindung des Saarlandes an Frankreich hatte die Saarpost seit 1949 nur französische Bustypen beschafft, die 1957 in den Wagenpark der DBP gelangten. Dort wurden sie mit BP-Kennzeichen versehen und zum Teil gelb umlackiert. Interessanterweise erhielt die OPD Saarbrücken noch bis 1960 gut 120 Neuwagen aus französischer Produktion. Grund war die bis Mitte 1959 währende wirtschaftliche Übergangszeit des Saarlandes mit Frankreich. Daraus ergab sich noch einige Jahre eine Sonderstellung bei den Postbustypen der OPD Saarbrücken. Bereits Mitte der sechziger Jahre wurden die letzten französischen Busmodelle durch Wagen aus den Großserien deutscher Hersteller ersetzt. Auch bei der Saarpost verfügten die Busse über ein Mehrtonhorn. Berichtet wird von einem Fahrer, der es wie kein anderer verstand, das Horn zum Klingen zu bringen. Durch die richtige Dosis Luft im Luftbalg entstand ein herrliches Tü-Ta-Tü.

Schwer tat sich die Kraftpost mit dem Sonder- und Gelegenheitsverkehr („Kraftsonderposten"). Er hatte ohnehin nur geringe Bedeutung, was mit daran lag, dass nur wenige geeignete Omnibusse zur Verfügung standen. Bei Sonderausstattungen zeigte sich das PTZ „knauserig". Eine Dachrandverglasung für Linienbusse war meistens das höchste der Gefühle. So war es für die besser ausgestattete private Konkurrenz ein Leichtes, der Post die Kundschaft abspenstig zu machen. Anders stellte sich die Lage im fahrplanmäßigen Liniendienst dar. Die Post war gerade in touristisch interessanten Regionen gut vertreten und konnte dort nennenswerte Anteile des Ausflugs- und Urlauberverkehrs an sich ziehen. In diesen Bereichen und für die Fernkraftposten standen denn auch reise- und ausflugsgeeignete Wagen bereit. Die Oberpostdirektionen machten kräftig Reklame für die stark frequentierten Ganzjahres- und Sommerlinien, die saisonal Verstärkung durch abgeordnete Fahrer und Busse aus anderen Bezirken erhielten. In den fünfziger Jahren entstanden auffallend viele hochklassige Werbefotos von Postbussen in schönen Landschaften.

Trotz der winterlichen Straßenverhältnisse haben die Büssing-Unterflur-Trambusse auf der Fahrt von Bad Harzburg erfolgreich das Torfhaus im Oberharz erreicht (1951, BK).

1958, 30.6.
Die DBP hat einen Bestand von 29.100 Kfz, eine Verdoppelung gegenüber 1950. Die über 4.000 Omnibusse konnten bisher von einem gewissen Typenreichtum noch nicht befreit werden, wie das PTZ feststellt.

1958
Erstes Abflauen der Konjunktur. Im Kraftpostdienst zeigt sich dies in einem Fahrgastrückgang um 5,9% gegenüber 1957. Die Neubeschaffung von Postomnibussen wird stark zurückgefahren.

1958
Im öffentlichen Dienst einschließlich Bahn und Post wird die Wochenarbeitszeit von 48 auf 45 Stunden vermindert.

1958
Beim PA Detmold wird ein angemieteter Gelenkbus eingesetzt, der im Spitzenverkehr nur zwei statt drei Kräfte (Fahrer und Schaffner) benötigt. Der Fahrgast geht am sitzenden Fahrgelderheber vorbei, sodass Schwarzfahrer so gut wie ausgeschlossen sind.

1958
In größerer Zahl werden einachsige Omnibus-Gepäckanhänger mit Kennzeichen der Reihe BP 52 in Dienst gestellt. Diese Anhänger werden auf einem vom PTZ und den Westfalia-Werken entwickelten Einheitsfahrgestell aufgebaut. In kleinerem Umfang werden auch zweiachsige Gepäckanhänger für Postbusse beschafft.

um 1958
Die Omnibushersteller gehen von der bisherigen Fahrgestell-/Rahmenbauweise zur selbsttragenden Bauweise über. Bei der Post zeigt sich dieser Wandel durch die Ablösung der bisherigen Fahrgestell-Bauarten Büssing 6500 T, MB 0 320 H und Krauss-Maffei KMO 150 durch die in Verbundbauweise bzw. halb oder ganz selbsttragender Bauform hergestellten Typen Büssing TU 7/TU 10/TU 11, MB 0 321 H/0 317 und Krauss-Maffei KMS 110. In diesem Zusammenhang kann die als lästig empfundene Dachgalerie der Busse wegfallen, da Gepäck und Post bei den moderneren Bussen in den unterflurigen Gepäckfächern verstaut werden können.

1958, 22.8.
Im Beisein von Bundespostminister Stücklen übergibt Krauss-Maffei den 1.000 Omnibus an die DBP, einen KMS 110. Dieser Typ wurde in enger Zusammenarbeit mit der DBP entwickelt und wird in dieser Form nur für die Post gebaut. Der auch in anderen Postbustypen verwendete Daimler-Motor OM 321 leistet 110 PS. Der Betriebsdienst hält den Bus für untermotorisiert. Zum Stichtag stellt Krauss-Maffei rund ein Viertel der Omnibusflotte der DBP.

1959, 16.5.
Die OPD München gibt geschäftsführend für die DBP und in Zusammenarbeit mit der DB, der Deutschen Touring GmbH, der Österreichischen und Schweizer Postverwaltung und zwei italienischen Gesellschaften erstmals einen internationalen Gemeinschaftsfahrplan unter dem Namen "Alpenbuslinien" heraus. Er löst den Auslandsfahrplan der OPD München ab und enthält 140 für den Fremdenverkehr wichtige Omnibuslinien und Bergbahnen im Alpengebiet zwischen Grenoble und Graz. Das Fahrplanheft wird u.a. an 1.600 Reisebüros im In- und Ausland versandt.

1959, 1.7.
Übernahme des Busbetriebs der Euskirchener Kreisbahn mit Personal, vier Linien, vier Bussen und einem Gepäckanhänger.

1959, 6.7
Der wirtschaftliche Anschluss des Saarlandes an Frankreich (französisches Zollgebiet, Frankenwährung) endet. Die DM wird im Saarland eingeführt. Ab sofort werden die Verkehrsdaten der OPD Saarbrücken in die Statistiken der DBP aufgenommen.

1959, 17.7.
Ein Kraftpostbus des Typs MB 0 320 H ist zur ersten "Fahrenden Postschule" umgebaut worden und wird bei der OPD Düsseldorf feierlich eingeweiht. In der Folgezeit setzen alle OPDen fahrende Postschulen ein. Die Postschulen dienen dazu, Schulkinder mit der Post und ihren Aufgaben vertraut zu machen.

1959
Im Bundespost-Kalender wird ein kurioser Vergleich gezogen: Indien hat 360 Mio. Einwohner. Etwa die gleiche Zahl an Fahrgästen hat die DBP 1957 mit ihren Omnibussen befördert.

1959
Mit dem Bustyp MB 0 317 nimmt die DBP erstmals Großraumwagen der 12-Meter-Klasse in Betrieb.

1959, August
Umfangreicher Kraftsonderpostverkehr zur Ausstellung des Heiligen Rocks in Trier. Eine Sonderstaffel mit 18 Postbussen steht bereit.

1959, 4.10.
Das PA Hamburg-Harburg übernimmt den Omnibusbetrieb Maack, Bendestorf, mit drei Linien, elf Bussen, drei Personen- und einem Gepäckanhänger.

1959, 4.12.
Das Bundesverwaltungsgericht erklärt das Offenbacher Abkommen vom 1.6.1948 für gesetzeswidrig und ungültig. Begründung: Es verstößt aufgrund der Tradition des deutschen Verkehrswesens nicht gegen das Grundgesetz, dass das Personenbeförderungsgesetz Bahn und Post eine Vorzugsstellung einräumt. Die alten Vorrechte von Bahn und Post bei der Einrichtung von Kraftfahrlinien werden de jure wieder hergestellt, haben aber keine praktische Bedeutung mehr. Im neuen Personenbeförderungsgesetz vom 1.6.1961 werden die Vorrechte beseitigt.

1959, 8.12.
Der planmäßige Postomnibus Rendsburg - Itzehoe wird beraubt. Aus dem rückwärtigen Gepäckfach wird eine Geldkassette mit 20.500 DM entwendet.

1959, 10.12.
Das Defizit im Postreisedienst liegt im Jahr 1959 trotz Produktivitäts- und Einnahmesteigerungen bei 69,1 Mio. DM. Der Verwaltungsrat der DBP sieht sich zum Eingreifen veranlasst. Der Bundespostminister setzt daraufhin eine Kommission ein mit dem Auftrag, den Ursachen der defizitären Lage des Postreisedienstes auf den Grund zu gehen und Vorschläge für eine Beseitigung des Defizits zu erarbeiten.

1959, 11.12.
Der Arbeitsausschuss über die betriebswirtschaftlichen Ergebnisse des Postreisedienstes berichtet, dass nur 5,5% aller Kraftpostlinien Einnahmen erbringen, die die Ausgaben decken. Dabei sei allerdings die gemeinwirtschaftliche Verpflichtung der DBP zu berücksichtigen, die sie zur Unterhaltung nicht kostendeckender Fahrten zwinge.

Menschen bei der Kraftpost: Der Fahrer hat nicht nur die verantwortungsvolle Lenktätigkeit, sondern muss auch noch die Schülerfahrkarten kontrollieren. Typisch waren die über dem Fahrer angebrachten Hinweisschilder und die Angabe der BP-Nummer des Busses (SVS).

Fahrer und Schaffner eines Oldenburger MB O 3500. Der Fahrer trägt am Ärmel den Omnibus-Aufnäher (SVS).

Anstrengend war das Ladegeschäft auf dem Dachgepäckträger. Dazu musste eine kleine schmale Leiter erklommen werden. Das Ladegut, egal ob Pakete, Poststücke oder Reisegepäck, war stets mit einer Plane abzudecken. Gerhard Greß fotografierte die Szene im Dezember 1957 vor dem Freiburger Hbf.

Seinerzeit führte jeder Postbus ein Behelfstelefon mit, mit dem sich der Fahrer bei Notfällen an einer Telegrafenstange in die Telefonleitung einschalten konnte (MKF).

1956 wurden die ersten Almex-Fahrscheindrucker beschafft, die Zug um Zug die vorgedruckten Fahrscheine ersetzten. „Auch umgehängt kann der Fahrscheindrucker vom Fahrgelderheber benutzt werden" lautet der Text zu diesem Bild. Mit Fahrgelderheber waren im Amtsdeutsch der Post die Omnibusschaffner gemeint. Das umständliche Einfädeln der Papierrolle in den „Almex" brachte manchen Kassierer zur Verzweiflung (MKF).

Die Kraftpost – wichtiger Faktor im deutschen Reiseverkehr
(Werbeartikel, 1958)

Kraftpostdienst – das ist Dienst an Millionen Menschen, die Tag für Tag mit diesem modernen Verkehrsmittel der Deutschen Bundespost Arbeitsstätte, Schule, Einkaufszentren und danach wieder das Heim erreichen und denen der Postomnibus auf dem Lande Brief und Paket zuführt. Kraftpostdienst – das ist aber auch Dienst an Erholung und Urlaubsfreude, wichtiger Dienst am Reiseverkehr. Die wichtigsten deutschen Fremdenverkehrsgebiete, die sich dem schönheitsfrohen Auge bieten, werden – und das ist noch längst nicht allen Deutschen, noch weniger unseren Freunden und Besuchern aus dem Ausland bekannt – durch ein dichtmaschiges Netz von Kraftpostlinien erschlossen. Mit mehr als 1.800 Omnibuslinien, deren Linienführung sich den Verkehrsbedürfnissen anpasst, mit 50.248 Kilometern Streckenlänge und einem auf spezielle Anforderungen abgestellten Fahrplan ist die Deutsche Bundespost am öffentlichen und damit auch am Reiseverkehr maßgeblich beteiligt. Zu einer überdimensionalen Strecke zusammengefügt, würden die Kraftpostlinien den Erdball am Äquator eineinviertelmal umspannen. Die gegenwärtig eingesetzten 4.200 Omnibusse legen im Jahr 166 Millionen Kilometer zurück, 432mal die Entfernung von der Erde zum Mond. So gut ist das Netz von Eisenbahnverbindungen und Kraftpostlinien ausgebaut, daß trotz oder vielleicht gerade wegen des ständig zunehmenden Straßenverkehrs immer mehr Erholungssuchende den eigenen Wagen in der Garage lassen, um wenigstens den Urlaub ohne Fahr- und Parkplatzsorgen genießen zu können. Diesem Trend kommen auch die von Jahr zu Jahr bequemer ausgestatteten Omnibusse entgegen. Aussichtswagen mit Glasdach ermöglichen den Reisenden vor allem in Gebirgsgegenden den ungehinderten Blick in die wundervolle Natur. In den Fremdenverkehrsgebieten führt die Post zusammen mit der Bundesbahn preisgünstige kombinierte Rundfahrten auf Schiene und Straße durch, die auch Fahrtunterbrechungen zum Besuch von Sehenswürdigkeiten gestatten. Zahlreiche Kraftpostlinien sind ganz auf die Interessen des Fremdenverkehrs abgestellt und führen durch besonders reizvolle und landschaftlich schöne Gegenden. So verbinden im Ferienland Schleswig-Holstein die Linien des Ostseebäderdienstes den Verkehrsknotenpunkt Hamburg mit vielen bekannten Bädern der Ostseeküste oder der wald- und seenreichen Landschaft Ostholsteins. Im mittleren Teil der Bundesrepublik führen Kraftpostlinien zu den Kurorten und Wintersportgebieten der Mittelgebirge, zu abgelegenen Waldseen und Talsperren und zu den sonstigen Anziehungspunkten. Weiter, im Süden, zwischen Schwarzwald und Bodensee, fährt die „Schwarzwaldpost" von Karlsruhe über die Höhenstraße nach Freiburg im Breisgau, wo sie an die „Schwarzwald-Bodenseepost" anschließt. Der Bodensee selbst ist Ausgangspunkt einer der schönsten Kraftpostlinien, der „Deutschen Alpenpost", die Lindau mit Berchtesgaden verbindet. Noch zwei Beispiele: Die „Isar-Engadin-Post" erschließt dem Reisenden zwischen München und St. Moritz in eindrucksvoller Dreiländerfahrt die unendliche Fülle bunter Alpenschönheit. Gleichfalls in der bayerischen Metropole nimmt die „Alpen-Adria-Post" ihren Ausgang. Sie schließt in Innsbruck an Omnibusverbindungen an, die nach Venedig, Mailand und Bormio führen. Vielseitige Reisemöglichkeiten bieten sich an. Die Deutsche Bundespost lädt zu eindrucksvollen Fahrten ein. Wenn das Posthorn ihrer modernen Omnibusse durch Tal und Ebene und von den Höhen der Pässe schallt, klingt Postkutschenromantik auf, der Fahrgast fühlt sich der Unrast des Alltags entrückt und genießt im beruhigenden Gefühl der Sicherheit die Freuden immer neu erlebnisreichen Reisens.

Jeder Personenanhänger war mit einem Fahrgelderheber besetzt. Über eine einfache Signalleitung gab er dem Busfahrer das Zeichen „Einmal Klingeln“ zum Halten und „Zweimal Klingeln“ zur Abfahrt. Trotzdem kam es vor, dass der Fahrgelderheber an der Haltestelle „vergessen“ wurde. Der Orion-Hänger wurde von Jürgen Warntjen am 30.7.1957 in Göttingen festgehalten.

Eine seit den dreißiger Jahren gepflegte Tradition war es, touristisch und landschaftlich bedeutende Kraftpostlinien mit Namen zu versehen. Die älteste dieser Verbindungen war seit 1931 die bekannte, rund 500 km lange Deutsche Alpenpost. Höhepunkt der klangvollen Namensgebung von Kraftposten waren die 1950er Jahre. Während einige der Bezeichnungen nur kurze Zeit verwendet wurden, waren andere bis 1983 (Nibelungen-Eilpost, Bayerwaldpost) oder sogar noch darüber hinaus bei den Nachfolgebetrieben des Postreisedienstes im Gebrauch. Die letzte neue Kraftpostlinie mit eigenem Namen wurde 1969 eingerichtet (Weser-Solling-Post). Ein Teil der Linien ergänzte sich und bildete damit ein zusammenhängendes Netz mit gegenseitigen Anschlussverbindungen.

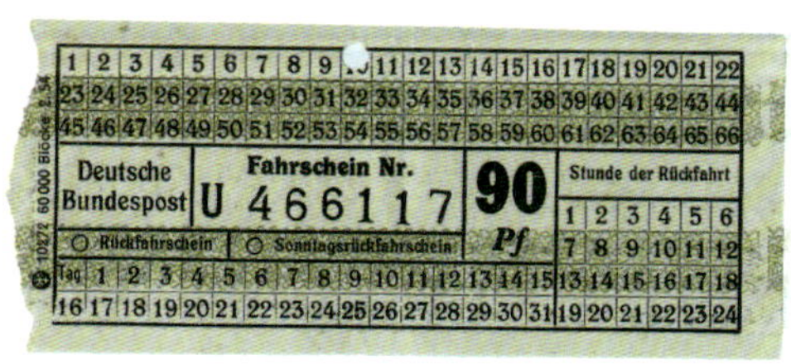

Fahrscheinmuster der fünfziger Jahre. Der quadratische Schein stammt aus dem Almex-Drucker. Der Kraftpostgut-Schein war kein Gutschein, sondern die „Fahrkarte“ für Kraftpostgut (unbegleitete Poststücke). (SVS)

Fahrerstolz: Ein Kapitän der Landstraße vor seinem besten Stück (SVS).

1. April 1957

Beförderung von Poststücken mit Kraftposten und Landkraftposten

Zulässig sind Sendungen bis zum Gewicht von 50 kg im Rahmen der Beförderungsvorschriften für Postpakete, aber ohne Begleitkarte. Umladen, Nachnahme, Einschreiben, Wertangabe, dringende Beförderung und Beförderung gegen Rückschein unzulässig. Einlieferung der Poststücke und Abholung beim Kraftwagenführer am Kraftwagen.

Gebühr bis 2 kg	50	Pf
bis 10 kg	1,00	Pf
bis 20 kg	1,50	Pf
bis 50 kg	3.–	Pf

Beförderungsgebühr bei Einlieferung vom Absender zu zahlen; Haftpflicht wie bei Postpaketen.

Auskunft beim Kraftwagenführer und beim betriebleitenden Postamt

Preistabelle für Kraftpostgut vom 1.4.1957 (SVS).

Bild: Bildstelle Oberpostdirektion Tübingen

Landkraftpost bei Gammertingen

LANDKRAFTPOSTEN ÜBERALL

Die Landkraftposten dienen der beschleunigten Postversorgung der Landbevölkerung und in beschränktem Umfang auch der Personenbeförderung. Sie verbinden Stadt und Land, verringern die Marschleistungen der Landzusteller und ermöglichen die Einrichtung von Postanstalten in abgelegenen Orten.

Das weitverzweigte Netz der Landkraftposten dringt zu den entlegensten Dörfern und Siedlungen vor. Mehr als 1100 Landkraftpostlinien mit einer Streckenlänge von 63000 km versorgen in der Bundesrepublik die Landbevölkerung

Der Bundespost-Kalender 1954 erklärt Aufgabe und Zweck des Landkraftpostdienstes (SVS).

DEUTSCHE BUNDESPOST

Fahrschein Nr. H 613142

von ....

nach ....

..... Erwachsene(r) ..... Kind(er) Tag ...... / ......

.... DM .... Pf

Landkraftpost-Blockfahrschein von 1962 (SVS).

Touristische Kraftpostlinien: Klangvolle Namen für schöne Routen

Alpen-Adria-Post	München – Innsbruck (– Brenner – Venedig), 136 km
Arberpost	Bayerisch-Eisenstein – Arbersee, 12 km
Badische Weinstraßenpost	Baden-Baden – Oberkirch (– Straßburg), 52 km
Bayerische Ostmarkpost (bis 1939)	Passau – Furth im Wald – Marktredwitz, 259 km
Bayerwaldpost (ab 1950)	Passau – Furth im Wald, 133 km
Deutsche Alpenpost	Lindau – Garmisch – Berchtesgaden (–Salzburg), 473/538 km
Deutsche Sudetenpost (1939/40)	Görlitz – Glatz, ca. 150 km
Deutsche Weinstraßenpost	Neustadt (Weinstraße) – Schweigen, 47 km
Dreisesselpost	Passau – Dreisessel (– Haidmühle), 79 km
Eifelpost	Aachen – Trier, 170 km
Hamburger Heidepost	Hamburg – Evendorf, 57 km
Isar-Engadin-Post	München – Landeck (Tirol) – St. Moritz, 314 km
Kalmitpost	Neustadt (Weinstraße) – Kalmit (– Neustadt), 16 km
Lüneburger Heidepost	Lüneburg – Hanstedt, 41 km
Nationalparkpost	Grafenau – Nationalpark Bayerischer Wald, 33 km
Nebelhorn-Zugspitz-Post	Mittelberg – Oberstdorf – Reutte – Garmisch, 132 km
Nibelungenpost	Passau – Linz (Donau), 94 km
Odenwald-Frankenpost	Heidelberg – Wertheim/Würzburg, 130/153 km
Odenwald-Höhenstraßenpost	Heidelberg – Miltenberg, 108 km
Schwarzwaldpost	Freiburg – Freudenstadt – Karlsruhe, 236 km
Schwarzwald-Bodenseepost	Freiburg – Schaffhausen – Konstanz, 179 km
Schwarzwald-Hochrheinpost	Triberg – Waldshut/Todtmoos, 98 km
Rhein-Main-Post	Karlsruhe – Wertheim/Würzburg, 157/179 km
Rhein-Neckar-Post	Schwenningen – Donaueschingen – Schaffhausen, 41 km
Siebengebirgspost	Königswinter – Aegidienberg, 14 km
Tauernpost	Bad Reichenhall – Zell am See (– Großglockner), 69 km
Wallberg-Watzmann-Post	Tegernsee – Kufstein – Berchtesgaden, 156 km
Weser-Solling-Post	Hameln – Hannoversch-Münden, 127 km

Daneben verkehrte eine Reihe von Fernkraftposten ohne besonderen Liniennamen.

Kraftpost-Serienbriefstempel der fünfziger und sechziger Jahre. Der Ersttagsbrief von 1955 trägt die damals herausgegebene Sondermarke „50 Jahre Kraftpost" mit dem dazugehörigen Sonderstempel. Besonders bemerkenswert und selten ist der 1963 verwendete Nebenstempel „Aus dem Kraftpost-Briefkasten" für die am Postbus aufgelieferten Sendungen (SVS, SG).

Auch mit dem Thema Kriminalität kam die Kraftpost in Berührung. Die nachfolgende Geschichte, erzählt mit einem Augenzwinkern, beweist dies eindringlich:

Der Hohenweststedter Postraub 1959
(aus: Post- und Telekommunikationsgeschichte, Regionalbereich Nord, 2001)

Kleine Postämter mußten seinerzeit ihre Tageseinnahmen abends an die Geldsammelkasse eines größeren Amtes schikken. Aus dem 2.800-Seelen-Örtchen Hohenweststedt in Schleswig-Holstein erfolgte der Transport des Geldes täglich mit dem Bus der Kraftpostlinie Itzehoe-Rendsburg hin zum Postamt Itzehoe. Und so luden denn an einem dunklen und kalten Winterabend des Jahres 1959, kurz vor Weihnachten, der Postbusfahrer und sein Schaffner (so etwas gab es damals noch!) in Hohenweststedt die Geldkiste in den Bus BP 13-721. Und wie an jedem Abend packten die braven Kollegen das wertvolle Stück nicht – wie es eigentlich vorgesehen war – in das besonders gesicherte seitliche Fach ihres Büssing, sondern unter die Heckklappe zu den übrigen Gepäckstücken. Das Schloss des Wertfachs verschmutzte nämlich sehr leicht – und was sollte während der Fahrt schon passieren? Dann begab man sich, pünktlich wie immer, auf die einsame B 77 Richtung Itzehoe und stoppte an einer Haltestelle nahe eines Waldstücks das erste Mal. Nach etwa 15 Kilometern, auf denen nicht mehr gehalten worden war, wurde der Bus von einem heftig blinkenden und hupenden Pkw eingeholt. Als der Busfahrer die Seitenscheibe herunterkurbelte, rief man ihm zu: „Hinten bei dir sitzt einer!" Man begab sich nach hinten, um nachzuschauen. Dort war aber niemand mehr. Stattdessen fand man, eingehängt in die Anhängerkupplung, einen provisorischen Sitz aus Stahlrohr. Nach einigen Bemerkungen darüber, was die Leute alles anstellen, um das Fahrgeld zu sparen (bei ca. minus acht Grad Celsius!), wurde die Fahrt fortgesetzt. In Itzehoe angekommen stellte man fest, daß die Heckklappe nicht mehr verschlossen, sondern nur noch angelehnt war, und es fielen die später noch oft zitierten Worte: „Ich glaube, das Ding hat mit unserer Geldkiste zu tun". Und so war es denn auch: Die Geldkiste mit 20.500 DM war weg. Die Ermittlungen der Kripo Itzehoe ergaben, dass der Täter an der ersten Haltestelle „zugestiegen" war, während der anschließenden Fahrt, auf seinem selbst gefertigten Sitz hockend, die Heckklappe geöffnet und die Geldkiste entnommen hatte und bei dem von dem aufmerksamen Pkw-Fahrer veranlassten Halt des Busses im Wald verschwunden war. Dort wurde am Tage darauf auch die leere Geldkiste gefunden. Der Täter wurde nie gefasst. Und so hat er wohl ein besonders üppiges Weihnachtsfest gefeiert und sich später sogar ein kleines Häuschen gebaut. Denn das war damals für 20.000 DM durchaus noch möglich.

Kraftpost und Landkraftpost ergänzten sich in ihren Aufgaben: Postbusse befuhren die größeren Strecken, Landkraftwagen nahmen Personen zu Orten abseits der Linien mit. Am 9.11.1960 wartete der Opel Blitz 1,75 to-Landkraftwagen den Anschluss des Postbusses aus Lindenfels im Odenwald ab (MKF).

Enge Verwandte: Der brandneue Mercedes-Benz O 321 H wird auf dem Weg ins Kleinwalsertal von einem Ponton-Mercedes 220 überholt. Beide Fahrzeuge wurden 1955 gebaut (DC).

MB O 5000 am 7.7.1958 in Brodenbach (JW).

Ein typischer Büssing-Überlandtrambus, 1960 auf dem Weg von Oldenburg (Holstein) nach Heiligenhafen (SVS).

Mercedes-Benz O 321 H-Postbus 1960 im malerischen Miltenberg (MKF).

Postfahrzeuge im Schatten des Kölner Doms, 1961 (SVS).

Unmittelbar am Kieler Hafen befand sich die Abfahrtsstelle der Postbusse (Foto vom 2.4.1960, SVS).

8. 1960 – 1969 Stagnation und Rationalisierung: Der Postbus als das „fünfte Rad am Wagen"

In der ersten Hälfte der sechziger Jahre war die Kraftpost noch immer Deutschlands größter Omnibusbetrieb. Der am häufigsten vertretene Bustyp überhaupt war der MB O 317. Hier ein solcher Wagen von 1968 in illustrer Gesellschaft einer frühen Vorgängerbauart (SVS).

Als einer der letzten MB 0 321 H wurde BP 16-879 im Jahr 1960 für die OPD München beschafft. 1965 ist der Bus von Berchtesgaden an der Endhaltestelle Roßfeld (1.567 m) angekommen und nimmt die Fahrgäste für die Rückfahrt auf (MKF).

Im Februar 1965 erreicht die Kraftpost von Aalen den Ort Hohenstadt (MKF).

Internationale Poststatistik 1962
(aus: Zeitschrift für das Post- und Fernmeldewesen, Nr. 23/1964)

Von den in der Internationalen Poststatistik enthaltenen Postverwaltungen unterhalten nur sieben einen Postreisedienst. Danach beförderten die Omnibusse der Deutschen Bundespost mit 338,7 Mio. etwa dreimal so viele Personen wie die übrigen sechs Postverwaltungen zusammen. Außer in Finnland und der Sowjetzone Deutschlands war der Postreiseverkehr 1962 stärker als im Vorjahr.

1. *Bundesrepublik Deutschland: 338,7 Mio. Beförderungsfälle*
2. *Österreich: 67,1 Mio. Beförderungsfälle*
3. *Schweiz mit Liechtenstein: 28,7 Mio. Beförderungsfälle*
4. *Finnland: 8,49 Mio. Beförderungsfälle*
5. *Schweden: 4,79 Mio. Beförderungsfälle*
6. *Jugoslawien: 1,74 Mio. Beförderungsfälle*
7. *Sowjetzone Deutschlands: 1,28 Mio. Beförderungsfälle*

Der Wandel in den sechziger Jahren ist durch die folgenden Einflüsse gekennzeichnet, die miteinander verflochten sind:

- Rationalisierung: Personalabbau, Reduzierung der Betriebsstellen und der posteigenen Betriebsmittel, verstärkte Anmietung von Auftragnehmern, Einschränkung der Werbemaßnahmen,
- die anhaltende Kostenunterdeckung, verursacht durch nicht kostendeckende Tarife, ständig steigende Personal- und Sachkosten, ungünstige Fahrgaststrukturen mit überproportional hohem Anteil des Berufs- und Ausbildungsverkehrs zu ermäßigten Fahrpreisen, wodurch die Rationalisierungserfolge kompensiert bzw. überkompensiert werden,
- der Verlust der Stellung als größtes deutsches Personenbeförderungsunternehmen im Straßenlinienverkehr an die Deutsche Bundesbahn ab 1963/65, der Wechsel des Auftritts in der Öffentlichkeit: Aus der Kraftpost wird 1965 der Postreisedienst,
- der Wandel des Fuhrparks: Bis 1964 verschwinden die Personenanhänger und mit ihnen die Schaffner; dafür prägt zunehmend der 12-m-Großraumbus die Flotte, ergänzt um einige wenige Gelenkbusse,
- der endgültige Verlust der Sonderstellung durch das Personenbeförderungsgesetz von 1961,

1960, 1.4.
Vier Buslinien der Kasseler Verkehrsgesellschaft werden von der Post übernommen.

1960, 1.5.
Wiedereinführung der durchgehenden Gepäckbeförderung Schiene-Kraftpost in zunächst 38 Fremdenverkehrsorten in Oberbayern, im Allgäu und im Schwarzwald.

1960, 1.7.
Die StVZO verbietet den Einsatz von Personenanhängern. Es gibt aber auslaufende Ausnahmegenehmigungen.

1960
Inbetriebnahme der letzten französischen Postbustypen für die OPD Saarbrücke (25 Stück Saviem ZR 20 N), deren Bestellung noch aus der wirtschaftlichen Übergangszeit des Saarlandes stammt (Währungs- und Wirtschaftsunion mit Frankreich). Im gleichen Jahr endet mit dem Typ KMS 110 die Beschaffung von Krauss-Maffei-Omnibussen. Beide Lieferungen werden vorübergehend in der Nummernreihe BP 17 geführt, aber schon 1962 unter BP 10 eingereiht.

1960
Auf der Linie Köln - Düren laufen Bahnbusse mit Einachs-Gepäckanhängern der Post.

1960
Ein MB 0 3500 des PA Münsingen (BP 10-161) hat 400.000 km im Dienst der Post absolviert.

1960
Das BPM verfügt für die Anfertigung von Werbefotos mit Postomnibussen: Die Wagen sollen mindestens zur Hälfte besetzt sein, das Zielschild "Kraftsonderpost" und Fotos mit Personenanhänger sollen vermieden werden.

1960
Wie schon 1957 werden die meisten Fahrgäste in den OPD-Bezirken Köln, Frankfurt a.M. und Münster befördert, die wenigsten in Hamburg.

1960, 2.10.
Das PA Bad Berleburg startet den ersten von mehreren Anläufen zur Einrichtung eines Stadtverkehrs in Bad Berleburg.

1961, 1.6.
Das neue Personenbeförderungsgesetz tritt in Kraft. Die Post verliert offiziell alle Vorrechte (Genehmigungs-, Aufsichts-, Fahrplan- und Tariffreiheit) und wird mit den übrigen Verkehrsunternehmen im öffentlichen Straßenpersonenverkehr gleichgestellt. Lediglich die Berücksichtigung der Postsachenbeförderung bei der Erteilung einer Linienkonzession wird noch erwähnt und Landkraftposten dürfen noch genehmigungsfrei eingerichtet werden. Die Bahn behält dagegen gewisse Rechte im Schienenersatz- und Schienenparallelverkehr.

1961
Das Bahn/Post-Abkommen von 1955 wird unbefristet verlängert.

1961
Einbeziehung von Lindenfels, Bad Wiessee, Kreuth und Hirschegg in die durchgehende Gepäckbeförderung Schiene-Kraftpost.

1961
Die DBP übernimmt beim PA Flensburg zwei Henschel-Gelenkomnibusse von der AFAG Flensburg, darunter einen vierachsigen HS 200 UN (BP 10-61).

1961
Parallel zu den Fahrscheindruckern werden in den Postbussen Zahlkassetten eingeführt.

1961
In der Schweiz wird die letzte Pferdepost (Avers - Juf) auf Postbusse umgestellt.

1961
In Rendsburg wird der Straßentunnel unter dem Nord-Ostsee-Kanal eingeweiht. Er löst die alte Drehbrücke ab, über die auch die Kraftpost-Linien liefen. Oft mussten die Postbusse eine dreiviertel Stunde warten, wenn gerade Schiffe die Drehbrücke passierten. Die Fahrgäste nahmen es mit Geduld.

1961, August
Die OPD Bremen übergibt den Fahrdienst des Kraftpost-Stützpunkts Papenburg (Ems) mitsamt drei Bussen an den Unternehmer Bunte in Papenburg.

1961, 24.8.
Im Zusammenhang mit dem Verbot der Personenanhänger erteilt das PTZ der Fa. Büssing den Auftrag über die ersten beiden Gelenkomnibusse des Typs 13 RU 10 mit Emmelmann-Aufbau und Schenk-Nachläufer. Es handelt sich um die Fahrzeuge BP 16-873 und 874. Die Fahrzeuge werden mit einem Schaffnerplatz am Heckeinstieg ausgestattet. Auf das Postsignalhorn wird dagegen verzichtet. Die beiden Wagen werden im Dezember 1961 ausgeliefert.

1961, 1.9.
Als Zubringer für das neue deutsche Nachtluftpostnetz werden Straßenpostwagen (omnibusähnliche, für die Briefverteilung während der Fahrt eingerichtete Fahrzeuge) zunächst versuchsweise eingesetzt.

1961, 1.10.
Der gemeinschaftliche Betriebshof von Bahn und Post in Trier wird übergeben. Er beherbergt 63 Bahn- und 198 Postbusse.

1961, 21.12.
Die Post nimmt den planmäßigen Linienverkehr auf Deutschlands höchster Passstraße (1.400 m) zwischen Obermaiselstein und Balderschwang auf. In den Fahrgebühren ist eine Maut enthalten.

1962, 16.2.
Die Hochwasserkatastrophe in Hamburg führt zu Sondereinsätzen der Kraftpost.

1962, Frühjahr
Ein Vergleich ergibt, dass die Fahrgebühren der Kraftpost mit Ausnahme der Schülermonatskarten überwiegend unter den Tarifen im Schienenverkehr der DB liegen.

1962, 1.4.
Nach der Auslauffrist der StVZO dürfen Personenanhänger nur noch in besonderen Ausnahmefällen mitgeführt werden. Seit 1958 ist die Anzahl der Personenanhänger bei der Post bereits stark vermindert worden. Für die rationelle Betriebsdurchführung bringt der Wegfall Probleme, da künftig Verstärkungs- bzw. Beiwagen gefahren oder Großraumbusse eingesetzt werden müssen. Ein Teil der Anhänger kann nach Ägypten verkauft werden.

1962, April
Das BPM teilt der Hauptverwaltung der DB mit, dass die Außenflächen der Omnibusse des Postreisedienstes nicht für Wirtschaftswerbung freigegeben werden.

1962, 28.5.
Linientausch zwischen Bahn und Post, in dessen Folge nur noch wenige gemeinschaftlich betriebene Linien verbleiben.

Für den Verkehr zum 1.710 m hohen Kehlsteinparkplatz wurden dem PA Berchtesgaden 1965 sieben MB O 317 K mit speziellem Berggetriebe und Dachrandverglasung zugeteilt. Das Bild zeigt vier dieser Wagen auf der höchsten deutschen Alpenlinie. Die 6,5 km lange, extrem steile Kehlsteinstraße war Ende 1938 fertig gestellt und seit 1952 von Postbussen befahren worden (MKN).

Das war der Postreisedienst in den sechziger Jahren: Der Fahrer trug noch Dienstkleidung, und BP 10-49 symbolisiert den weit verbreiteten Postbus-Typ MB O 317. BP 10-49 war von 1962 bis 1969 im Einsatz, zunächst im Bereich der OPD Köln (hier an der Windmühle Breberen bei Heinsberg), später im Raum München (SVS).

Die Staufächer des MB O 317 werden mit Postbeuteln beladen (SVS).

- die ab 1966 einsetzenden Überlegungen zur Zusammenführung der Busdienste von Bahn und Post, die 1971 als Kompromisslösung in der Omnibusverkehrsgemeinschaft Bahn/Post münden,
- die beginnende Beteiligung der Post an Verbundverkehren,
- die Entwicklung standardisierter Omnibusse ab 1966.

Das Verhältnis zur DB hatte sich seit dem Bahn/Post-Abkommen von 1955 zwar entspannt, die Konkurrenzsituation bestand aber unverändert fort und entwickelte sich nicht zuletzt durch das neue Personenbeförderungsgesetz zum Nachteil der Post. Das Gesetz trat am 1.6.1961 nach mehr als zehnjährigen Diskussionen in Kraft. Es räumte der DB im Schienenparallel- und Schienenersatzverkehr außerhalb des reinen Orts- und Nachbarortsverkehrs ein besonderes Ausgestaltungsrecht ein, während die Post alle Vorrechte verlor. Lediglich die kaum bedeutsamen Landkraftpostlinien konnte die DBP weiterhin nach ihrem Ermessen einrichten. Sie unterlagen nicht dem genannten Gesetz, weil die Landkraftposten „mit posteigenen Kfz von höchstens 1,75 to Nenn-Nutzlast und mit höchstens vier Sitzplätzen außer dem Fahrersitz betrieben werden und vornehmlich der Postsachenbeförderung über Land dienen“. In Folge dieser Gesetzeslage nahm der Bahnbusdienst deutlichen Aufschwung. Er erhielt durch die verstärkt einsetzenden Verlagerungen unrentabler Schienenverkehre auf die Straße stetig neue Aufgaben. Dagegen stagnierten die Beförderungsleistungen der Kraftpost bis 1967 auf hohem Niveau. Im Jahr 1963 beförderten die Bahnbusse erstmals mehr Fahrgäste als der Postreisedienst, ab 1965 wurden dann auch mehr Busse als bei der Post eingesetzt. Damit hatte die DB die DBP als größtes deutsches Omnibusunternehmen abgelöst. Ab 1962 entflochten Bahn und Post ihre Parallelverkehre durch mehrere Tauschaktionen. So gingen zum 1.7.1967 33 Linien mit 1.038 km Länge von der Post auf die Bahn über und umgekehrt 34 Linien mit 1.208 km Länge von der Bahn auf die Post. Gleichzeitig sank die Zahl der gemeinschaftlich bedienten Linien.

Im Gegensatz zum Postbus erwirtschaftete der Bahnbus Überschüsse, was teilweise auf eine strengere Kostenrechnung bei der Post zurückzuführen war. Dessen ungeachtet hatte die Bahn die besseren Argumente auf ihrer Seite. Den Stein ins Rollen brachte Bundeskanzler Erhardt mit einem Brief vom März 1966 an den Bundespostminister, in dem er anregte, die Zusammenführung der Reisedienste von

Postverladung allenthalben, hier im Jahr 1964 bei Stadthagen (SM).

Für die OPD München wurden Ende 1963 vier spezielle Allrad-Omnibusse auf MB LAO 328-Fahrgestell und mit FAKA-Aufbau gekauft. Unter der Kurzhaube verbargen sich 110 PS. Die Wagen wurden im Bereich der Postämter Oberstdorf und Reit im Winkl eingesetzt. Gelegentlich waren sie abseits ihrer steilen Stammstrecken anzutreffen, so wie hier in Baad im Kleinwalsertal. Zur Zeit wird eines dieser 1971/73 ausgemusterten Fahrzeuge, das sich heute im Privatbesitz befindet, wieder als Postbus hergerichtet (SVS).

In den Jahren 1963/64 erhielt die DBP 138 Stück des 10 m kurzen Typs MB O 322. Als die Fahrgastzahlen in den frühen sechziger Jahren zurückgingen, genügte vielerorts die 10-Meter-Klasse, die die Post ebenfalls von Büssing und Magirus im Beschaffungsprogramm hatte (SVS).

1962, 31.5.
Der Omnibusbestand der DBP verteilt sich auf 165 Omnibusse mit bis zu 35 Sitzen, 608 Omnibusse mit 36-40 Sitzen, 1.842 Omnibusse mit 41-45 Sitzen, 315 Omnibusse mit 46-50 Sitzen, 135 Omnibusse mit über 50 Sitzen (Großraumwagen) und 4 Gelenkwagen. Laut PTZ ist der völlige Abbau der kleinen Busse und die beachtliche Steigerung des Anteils der Großraumwagen beabsichtigt. Der Betrieb mit Gelenkbussen werde nur in engen Grenzen ausgeweitet, da er im Gegensatz zum Großraumwagen einen Schaffner erfordere. Auf Sonderwünsche und Sonderausführungen, die den Anschaffungspreis verteuern, soll weitgehend verzichtet werden.

1962
Seit 1959 ist die Zahl der Kraftpoststützpunkte von 443 auf 299 gesunken. Die Anzahl der Postbusfahrer sinkt im gleichen Zeitraum von 5.047 auf 4.136, die der Fahrgelderheber von 961 auf 317. Die Schaffner sind zu 3/5 im Anhänger- und zu 2/5 im Omnibus-Einsatz. Die gänzliche Aufhebung des Schaffnerdienstes wird bei Wegfall des Anhängerbetriebes erwartet. Ausnahmen könne es nur für Gelenkwagen geben, wo der Einsatz aus wirtschaftlichen Gründen auf das unumgänglich notwendige Maß zu beschränken ist.

ab 1962
Das BPM ist an einer Ausweitung des Kraftpostdienstes nicht mehr interessiert. Vielmehr soll sich dieser Dienstzweig gesundschrumpfen. Als Mittel zur Rationalisierung wird zunehmend die Anmietung von Auftragnehmern gefordert. Durch Zurückhaltung bei der Zuweisung neuer Postbusse wird dieser Forderung Ausdruck verliehen.

ab 1962
Die Auflieferung von Briefen an Postbussen, die der Landbevölkerung mehrfach am Tag Möglichkeiten für die Versendung von Postsachen bietet, wird durch den verstärkten Einsatz angemieteter Fahrzeuge (deren Fahrer nicht auf das Postgeheimnis vereidigt sind) zunehmend eingeschränkt.

1962, 27.8.
Die Fa. Büssing erhält vom PTZ einen Auftrag über fünf weitere Gelenkbusse der Bauart 13 RU 10. Die Fahrzeuge werden Anfang 1963 ausgeliefert und den OPDen Kiel (BP 10-166 bis 168), Hannover (BP 10-169) und Münster (BP 10-170) zugeteilt.

1962, 15.10.
Die Scharnow-Reiseleitung Braunlage kritisiert, dass für die Postbusrundfahrten nur die ältesten und schlechtesten Wagen zur Verfügung stünden. Dies sei keine Reklame und Werbung für die Post, zumal die Konkurrenz das beste Material an Wagen auf die Beine stelle und das Publikum heute sehr verwöhnt sei. Das PA Bad Harzburg bestätigt, dass Teilnehmer an Ausflugsfahrten oft sinngemäß sagen: "Die Fahrt war sehr schön, aber schaffen sie sich mal bessere Busse an." Die jüngsten Wagen seien fünf Jahre alt und für den Linienverkehr gebaut, d.h. auf Komfort sei weitgehend verzichtet worden. Besser ausgestattete Busse seien erforderlich. Dabei müssten sie so eingerichtet sein, dass sie gleichzeitig die Post des PA Braunlage, etwa 50 Koffer und zuweilen noch eine größere Anzahl von Skiern mitführen könnten. Dafür werde in hergebrachter Weise eine Dachgalerie empfohlen.

1962, 14.12.
Die Isar-Engadin-Post München - Landeck - St. Moritz wird Europabus-Linie.

1963, 1.1.
Anhebung der Regelfahrgebühr im Postreisedienst von 7,5 auf 8,0 Pf/km.

1963, 30.4.
Mit der Eröffnung der Fehmarnsundbrücke endet die Trajektierung von Postbussen über die Großenbroder Fähre im Zuge der Linien Kiel - Burg (Fehmarn) und Bad Segeberg - Burg (Fehmarn).

1963, 26.5.
Postbusse übernehmen der Verkehr an Stelle der stillgelegten Kreisbahn Emden - Pewsum - Greetsiel (Ostfriesland). Es kommt zu Streitigkeiten mit Fischhändlerinnen aus Greetsiel, da die Postbusse nicht - wie bisher bei der Schmalspurbahn gewohnt - offene Fischkörbe mitnehmen.

1963, 26.5.
Im Bereich der OPD Saarbrücken werden neue Bahn/Post-Gemeinschaftsverkehre verwirklicht, nachdem bereits seit 2.10.1960 die Strecke Wadern - Lebach - Saarbrücken in dieser Form geführt wird. Das Fahrtenverhältnis wird auf 60 (Bahn) zu 40 (Post) festgesetzt.

1963, 1.6.
Als letzte OPD führt Tübingen Almex-Fahrscheindrucker ein.

1963
Der Bahnbusdienst befördert erstmals mehr Fahrgäste als die Kraftpost.

1963
Indienststellung der letzten Kurzhauber und Allradbusse der DBP. Die vier Wagen BP 10-156 bis 159 vom Typ MB/FAKA LAO 328 werden auf Bergstrecken im Bereich der OPD München eingesetzt.

1963
Der Bericht der Kraftpost-Kommission empfiehlt Stützpunkte mit 10 bis 25 Fahrzeugen als optimale Größe. Bezüglich der Wagenauslastung wäre mit einer weitergehenden Verbesserung auch bei Übertragung des Postreisedienstes auf Gesellschaften mit eigener Rechtspersönlichkeit nicht zu rechnen.

1963
Eugen Roth beschreibt in der Novelle "Das Postauto" die Reise mit einem Postomnibus.

1963, 13.12.
Die OPD Hamburg schreibt an den Regierungspräsidenten Stade. Bezugnehmend auf die Polizeiverordnung vom 17.6.1935 werden gegen den weiteren Betrieb der Oste-Schwebefähre in Osten (Niedersachsen) keine Einwände erhoben, wenn die bestehenden Sonderrechte der DBP, insbesondere die Vorfahrtsrechte für planmäßige Kraftposten und Landkraftposten sowie die Gebührenfreiheit für posteigene Kfz, weiterhin anerkannt und in der Genehmigungsurkunde der Fähre verankert werden.

1964, Februar
Der "Bericht über den Postreisedienst" (Teil 1) mit Untersuchungsergebnissen zur Wirtschaftlichkeit und Vorschlägen zur Sanierung des Postreisedienstes erscheint.

1964, 17.4.
Beim PA Bielefeld wird von der Fa. Kuhlmann ein Büssing/Vetter-13 RU 11-Gelenkbus (Bj. 1962) übernommen und als BP 10-353 eingereiht.

MB 0 322 mit Gepäckanhänger in Passau, September 1969 (MC).

Ab 1965 kam der MB 0 302 in den Wagenpark der Post. Die hier abgebildeten Wagen liefen auf der Strecke Köln - Siegburg (Foto: E. N. Pounder).

Treffen zwischen Österreichischer Post und Deutscher Bundespost, 1967 im Bayernland. Während die österreichischen Kollegen noch auf den guten alten Saurer-5 GF U-Haubenpostbus setzen, fährt von deutscher Seite der MB 0 317 K mit Unterflurmotor nach Prien am Chiemsee (SVS).

Großer Fahrgastandrang in Triberg im Schwarzwald, Winter 1970. Noch sind die Haltestellen mit Kraftpost- und Post-Schildern ausgestattet (SVS).

Bahn und Post eingehend zu prüfen. Im Oktober 1967 wurde in einem Gutachten, das die Bundesregierung in Auftrag gegeben hatte, erstmals aus rein wirtschaftlicher Sicht die Überleitung des Postreisedienstes auf die Bahn empfohlen. Die Politik mochte jedoch einem solch gravierenden Schritt noch nicht folgen. 1969 folgte dann der Auftrag an Bahn und Post, ihre Busverkehre verkehrlich und einnahmemäßig zu integrieren.

Die Entwicklung der Deutschen Bundespost war ab Mitte der sechziger Jahre von einem immer stärkeren Wandel gekennzeichnet. An der Schwelle zum Informationszeitalter trat das klassische Postwesen zugunsten der nachrichtentechnischen Dienste in den Hintergrund. Nachdem die gesamte DBP in den Jahren 1961 bis 1965 erhebliche Verluste ausweisen musste, empfahl die Sachverständigen-Kommission für die Deutsche Bundespost im November 1965 eine organisatorische Trennung des Post- und Fernmeldewesens. Überlegungen in diese Richtung bedeuteten weiteren Druck auf den bis dahin quersubventionierten Postreisedienst, der nicht mehr zum Kerngeschäft der Post gezählt wurde (nur 1 bis 1,5% aller Einnahmen der Post stammten aus dem Reisedienst). Es brauchte einige Jahre, bis das BPM diese Linie offensiver vertrat. Die ständige Kostenunterdeckung bei der Personenbeförderung verstärkte den Trend. Es kam hinzu, dass die althergebrachte Arbeitsweise, der Kraftpost die Postversorgung des flachen Landes zu übertragen, nach und nach aufgegeben wurde (von örtlich bedingten Ausnahmefällen abgesehen). Stattdessen besorgten besondere Lkw-Fahrten die Postverteilung. Eine auffällige Parallele ergab sich damit zum Bahnpostdienst, der ebenfalls immer weiter eingeschränkt wurde. Weiterhin wirkten sich Strukturprobleme im Überlandverkehr nachteilig aus. Der zu ermäßigten Tarifen durchgeführte Schülerverkehr nahm im Zuge der Einrichtung von Mittelpunktschulen ab 1968 stetig weiter zu und erforderte erhebliche, nicht kostendeckende Fahrleistungen. Parallel sank die Zahl der Vollzahler im Zuge der allgemeinen Abwanderung auf den Individualverkehr. Alle diese Faktoren führten dazu, dass der Postreisedienst innerhalb der Deutschen Bundespost zunehmend ein Schattendasein führte. Auch die an sich sehr erfolgreichen Rationalisierungsbemühungen wurden durch gegenläufige Einflüsse überkompensiert. Ohne diese Maßnahmen wäre die Kostenunterdekkung weit stärker angestiegen. Um die Wirtschaftlichkeit zu steigern, wurde die Anmietquote weiter erhöht, die eigenen Fahrleistungen und die Zahl der posteigenen Busse verringert, die Zahl der Verwaltungsstellen zurückgenommen und die Werbung beschränkt. Die verstärkte Anmietquote entspannte das Verhältnis zu den Privatunternehmern, sorgte aber gleichzeitig aufgrund der hohen Nachfrage von Bahn und Post dafür, dass der wirtschaftliche Effekt dieses Vorgehens nachließ. Insgesamt zeigte die Bilanz tiefrote Zahlen.

Äußeres Zeichen des Wandels war die 1965 einsetzende Ablösung der etwas altmodischen Bezeichnung „Kraftpost" durch das moderner klingende Wort „Postreisedienst". Der neue Begriff gab dem Alltag des Liniendienstes einen freundlichen Klang. Der Namenswechsel symbolisierte gleichzeitig die Veränderungen, die langsam Platz gewannen. Auf dem Lande, dem üblichen Einsatzgebiet der Postbusse, traf man noch lange eine gewisse Geruhsamkeit an, die schleichend verloren ging. Ein Beispiel für dieses Idyll zeigt der folgende Bericht aus dem Jahr 1963:

Es geht um die gute Luft
(aus: Hamburger Abendblatt, 1963)

Zwischen den Fischfrauen des malerischen Hafenörtchens Greetsiel an der ostfriesischen Küste und der Bundespost ist seit einiger Zeit ein ausgesprochen anrüchiger Streit ausgebrochen! Den Frauen ist Empörendes geschehen: Sie dürfen nicht mehr in die zwischen Greetsiel und Emden verkehrenden Postbusse einsteigen. Die Postschaffner haben ihnen im Auftrage der Oberpostdirektion den Zutritt zu den Bussen untersagt. Der Post geht es nicht so sehr um die Frauen persönlich, sie nimmt Anstoß an dem Duft, der sie begleitet. Er entströmt den Körben, in denen sie Krabben, Butt und Schollen nach Emden bringen, um sie dort von Haus zu Haus an eine zumeist schon jahrelange und feste Kundschaft zu verkaufen.
Bisher hat „Jan Klein" die Fischfrauen unbeanstandet nach Emden gefahren. Jan Klein, so hieß in Ostfriesland die allerletzte und allerschönste Bimmelbahn (Kreisbahn Emden - Pewsum - Greetsiel). Weil die Welt immer mehr den Sinn für Romantik verliert, hat sie jetzt ihren Betrieb einstellen müssen. Die Fischfrauen waren ihre letzten und treuesten Fahrgäste, und nie hatte Jan Klein etwas an ihnen auszusetzen. In den Postbussen, die an die Stelle der Bimmelbahn getreten sind, ist das aber nun ganz anders. Wenn die Hitze so recht stark auf die Körbe drückt, wandelt sich der salzige Meerwasserduft, der ihnen sonst entströmt, in unverträglichen Geruch. Die Fahrgäste strecken die Nasen zu den Fenstern heraus. Nach ein paar Tagen schon riechen die neuen Postbusse von weitem nach Fischmarkt. Die Post erklärte, daß sie den Gestank der Fische den übrigen Fahrgästen nicht weiter zumuten könne und ließ die Fischfrauen an der Haltestelle Greetsiel mit ihren Körben zurück.
Die Frauen aber berufen sich darauf, daß ihre Fische in „Jan Klein" nicht gerochen hätten. Erstens sei die Hitze in den Wagen dort nie so groß gewesen wie in den Postbussen, außerdem hätte es dort mehr Fenster und frische Luft gegeben. Wenn es der Post aus ihren Körben jetzt zu sehr riecht, dann liege das nicht an den Fischen, sondern an der Sonne, kontern jetzt die Fischfrauen. Für den Schutz vor der Sonne in den Bussen aber sei die Post selbst zuständig. In diesem Sinne wird jetzt eine Resolution verfasst, mit der die Fischfrauen bis zu Postminister Stücklen gehen wollen. Im Übrigen berufen sie sich dabei auf das Beförderungsgesetz. Was „Jan Klein" recht war, muß Postminister Stücklen billig sein.

Anfang der sechziger Jahre gab es noch nett gestaltete Werbeprospekte für die Kraftpost, sogar in englischer Sprache. Die Abbildungen zeigen Beispiele der OPDen Neustadt (Weinstraße) und München. Die einsetzende Rationalisierungswelle machte allerdings auch vor den Werbemaßnahmen nicht Halt (SVS).

Ein Spezialität der Kraftpost für die Relation Stadt - Land und umgekehrt war die gerne genutzte Möglichkeit der Aufgabe von unbegleiteten Poststücken (Kraftpostgut), einem äußerst preiswerten Kurierdienst. Gerade aus den sechziger Jahren wird berichtet, dass die Postbusse an den Endpunkten förmlich von Lieferwagen eingekreist waren, deren Fahrer noch in letzter Minute Sendungen aufgeben wollten. Ein Fahrgast hatte im Sommer 1964 das hier geschilderte Erlebnis mit einem ganz besonderen Kraftpostgut:

1964, Juli
Der Regierungspräsident in Hildesheim erteilt dem PA Göttingen die Verlängerung der Ausnahmegenehmigung für den Betrieb des Personenanhängers BP 58-522 mit dem ausdrücklichen Vermerk, dass eine weitere Verlängerung der Gültigkeit über den 31.12.1964 hinaus nicht in Frage kommt.

1964
Nach zehnjähriger Unterbrechung kommen wieder neue Omnibusse von Magirus zur Post.

1964
Das PTZ beurteilt die Omnibuslänge von 11,2 m als die beste, da sie am meisten dem Straßenverkehr angepasst sei. Trotzdem setzt sich bei der Post zunehmend die 12-m-Länge durch. Im Gegensatz zu anderen Verkehrsunternehmen behält die Post noch lange Zeit die schmale Mitteltür bei.

1964
Kraftpostgut bis 2 kg sowie volle Milchkannen kosten 50 Pfennig Gebühr. Leere Milchkannen werden gebührenfrei befördert.

1964, 1.8.
Inkrafttreten der neuen Postreise- und der Postreisegebührenordnung.

1964, 31.12.
Die letzten Personenanhänger der Post werden abgestellt.

1965, 26.5.
Zum 60. Jahrestag der Eröffnung der ersten Kraftpostlinie erscheint in den Pressemitteilungen des BPM der Bericht "1905 fuhr der erste Postbus".

1965, 30.5.
Zum Sommerfahrplan 1965 erscheinen die regionalen Taschenfahrpläne erstmals unter dem Titel "Amtlicher Taschenfahrplan für den Postreisedienst" statt wie bisher als "Amtlicher Kraftpost-Fahrplan". Dieser Zeitpunkt gilt als Ablösung des postoffiziell verwendeten Begriffes "Kraftpost", der jedoch intern und als Aufdruck auf den Almex-Fahrscheinen weiter verwendet wird. Die Haltestellenschilder werden von nun an mit "POST" statt "Kraftpost" beschriftet.

1965, 25.6.
Zur Internationalen Verkehrsausstellung in München gibt die DBP ein Sonderpostwertzeichen mit dem Motiv zweier Postbusse und 15 Pfennig Wert heraus.

1965
Der Bahnbusdienst setzt erstmals mehr Fahrzeuge als die Kraftpost ein und löst sie damit als größtes deutsches Omnibusunternehmen ab.

1965
Die DBP beschafft letztmalig eine größere Serie von 10-Meter-Bussen (Magirus 150 L 10).

1965
In England starten Minibusse der Royal Mail mit Personenbeförderung, vergleichbar dem Landkraftpostdienst.

um 1965
Für 10 Pfennig kann man zu den schönsten Reisezielen des Postreisedienstes gelangen. Man braucht die Münze nur in einen Automaten im Postamt des Frankfurter Hbf zu stecken. Der Guckkasten gibt einen Eindruck der Landschaften zwischen Nordsee und Alpenrand, die die Postbusse durchfahren.

ab 1965
In der DDR verkehren Landkraftposten mit Personenbeförderung nur noch in örtlich bedingten Fällen.

1965, 24.8.
Novelle zum Personenbeförderungsgesetz, da der Gedanke dieses Gesetzes zum Schutz des Besitzstandes zu heftigen Kämpfen zwischen den Unternehmen - auch zwischen Bahn und Post - geführt hat. Wenig fahrgastfreundliche Verkehrsverhältnisse in Konkurrenzgebieten sind die Folge.

1965, Dezember
Das PA Detmold richtet in Detmold Stadtverkehrslinien ein.

1966, 1.3.
Anhebung der Regelfahrgebühr im Postreisedienst auf 8,5 Pf/km. Der Mindestbetrag für Schwarzfahrer beträgt jetzt 20 DM. Im Zusammenhang mit der Fahrpreiserhöhung ergeht ein Beschluss der Bundesregierung, wonach in Zukunft die Fahrgebühren von Bahnbus und Postbus auf gleicher Höhe mit dem Schienentarif der Bahn bleiben sollen.

1966, 23.3.
Bundeskanzler Erhard regt in einem Brief an den Bundespostminister an, die Zusammenführung der Reisedienste von Bahn und Post eingehend zu prüfen.

1966, Mai
Die im Besitz der DBP befindliche Peill Verkehrsgesellschaft in Stade wird in Kraftverkehrsgesellschaft mbH, Stade (KVG Stade) umbenannt.

1966
Mit über 45.000 Fahrzeugen ist die DBP nach wie vor der größte zivile Kfz-Halter in Europa.

1966
Das Defizit im Postreisedienst bewegt sich seit mehreren Jahren gleichbleibend in der Nähe der Grenze von 70 Mio. DM. Dass es nicht - wie beim übrigen Postdienst - zu höheren Steigerungen des Verlustes kam, ist den zielstrebig weitergeführten Rationalisierungsbemühungen zu verdanken.

ab 1966
Starker Anstieg des Schülerverkehrs durch Einführung des 9. Schuljahres und der Schaffung von Mittelpunktschulen. Damit einher geht der Anstieg von Beförderungsfällen zum Sozialtarif, der bis 1976 die Marke von 57,5% erreicht.

1966, 2.8.
Bahn und Post kommen überein, die sich überschneidenden Linien durch Tausch zu entflechten, Gemeinschaftslinien nur von einer Verwaltung betreiben zu lassen, gegenseitige Bedienungsverbote ersatzlos aufzuheben, Fahrausweise gegenseitig anzuerkennen und Zeitkarten bei Bedarf durchzutarifieren. Damit wird den Forderungen kommunaler Verbände nach "Gebietskonzessionen" für einen einzelnen Verkehrsträger begegnet.

1966, Oktober
Der VÖV bildet einen Arbeitskreis Standardlinienbus.

1967, 1.1.
Linientausch zwischen Bahn und Post: 33 Linien mit 1.038 km gehen von der Post auf die Bahn über, 34 Linien mit 1.208 km wechseln von der Bahn zur Post.

1967, 1.1.
Die DBP übernimmt zusammen mit sieben Bussen den Personenverkehr auf der Vorwohle-Emmerthaler Eisenbahn.

Die OPD Saarbrücken kaufte bis 1960 Omnibusse französischer Fabrikate. Dazu gehörten 25 Saviem ZR 20 N, von denen BP 10-129 im Jahr 1968 in Saarbrücken noch aktiv war. Der Saviem verfügte über einen 140 PS-Unterflurmotor (MC).

1962 stellte die OPD Hamburg diesen MB O 317 in Dienst und setzte ihn im Bereich der Lüneburger Heide ein. Mitte der sechziger Jahre verschwanden die Mercedes-Postbusse aus Nordwestdeutschland. Dort kamen seitdem nur noch Büssing- bzw. später MAN-Omnibusse zum Einsatz (SVS).

Romantische Kraftpost-Werbung von 1963. Nur sechs Jahre später wurde die Vision von der Mondrakete Realität (SVS).

Der posteigene Wagen der Linie Bremen – Itzehoe war mit einem Posthorn ausgerüstet, das an ländlichen Haltestellen auch benutzt wurde. Die Fahrgäste erwarteten den Wagen dort teilweise im Gasthaus oder auf in einiger Entfernung von der Haltestelle stehenden Bänken. Im Alten Land gab es einen außerplanmäßigen Zwischenaufenthalt, der Fahrer kaufte auf einem Bauernhof Eier ein. Einen weiteren Halt gab es kurz vor Itzehoe, wo der Fahrer die Eier einer Frau übergab, die zuvor mittels Posthorn von der Ankunft verständigt und an den Wagen zitiert worden war.

Wenn das kein Dienst am Kunden war! Diese Situation war durchaus nicht ungewöhnlich und zeigt exemplarisch die enge Verbundenheit der Bevölkerung und Fahrgäste mit ihrer Kraftpost. Die Beschaulichkeit verschwand indes genauso bald wie die Mehrtonfanfaren der Postbusse.

1961 begann die Post damit, für ihre Busse die Nummern ab BP 10-001 ein zweites Mal zu belegen. Zuvor waren für Postomnibusse die Nummernreihen BP 10-001 bis BP 16-999 vorgesehen und ab 1950 auch vergeben worden. Nur kurze Zeit, von 1960 bis 1962, war vorübergehend auch ein Teil der Reihe BP 17 belegt worden. Die Personenanhänger liefen in der Kennzeichengruppe BP 58-001 bis 999, Probe- oder Sonderfahrzeuge unter BP 59-Nummern. Ab 1968 wurde das Nummernschema dem wachsenden Wagenpark angepasst und auf eine vierstellige laufende Nummer erweitert. Für Omnibusse begann mit BP 10-1000 eine neue Reihe, die chronologisch bis zur Nummer BP 10-3950, der letzten Neubeschaffung aus dem Jahr 1983, fortgeführt wurde.

In den Jahren 1961 bis 1964 waren insgesamt 13 Gelenkbusse in den Wagenpark der Post gekommen, darunter drei Gebrauchtübernahmen. Die geringe Zahl überrascht zunächst, weil der Gelenkbus mit seiner hohen Sitzplatzkapazität prädestiniert war, den bis 1960 allgemein üblichen Betrieb mit Personenanhängern zu ersetzen. An dieser Stelle sei kurz auf die „Seebohmschen Verkehrsgesetze" eingegangen, die nach dem damaligen Verkehrsminister benannt waren. 1956 wurden zum Schutz des Eisenbahn-Güterverkehrs drastische Beschränkungen der Maße und Gewichte von Lastkraftwagen beschlossen, die für Neufahrzeuge zum 1.1.1958 in Kraft traten. Für vorhandene Wagen galten Übergangsfristen. Zeitgleich gab es neue Zulassungsbestimmungen für Omnibusse, die unter anderem den Anhängereinsatz und die Länge von Gelenkbussen regelten. Das Mitführen von Personenanhängern sollte ab Mitte 1960 ganz verboten werden. In der Praxis kam es dann aber zu Ausnahmeregelungen, die es der Bundespost gestatteten, ihre letzten Anhänger noch bis Ende 1964 in Betrieb zu halten. Als ähnlich fassungsstarke Fahrzeuge mit gleichzeitig besseren Fahreigenschaften boten sich Gelenkbusse an. Sie durften vor 1956 18 m lang sein, waren aber noch kaum verbreitet. Die neue „seebohmfeste" Länge eines Gelenkbusses betrug vorübergehend nur 15 m. Ab 1960 waren 16,5 m zulässig (ab 1965 dann wieder 18 m). Diese Größenklasse nutzte die DBP mit acht neubeschafften Büssing/Emmelmann-Gelenkwagen aus. Für den Überlandbetrieb der Post reichten mittlerweile aber die als „Großraumfahrzeuge" bezeichneten Solobusse der 12-Meter-Klasse aus, repräsentiert durch den weit verbreiteten Mercedes-Benz O 317 (der allerdings auch in der 11,2 m-Kurzversion vorhanden war). Lediglich 1971 wurden noch zwei „Nachzügler" von der Post beschafft, wiederum 16,5 m lange Büssing/Emmelmann-Wagen.

Am 21.4.1962 stand der Anhängerzug nach Ratzeburg am Hamburger ZOB bereit. Eigentlich war zu diesem Zeitpunkt schon das Verbot für Personenanhänger in Kraft getreten, die Post erhielt aber bis Ende 1964 die Genehmigung zum Auslaufbetrieb für diese Fahrzeuge. Der Zug diente als Vorbild für ein BREKINA-Modell (JW).

Beschaulich geht es am 16.9.1963 in Emden zu. Auch das Fahrtziel „Hinte - Pewsum" in der ostfriesischen Provinz klingt nach einem gemütlichen Fahrauftrag für den damals fünf Jahre alten Postbus, einen Büssing TU 11. Bis 1960, länger als andere Verkehrsbetriebe, hatten Post und Bahn bei Büssing noch die auslaufenden Verbundfahrgestell-Baureihen TU 11 und TU 7 gekauft (JW).

Anfang der sechziger Jahre konnten solche bunten Szenen in den Betriebshöfen der Postämter angetroffen werden. Das Bild von Heinrich Munk entstand 1961 in Rinteln.

Mit BP 10-146 kam 1962 der erste serienmäßige Büssing Senator 13 in der neuen Röhrenbauform und mit den markanten schrägen Fensterholmen zur Post. Jürgen Warntjen nahm ihn im August 1963 in Göttingen auf.

1967, 4.1.
Übergang der Kraftpostlinien des PA Stade auf die KVG Stade.

1967, 4.1.
Auf einer Sitzung beim PTZ beschließt die DBP zusammen mit DB, BDE und dem Bundesverband des deutschen Personenverkehrsgewerbes die Unterstützung des VÖV. Damit soll erreicht werden, dass aus dem zu entwickelnden einheitlichen Stadtlinienbus ein Überlandlinienbus unter Beibehaltung der Baugruppen abgewandelt werden kann. Zur Rationalisierung des Busverkehrs soll der StÜLB einen einheitlichen Aufbau und Fahrerplatz, einen hohen Sitzplatzanteil, hohe Motorleistung und gute Wartungsfreundlichkeit aufweisen. Die später gewählte Länge von 11,7 m ergibt sich erst im Laufe der Entwicklung aus anderen Forderungen, nicht zuletzt derjenigen nach einer weitestgehenden Baugleichheit mit dem VÖV-Standardbus.

1967, 1.6.
Die DBP übernimmt zusammen mit sechs Bussen den Personenverkehr von der Kleinbahn Voldagsen - Duingen - Delligsen.

1967
Die Zahl der Postbusfahrer ist auf 3.366, die der Fahrgelderheber auf 33 gesunken.

1967
Die letzten Postbusse der klassischen Haubenbusbauarten werden ausgemustert. Es handelt sich um MAN MKN 630 der OPD Nürnberg.

1967
Die OPD Köln, die fast 10% des gesamten Postreisedienstes im Bundesgebiet durchführt, plant Verkehrspools mit der DB, der Oberbergischen Verkehrs AG und der ASEAG Aachen. Sie sind Vorläufer späterer Verkehrsgemeinschaften.

1967
Die HWKw Bamberg baut eine Postkutsche für die historische Pferdepostlinie Bad Kissingen - Bad Bocklet nach. Die Kutsche ist bis heute im Einsatz.

1967
In der ZDF-Drehscheibe wird eine Reportage über die Deutsche Alpenpost gesendet.

um 1967
Über lange Jahre hinweg bietet die DBP Gemeinschaftsfahrscheine mit verschiedenen Schifffahrts- und Bergbahnlinien an, so z.B. auf den Strecken Flensburg - Faaborg (Fähre nach Dänemark), Husum - Amrum (Schiff), Bodenwerder - Polle (Weserdampfer), Passau - Linz (Donaudampfer), Oberstdorf - Söllereck (Bergbahn) und Kochel - Herzogstandbahn.

1967, 1.10.
Die DBP tritt in Hamburg erstmals mit einigen Linien einem Verkehrsverbund bei, dem Ende 1965 gegründeten HVV.

1967, 16.10.
Ein im Auftrag der Bundesregierung erstelltes Gutachten der Deutschen Revisions- und Treuhand AG empfiehlt aus rein wirtschaftlicher Sicht eine Überleitung des Postreisedienstes auf die Bundesbahn. Für eine Zusammenlegung bei der Post findet das Gutachten keine Argumente. In der Folgezeit erläutert die Postseite der Bundesregierung die Schwachstellen des Gutachtens.

1968, 6.5.
Die Bundesregierung beauftragt Bahn und Post, alle Rationalisierungsmaßnahmen auszuschöpfen und bis zum 1.1.1969 einen Plan für die Zusammenlegung ihrer Busdienste vorzulegen.

1968, 1.6.
DBP, DB und zwei Privatunternehmen, 1971 ergänzt um die Stadtwerke Osnabrück, gründen die Verkehrsgemeinschaft "Kraftverkehr Osnabrück-Süd". Am 1.9.1969 bzw. am 1.4.1974 folgen die Verkehrsgemeinschaften Kraftverkehr Osnabrück-Ost und -Nord mit über zehn Vertragspartnern. Die Verbünde Süd und Ost schließen sich am 1.7.1972 zur Verkehrsgemeinschaft Osnabrück zusammen. Die Post ist an allen Verbünden beteiligt.

1968, 1.7.
Der 500. Magirus-Bus für die DBP, ein 150 LS 12, wird übergeben.

1968, Sommer
Das PA Detmold legt letztmals einen Prospekt für sein seit vielen Jahren beliebtes Fahrtenprogramm auf. Titel: Mit dem Postauto in die weite Welt. Unter anderem werden Reisen nach Skandinavien, Holland, Italien, in die Schweiz und nach Österreich angeboten. Das Angebot läuft aus, weil kein geeigneter Reisebus zur Verfügung steht und vom BPM auch nicht genehmigt wird. Der zuletzt praktizierte Mietwageneinsatz scheitert an der Kostenrechnung.

1968
Aufgrund des gewachsenen Wagenparks erhalten die Postfahrzeuge vierstellige Ordnungszahlen. Für Postomnibusse beginnt das Schema bei BP 10-1000 (fortgeführt bis 1983, höchste Nummer = BP 10-3950).

1968
Der Kostendeckungsgrad des Postreisedienstes beträgt 72,1%, die Kostenunterdeckung 83,1 Mio. DM. Von den Fahrgästen sind 41,7 % Vollzahler, 26,8 % nutzen Wochen- und Monatskarten und 31,5 % fahren auf tariflich außerordentlich begünstigten Schülerzeitkarten.

1968
Die Zahl der zugelassenen Pkw in der Bundesrepublik Deutschland hat sich gegenüber 1952 mehr als verzehnfacht.

1968
Konzentration der Fahrgebührenabrechnung im Postreisedienst auf fünf zentrale Abrechnungsstellen.

1968, November
Am Beispiel der OPD Regensburg zeigt der Bericht der Postreisedienst-Kommission das Ziel der Kostendeckung im Postreisedienst auf. Bei einigen Stützpunkten soll es danach zur Totalvermietung der Umläufe kommen. Die Verdichtung der übrigen Umläufe wird die Gesamtfahrleistung je etwa zur Hälfte auf posteigene und angemietete Omnibusse verteilen.

1968, 17.12.
Eine von beiden Seiten paritätisch besetzte Bahn/Post-Kommission zeigt vier Alternativen für die künftige Organisationsform auf: Zusammenlegung der Busdienste bei der Bahn, Zusammenlegung der Busdienste bei der Post, Bildung einer eigenen Gesellschaft, engste Zusammenarbeit von Bahn und Post in einer Betriebsführungsgemeinschaft.

1968, 19.12.
Das PTZ bestellt bei Büssing 45 Trambusse der Bauart Präsident 14 für je 79.900 DM.

1968, Dezember
Der "Bericht über den Postreisedienst" (Teil 2) mit Untersuchungsergebnissen zur Wirtschaftlichkeit und Vorschlägen zur Sanierung des Postreisedienstes erscheint.

Diese Aufnahme aus Hamburg stellt den Übergang bei den Busbeschaffungen von den fünfziger (Büssing/ FAKA TU 10 von 1957, rechts) zu den sechziger Jahren (Büssing Senator 11 von 1964, links) dar (SVS).

Ein malerisches Ziel hat dieser Büssing Präfekt 13-Postbus. Dass die Bewohner solch „abgelegener Siedlungen in den Genuss eines schnellen und bequemen Überlandlinienverkehrs" (so der Bildtext) kommen, mag man kaum glauben (SVS).

Im Gegensatz zur DB, die vermehrt Gelenkbusse einsetzte, besaß die DBP nur ein Dutzend Fahrzeuge dieser Bauart. 1961 kamen die ersten beiden Büssing-Gelenk-Postbusse mit Emmelmann-Aufbau und Schenk-Nachläufer. Die 16,5 m langen Wagen (71 Sitz-, 82 Stehplätze) waren als Ersatz für die Personenanhänger gedacht, konnten sich aber im postalischen Überlandbetrieb nicht durchsetzen. BP 10-170 stammt aus der 1963er Serie von fünf Stück des Typs 13 RU 10. Er war in Detmold eingesetzt, wo 1970 das Foto entstand (MC).

Dominierende Modelle im Omnibuspark der Post waren in den sechziger Jahren die Büssing-Wagen der modernen selbst tragenden Gitter- bzw. Röhrenbauweise (über 400 Stück der Baureihen Senator, Präfekt und Präsident), der bereits erwähnte Mercedes-Benz O 317 und sein kleinerer Bruder O 322 mit 10 m Länge (zusammen über 1.000 Wagen) sowie ab 1964 die Magirus-Busse der Typen Saturn, 150 L 10 (10 m), 150 LS 12 und 200 LS 12 (12 m) mit über 600 Exemplaren. Bei der Verteilung legte man zunehmend Wert auf herstellerbereinigte Wagenparks bei den einzelnen Oberpostdirektionen. Die Faustformel lautete: Der Norden und Nordwesten erhält Büssing-Typen (ab 1972 abgelöst durch MAN), der Westen und Südwesten Magirus-Busse und der Süden Mercedes-Wagen. Ausschlaggebend waren die Produktionsstätten der Hersteller in diesen Regionen. Die jeweilige OPD am Sitz des Omnibuslieferanten war die zentrale Abnahmestelle, die die fabrikneuen Fahrzeuge übernahm und weiterverteilte (z.B. die OPD Karlsruhe für das Mercedes-Omnibuswerk in Mannheim). Die Typenbereinigung war in den 1960er Jahren noch nicht durchgängig umgesetzt. So erhielten anfangs auch nord- und westdeutsche OPDen den Mercedes-Typ O 317. Weiterhin in kleiner Zahl kamen Kombi- oder Reisebusse in gehobener Ausstattung in die sonst eher sparsam ausgestattete Postbusflotte. In wenigen Fällen ließ die DBP besondere Postabteile in ihre Busse einbauen. Ein weiteres Charakteristikum der Postbusse waren bis Ende der sechziger Jahre die schmalen Ein- und Ausstiegstüren. Dadurch konnte eine hohe Zahl an Sitzplätzen angeboten werden.

Für ihre Bergstrecken im Bereich der OPD München erhielt die DBP letztmals 1963 vier allradgetriebene Kurzhauber des Typs Mercedes-Benz LAO 328 mit FAKA-Aufbau. Auch in den Jahren zuvor waren in kleiner Stückzahl speziell für die Bedürfnisse des Berglandes geeignete Postbusse beschafft worden. Begonnen hatte diese Entwicklung bereits in den dreißiger Jahren. Ab 1952 waren für die steigungsreichen Linien von Berchtesgaden-Obersalzberg zum 1710m hohen Kehlstein („höchste Alpenlinie der Deutschen Bundespost"), von Reit im Winkl zur Winklmoosalm sowie in den Bereichen des Riedbergpasses, des Roßfeldes und des Kleinwalsertals Fahrzeuge mit Allradantrieb bzw. Spezialgetrieben eingesetzt worden.

Im Bereich der Hecktür der Gelenkzüge wurden die Postbeutel befördert (SVS).

„Wo ist nur wieder meine Schülermonatskarte?“ Szene aus Flensburg vom 27.8.1964 (SVS).

Neben Senatoren und Präfekten durften auch Büssings Präsidenten im Post-Fuhrpark nicht fehlen. Mit dem Präsident 14 verabschiedete sich Büssing 1968 von der eleganten Röhrenbauform, die die Fahrzeuge dieser Marke in den sechziger Jahren prägte. Malcolm Chase fotografierte 1970 in Münster.

1968, Winter
Erprobung des ersten bundesdeutschen Gemeinschaftsverkehrs der DBP mit einem Privatunternehmer, der Fa. Komm-mit-Reisen Morent aus Sigishofen, auf der Linie Oberjoch - Oberstdorf. Bereits seit 1967 werden die Rückfahrkarten gegenseitig anerkannt. Der große Verkehrserfolg führt 1969 zu einer Zusammenlegung der Linienkonzessionen von DBP und Komm-mit im Raum Oberallgäu.

1969, 3.1.
Beim PA Goslar werden drei Kraftpostlinien seit 40 Jahren befahren. Aus diesem Anlass tragen die Postbusse auf den Strecken Transparente mit der Aufschrift "40 Jahre moderner Straßenverkehr durch Postbusse".

1969, 11.2.
Der Verwaltungsrat der DB spricht sich für eine Zusammenlegung der beiden Omnibusdienste bei der Bahn aus und schlägt eine Anmietung der Postomnibusse vor, um Personalumsetzungen zu vermeiden. Die vorgesehene Verkehrsgemeinschaft Bahn/Post wird als Behelfslösung bezeichnet, die das angestrebte Ziel nur teilweise verwirklichen könne.

1969, 27.2.
Der Verwaltungsrat der DBP hält eine Fusion der beiden Omnibusbetriebe für unwirtschaftlich und nicht sachgerecht und spricht sich für eine langfristige betriebliche Selbstständigkeit aus.

1969, Februar
Im Postmuseum Nürnberg wird der Dokumentarfilm "Die Post einst und jetzt" gedreht. Der Museumsbus II P-1 (Daimler, 1905) ist dabei.

1969, 30.4.
Entscheidung des Bundeskabinetts: Die beiden Bundesverwaltungen werden beauftragt, eine Verkehrsgemeinschaft in Richtung einer verkehrlichen und einnahmemäßigen Integration der bisher getrennten Omnibusdienste zu errichten. Der Öffentlichkeit gegenüber sollen beide Verwaltungen "wie ein Unternehmen" auftreten.

1969, 1.6.
Einrichtung der Weser-Solling-Post von Hameln nach Hannoversch Münden.

1969, 1.6.
Die DBP beteiligt sich am Verkehrs- und Tarifverbund Trier und gründet eine Verkehrsgemeinschaft mit der Siegburger Verkehrsgesellschaft.

1969, Juni
Im Beisein des Bundespostministers übergibt Büssing den 1.700sten Bus seit 1948, einen Präsident 14, an die Deutsche Bundespost. Im gleichen Monat liefert Mercedes-Benz den 1.000sten Postbus des laufenden Produktionsprogramms aus, den MB O 317 BP 10-1456. Auch hier ist Postminister Dollinger bei der Schlüsselübergabe anwesend.

1969, 28.7.
Gesetz über das Postwesen.

1969
Die Maßnahmen zur Rationalisierung des Postreisedienstes haben deutliche Erfolge erzielt. Parallel zu steigenden Beförderungszahlen konnte die Zahl der posteigenen Busse seit 1959 auf 2.200 halbiert, das Fahrpersonal von 5.047 auf 3.390 abgebaut, die Zahl der Verwaltungsmitarbeiter von 762 auf 406 gesenkt und die Zahl der PÄ mit Postreisedienst von 378 auf 265 vermindert werden. Gleichzeitig wurde die Zahl der angemieteten Auftragnehmeromnibusse auf rund 2.000 verzehnfacht, die Jahresfahrleistung je Postomnibus fast verdoppelt und die des Fahrpersonals um 37% gesteigert. Großen Anteil an diesen Erfolgen hat das ständige Bemühen des Ministerialrats Reissermayer vom BPM (1963-1975) im Zusammenwirken mit den für den Postreisedienst zuständigen Referaten 14 der OPDen.

1969
Der Postreisedienst wird geleitet von einem Referat (123 bzw. 603) des BPM, die Betriebs- und Verkehrsleitung liegt bei den 21 OPDen. Die Betriebsdurchführung erfolgt bei den 265 Postämtern mit Postreisedienst. Betrieben werden 1.881 Linien: 1.522 Überland- und 69 Orts-/Nachbarortslinien, 235 Berufsverkehre und 55 Schüler-, Markt- und Theaterfahrten.

1969
Der Fahrleistungs-Anteil der Post am gesamten deutschen Omnibuslinienverkehr beträgt noch knapp 10%.

1969
Die meisten Fahrgäste werden in den OPD-Bezirken Köln, Münster und Frankfurt a.M. befördert, die wenigsten in Hamburg.

1969, August
Die Post beschafft zu Testzwecken fünf VÖV-Standard-Stadtbusse (drei Büssing Präfekt 13 Standard, einen Magirus 170 S 11 H und einen MB O 305).

1969, 12.12.
In einem Spitzengespräch einigen sich DB und DBP über die Modalitäten der Verkehrsgemeinschaft Bahn/Post.

Zur Verkehrsausstellung 1965 erschien diese 15 Pfennig-Briefmarke mit den Motiven eines MB O 317 und des ersten Daimler-Postomnibusses von 1905. Die Türen des oberen Busses hat der Grafiker auf der falschen Seite gezeichnet.

Den Büssing Präsident 14 im modernisierten 1969er Design vertritt BP 10-1404 des PA Wermelskirchen, hier 1970 unterwegs auf der stark frequentierten Linie Remscheid-Köln. Der Bus wirkt moderner als die nachfolgenden Pkw (SVS).

Mitte der sechziger Jahre wurde die verbliebene Kraftpost-Werbung abstrakter (Prospekt der OPD Freiburg, SVS).

Ganz modern kam 1969 BP 59-962 daher, ein Büssing Präfekt 13 Standard. Er war einer von fünf Standard-Stadtbussen in Erprobung bei der DBP. Der Standardbus war ab 1966 vom Verband öffentlicher Verkehrsbetriebe entwickelt worden. Das Foto entstand Mitte 1970 in Göttingen (MC).

BP 10-1020, ein Büssing Präfekt 13 von 1968, aufgenommen im Frühjahr 1979 an einer ländlichen Endstation bei Oldenburg. Ab 1970 wurde die Außenwerbung an Postbussen zugelassen, die manche der gelben Fahrzeuge harmonisch ergänzte, andere aber eher entstellte. Typisch waren zu dieser Zeit Reklamebanderolen für Spirituosen wie Jägermeister und Berentzen. Ob die staatliche Bundespost damit einen Beitrag zur Volksgesundheit leistete, sei dahingestellt (JW).

Bei Bahn und Post gleichermaßen gut vertreten war der Büssing Präsident 14 mit breiter Mitteltür, hier ein Holzmindener Wagen vom Baujahr 1968 (JW).

Anfang 1980 war dieser 1969 in Dienst gestellte Präsident 14 des PA Oldenburg noch im aktiven Einsatz. Dahinter wartet ein Büssing Präfekt 13 des Baujahres 1968 (VS).

Noch 1966 gab das PA Detmold eine Reisebroschüre für sein internationales Fahrtenprogramm heraus (SVS).

Zum Sommerfahrplan 1965 erschienen die Fahrpläne unter der Bezeichnung „Postreisedienst" an Stelle der alt vertrauten „Kraftpost". Den Postreisedienst im schönen Sauerland vertritt der sonnengelbe Büssing-Postbus (SVS, MKF).

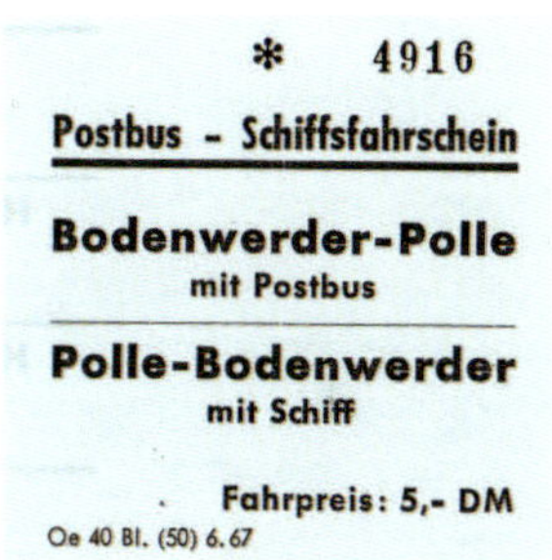

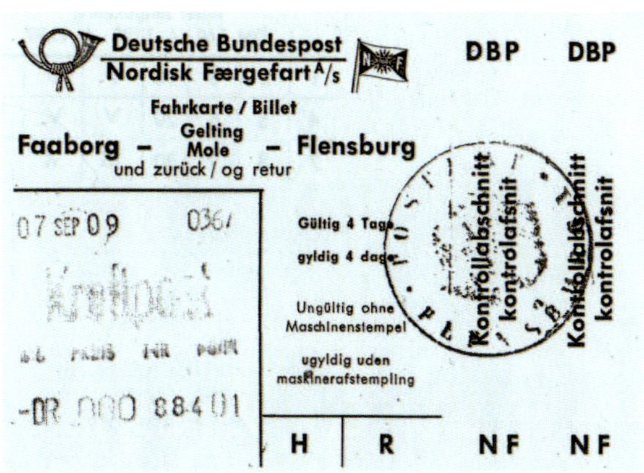

Von der Nordsee bis zu den Bergen: Fahrscheine des Wechselverkehrs Postbus/Schiff und der Alpenpost aus den 1960er Jahren (SVS).

Werbung für die durchgehende Gepäckbeförderung Schiene-Postbus von 1967 (SVS).

Zwischen allen Bahnhöfen der DB und bekannten Ferienorten Oberbayerns, des Schwarzwaldes, des Odenwaldes und des Bayerischen Waldes, die mit Postomnibuslinien erreichbar sind, können Sie Gepäck zur durchgehenden Beförderung aufgeben.
Auskünfte durch die Gepäckabfertigungen der DB sowie die Postanstalten der betreffenden Ferienorte.

An Bord des 1966 in Dienst gestellten Magirus 150 L 10 vom PA Wiesbaden erledigt der Fahrer seine Abrechnung (SVS).

Für die Deutsche Weinstraßenpost erhielt die OPD Neustadt (Weinstraße) 1965 diesen Magirus 150 LS 12, der 1969 auf einer Kirschblütenfahrt unterwegs war (SVS).

Nach rund zehnjähriger „Abstinenz" kaufte die Post ab 1964 wieder Magirus-Omnibusse. BP 10-714, ein Saturn II LS mit Dachrandverglasung, gehörte der OPD Saarbrücken. Im September 1968 wartete der Bus in Saarbrücken Hbf auf seine nächste Fahrt nach Wadern (MC).

In der zweiten Bauform mit hochgezogenen Seitenfenstern zeigte sich der Magirus 150 LS 12-Postbus 1968 in Aachen. Damals gab es noch Kraftpostanlieferer, wie das Schild links verrät. Den Bus gibt es auch als vorbildgetreues H0-Modell von BREKINA (MC).

Im Jahr 1965 kaufte die DBP diesen formschönen MB O 317 K mit Dachrandverglasung (SVS).

Seit 1966 beteiligte sich die DBP an den Vorbereitungen zum Standardbus, der die deutschen Busbetriebe in den siebziger und achtziger Jahren prägen sollte.

Am Postkutscher-Stammtisch erzählt (Sechziger Jahre)
von Günter Graßmann, PA Regensburg

Eine Mutter ist mit ihrem fünfjährigen Sohn zum Arzt nach Kelheim gefahren. Beim Einsteigen in Riedenburg machte die Mutter den Postbusfahrer darauf aufmerksam, daß ihr Sohn das Busfahren nicht so recht verträgt und fragt, ob sie sich deshalb gleich hinter den Herrn „Postchaffeur" setzen darf. Wenn dem Buben schlecht wird, sei die Einstiegstür auf kürzestem Weg erreichbar. Der Busfahrer bejahte das Ansinnen der Mutter und fuhr, nachdem noch weitere Fahrgäste Platz genommen hatten, die Kraftpostlinie in Richtung Kelheim. Der Fahrer legte natürlich bei dieser Fahrt eine besonders vorsichtige und sanfte Fahrweise an den Tag, wohlwissend welche Hypothek ihm im Nacken saß. Bis kurz vor Essing ging auch alles gut. Jeder Schaltvorgang wurde übergangslos und ohne jegliches Rucken eingelegt und jedes Abbremsen butterweich durchgeführt, damit ja dem sensiblen Magen unseres Jung-Fahrgastes keine Unbill widerfuhr. Als unser Postbusfahrer jedoch die enge, unübersichtliche Ortseinfahrt von Essing passieren wollte, mußte er eine Vollbremsung durchführen, um einen unvermeidlichen Zusammenstoß mit einem Langholzfuhrwerk zu verhindern. Im selben Moment jedoch als die Busräder zum Stehen kamen, drehte sich der Magen des Buben um und benetzte gelinde gesagt die ganze Rückenpartie des Fahrers vom Hemdkragen abwärts. Während nun die Mutter mit dem Kind schimpfte, passierte das Langholzfuhrwerk die Engstelle und mit eingezogenem Genick chauffierte unser Kollege den Postbus die letzten Meter bis zur Haltestelle am Marktplatz. Dort entledigte sich der Busfahrer der gesamten Oberbekleidung und bat die Mutter, das Kind nicht mehr zu schelten, da es ja nichts dafür könne, sondern stattdessen den Pumpenschwengel des Markt-Ziehbrunnens zu betätigen, damit er sich waschen könne. So stand also nun der Postbuslenker mit nacktem Oberkörper am Marktplatz von Essing, selbstverständlich neugierig beäugt von den Fahrgästen im Omnibus. Mit dem Säubern des Kindes endeten dann diese Wasserspiele am Ziehbrunnen von Essing. Mit einem Arbeitsmantel bekleidet setzte unser Kollege dann seine Linienfahrt ohne weitere Vorkommnisse fort, allerdings mit einer kleinen Verspätung.

Postbus des Typs MB O 322 auf der Linie von St. Peter nach Freiburg (SVS).

Der Lübecker Büssing Senator 11 befährt die alte Salzstraße (SVS).

Von Fulda nach Poppenhausen war 1970 ein MB O 317 eingesetzt (SVS).

9. 1970 – 1979 Tauziehen um die Zukunft der Postbusse, Standardisierung des Wagenparks

Typisch für die siebziger Jahre: Standardbus MAN SÜ 240 (Baujahr 1977) und MAN-Büssing BS 120 N (Baujahr 1972). Das Foto entstand am 30.5.1982 in Sundern (VS).

Aus einer Serie von sieben MB O 302, die 1970 geliefert wurde, stammt BP 10-1600 (MKF).

Die 1970er Jahre bedeuteten für den Postreisedienst ein Schwanken zwischen Hoffen und Bangen. Vor dem Hintergrund des wachsenden Defizits waren entscheidende Weichenstellungen unvermeidlich. Die Entscheidungsträger taten sich dabei außerordentlich schwer.

Wesentliche Ereignisse im Zeitraum ab 1970 waren

- die Einrichtung der Verkehrsgemeinschaft Bahn/Post zum 1.1.1971,
- die höchste Kostenunterdeckung (1971), aber auch die höchsten Fahrgastzahlen (1974) in der gesamten Geschichte der Kraftpost,
- die nicht umgesetzte Entscheidung von 1973, den Postreisedienst auf die Bahn zu überführen,
- das Gutachten von 1975, in dessen Folge 1976 ein Teil von Postreise- und Bahnbusdienst in ein handelsrechtliches Modell überführt wurde,
- die politischen Auseinandersetzungen über die Zukunft der Busdienste von Bahn und Post ab 1977,
- die Einführung des StÜLB, der ab 1973 das Gesicht der Postbusflotte entscheidend prägte,
- die weiter sinkende Zahl an posteigenen Bussen: Im Jahr 1970 stellten die Auftragnehmer bereits 50% der im Postreisedienst eingesetzten Fahrzeuge, mit denen 1/3 der Fahrleistungen erbracht wurde.

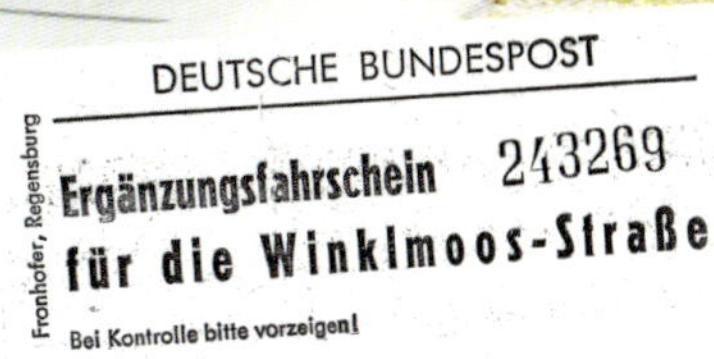
DEUTSCHE BUNDESPOST

Ergänzungsfahrschein 243269

für die Winklmoos-Straße

Bei Kontrolle bitte vorzeigen!

Fronhofer, Regensburg

Abweichend von den anderen 1970er MB 0 302 war BP 10-1599 ein Reisebus, der regelmäßig auf der Deutschen Alpenpost lief. Am 23.7.1970 bediente er die mautpflichtige Straße zur Winklmoosalm, für die besondere Ergänzungsfahrscheine ausgegeben wurden (SVS).

In das Jahr 1970 fiel die Vorbereitung der Omnibus-Verkehrsgemeinschaft (OVG) Bahn/Post, die am 1.1.1971 den Dienst aufnahm. Ziel der Verkehrsgemeinschaft sollte eine weitgehende organisatorische und technische Harmonisierung von Bahnbus- und Postreisedienst sein. Für den Fahrgast brachte die Verkehrsgemeinschaft immerhin die Abstimmung der Linien und Fahrpläne, die gegenseitige Anerkennung von Fahrausweisen und die Verwendung einheitlicher Haltestellenschilder. Ansonsten blieb die OVG halbherzig. In der Praxis betrieben Bahn und Post sowohl die Verwaltung wie auch den Betrieb ihrer Linien vor Ort wie gewohnt getrennt weiter. Der von der Postseite angestrebte und eigentlich verabredete Einnahmepool scheiterte am Widerstand der Bahn. Auch zur gemeinsamen Beschaffung von roten und gelben Neufahrzeugen konnte man sich nicht entschließen. Immerhin gab es den Versuch, eine einheitlich orangefarbige Lackierung für die Busse der OVG Bahn/Post zu etablieren. Mit Inbetriebnahme der ersten StÜLB kamen jedenfalls einzelne entsprechend lackierte Wagen zur Post, die aber bald gelb umlackiert wurden. Gemeinschaftliche Werkstattanlagen bestanden nur an ganz wenigen Stellen, zum Beispiel schon seit 1961 in Trier. Gerechterweise muss gesagt werden, dass der OVG bewusst wenig Handlungsfreiheit eingeräumt worden war. Es traf ein, was bereits 1969 vorhergesagt worden war: Die OVG blieb eine Behelfslösung, die das angestrebte Ziel von Anfang an nur teilweise verwirklichen konnte.

Ungeachtet der neuen Organisationsform trat verkehrspolitisch keine Ruhe ein. Der Öffentlichkeit war unter den Sparzwängen der öffentlichen Haushalte auf Dauer kaum die Existenz zweier parallel bestehender staatlicher Busbetriebe zu vermitteln. Rezession und Ölkrise verschärften die Diskussion. Vor diesem Hintergrund kam es auf Betreiben des damaligen Bundespostministers Ehmke am 31.10.1973 zu einem Kabinettsbeschluss, nach dem der Postreisedienst möglichst kurzfristig auf die DB zu überführen war. Diese Vorentscheidung zur Integration der Postbusse in den Bahnbusdienst stieß allerdings auf heftige Widerstände. Das Vorhaben wurde daraufhin vorläufig ausgesetzt. Ein Beschluss der Bundesregierung vom Mai 1975 sah nach weiterem Fortschritt der Überlegungen und aufgrund einer Empfehlung der Unternehmensberatung McKinsey die Zusammenführung der Bundesbusdienste in einer Unternehmensgruppe mit selbstständigen Regionalverkehrsgesellschaften vor. Man ging davon aus, dass regionale Gesellschaften auf handelsrechtlicher Basis infolge ihrer besseren Überschaubarkeit und größeren Selbstständigkeit am besten geeignet seien, die Zielvorgaben zur Neugestaltung der Bundesbusdienste zu erfüllen. Wesentliche Ziele waren u.a. die Entlastung des Bundeshaushalts, die Steigerung der Wirtschaftlichkeit durch Abbau von Doppelarbeit und bessere Nutzung der Ressourcen, die Sicherung der Weiterbeschäftigung des Fahrpersonals und die wirksamere Realisierung der Absicht, unwirtschaftliche Schienenstrecken in der

1970, 1.1.
DBP und Oberbergische Verkehrs AG bilden die Verkehrsgemeinschaft Oberberg.

1970, 1.5.
Einrichtung einer Versuchs-Bezirksstelle der OVG Bahn/Post in München.

1970, 11.5.
Die DBP geht in Saarbrücken und Völklingen Verkehrsgemeinschaften ein.

1970, 6.6.
Als neues Angebot werden auf der Nibelungenpost Passau - Linz (Donau) kombinierte Fahrscheine mit der Ersten Donau-Dampfschifffahrtsgesellschaft ausgegeben, die das Umsteigen in die Donauschiffe ermöglichen. Die Schiffskurse erscheinen auch in der Fahrplantabelle der Nibelungenpost. Ein Fahrtenpaar auf dieser Linie wird als beschleunigte Nibelungen-Eilpost mit Halt nur an wenigen Orten durchgeführt.

1970, 24.7.
Jubiläumsfahrt "50 Jahre Hamburger Heidepost" von Harburg nach Hanstedt. Auch auf zahlreichen anderen Kraftpost-Linien wird 1970 das fünfzigjährige Bestehen gefeiert.

1970, 30.7.
Die Arbeitsgruppe "Stützpunktplan" beim PTZ berichtet dem BPM über die Schwierigkeiten bei der geplanten gemeinsamen Omnibus-Unterhaltung von Bahn und Post. Für viele Orte kann keine Einigung mit der Bahn erzielt werden.

1970
Die Zahl der im Postreisedienst eingesetzten Auftragnehmeromnibusse übersteigt erstmals die Zahl der posteigenen Omnibusse. Nahezu ein Drittel der Fahrleistungen wird von den Unternehmern im Auftrag der Post erbracht.

1970
Zum Sommerfahrplan stellt die DBP die Herausgabe von Bezirksfahrplänen ein und bringt zusammen mit der Bahn handliche Taschenfahrpläne heraus.

1970
Die allgemeine Kostenexplosion, insbesondere die deutliche Gehaltssteigerung im öffentlichen Dienst, lässt den Kostendeckungsgrad des Postreisedienstes auf 66,2% sinken.

1970, 4.8.
Freigabe der Außenflächen der Postomnibusse für die Fremdwerbung. Die Vermarktung der Flächen erfolgt über die Deutsche Postreklame.

1970, August
Auf der Landes-Verkehrsausstellung in Essen werden drei Postbusse ausgestellt: Je ein Stadt- und Überlandbus von Büssing (BS 110 V, BS 120 N) und ein MB 0 307 als erster Prototyp des StÜLB.

1970, 25.10.
Vereinbarung über Bildung der Omnibusverkehrsgemeinschaft Bahn/Post.

1971, 1.1.
Die Omnibusverkehrsgemeinschaft Bahn/Post nimmt den Betrieb auf. Verkehrsdurchführung, Betrieb und Beschaffung der Omnibusse bleiben aber getrennt. Der Deutsche Industrie- und Handelstag kommentiert, es handele sich lediglich um die Vereinbarung von Selbstverständlichkeiten.

1971, 2.2.
PTZ-Anweisung, dass das bisherige Honiggelb (RAL 1005) an den Postfahrzeugen zur besseren Sichtbarkeit im Straßenverkehr durch das leuchtende Kadmiumgelb (RAL 1021) ersetzt wird.

1971, 1.3.
In Frankfurt a.M. wird die gemeinsame Zentralstelle der OVG und die Zentrale Betriebsleitung für den Postreisedienst eingerichtet. Bis Oktober 1972 folgt die Einrichtung von 11 Bezirksstellen der OVG Bahn/Post.

1971, 23.5.
Die DBP übernimmt den Personenverkehr der Jülicher Kreisbahn.

1971
Die Kostenunterdeckung im Postreisedienst erreicht ihren Höchststand mit 136 Mio. DM. Der Kostendeckungsgrad liegt lediglich noch bei 65,8%.

1971
Seit 1969 sind die Fahrgastzahlen zum dritten Mal hintereinander um durchschnittlich 6 % gegenüber dem jeweiligen Vorjahr gestiegen.

1971
Die OPD Kiel erhält die beiden letzten neuen Bundespost-Gelenkbusse vom Typ Büssing/Emmelmann BSE 170 N.

1971/72
Die ersten StÜLB aus den Vorserien werden von der Post in Betrieb genommen. Es handelt sich um je zwei Fahrzeuge von Büssing und MAN sowie je eines von Magirus-Deutz und Mercedes-Benz. Die beiden Büssing BS 117 SÜ werden Ende November 1971 den OPDen Dortmund und Hannover zugeteilt. Sie erhalten die Erprobungskennzeichen BP 59-968/969 und sind anfangs, genau wie die beiden MAN 750 HO-SÜ, versuchsweise orange lackiert. BP 59-968 wird später gelb umlackiert und als BP 10-2250 in den Bestand der DBP übernommen.

ab 1971
Zug um Zug werden Haltestellenschilder mit der Aufschrift "Verkehrsgemeinschaft Bahn/Post" eingeführt.

1971, 1.10.
Eine Abrechnungsvereinbarung für die OVG Bahn/Post tritt in Kraft. Der postseitig angestrebte Einnahmepool scheitert jedoch am Widerstand der Bahn.

1972, 1.1.
Übernahme der Traditionsmarke Büssing durch MAN. Mehr als 60 Jahre hatte Büssing Omnibusse an die Post geliefert.

1972, 1.2.
Beim Postfuhramt München wird eine Olympia-Stelle (Oly-Stelle) eingerichtet.

1972, 1.4.
Das Postfuhramt Kiel wird aufgelöst.

1972, April
Das BPM fragt die OPDen nach Art und Kosten der Werbemaßnahmen für den Postreisedienst und ob und warum eine Werbung für den Postreisedienst künftig noch notwendig sei.

1972, 28.5.
Die DBP tritt mit ihren Linien im Großraum München dem neugegründeten Münchener Verkehrsverbund (MVV) bei.

1972, Juni
Die Deutsche Postreklame GmbH gibt die Werbefaltkarte "Postomnibusse - Das gelbe Medium" heraus. Darin werden Postbusse als Werbeträger angeboten.

BP 10-2010 gehört zu den zuletzt beschafften MB 0 317, die 1972 zur Post kamen. Von dieser Version gibt es ein BREKINA-Modell. Am 19.8.1980 diente der Wagen als Bezirksreserve in der BWKw Augsburg. Selbstverständlich gehörte damals noch der VW-Käfer zum Wagenpark der Post (VS).

Noch bis 1973 lieferte Magirus nicht-standardisierte Omnibusse an die DBP. Dazu gehörte der 230 L 120 mit dem Kennzeichen BP 10-2122, der am 2.10.1980 in Koblenz Dienst tat (VS).

Fläche durch kostengünstigeren Omnibusverkehr zu ersetzen. Nicht offen ausgesprochen wurde ein willkommener Begleiteffekt der Regionalisierung: Der Bund konnte bei einer dezentralen Struktur seiner Busdienste leichter Landeszuschüsse für Defizite der Busgesellschaften in Anspruch nehmen, ein Weg, der ihm bei der vorherigen Struktur von Bahn- und Postbus verwehrt war.

Wegen der Vielzahl der mit dem neuen Konzept verbundenen Probleme kam eine sofortige bundesweite Umstellung auf die neue Unternehmensform nicht in Frage. Stattdessen sollte ein Betriebsversuch in den Regionen Schleswig-Holstein, Niedersachsen-Mitte, Rhein-Sieg-Wupper-Erft und Oberbayern helfen, wertvolle Erfahrungen für das weitere Vorgehen im Bundesgebiet zu sammeln. Am 1.1.1976 nahm die bisherige DB-Tochter Autokraft GmbH, in die der Postreisedienst in Schleswig-Holstein zum gleichen Zeitpunkt überführt worden war, als erste Regionalverkehrsgesellschaft ihren Betrieb auf. Im März 1976 folgten mit etwa gleichlautenden Verträgen die Gründungen der Regionalverkehr Hannover GmbH (RVH), der Regionalverkehr Köln GmbH (RVK) und der Regionalverkehr Oberbayern GmbH (RVO). Diese Gesellschaften übernahmen am 1.6.1976 in ihren Regionen die Aufgaben von Postreise- und Bahnbusdienst. Die Bahn- und Postbusse gingen als Sacheinlage an die neuen Gesellschaften über, das Personal wurde entliehen. Der Postreisedienst verlor durch diese Maßnahmen seine stärksten Verkehrsgebiete. Unter anderem wurde zum 1.6.1976 die traditionsreiche Deutsche Alpenpost an die RVO abgegeben.

Damit war 1975 das letzte Jahr der flächendeckenden, bundesweiten Präsenz des Postreisedienstes gewesen. Im gleichen Jahr wurden 5.226 Busse auf den Linien der Post eingesetzt, der höchste Stand seit 1937 (Altreich ohne Österreich).

Werbeprospekt der Deutschen Postreklame GmbH von 1972. Die Außen- und Innenwerbung an den Postbussen war eine willkommene zusätzliche Einnahmequelle (SG).

DB Omnibus-Verkehrsgemeinschaft Bahn/Post

Abfahrt der Omnibusse

Haltestelle:*

Bedarfshaltestelle:*

Bezirksstelle:

Gültig ab:

Zeit	nach	Zeit	nach

† = nur an Sonn- und allgemeinen Feiertagen
X = werktags
a = werktags, außer samstags (sonnabends)
b = täglich, außer samstags (sonnabends)
c = nur an Sonn- und Feiertagen und samstags (sonnabends)
d = an Schultagen
e = an Schultagen, außer samstags (sonnabends)

1 = montags
2 = dienstags
3 = mittwochs
4 = donnerstags
5 = freitags
6 = samstags (sonnabends)
7 = sonntags

* Nichtzutreffendes streichen

Auskunft erteilt: Bahnbusverkehrsstelle — Fernsprecher; Postamt — Fernsprecher

Post-Bankservice:
Damit Sie überall bei Kasse sind - Postsparbuch.

2.76 – 654321 A 5, Kl. 125 — # Kf 332

Zum 1.1.1971 startete die Omnibusverkehrsgemeinschaft Bahn/Post. Entsprechend wurden die Fahrplanaushänge neu gestaltet (SVS).

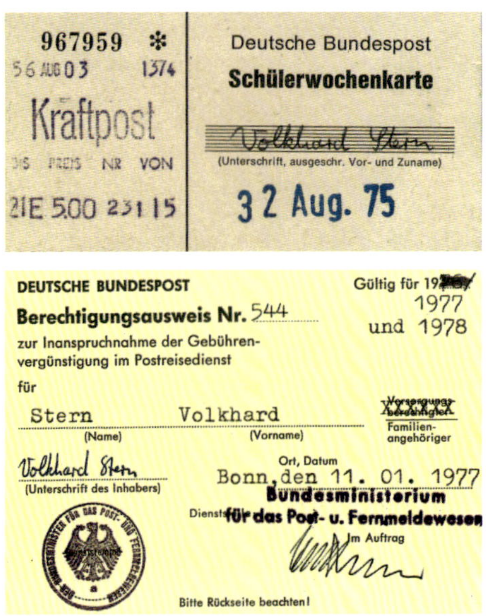

967959 ❄
56 AUG 03 1374
Kraftpost
DS PREIS NR VON
2IE 5.00 23115

Deutsche Bundespost
Schülerwochenkarte
Volkhard Stern
(Unterschrift, ausgeschr. Vor- und Zuname)
32 Aug. 75

DEUTSCHE BUNDESPOST
Gültig für 1977 und 1978
Berechtigungsausweis Nr. 544
zur Inanspruchnahme der Gebührenvergünstigung im Postreisedienst
für
Stern (Name) Volkhard (Vorname) ~~Versorgungsberechtigter~~ Familienangehöriger
Volkhard Stern (Unterschrift des Inhabers)
Ort, Datum: Bonn, den 11. 01. 1977
Bundesministerium für das Post- u. Fernmeldewesen
Im Auftrag
Bitte Rückseite beachten!

Kraftpost-Wochenkarte und Ausweis für Post- und deren Familienangehörige aus den 70er Jahren (SVS).

In Detmold und Velbert war die Stadtbus-Variante BS 120 V mit breiter Vordertür und höherem Stehplatzanteil vertreten. Die Aufnahme des Velberter Wagens BP 10-1951 entstand am 17.7.1980 in Heiligenhaus (UE).

Nach der Übernahme von Büssing durch MAN trugen die 1972 gelieferten BS 120 N zusätzlich den MAN-Schriftzug. Der Goslarer BP 10-2117 war speziell für Ausflüge im Harz mit blauen Reisesesseln ausgestattet (JW).

Davon waren allerdings nur noch 1.952 Busse posteigene Wagen, während fast zwei Drittel der Fahrzeuge angemietet wurden.

Die Abgabe von vier verkehrsreichen Regionen an die Regionalverkehrsgesellschaften bedeutete einen ersten herben Einschnitt in die Strukturen des Postreisedienstes. Über 850 Mitarbeiter, 350 Linien und 960 Busse (davon 430 posteigene) gelangten in den Bereich der neuen Gesellschaften und ließen die Verkehrszahlen entsprechend sinken. Noch im Jahr 1974 waren 435 Mio. Fahrgäste gezählt worden, so viele wie nie zuvor in der Geschichte der Kraftpost. Diese Zahl darf aber nicht darüber hinwegtäuschen, dass der Anteil der DBP am gesamten öffentlichen Straßenpersonenverkehr mittlerweile auf unter 10% gesunken war. Die Masse der Fahrgäste fuhr zu Sozialtarifen, während der Anteil der Vollzahler ständig weiter sank. Das Defizit konnte nur langsam durch zusätzliche Einsparungen eigener Leistungen und durch eine Kette von Gebührenerhöhungen begrenzt werden. Nach dem Tiefpunkt im Jahr 1971, als die Kosten nur zu 65,8% von den Einnahmen gedeckt waren, gelang es bis 1980, den Kostendeckungsgrad auf beachtliche 86,2% zu steigern. Gegenüber vielen kommunalen Verkehrsbetrieben und dem DB-Schienenverkehr war dies ein vergleichsweise guter Wert. Dass der ÖPNV nur zu 30-40% seine Kosten einfuhr, war sonst nicht ungewöhnlich. Aber Verlust blieb Verlust, und die Würfel waren aus Sicht des BPM längst gefallen. Es konnte sich also nur noch um eine Frage der Zeit handeln, wann die DBP ihren restlichen Reisedienst verlieren sollte.

Im Übrigen war ab 1976 die interessante Situation entstanden, dass Bahn und Post im Rahmen der OVG ihre Busdienste weiterführten, daneben aber Teile der Bundesrepublik von handelsrechtlichen Omnibusgesellschaften des Bundes bedient wurden. Diese Situation hatte für den Rest der siebziger Jahre Bestand und ermöglichte, weitere Privatisierungsschritte bei den öffentlichen Busdiensten vorzubereiten. Im privatisierten Bereich sah die Praxis, zumindest in den ersten Jahren, so aus, dass die Regionalbusse wie bisher von Bahn- und Postfahrern gelenkt wurden. Die Fahrer arbeiteten leihweise für die Privatgesellschaften. Zum Feierabend stellten sie ihre Wagen fein säuberlich nach Bahn und Post getrennt auf unterschiedlichen Plätzen ab. Hinter der Fassade des neuen Erscheinungsbildes blieb manche mögliche Rationalisierung vorerst nur Theorie.

1972, Sommer
Neues Schema für die Liniennummern aller Bahn- und Postbusstrecken im Omnibuskursbuch und in den regionalen Taschenfahrplänen.

1972
Auslieferung der letzten Bauserie MB O 317, des mit fast 1.100 Exemplaren (seit 1959) meistbeschafften deutschen Postomnibus-Typs.

1972-1980
Jährliche Anhebung der Postreisegebühren für Schülerzeitkarten.

1972, 3.8.
Das BPM legt fest, dass Kraftpost-Werbung über den derzeitigen Stand hinaus nicht intensiviert werden soll. Eine schwerpunktmäßige Werbung soll nur noch in ausgesprochenen Fremdenverkehrsorten in den OPD-Bezirken Braunschweig, Freiburg, München, Regensburg, Tübingen und - eingeschränkt - Münster und Kiel durchgeführt werden.

1972, 26.8.-10.9.
Die Olympia-Stelle des Postfuhramts München nimmt während der XX. Olympischen Sommerspiele in München den zusätzlichen Fahrdienst wahr. Aus sieben OPDen sind der Oly-Stelle 17 Kraftomnibusse zugeteilt, die Rundfahrten zu den Sportstätten und Personalfahrten zu den Sonderpostämtern durchführen.

1972, 30.10.
Offizielle Präsentation des StÜLB beim Bundesverkehrsminister. Die StÜLB gehen 1972/73 in die Serienproduktion.

1973, 1.1.
Die Neufassung der Postreiseordnung tritt in Kraft.

1973, Anfang
Die von der DBP gestellten Anträge zur allgemeinen Gebührenerhöhung im Postdienst lehnt das Bundeskabinett aus konjunkturpolitischen Gründen ab (Rezession, Ölkrise).

1973, 1.4.
Die Neufassung der Postreisegebührenordnung tritt in Kraft.

1973, 3.6.
Die KVG München als Tochter der KVG Stade übernimmt den Postreisedienst im Münchener Verkehrsverbund, da die Kosten des Postreisedienstes dort nur zu 45% gedeckt werden. Zum gleichen Zeitpunkt wird die Betriebsführung der Isar-Engadin-Post (München - St. Moritz) der Deutschen Touring GmbH übertragen.

1973, 1.7.
Bahn und Post werden in die Mineralölsteuer-Rückerstattung (Gasölbetriebsbeihilfe) für den Omnibuslinienverkehr einbezogen. Trotzdem sorgt die Ölkrise für erhebliche Kostensteigerungen.

1973
Die letzten Landkraftpostkurse mit Personenbeförderung werden eingestellt.

1973
Es bestehen bundesweit 47 Verkehrs- und Tarifgemeinschaften zwischen DBP und kommunalen, gemischtwirtschaftlichen oder privaten Betrieben.

1973
Der Abschnitt Oberstdorf - Lindau der Deutschen Alpenpost wird bereits seit 1970 teilweise von Bahnbussen bedient. Die Deutsche Alpenpost West wird nun auf den Laufweg Garmisch-Partenkirchen - Oberstdorf beschränkt.

1973
Da der dringende Wunsch des PA Oberstdorf für eine Betriebsfunkanlage seiner Busse zunächst bei der OPD München nicht durchgesetzt werden kann, erhalten alle wichtigen Haltestellen im Raum Oberstdorf/Sonthofen einen Fernsprechapparat mit einer Standleitung zur Kraftfahrstelle Oberstdorf.

ab 1973
In großer Zahl werden StÜLB von Magirus, MAN und Mercedes-Benz bei der Post in Dienst gestellt. Der StÜLB prägt die Postbusflotte bis 1985 entscheidend. Im zweiten Flügel der Einstiegstür wird bis 1981 in alle Post-StÜLB der übliche Briefkasten eingebaut.

1973, 31.10.
Auf Vorlage von Bundespostminister Ehmke beschließt das Bundeskabinett die zügige Überführung des Postreisedienstes auf die Bahn. Der Beschluss trifft auf heftigen Widerstand.

1974
Mit 435 Mio. beförderten Fahrgästen wird das höchste Jahresergebnis des Postreisedienstes überhaupt erzielt. Der Schülerverkehr hat daran einen überproportionalen Anteil und schlägt sich wegen hoher Ermäßigungen nicht in entsprechend wachsenden Einnahmen nieder.

1974
Die Tarifrunde im öffentlichen Dienst bringt den Mitarbeitern von Bahn und Post eine Einkommenserhöhung von 11%. Beim Postreisedienst wächst das ohnehin vorhandene Defizit dadurch zusätzlich. Die Kostenunterdeckung erreicht mit 133 Mio. DM den zweithöchsten Stand.

1974, 23.7.
Als letzter von insgesamt 18 Fahrenden Postschulen wird der Postschulbus der OPD Köln ausgemustert.

1975, 7.4.
Vorlage des McKinsey-Gutachtens zur Neuordnung der Busdienste des Bundes. Es sieht vier Lösungsalternativen vor: Ausbau der OVG, Überleitung des Postreisedienstes auf die Bahn, Schaffung eines öffentlich-rechtlichen Bundesbusunternehmens oder die Zusammenführung der Busdienste in selbstständigen, regionalen und privatrechtlichen Verkehrsgesellschaften. Von der letztgenannten Lösung verspricht sich McKinsey den größten wirtschaftlichen Erfolg.

1975, Mai
Bis zum Wechsel auf den Sommerfahrplan erhalten die OPDen als Ersatz für auszumusternde Omnibusse insgesamt 170 neue StÜLB, davon 55 Mercedes-, 85 Magirus- und 30 MAN-Busse.

1975, 28.5.
Auf Empfehlung des Gutachtens der Unternehmensberatung McKinsey beschließt die Bundesregierung, die Bundesbusdienste von Bahn und Post in einer Unternehmensgruppe mit selbstständigen, privatrechtlichen Regionalverkehrsgesellschaften zusammenzuführen. Gleichzeitig wird der Beschluss vom 31.10.1973 zur Überführung des Postreisedienstes auf die DB aufgehoben.

1975
Magirus-Deutz, wichtiger Buslieferant der Post, kommt zur IVECO-Gruppe.

Mächtig in die Kurve legt sich dieser MB O 307. Der Wagen aus Trier ist am 24.4.1981 auf der Eifelpost-Linie nach Aachen gekommen (UE).

Ende 1971 stellte Büssing seinen Standard-Überlandbus mit der Bezeichnung BS 117 SÜ vor. Zwei Probewagen gingen an die Post. Da im gleichen Jahr die OVG Bahn/Post eingerichtet worden war, erhielten diese Busse versuchsweise einen orangen Anstrich als Kompromiss aus den traditionellen Farben von Bahn und Post. BP 59-969, hier am 11.6.1972 in Hildesheim, wurde jedoch nicht fest von der Post übernommen (Foto: Dieter Gammrath).

1973 lautet das Baujahr dieses MAN SÜ 240. Einer der damals weit verbreiteten Elektrokarren liefert einige Postbeutel für die Harzorte zu (Goslar, 4.8.1980, VS).

Totalreklame, wie sie bei anderen Verkehrsbetrieben und der DB häufiger anzutreffen war, gab es bei Postomnibussen nicht. Die „gewagteste" Werbung mit einem Rundum-Farbband trug BP 10-3125, ein MAN SÜ 240 aus Bielefeld. Werner Striepling nahm ihn im Mai 1980 auf.

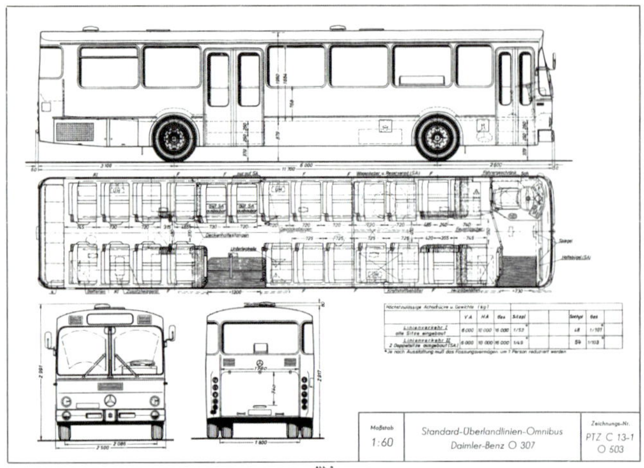

Abb. 2

Die Grundmaße für den StÜLB, der ab 1973 von Magirus, MAN und Mercedes in Serie produziert wurde, waren bei allen Herstellern gleich. Die Typenskizze des PTZ bildet den MB O 307 ab, mit fast 800 Stück der meistvertretene StÜLB-Typ bei der Post (SVS).

Nach Feierabend abgestellt stehen am 12.4.1979 in Norden (Ostfriesland) der ein Jahr alte MAN SÜ 240 und ein uralt wirkender Magirus-Hauber. Dabei wurde der 110 D 7-Lkw des Wertverbindungsdienstes erst 1970 in Dienst gestellt (VS).

Im Stadtverkehr Velbert fuhr die Post mit sonst in ihrer Flotte ganz untypischen Stadtbussen auf Basis des VÖV-Standardbusses. Im Bild ein MAN-Büssing BS 110 V von 1972, hier am 21.6.1979 auf der Linie von Velbert nach Heiligenhaus (VS).

Einblick in den Posthof in Heidelberg (14.7.1983). Der 1978 gebaute MB O 307 hat neben anderen Postfahrzeugen eingeparkt (VS).

Gekennzeichnet war die hier beschriebene Zeitspanne von einem kaum erträglichen Tauziehen zwischen den Interessen des Bundes, der Parteien, der Berufsverbände, der Verkehrswirtschaft und der Gebietskörperschaften. Die ungewisse Perspektive belastete das Personal im Postreisedienst sehr. Ende der siebziger Jahre kam es zu einem Einstellungsstopp für Postbusfahrer, und 1979 wurde vorübergehend eine Haushaltssperre für die Ersatzbeschaffung von Postomnibussen erlassen. Dagegen wurde die Versuchsphase der Regionalverkehrsgesellschaften bereits Ende 1977 für erfolgreich beendet erklärt. Dennoch kam es aus politischen Gründen, mit Rücksicht auf die Interessen des privaten Omnibusgewerbes und aufgrund von Widerständen der Gewerkschaften nicht zur bundesweiten Umsetzung dieses Modells. Stattdessen sollten parallel die Realisierungsmöglichkeiten öffentlich-rechtlicher Organisationsformen geklärt werden. Beabsichtigt war, die bestehenden Regionalverkehrsgesellschaften nun zu einer Unternehmensgruppe zusammenzufassen, um weitere Erfahrungen zu sammeln. Deutsche Bundesbahn und Deutsche Bundespost gründeten daraufhin im Mai 1978 als Holding die Vereinigte Bundesverkehrsbetriebe GmbH (VBG), an deren Stammkapital die DB mit 52,85% und die DBP mit 47,15% beteiligt war. Als fünfte Regionalverkehrsgesellschaft kam am 1.1.1982 die bisherige Post-Tochter Kraftverkehrsgesellschaft mbH Stade (KVG Stade) hinzu.

Auf der Grundlage des 1966/67 vom Verband öffentlicher Verkehrsbetriebe entwickelten Standard-Linienbusses beteiligte sich die DBP an der Erstellung des Lastenhefts für den StÜLB, den Standardüberlandlinienbus. Dies geschah in einem gemeinsamen Arbeitskreis mit der Deutschen Bundesbahn, dem Bundesverband Deutscher Eisenbahnen und dem Bundesverband des Deutschen Personenverkehrsgewerbes sowie der Omnibusindustrie. Das Ergebnis wurde am 30.10.1972 in Kiel dem Bundesverkehrsminister und der Öffentlichkeit vorgestellt. Die ersten Probewagen der Typen Büssing BS 117 SÜ, MAN 750 HO-SÜ, Magirus-Deutz 230 L 117 und Mercedes-Benz O 307 wurden bei der DBP und bei den anderen Unternehmen erfolgreich getestet. Hinsichtlich der Einheitlichkeit, Wirtschaftlichkeit und Wartungsfreundlichkeit sollte das Konzept neue Maßstäbe setzen. Die Bundespost beschaffte in den Jahren 1973 bis 1983 große Stückzahlen der StÜLB-Typen Mercedes-Benz O 307 (770 Wagen), MAN SÜ 240 (über 400) und Magirus-Deutz 230/260 L 117 (über 300). In kleiner Zahl wurden daneben auch mehrere Stadtbusse für den Einsatz in Velbert, Heilbronn und Konstanz sowie wenige Reisebusse bestellt. Zuletzt kamen in den Jahren 1976, 1979 und 1981 neue Reisewagen des Typs Mercedes-Benz O 303 in den Einsatzbestand. Speziell das PA Heidelberg bot in enger Zusammenarbeit mit der OPD Karlsruhe noch bis Anfang der achtziger Jahre ein umfangreiches Fahrtenprogramm mit Postreisebussen an. Ganz Europa stand auf der Liste der Ziele.

1975
Das Jahr 1975 ist das letzte, in dem der Postreisedienst bundesweit vertreten ist. Die Zahl der eingesetzten Busse erreicht mit 5.226 einen neuen Höchststand. Davon sind nur noch 1.952 (= 37 %) posteigene Wagen, dagegen 3.274 Auftragnehmerfahrzeuge.

ab 1975
Die Postbusse des PA Oberstdorf werden an eine gemeinsame Betriebsfunkanlage mit der Fa. Komm-mit-Reisen angeschlossen. Wegen des starken Verkehrsaufkommens im Raum Oberstdorf sollen so die Probleme bei Verspätungen an den Anschluss- und Umsteigepunkten minimiert werden. Der Betriebsfunk im Postreisedienst bleibt auf Oberstdorf beschränkt.

1976, 1.1.
Der Postreisedienst der OPD Kiel geht auf die bereits 1945 gegründete und bisherige DB-Tochter Autokraft GmbH über, die zum gleichen Zeitpunkt als erste RVG den Betrieb in Schleswig-Holstein übernimmt. Der Anteil der Post am Stammkapital der Autokraft beträgt 43%.

1976, 10.2.
Schließung von Generalverträgen zwischen DB-Vorstand und BPM zur Gründung der Regionalverkehrsgesellschaften RVH, RVK und RVO.

1976, 29.3.-8.4.
Die OPD München erhält zehn MB O 307 in Bergausführung, die beim PA Berchtesgaden für den Kehlsteinverkehr eingesetzt werden. Schon am 1.6.1976 gehen die Wagen mit Gründung der RVO auf die neue Gesellschaft über.

1976, Frühjahr
Die DBP übernimmt im Raum München die 24 Busse der KVG München und deren Leistungen bis zum Übergang auf die RVO am 1.6.1976 wieder selbst.

1976, Frühjahr
Die DBP setzt bereits rund 500 StÜLB ein.

1976, 1.5.
Die OPDen Braunschweig, Neustadt (Weinstraße), Trier und Tübingen werden aufgelöst und deren Bezirke den Nachbardirektionen zugordnet.

1976, 29.5.
Bis zum Fahrplanwechsel werden an die OPDen insgesamt 200 neue Postbusse ausgeliefert. Im Süden Deutschlands sind dies 80 MB O 307 und zwei MB O 303, in West- und Südwestdeutschland 85 Magirus-Deutz 230 L 117 und im Norden/Nordwesten 33 MAN SÜ 240. Erstmals sind für die OPD Kiel, deren Postreisedienst bereits zum 1.1.1976 auf die Autokraft GmbH übergegangen ist, keine neuen Busse mehr bestellt worden.

1976, 1.6.
Der Postreisedienst in den Räumen Niedersachsen Mitte, Rhein/Sieg/Wupper/Erft und Oberbayern geht auf die neuen Regionalverkehrsgesellschaften RVH, RVK und RVO über. Die Post hält bei der RVH 50%, bei der RVK 56% und bei der RVO 40% des Stammkapitals.

1976, 1.6.
In München löst die RVO die KVG München ab, deren Busse für einige Monate noch mit BP-Kennzeichen ausgestattet wurden.

1976, 1.6.
Die Deutsche Alpenpost geht auf die RVO über. Diese verwendet den werbewirksamen Namen noch bis 1978 unverändert weiter.

1976
Wie in den Vorjahren bietet das PA Freudenstadt umfangreiche Ausflugsfahrten, u.a. nach Österreich, in die Schweiz und in das Elsass an und erhält dafür einen neuen Reisebus vom Typ MB O 303 zugeteilt.

1976
Das Fernmeldeamt 4 München reaktiviert einen Post-Personenanhänger von 1953 als Beratungsmobil "Telefon-Express".

1976
Der Kostendeckungsgrad des Postreisedienstes erreicht 73,4%.

ab 1976
Durch die Abgabe des Postreisedienstes in vier Regionen an Regionalverkehrsgesellschaften sinken die Verkehrs- und Bestandszahlen. Gleichzeitig verbessert sich in den Folgejahren das Wirtschaftsergebnis.

1976, 1.8.
Neunzehn Orte, hauptsächlich in Bayern und im Schwarzwald, sind in die durchgehende Gepäckbeförderung Schiene-Postomnibus einbezogen.

1977, 30.3.
Der BPM verfügt, dass die Neueinstellung von Kräften für den Omnibusfahrdienst der DBP unzulässig ist. Unabweisbarer Ersatzbedarf sei postintern durch Umschichtungen zu rekrutieren.

1977, 27.4.
Aufgrund der erfolgreichen Betriebsversuche der Regionalverkehrsgesellschaften spricht sich ein Kabinettsbeschluss dafür aus, die Zusammenführung der Busdienste des Bundes in eine Unternehmensgruppe mit selbstständigen Regionalverkehrsgesellschaften bis spätestens Ende 1978 zu vollziehen.

1977, 17.5.
Die Deutsche Postgewerkschaft protestiert förmlich gegen den "unverständlichen" Kabinettsbeschluss vom 27.4. und verlangt, dass die Busdienste von Bahn und Post weiter öffentlich-rechtlich betrieben werden.

1977
Die Fahrgaststruktur des Postreisedienstes setzt sich zusammen aus 37,0% Vollzahlern, 16,7% Jedermannzeitkarten- und 46,3% Schülerzeitkarteninhabern. Die Kostendeckung steigt auf 80,5%.

1977, 13.12.
Letzter bekannter Einsatz eines Briefstempels mit Posteigenwerbung für die Kraftpost. Dieser Stempel wird vom PA Bergisch-Gladbach benutzt, das seinen Postreisedienst bereits zum 1.6.1976 an die RVK abgegeben hat. Der Stempel "Postomnibusse verbinden Stadt und Land" wurde seit 1968 an 73 Orten verwendet.

1977, 15.12.
Der Bundesrechnungshof fordert das BPM auf, Kraftpostlinien mit einem Einnahmeergebnis von weniger als 100 Pf/km wegfallen zu lassen. Das BPM erwidert am 15.2.1978, dass den vergleichsweise geringen wirtschaftlichen Vorteilen einer solchen Maßnahme die Nachteile für die Bevölkerung gegenübergestellt werden müssten. Außerdem habe die DBP als staatliches und gemeinwirtschaftliches Dienstleistungsunternehmen verkehrspolitischen und gemeinwirtschaftlichen Erfordernissen Rechnung zu tragen.

In Lindau steht der Postbus in Richtung Allgäu am 23.5.1984 zur Abfahrt bereit. Um den Fahrgästen die Reise besonders schmackhaft zu machen, wirbt der Bus – wie könnte es anders sein – für Post-Bier. Am Postamt weht zur Feier des Tages die Bundespost-Flagge (VS).

Szene aus Koblenz vom 2.10.1980. Für die nächste Linienfahrt bekommen die Postbusse einige Briefbeutel „untergeschoben" (VS).

Einziger Neuzugang im gesamten Jahr 1979 – Hintergrund war der damalige Beschaffungsstopp für Postbusse – war der elegant lackierte Reisewagen BP 10-3665. Der MB O 303-15 RHP war von Heidelberg aus in ganz Europa im Sonder- und Fernreiseverkehr unterwegs. Bei der DBP stellte dieser echte Postreisedienst eine große Ausnahme dar (14.7.1983, VS).

Postbusfahrer-Anekdoten (1979)

von Heinz Rüth, PA Neuwied und Georg Neff, PA St. Blasien

Eines Tages, als ich in einem Hotel Kraftpostgut abgeliefert hatte und wieder zum Bus zurückkam, wurde ich von einem wartenden Herrn gefragt: „Wann fährt denn diese Affenkiste hier weg?" Ich antwortete: „Na, wenn der letzte Affe zugestiegen ist!" Daraufhin stieg der Herr als letzter Fahrgast zu.

Manchmal erlebt man in meinem Beruf auch Dinge, die man vorher nicht für möglich gehalten hätte. So fuhr ich eines Nachmittags nach Neuwied und hatte nur wenige Fahrgäste im Wagen. Auf der letzten Bank saß eine Dame mittleren Alters, die plötzlich anfing, ihre Kleidung zu wechseln, und zwar erst am Oberkörper und dann auch unter der Gürtellinie. Ich sah das im Rückspiegel und konnte mir ein leichtes Lächeln nicht verkneifen. Als sie an der Endhaltestelle dann als letzter Fahrgast ausstieg, sagte ich: „Eigentlich müßte ich Ihnen ja für den gebotenen Striptease das Fahrgeld zurückerstatten!" Sie fragte ganz verlegen, ob es mir denn wenigstens gefallen habe und stieg mit rotem Kopf aus.

Ein Kraftpostchauffeur hat Pause in einer nicht ganz kleinen Stadt. Er legt sich auf die hinterste Sitzbank des Busses und schläft den Schlaf des Gerechten. Ein „lieber" Kollege öffnet leise die Bustüre und lässt eine „Dame" heimlich einsteigen. Der Schläfer wird wach, sieht sich blanken Tatsachen gegenüber und flüchtet eilends aus dem Bus. Allgemein großes Gelächter. Bis die „Dame" den Lohn für ihre Bemühungen fordert. Keiner fühlt sich zuständig und alle kommen zu dem Ergebnis: Da sich die Sache in einem Postbus ereignete – muß die Post zahlen. Dies sah der Kraftpost-Stellenvorsteher gar nicht ein und warf alle hochkant hinaus.

Zwei Magirus-Standardbusse, der eine postgelb, der andere bundesbahnrot. Diese Situation war 1980, als die Aufnahme in Kaiserslautern entstand, nicht mehr von langer Dauer (VS).

Eine Serie von 31 Magirus 260 L 117 erhielt die Bundespost im Jahr 1978. BP 10-3151 war in Heinsberg (Rheinland) stationiert. Am 27.2.1979 wagte er sich auf der Eillinie von Geilenkirchen nach Köln, wo die RVK den örtlichen Postreisedienst schon seit drei Jahren übernommen hatte (VS).

Mit der Post durch Stadt und Land, auch noch im Jahr 1980 (UE).

1978, 5.3.
Gemeinsame Großkundgebung der Gewerkschaft der Eisenbahner und der Deutschen Postgewerkschaft in Köln. Motto: "Gegen den Ausverkauf der Busdienste von Bahn und Post. Sind Bahn- und Postbus von der Fläche, zahlt der Bürger bald die Zeche." 7.000 Teilnehmer reisen mit einigen hundert Bahn- und Postbussen an. Es werden Aufkleber verteilt: "Herr (Postminister) Gscheidle bringt dem Postdienst den Tod. Den gelben Postbus macht er Bundesbahn-Rot."

1978, 16.5.
Das ARD-Magazin "Report" spricht von "kostspieligem Fehlmanagement bei Bahn- und Postbussen".

1978, 28.5.
Die Vereinigte Bundesverkehrsbetriebe GmbH (VBG) wird als Holding der Regionalverkehrsgesellschaften gegründet. Die DB hält 52,85%, die DBP 47,15% der Gesellschaftsanteile.

1978, 16.6.
Die Frankfurter Allgemeine Zeitung berichtet, die Pläne von Post- und Verkehrsminister Gscheidle zur Privatisierung der Busdienste von Bahn und Post stießen bei den Gewerkschaften und der SPD-Bundestagsfraktion auf heftige Kritik. Fraktionsvorsitzender Herbert Wehner habe Gscheidle angebrüllt, weil dieser nicht ein öffentlich-rechtliches Modell in die Planungen einbezogen hätte.

1978
Die Leistungs- und Kostenrechnung der DBP ergibt einen Gesamtkostendeckungsgrad von 111,4%. Der Postdienst (80,1% Kostendeckung) wird vom Fernmeldewesen (135,1% Kostendeckung) subventioniert. Der Postreisedienst deckt seine Kosten zu 83,9%.

1978
Die Post beschafft 230 neue Busse.

1978
BP 10-3125 des PA Münster erhält als einziger Postbus eine Rundum-Werbung.

1978, 31.12.
Die DBP besitzt 85.962 Kfz. Sie ist damit nach wie vor der größte zivile Fahrzeughalter in Europa. Die 1.460 Wagen umfassende posteigene Busflotte besteht bereits zu 60% aus StÜLB. Älteste Wagen sind zwei Büssing Präfekt 13 vom Baujahr 1968.

1979, 26.6.
Die SPD-Bundestagsfraktion empfiehlt einstimmig, die Busdienste von Bahn und Post bei der Bahn zu vereinigen.

1979
Wie in den Vorjahren gibt das PA Heidelberg einen umfangreichen Reisekatalog mit Fahrten nach ganz Europa heraus. Dem PA wird im gleichen Jahr ein neuer Reisebus mit der großen Aufschrift "POSTREISEN" zugewiesen.

1979
Beschaffungsstopp für neue Postomnibusse. Ausnahme: Indienststellung eines neuen Postreisebusses für das PA Heidelberg (BP 59-981, später BP 10-3665 vom Typ MB O 303-15 RHP). Aufgrund des Beschaffungsstopps kommt es örtlich zu Fahrzeugengpässen. Ein überregionaler Austausch soll abhelfen. Dadurch gelangen einzelne Busse zu OPDen, bei denen sie typenfremd sind (z.B. mehrere Magirus-StÜLB zu den OPDen Karlsruhe und Düsseldorf, ein MB O 302 zur OPD Hannover/Braunschweig).

1979
Seit 1977 ist der Anteil der Vollzahler im Postreisedienst um 8,22%, der der Jedermannzeitkarten um 12,5% zurückgegangen. Der Anteil der Schülerzeitkarten steigt um 4%. Dies führt zu weiteren Einnahmeverlusten und erhöhten betrieblichen Aufwendungen.

1979, 14.8.
BPM-Verfügung zur umfassenden Bestandsaufnahme der im Postreisedienst beschäftigten Kräfte bei den OPDen und PÄ.

1979, September
Integration des örtlichen Postreisedienstes in das Nahverkehrsmodell Hohenlohe (NVH). Die Post (PA Künzelsau) führt dort keine eigenen Verkehre mehr aus, sondern ist Auftragnehmer des NVH.

1979, Dezember
Der Bundesverband des deutschen Personenverkehrsgewerbes spricht sich gegen eine generelle Übertragung der Postbuslinien auf die Bahn aus.

1979, 31.12.
Im Postreisedienst sind 5.200 Mitarbeiter tätig, darunter 780 im Verwaltungs-, 2.730 im Fahr- und 1.690 im Werkstattdienst. Die Leistungen betragen 419,9 Mio. DM, die Kosten 517,4 Mio DM, der Kostendeckungsgrad beträgt mithin 81,2%. 1.440 posteigene Kom erbringen 83,2 Mio km, 3.162 Auftragnehmer-Kom 103,7 Mio. km Fahrleistung. Die Anmietquote beträgt 55,5%.

10. 1980 – 1985 Tod auf Raten: Die letzten Jahre des Postreisedienstes

Einer der jüngsten Postbusse des PA Füssen passiert am 13.2.1985 das Schloss Neuschwanstein (VS).

Anfang der achtziger Jahre wurde der Postreisedienst außerhalb der Bereiche der Regionalverkehrsgesellschaften noch weitgehend unverändert durchgeführt. Am 6.8.1980 ist ein ganz neuer Hamburger Postbus vom Typ MAN SÜ 240 auf dem Marktplatz in Ratzeburg eingetroffen. Der Kollege mit dem Post-Käfer belebt die Szene zusätzlich (VS).

Nachdem zwischen 1975 und 1978 jährlich rund 200 neue Postbusse als Ersatz für auszumusternde Wagen in Dienst gestellt wurden, trat 1979 eine Haushaltssperre zum Kauf neuer Busse in Kraft. Hintergrund war die unsichere Perspektive des Postreisedienstes. Nachdem sich eine weitere Schonfrist für die gelben Busse andeutete, wurden 1980 gleich 380 Neuwagen beschafft, wodurch der StÜLB-Anteil weiter stieg.

Der Privatisierungsprozess kam mit einem Bundestags-Beschluss vom 1.7.1981 wieder in Gang. Oberstes Ziel der Entscheidungsträger bei Bundesregierung, Bundespost und Bundesbahn blieb, eine Organisationsform zu finden, mit der die Busdienste des Bundes in schwarzen Zahlen gehalten werden konnten. Als Kompromisslösung wurde entschieden, den Postreisedienst an die DB abzugeben und mit dem so vergrößerten Bahnbusdienst ein öffentlich-rechtliches Kontrastmodell zu den Regionalverkehrsgesellschaften zu erproben. Erst nach mehreren Jahren der „Zweigleisigkeit" sollte dann endgültig über die Betriebsform entschieden werden. Als neue Organisation des Bahnbusdienstes entstand der aus den zehn verbliebenen Bundesbahndirektionen ausgegliederte Unternehmensbereich Bahnbus (UBB) mit eigenständiger Ergebnis- und Budgetverantwortung. Die regionale Gliederung erfolgte in 18 Geschäftsbereichen Bahnbus (GBB). Aus Sicht der Fachleute blieb dieser Schritt von vornherein nur eine halbe Lösung auf dem Weg zu einer gesellschaftsrechtlichen Organisation.

Die Überleitung des Postreisedienstes begann am 1.6.1982 in den vier Pilotbereichen Münster, Kassel, Stuttgart und Freiburg. In der zweiten Welle wurde im Jahr 1983 der größte Teil des Postreisedienstes auf die neuen, regional gegliederten Geschäftsbereiche Bahnbus überführt. In Einzelfällen kam es zum Übergang von Stützpunkten auf die bestehenden Regionalverkehrsgesellschaften. Zum Jahreswechsel 1983/84 waren lediglich die Kraftfahrstellen Osnabrück (OPD Bremen), Lindenfels (PA Bensheim, OPD Frankfurt) und der Postreisedienst der OPD München im Raum Ingolstadt/Allgäu übrig geblieben. Ab 1.2.1984 gab es nur noch in der letztgenannten Region Deutschlands Postbusse, ein Relikt, das sich aus den besonderen Verhältnissen im Kleinwalsertal ergab. Auf die Hintergründe wird später genauer eingegangen.

Einige Poststücke hat der Postbus aus Bremerhaven mitgebracht. Die Abholung wartet bereits. Auch das gelbe Telefonhäuschen gehörte damals selbstverständlich zur Bundespost; alles inzwischen verschwunden ... Ort der Aufnahme war Bremen-Vegesack am 2.4.1983 (VS).

1980, 1.3.
Parallel zur Bahn erfolgt eine Gebührenanhebung für Postbus-Fahrscheine um 9,3%.

1980, 14.5.
Die FAZ spricht in einem Kommentar vom "Trauerspiel um das politische Tauziehen zur Neuordnung der Busdienste von Bundesbahn und Bundespost".

1980, 1.6.
Der 75. Jahrestag der Kraftpost ist postoffiziell kein Thema.

1980, 25.6.
Die Bundesregierung nimmt zustimmend zur Kenntnis, dass erste Maßnahmen zur Überleitung des Postreisedienstes auf die Deutsche Bundesbahn mit dem Ziel einer Neuordnung der Omnibusdienste des Bundes von der DB und der DBP durchgeführt werden. Der Bundesminister für Verkehr wird entsprechende Beschlussfassungen der Verwaltungsräte von DB und DBP herbeiführen, ein Konzept zu einer Bahnbus-Organisation unter Einschluss des Postreisedienstes vorlegen und eine Befragung des Omnibusfahrpersonals der Post über seine Wechselbereitschaft zur Bahn veranlassen. Aus den zur Zeit im Bahnbusdienst eingesetzten 6.524 Bussen und den im Postreisedienst eingesetzten 4.578 Bussen (davon rund 3.100 Auftragsfahrzeuge) wird bei der DB ein Großbetrieb mit über 10.000 Bussen entstehen.

1980, Juli
Der Deutsche Industrie- und Handelstag fordert eine GmbH-Lösung für die Bundesbusbetriebe.

1980
Nach der Aufhebung des Sperrvermerks zur Neubeschaffung von Omnibussen am 1.10.1979 erhalten die OPDen in Nord- und Nordwestdeutschland zusammen mit der Ersatzbeschaffung für 1980 130 MAN SÜ 240, die OPDen im Süden und Südwesten 224 MB O 307 und die OPDen Köln und Saarbrücken 26 Magirus-StÜLB zugeteilt.

1980
Der Unabhängige Arbeitsausschuss Postbusfahrer (ab 1985: Bundesverband Unabhängiger Postbusfahrer) wird zur Wahrung der Interessen des Postreisedienst-Personals gegründet. Der Verein besteht noch heute und verfügt im Rahmen des Postkutscher-Museums Regensburg über betriebsfähige Museums-Postbusse.

1980
Der Kostendeckungsgrad des Postreisedienstes steigt gegenüber 1979 von 84,8% auf beachtliche 86,2%.

1980
Die Kraftpoststelle Bad Harzburg bietet wie in den Vorjahren Urlaubsreisen u.a. nach Holland, ins Berchtesgadener Land und in den Schwarzwald an.

1980
Die meisten Fahrgäste werden in den OPD-Bezirken Münster, Freiburg und Karlsruhe befördert, die wenigsten in Hamburg und München.

1980, Oktober
Von den 2.700 unmittelbar vom Übergang des Postreisedienstes auf die DB betroffenen Postbusfahrern sprechen sich 58,8% für eine zeitweise Abordnung zur Bahn, 17,1% für eine endgültige Versetzung zur DB und 24,1% für einen Verbleib bei der Post aus.

1980, Oktober
Der Deutsche Postverband fordert: "Der gelbe Bus muß bleiben".

1980, 16.11.
Papst Johannes Paul II. besucht Osnabrück. Postbusse fahren im Zubringerverkehr.

1980, 5.12.
Zur Vorbereitung der Überleitung des Postreisedienstes auf die DB richtet das BPM eine Arbeitsgruppe ein.

1980, 22.12.
PTZ-Verfügung: Aus Umweltschutzgründen tragen die Kraftfahrzeuge der Post künftig das bleifreie Ginstergelb (RAL 1032).

1981, 15.1.
Parallel zur Bahn werden die Postreisegebühren um durchschnittlich 8,3% angehoben.

1981, 1.7.
Die Bundesregierung nimmt zur Kenntnis, dass die Vorbereitungen zur Erprobung des öffentlich-rechtlichen Modells für die Zusammenlegung der Omnibusdienste des Bundes getroffen worden sind. Sie beauftragt Bahn und Post, die Überleitung des Postreisedienstes auf die DB schrittweise bis Ende 1983 durchzuführen.

1981, 1.7.
Die Frankfurter Allgemeine Zeitung schreibt, dass sich die Zusammenlegung der Bahn- und Postbusse bei den Regionalverkehrsgesellschaften bewährt habe.

1981, 11.7.
Die Presse berichtet, dass die letzten vier historischen Postkutschenlinien in Deutschland mit den roten Zahlen kämpfen. Betrieben werden die Strecken Garmisch - Badersee und Bad Kissingen - Bad Bocklet (unter Regie der DBP) sowie Einruhr - Erkensruhr und Nümbrecht - Wiehl in privater Regie.

1981, 27.7.
Die Beschaffung von neuen Fahrscheindruckern bei der DBP wird ausgesetzt.

1981
Der Anteil der DBP am öffentlichen Straßenpersonen-Linienverkehr, bezogen auf die Zahl der beförderten Personen, beträgt noch 5% (DB = 8%, Privatbahnen = 3%, Privatunternehmen = 13%, kommunale Betriebe = 71%).

1981
Indienststellung des letzten Nicht-Standardbusses (BP 10-3835 vom Typ MB O 303-12 ÜHP) und der letzten bei Magirus bestellten Bauserie (StÜLB 260 L 117 für die OPDen Köln und Saarbrücken). Neben Fahrzeugen in Stadtausführung für die Stadtverkehrslinien in Velbert, Heilbronn und Konstanz werden 100 neue StÜLB in Dienst gestellt. Sie verfügen erstmals über Dralon-Velours-Sitze.

1981, 1.8.
Erhöhung der Postreisegebühren um durchschnittlich 8,4 %.

1982, 1.1.
Die bisherige DBP-Tochter KVG Stade wird zur fünften Regionalverkehrgesellschaft innerhalb der VBG.

In Oldenburg warb der Postbus natürlich für den guten Ostfriesen-Tee. Das Nebeneinander von gelben Post- und roten Bahnbussen war 1980 noch alltäglich (JW).

Auf ihren nächsten Einsatz warten Standard-Postbusse von Magirus und Mercedes am 19.5.1982 in Koblenz (VS).

Speziell für den Stadtverkehr in Velbert erhielt die OPD Düsseldorf MAN SÜ 240, deren Türenkonfiguration ausschließlich für die Post gebaut wurde (UE).

Noch 1983 übernahm die Post 46 neue Busse, darunter mit der höchsten Nummer BP 10-3950 einen Mercedes-Benz O 307. Wie man sich erinnert, stammten bereits die ersten Postbusse von 1898 und 1905 aus dem Hause Daimler. Die letzten neuen Wagen erhielten je nach dem örtlichen Überleitungsdatum des Postreisedienstes zum Teil noch BP-Nummern oder wurden gleich an die Bahn übergeben. Die Postbusse der Jahrgänge 1982/83 waren im Hinblick auf die Überleitung bereits ohne Einwurfschlitze für Briefsendungen bestellt worden. Auf die gesamte Zeitspanne 1950 bis 1983 gerechnet hatte die DBP fast 10.000 Busse neu in Dienst gestellt. Größter Lieferant war, wie schon vor dem Zweiten Weltkrieg, Daimler-Benz. Die Mercedes-Busse hatten damit seit 1905 bei weitem den stärksten Anteil an der Postbusflotte. Den zweiten Platz in der Lieferstatistik der DBP nahm, genau wie vor 1945, die Firma Büssing ein. Es folgten Magirus-Deutz, MAN und Krauss-Maffei.

Die erfolgreich bewältigte Integration des Postreisedienstes in die DB hatte, was den Übergang an Personal, Fahrzeugen, Konzessionen und Betriebsstätten anging, erheblichen rechtlichen und organisatorischen Aufwand auf beiden Seiten bedeutet. Vorausgegangen waren mehrere Befragungsaktionen, in denen sich das Personal des Postreisedienstes für einen Wechsel zur DB, für eine befristete Abordnung zur Bahn oder zu einem Verbleib bei der Post entscheiden konnte. Etwa 85% der Fahrer entschieden sich für einen dauerhaften oder zunächst befristeten Wechsel zur Bahn, denn der Verbleib im Postdienst bedeutete unweigerlich das Ausscheiden aus dem Omnibus-Fahrdienst. Mit einem solchen Schritt konnten sich viele alt gediente Busfahrer nicht anfreunden.

Neben dem Personal wechselten die rund 1.320 verbliebenen Postbusse (davon 1.300 StÜLB) zur Bahn über. Neben der Masse an Standardbussen (690 Mercedes-Benz O 307, 330 MAN SÜ 240 und 280 Magirus-Deutz 230/260 L 117) gelangten noch einige Wagen besonderer oder älterer Postbus-Bauarten zur Bahn. Im Schwarzwald wurden vier gelbe Mercedes-Benz O 317 der Baujahre 1971/72 zu Bahnbussen. Gleiches galt für sechs MAN-Büssing BS 120 N im Rheinland und in Westfalen. Ein 1973 gebauter Mercedes-Benz O 302-Postreisebus aus Nürnberg fand sich genauso mit DB-Kennzeichen wieder wie zwei Mercedes-Benz O 303 aus Freudenstadt und Heidelberg. Auch einige Postbusse in Stadtausführung kamen zur DB.

Aus einem AEG-Drucker eines Velberter Postbusses stammt dieser Fahrschein von 1981, der zeigt, dass die Post Partner im Verkehrsverbund Rhein-Ruhr war (SVS).

Ebenfalls mit einem der selten verwendeten AEG-Drucker wurde dieser Postbus-Fahrschein hergestellt (SVS).

Die Werbegrafik „Mit der Kraftpost in den Herbst" stammt zwar aus den sechziger Jahren, zwanzig Jahre später bekam sie aber eine ganz neue Bedeutung. Für die Postbusse selbst war nun der Herbst angebrochen (SVS).

1982/83 begann die Zeit des Abschiednehmens. Der „allerletzte Mercedes-Postbus" nach fast achtzig Jahren wurde am 11.5.1983 vom Werk ausgeliefert (DC).

1982, 8.1.
Postseitige Unterzeichnung der Verwaltungsvereinbarung für die Überleitung des Postreisedienstes der DBP auf die Deutsche Bundesbahn. Geregelt wird die Übertragung der Linienkonzessionen und Verträge auf die DB, der Verkauf der Sachwerte (Omnibusse, Haltestellen, Verkehrsgeräte) an die DB, der Auslaufbetrieb für die postseitige Wartung der ehemaligen Postbusse, die Übernahme des Fahrpersonals (soweit dieses einen Übertritt zur DB wünscht) und die Aufhebung aller Vereinbarungen zwischen Bahn und Post zum Postreisedienst. Die Bekanntgabe erfolgt am 13.1.1982.

1982, 1.3.
Übergang der Kraftpostlinien des PA Hamburg-Bergedorf auf die Autokraft.

1982, 9.3.
Der BPM teilt den OPDen mit, dass er prüfen werde, ob zur Aufrechterhaltung des Fahrbetriebs trotz der beabsichtigten Überleitung des Postreisedienstes auf die DB bis Ende 1983 eine Ersatzbeschaffung für auszumusternde Kom verantwortet werden kann. Die OPDen werden aufgefordert, unter Anlegung eines strengen Maßstabs die Notwendigkeit von Ersatzbeschaffungen im Jahr 1983 zu begründen.

1982, 15.3.
Erhöhung der Postreisegebühren (Fahrscheine um 8,5%, Zeitkarten um 12,6%).

1982, 13.4.
Das BPM gibt das Ergebnis der Befragung des Postreisedienst-Personals in den Pilotregionen über den Verbleib beim Übergang auf die DB bekannt. 30,9% sind mit einem dauerhaften und 55,4% mit einem vorübergehenden Wechsel zur DB einverstanden. 13,7% wollen bei der DBP bleiben.

1982, 6.5.
Freigabe der Überleitung des Postreisedienstes auf die DB in den vier Pilotbereichen.

1982, 1.6.
Überführung des Postreisedienstes auf die Bahn in den Regionen Münster, Kassel, Stuttgart und Freiburg. Die Sachwerte (Omnibusse, Haltestellen, Fahrscheindrucker) werden an die DB verkauft. Die an die Bahn abgegebenen Postbusse werden bis zu ihrer Ausmusterung weiterhin in Postwerkstätten instandgehalten. Die Postbusse erhalten DB-Kennzeichen und DB-Logos, ihr Briefkasten wird verschlossen.

1982
Im Hinblick auf die beschlossene Überführung zur Bundesbahn werden erstmals Post-Überlandbusse ohne Briefkästen ausgeliefert.

1982
Ein privater Verlag gibt das Kraftpostkursbuch Sommer 1939 als Nachdruck heraus.

1982, 24.8.
Übertragung der Linienkonzessionen von der DBP auf die bestehenden Regionalverkehrsgesellschaften in deren Verkehrsgebieten.

1982, 1.9.
Übergang der Kraftpostlinien des PA Otterndorf auf die KVG Stade.

1982, 1.10.
Übergang der Kraftpostlinien des PA Hamburg-Harburg auf die KVG Stade und des PA Euskirchen, Kraftfahrstelle Blankenheim (Eifel), auf die RVK.

1982, 9.11.
Das BPM gibt die Omnibus-Ersatzbeschaffung für 1983 bekannt: 14 MAN SÜ 240 gehen an die OPDen Dortmund, Düsseldorf und Hannover/Braunschweig, 32 Mercedes-Benz O 307 erhalten die OPDen Freiburg, Karlsruhe, München, Nürnberg und Stuttgart. Dies ist die letzte Bestellung neuer Postbusse.

1982, 1.12.
Übergang der Kraftpostlinien des PA Lüneburg auf die KVG Stade.

1982, 31.12.
Magirus, Postbuslieferant seit 1919, schließt sein Omnibuswerk in Mainz.

1983, 1.1.
Anhebung der Postreisegebühren bei gewöhnlichen Fahrscheinen um 6,6%.

1983, 11.5.
Auslieferung des letzten werksneuen Omnibusses an die DBP (BP 10-3950 vom Typ MB O 307). Damit wird gleichzeitig der letzte von insgesamt 3.460 Mercedes-Bussen für die DBP (seit 1948) übergeben. Einige der 1983 ausgelieferten neuen Postbusse kommen direkt zu bereits übergeleiteten Stützpunkten, laufen also von Anfang an als Bahnbusse im gelben Kleid. Wagen, die nicht dringend zur Aufrechterhaltung des Betriebs gebraucht werden, bleiben unangemeldet und werden der Bahn als Neufahrzeug übereignet.

1983, 2. Halbjahr
Überleitung fast aller verbliebenen Postreisedienst-Stützpunkte auf die DB. Traurige Tage für die Postbusfahrer, denen, sofern sie nicht zur Bahn wechseln, der Postbusführerschein abgenommen wird. Viele Busfahrer empfinden das Ausscheiden aus dem Fahrdienst und die Versetzung in den normalen Postdienst als sozialen Abstieg. Ungünstigere Dienstpläne bei der DB sind für einen Teil der Fahrer mit ein Grund, den möglichen Wechsel zur Bahn nicht wahrzunehmen.

1983, Herbst
Die Rosarote-Wochen-Fahrscheine der DB werden auf den Postbuslinien anerkannt, auf denen Schienenfahrausweise Gültigkeit haben.

1983, 1.10.
Die Post verabschiedet sich in Velbert (Rheinland) nach 158 Jahren von ihren Fahrgästen. Ein Faltblatt informiert: "Für Sie, lieber Fahrgast, wird sich ab 1. Oktober 1983 nicht viel ändern. Der gelbe Postbus wird ein DB-Kennzeichen erhalten, das Posthorn wird fehlen. Altbekannte Gesichter werden Sie wiedersehen, denn von den 25 betroffenen Postbusfahrern fahren 17 weiter für die Bundesbahn. Die restlichen 8 Fahrer warten auf neue Aufgaben im Postdienst, sie werden Ihnen künftig als Zusteller begegnen."

1983, 10.11.
Auf die kleine Anfrage der SPD-Bundestagsfraktion nach den Gründen für die vorläufige Beibehaltung des Postreisedienstes im Allgäu antwortet die Bundesregierung: "Bei einer Überleitung des Postreisedienstes auf die DB im Allgäu hätte der 1967 begonnene und zunehmend verflochtene Gemeinschaftsverkehr mit der Fa. Komm-mit-Reisen Morent in Sigishofen aufgelöst und getrennt werden müssen. Nachteile für die Fahrgäste und die gewachsene Verkehrsstruktur hätten nicht ausgeschlossen werden können. Die Zuführung in eine Regionalverkehrsgesellschaft mit Beteiligung der DBP als Gesellschafter läßt demgegenüber eine ungestörte Fortführung dieser Gemeinschaftsverkehre zu. Entsprechendes gilt für die Wahrnehmung der bestehenden Verkehrsbedienung im Kleinwalsertal."

Festlich geschmückt ging BP 10-3705 in Lindenfels am 31.12.1983 auf seine letzte Fahrt für die DBP (SVS).

Am 28.1.1984, drei Tage vor der Überführung der Osnabrücker Postbusse auf die Bahn, konnte ein Fahrgast am Kloster Ohrbeck einen letzten Brief am Postbus einliefern (SH).

Am letzten Septembertag des Jahres 1983 erhielten die Postbusse in Pirmasens DB-Aufkleber und neue Zulassungsnummern (SVS).

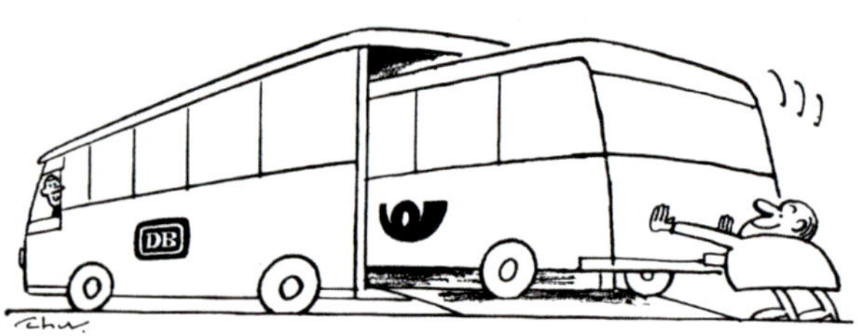

In eine treffende Grafik setzte die DB-Kundenzeitschrift „Blickpunkt“ im September 1981 die Überleitung des Postreisedienstes auf die Deutsche Bundesbahn um (SVS).

Als „unheimliche Begegnung der dritten Art“ bezeichnete der Fotograf diesen Zufallstreffer, der am 21.10.1982 in Bielefeld gelang: In der Phase der Überleitung des Postreisedienstes auf die Bahn begegneten sich dort die beiden MAN SÜ 240 BP 10-3297 noch als Postbus und sein bereits auf die Bahn umgemeldeter „Kollege“ DB 8-803 (ex BP 10-3124) aus Münster (UE).

Im Allgäu lief der Postbusverkehr unterdessen noch wie gehabt weiter. BP 10-3835, ein 1981 beschaffter MB O 303-12 ÜHP, ist am 14.2.1985 von Fischen in Richtung Riedbergpass unterwegs. Die Straßenverhältnisse erfordern das Anlegen von Schneeketten (VS).

Die ex-Postbusse erhielten bei der Bahn besondere Nummernreihen: DB 7 für Fahrzeuge von Mercedes-Benz, DB 8 für MAN- und DB 9 für Magirus-Busse. Die Briefkästen in den Einstiegstüren - bis dato klassisches Ausstattungsmerkmal jedes Postbusses - wurden bei der Bahn verschlossen.

Der Rest-Postreisedienst im Allgäu lief unterdessen unverändert weiter. Fast wie ein Treppenwitz der Geschichte mutet es an, dass sich die Kraftpost wieder nach Bayern zurückzog, dorthin, wo sie 1905 ihren Ursprung hatte. Rein statistisch gesehen kamen 1984/85 mit 29 Postbussen genauso viele Wagen zum Einsatz wie 1907. Der Grund für diese kuriose Situation lag in der Bedienung des Kleinwalsertales und in der bestehenden Verkehrsgemeinschaft der DBP mit der Firma „Komm-mit-Reisen“. Im österreichischen Kleinwalsertal nahmen die Postbusse des PA Oberstdorf seit 1930 die staatsvertraglich geregelte Personen- und Postbeförderung wahr. Dieser Zipfel österreichischen Staatsgebiets ist deutsches Zollanschlussgebiet und nur von Deutschland (Oberstdorf) aus straßenmäßig erreichbar. Eine Übernahme durch die Bundesbahn kam aufgrund der erwähnten Verträge hier nicht in Frage, und die geplante Überleitung der Strecke ins Kleinwalsertal auf eine handelsrechtliche Gesellschaft konnte wegen der österreichischen Linienkonzession und der gewachsenen Verbindung mit der Firma „Komm-mit“ nicht kurzfristig verwirklicht werden. Mehrmals verschoben, war dieses Vorhaben erst zum 1.6.1985 möglich. Zu diesem Zeitpunkt wurde der Postreisedienst der Region Allgäu auf die neu gegründete Regionalverkehr Schwaben-Allgäu GmbH (RVA) als Tochter der Regionalverkehr Oberbayern GmbH überführt. Da die Post über die VBG an der RVO beteiligt war, konnten die Vertragspartner dieser Lösung zustimmen. Betroffen waren die Postreisedienststellen in Füssen, Kempten und Oberstdorf mit zuletzt 29 posteigenen und 47 angemieteten Bussen, während der Stützpunkt Ingolstadt auf die DB überging. Der letzte Betriebstag der deutschen Kraftpost war also der 31.5.1985, der Vortag des achtzigsten Jahrestages der Aufnahme des Kraftpostdienstes in Deutschland. Noch bis zuletzt nahmen die Postbusse an den Bahnhöfen in Füssen und Oberstdorf Postbeutel für die Poststellen entlang der Linien auf. Am Abend des letzten Maitages fand in Oberstdorf eine Abschiedsparade der Postbusse statt. Sie trugen schwarzen Trauerflor, die Fahrer schwarze Krawatten. Damit ging die 300-jährige Tradition der Personenbeförderung durch die Post in Deutschland, kaum beachtet von der Öffentlichkeit, zu Ende.

Hochwinterlich geht es am 12.2.1985 an der deutsch-österreichischen Grenze in Schattwald zu (VS).

1983, 30.11.
Letzter Betriebstag der Kraftpost in Regensburg. Die Postbusse tragen ein Transparent: "Verehrte Fahrgäste und Mitbürger! Mit dem heutigen Tag geht das Postbuszeitalter in Regensburg zu Ende. Dies ist unsere letzte Fahrt. Wir danken unseren Fahrgästen für jahrzehntelange Treue, wir danken dem Postminister a.D. Herrn Gscheidle, der dies einfädelte und damit 5.000 Arbeitsplätze vernichtet hat und wir danken der Deutschen Postgewerkschaft, die dies alles widerstandslos hingenommen hat." Obwohl keine Vernichtung, sondern eine Verlagerung der Arbeitsplätze stattfindet, zeigt das Plakat anschaulich die Verbitterung der Postbusfahrer.

1983, 1.12.
Als einer der letzten Stützpunkte im Bereich der OPD Nürnberg wird der Postreisedienst in Selb zur Bahn überführt. Der Vorsteher des PA Selb zu diesem Anlass: "Wir fügen uns dem, was politisch entschieden wurde. Aber es ist gleichwohl schwer, dem von seinen Anfängen her schienenorientierten Unternehmen Bundesbahn heute den Reiseverkehr auf der Straße alleine überlassen zu müssen."

1983, 1.12.
Die Nordbayerischen Nachrichten schreiben: "Mit Trauerflor sind derzeit die Postbusse ausgestattet. Die Postbediensteten sind verärgert darüber, daß die Oberhoheit auf die Bahn übergegangen ist."

1983, 22.12.
Die 1971 eingeführte Gebührenvergünstigung (50%) im Postreisedienst für aktive Postbedienstete, Versorgungs- und Rentenempfänger der DBP sowie die Familienangehörigen dieser Personenkreise entfällt.

1983, 31.12.
Letzter Betriebstag des Postreisedienstes im Odenwald (Kraftfahrstelle Lindenfels des PA Bensheim).

1983, 31.12.
Die Bezirksstellen der OVG Bahn/Post werden aufgelöst.

1984, 1.1.
Mit Ausnahme der Kraftfahrstellen bei den PÄ Osnabrück, Ingolstadt, Füssen, Kempten, Lindau und Oberstdorf ist der restliche Postreisedienst auf die Bahn überführt worden.

1984, 1.2.
Überführung des Postreisedienstes in Osnabrück auf die DB.

1984, 19.6.
Abschluss eines von der Bundesregierung in Auftrag gegebenen Gutachtens. Danach gebührt dem handelsrechtlichen Modell bei der zukünftigen Organisation der Busdienste des Bundes der Vorrang vor dem öffentlich-rechtlichen Modell. Als Folge setzt die DB die Bildung einer neuen Gesellschaft im Raum Schwaben/Oberallgäu bis zu einer Beschlussfassung des Bundeskabinetts aus. Dadurch (und um die Konzessionsrechte im österreichischen Kleinwalsertal nicht zu gefährden) wird der Rest-Postreisedienst in dieser Region mit 29 posteigenen und 50 Auftragnehmerbussen vorläufig fortgeführt.

1984, 15.10.
Das BPM löst postseitig die Arbeitsgruppe Bahn/Post zur Vorbereitung der Überleitung des Postreisedienstes auf die DB auf.

1985, 14.1.
Die Dienstanweisung für das Postkraftfahrwesen von 1935/36 tritt außer Kraft.

1985, 19.3.
Das BPM erteilt der OPD München den Auftrag zur Überleitung des Rest-Postreisedienstes im Allgäu auf die neu zu gründende Regionalverkehr Schwaben-Allgäu GmbH. Der Überleitungstermin wird zunächst auf den 31.3.1985 festgesetzt, dann auf den 30. April und schließlich auf den 31. Mai verschoben.

1985, 4.4.
Die seit 1971 bestehende Zentrale Betriebsleitung für den Postreisedienst in Frankfurt a.M. wird aufgelöst.

1985, 9.5.
Auf private Initiative wird das Kraftpostmuseum Wilhelmsfeld gegründet.

1985, 31.5.
Letzter Betriebstag der Kraftpost in Deutschland im verbliebenen Restteil der OPD München (Region Allgäu/Schwaben). Am Abend findet in Oberstdorf eine Parade der Postbusse mit schwarzem Trauerflor statt.

1985, 1.6.
Die letzten Postbusse mit BP-Kennzeichen werden mit zivilen Zulassungen ausgestattet und laufen künftig bei der RVO-Tochter Regionalverkehr Schwaben-Allgäu GmbH (RVA). Der Stützpunkt Ingolstadt kommt zum GBB Augsburg.

1985, 1.6.
Achtzigster Jahrestag der Betriebsaufnahme der Kraftpost in Deutschland, gleichzeitig 300 Jahre Personenbeförderung durch die Post in Deutschland. Beide Traditionen gehen an diesem Tag zu Ende.

1985
Die OPD Kiel hat einen ehemaligen Post-Linienbus des Typs Büssing BS 120 N umgebaut und setzt ihn als "Philatelistischen Bus" zur Werbung für das Sammeln von Briefmarken ein.

Der MB O 302-Postreisebus und sein zum fahrbaren Postamt umgebauter Nachbar haben am 7.7.1982 in Nürnberg Pause (VS).

Gleich sechs Postomnibusse warten in Aschaffenburg auf die Zeit zur Abfahrt in die umliegenden Landorte (15.9.1982, VS).

Postbus-Fahrschein vom letzten Betriebstag der Kraftpost (SH).

OBERPOSTDIREKTION MÜNCHEN

Sehr geehrter Fahrgast,

im Zuge der vom Bundeskabinett beschlossenen Neuordnung der Omnibusdienste des Bundes wird der noch im Raum Lindau, Bodensee und im Allgäu vorhandene Postreisedienst am **01.06.1985** auf die Firma Regionalverkehr Schwaben-Allgäu GmbH, 8980 Oberstdorf, übergeleitet.

Von diesem Zeitpunkt an gelten auf unseren Linien die Beförderungsbedingungen und die Fahrpreise der Gesellschaft, die aber weitgehend mit denen der Deutschen Bundespost übereinstimmen.

Die in Ihrem Besitz befindliche Stammkarte zum Lösen einer Zeitkarte behält weiterhin ihre Gültigkeit.

Für den Monat Juni 1985 können Sie ausnahmsweise keine Monatskarte schon im Vormonat lösen. Sie erhalten diese erst vom 01. bis 03. 06. 1985 beim Busfahrer. Die im Postbus gelöste Wochenkarte für die 22. Woche vom 27. 05. bis 02. 06. 1985 behält ihre Gültigkeit bis zum 02. 06. 1985. Für die 23. Woche können Wochenkarten ab 01. 06. 1985 gelöst werden.

Wir bedanken uns für das der Deutschen Bundespost entgegengebrachte Vertrauen und wünschen Ihnen auch weiterhin allzeit eine gute Fahrt.

Oberpostdirektion München

Die Fahrgäste wurden mit Handzetteln über die Veränderungen informiert (SVS).

Am Abend des 31.5.1985 fand in Oberstdorf eine kleine Abschiedsparade der letzten, mit Trauerflor behängten Postomnibusse statt. Einen Tag später wäre die Kraftpost achtzig Jahre alt geworden. Die deutsche Postverwaltung hatte zu diesem Zeitpunkt seit rund 300 Jahren Personen befördert (VS).

Noch deutet nichts darauf hin, dass der Postreisedienst in Fulda sechs Tage später auf die Bahn übergeleitet werden wird. Die Postbusse und ein Kollege von der Bahn stehen wie jeden Mittag für den Schülerverkehr bereit (25. Mai 1982, VS).

Durch die Zuführung des Postreisedienstes war bei der Bundesbahn 1983 ein gigantischer Busdienst mit rund 10.500 Mitarbeitern und über 11.000 eingesetzten Omnibussen entstanden. Pro Jahr fanden rund 1 Milliarde Fahrgastbeförderungen statt. Doch dabei blieb es nicht: Der Bahnbus in direkter Verantwortung der DB überlebte den Postbus gerade einmal um fünf Jahre. Gründe dafür waren der allgemeine Verkehrsrückgang im ÖPNV und die Tatsache, dass sich die gesamte Kostenstruktur des Bahnbusdienstes durch die Zuführung der Postlinien geändert hatte. Unter diesen befanden sich zum Teil Verkehre, die früher durch die gleichzeitige Postsachenbeförderung gerechtfertigt werden konnten, nun aber defizitär waren. Aufgrund seiner nicht mehr zeitgemäßen Organisations- und Angebotsstruktur sah die DB den Bahnbus unter zunehmendem Wirtschaftsdruck, der das Ziel gefährdete, auch zukünftig zumindest verlustfrei zu arbeiten. Um einen Rückzug aus der Fläche zu verhindern, sei eine Änderung der Organisationsform unumgänglich, so die Argumentation des DB-Verwaltungsrates im Jahr 1987. Beginnend im Jahr 1988 und abschließend 1990 wurde der gesamte Bahnbusdienst in handelsrechtlichen Gesellschaften als Teil des DB-Konzerns privatisiert. Damit wurden die Planungen der 1970er Jahre mit fast 15 Jahren Verspätung umgesetzt. Zu dem ursprünglich beabsichtigten Verkauf an Dritte kam es dann jedoch - bis auf eine Ausnahme - nicht, da der errechnete Wert der Busunternehmen potenzielle Käufer abschreckte. Außerdem stellte sich bald heraus, dass die privatisierten Betriebe für den DB-Konzern profitabel waren.

Bemerkenswertes Detail bei der Bahnbus-Privatisierung war, dass viele der ehemaligen Postbusse nun zum zweiten Mal innerhalb von fünf bzw. sechs Jahren den Besitzer wechselten. Sie blieben zwar gelb, trugen jetzt aber eine GmbH-Bezeichnung und erhielten eine zivile Zulassungsnummer.

Parallel bestanden zunächst die Regionalverkehrsgesellschaften unter dem Dach der bundeseigenen VBG-Gruppe weiter. Ihre Konzerntöchter wurden im Zuge der Privatisierung der Deutschen Bahn AG (1994) und der Deutschen Post AG (1995) entweder verkauft (RVK, RVH, KVG Stade) oder gingen auf die DB Regio-Gruppe über (RVO, Autokraft). Die VBG selbst existiert noch heute als Abwicklungsgesellschaft.

Die jahrzehntelange Konkurrenzsituation zwischen Bahn und Post auf dem Sektor der Personenbeförderung war bereits seit 1983 Geschichte, die Post hatte der Bahn das Feld überlassen. Eine interessante Parallele, die in gewisser Weise bezeichnend für das Verhältnis der beiden Staatsbetriebe untereinander war, trat dann fast 15 Jahre später ein. Kurz nach der Ausgründung beider Unternehmen in Aktiengesellschaften verzichtete die Post mit der Aufgabe des Bahnpostdienstes im Mai 1997 nach 150 Jahren auf die Eisenbahn als Dienstleister. Stattdessen wandte sie sich bei ihrer Transportlogistik fast ausschließlich den Straßen- und Luftwegen zu.

Am letzten Tag der deutschen Kraftpost, dem 31.5.1985, bekam der Postbus nach Schwangau Postbeutel mit auf den Weg (Foto in Füssen: VS).

11. 1985 – 2005
Was ist geblieben von der Kraftpost?

Veteranen unter sich: Rechtzeitig zum Jubiläumsjahr „500 Jahre Post" wurde im Mai 1990 der restaurierte Museumspostbus des damaligen Postmuseums Nürnberg fertig gestellt und unter seinem alten Kennzeichen BP 15-685 erneut zugelassen. Der 1956 gebaute MAN/Hubertia MKN 630 war 1967 ausgemustert und Anfang der achtziger Jahre vom Nürnberger Industrie- und Technikmuseum geborgen worden. 1982 begann die Aufarbeitung. Fünf Jahre nach dem Ende des Postreisedienstes verfügte die DBP wieder über einen betriebsfähigen Personenomnibus, der 1994 um einen Orion WH 115-Personenanhänger ergänzt werden konnte. BREKINA realisierte den kompletten Zug als H0-Modell. Das Foto entstand bei der Inbetriebnahme des Anhängerzuges am 11.9.1994 in Ebermannstadt (VS).

Noch gibt es sie, die gelben Postbusse. In der Schweiz und in Österreich nehmen sie wie eh und je ihre Verkehrsaufgaben wahr und kommen dabei auf mehreren grenzüberschreitenden Linien sogar planmäßig in Deutschland zum Einsatz. So sind die österreichischen Postbusse in Passau, Bad Reichenhall, Füssen und Berchtesgaden weiterhin ein vertrauter Anblick. Hinter den Kulissen tobt aber auch bei den Postbusbetrieben der Nachbarländer seit Jahren ein Kampf um die Wirtschaftlichkeit, der ihren Fortbestand auf Dauer in Frage stellen könnte. Die Österreichische Postbus AG wurde im September 2003 an die Österreichischen Bundesbahnen verkauft. Den guten Klang des „Postbus" im Namen der Gesellschaft halten die Marketingstrategen jedoch weiterhin für unverzichtbar.

Und in Deutschland? Die gelben Busse verschwanden nach der Überleitung des Postreisedienstes auf die Bahn (1982/83) bzw. im Allgäu auf die RVA (1985) nicht gleich aus dem Straßenbild, nur trugen sie kein postalisches Kennzeichen und kein Posthornlogo mehr. Mitte der neunziger Jahre wurden dann die letzten ex-Postbusse bei den Nachfolgegesellschaften ausgemustert. Was blieb, war ein kleiner, aber feiner Bestand an Museumspostbussen in verschiedenen, öffentlichen und privaten Trägerschaften. Noch bis Ende 1994 lief zum Beispiel der 1990 renovierte Museumswagen des Postmuseums Nürnberg, ein MAN MKN 630-Haubenbus vom Baujahr 1956, wieder unter seinem alten Kennzeichen BP 15-685. Mit der Postreform vom 1.1.1995 verschwanden an diesem Bus wie bei allen Postfahrzeugen schon bald die BP-Nummernschilder.

Das Postkutschermuseum in Regensburg besitzt diesen MB O 307 aus dem Jahr 1980. Versehen mit einem regulären Regensburger Kennzeichen wird der ehemalige, wieder entstandene Postbus zu Sonderfahrten und noch täglich im Schülerverkehr eingesetzt. Am 30.5.2003 trug der Wagen zu Fotozwecken sein altes BP-Nummernschild (VS).

Wenn der Bus kein Münchener Überführungskennzeichen tragen würde, könnte man beinahe ein historisches Foto vermuten. Das Bild des MB Lo 3500 mit Schlenker & Zeller-Aufbau entstand jedoch am 28.9.1993. Im Mai des selben Jahres hatte die Münchener Mercedes-Niederlassung ihren vorbildlich restaurierten Museums-Postbus vorgestellt. Das gute Stück war im August 1935 als RP-22 485 bei der RPD Konstanz erstmals zugelassen worden. Der Omnibus mit 75 PS-Dieselmotor ist noch heute betriebsfähig bei der DaimlerChrysler AG vorhanden (VS).

Fast so wie damals: Der 22-sitzige MAN Z 1 (Beuchelt-Aufbau, 1936, ex RP-23 167), der heute der MAN AG als Museumsfahrzeug gehört, war am 18.3.1995 bei der Jubiläumsveranstaltung „100 Jahre Omnibus" in Netphen mit dabei. Dahinter steht ein ebenfalls historischer Büssing 900 N aus Dresden (VS).

1986
Die Fernlinie Passau - Linz (Donau) erscheint letztmalig unter dem Namen "Nibelungenpost" im Kursbuch. Seit die DB im Jahr 1983 an Stelle der DBP den Gemeinschaftsverkehr mit der Österreichischen Post übernommen hatte, haben auch Bahnbusse die Linienschilder "Nibelungenpost" getragen.

1986, 1.9.
In Wendeburg wird das Kraftpost-Denkmal "zur Erinnerung an Heinrich Büssing, der hier ab 1904 die erste erfolgreiche Kraftpost-Omnibuslinie der Welt, Wendeburg - Braunschweig, betrieb", eingeweiht. Die Firma MAN stellt zur Feier den Nachbau des ersten Büssing-Omnibusses zur Verfügung.

1986, 6.10.
Förmliche Aufhebung der Postreise- und Postreisegebührenordnung.

1987, 18.10.
Ende des seit 1921 bestehenden Personenanhängerbetriebes der Schweizer Post. Bis zuletzt kommen in den Toggenburger Alpen (Linien Urnäsch - Schwägalp, Nesslau - Wildhaus - Buchs) noch gelegentlich Moser-Anhänger des Baujahres 1948 zum Einsatz, denen bei Bedarf zusätzlich ein Gepäckanhänger nachgespannt wird. Die Länge solcher Züge erreicht 25 m. Sie werden durch Gelenkbusse ersetzt.

1988, 1.3.
In Österreich entsteht die Bundesbus-Organisation als gemeinsames Dach für Bahn- und Postbusse.

1988, 29.5.
Die letzten beiden Straßenpostlinien Stuttgart - Tuttlingen und Nürnberg - Hof für Überlandposten mit Briefumarbeitung (ÜPU) werden eingestellt. Auf den ÜPU wurden ab Mitte der siebziger Jahre MB O 307 mit Kögel-Aufbauten eingesetzt.

1988-1990
Privatisierung des Bahnbusdienstes. Die noch vorhandenen ehemaligen Postbusse wechseln erneut den Besitzer und erhalten ihr drittes Zulassungskennzeichen.

1990, 17.5.
Wiederinbetriebnahme des restaurierten Wagens BP 15-685, eines MAN/Hubertia MKN 630 mit Erstzulassung vom 8.11.1956, als Museumsfahrzeug des Post- und Verkehrsmuseums Nürnberg. Die Aufarbeitung in posteigenen und privaten Werkstätten erforderte acht Jahre.

1990
In Deutschland wird das Jubiläum "500 Jahre Post" gefeiert. Unter anderem werden bundesweit Postkutschenfahrten auf historischen Kursen durchgeführt.

1990
Seit 1953 nimmt die Deutsche Post der DDR die Personenbeförderung nur noch in örtlich bedingten Fällen wahr. Auch 1990 besitzt die Deutsche Post noch einige Robur- und Ikarus-Busse, mit denen halböffentliche Werkverkehre durchgeführt werden. Diese Einsätze enden allerdings noch vor der deutsch-deutschen Wiedervereinigung am 3.10.1990.

1990, 3.10.
Wiedervereinigung der beiden deutschen Staaten.

1991, 2.6.
Zum Fahrplanwechsel verschwindet die letzte so bezeichnete Fernkraftpost, die Europabuslinie "Isar-Engadin-Post" München - St. Moritz, aus dem Kursbuch. Die Gemeinschaftslinie von RVO (in Nachfolge der DBP), österreichischer und schweizerischer Post erhält zwar noch den Namen "Isar-Engadin-Express", verkehrt aber nicht mehr fahrplanmäßig, sondern nur noch für Gruppen auf Bestellung.

1992-1994
Der Bundesverband Unabhängiger Postbusfahrer e.V. legt die "Goldenen 15" auf, eine Telefonkartenserie mit 15 Postbusmotiven und einer Auflage von jeweils 5.000 Stück.

1993, 1.5.
Die Mercedes-Benz-Niederlassung München stellt ihren restaurierten Museums-Postbus vom Typ Lo 3500 (Baujahr 1935) vor.

1994, 11.9.
Vorstellung des Orion WH 115-Personenanhängers als passende Ergänzung zum Nürnberger MAN-Museumspostbus.

1995, 1.1.
Mit der Postreform wird die Deutsche Bundespost privatisiert, die Deutsche Post AG entsteht. Über die VBG ist sie nach wie vor indirekt an den bestehenden Regionalverkehrsgesellschaften beteiligt. Die Beteiligungen der VBG-Holding werden jedoch 1995/1996 auf die Deutsche Bahn AG übertragen oder an Dritte verkauft. Die VBG bleibt als Abwicklungsgesellschaft bestehen.

1995, 15.7.
Die RVO als Rechtsnachfolgerin des Postreisedienstes feiert gemeinsam mit der Stadt in Bad Tölz den Jahrestag "90 Jahre Kraftpost".

1995
In der Schweiz werden 16 regionale Postautozentren eingerichtet, um auf den bevorstehenden freien Wettbewerb im Regionalverkehr gerüstet zu sein.

bis 1995
Ausmusterung der letzten ehemaligen Postbusse bei den privatisierten Bahnbus-Gesellschaften.

1996
Nach dem Poststrukturgesetz in Österreich gehören die dortigen Postbusse zur Post und Telekom Austria AG. Aus dieser entsteht 1999 die Österreichische Post AG.

1997, 1.1.
Die Bundesbus-Organisation in Österreich wird aufgelöst, Bahn- und Postbusse werden dort wieder getrennt betrieben.

1997, 31.5.
In Deutschland endet der Bahnpostdienst, letztes Relikt des früheren Postregals.

2000, 1.1.
Der Unternehmensbereich Postauto wird aus der Österreichischen Post AG in die eigenständige Österreichische Post.Bus AG ausgegliedert. Zum 1.1.2001 wird die Post.Bus AG in eine Tochtergesellschaft der Österreichischen Industrieholding AG umstrukturiert. Die Busse werden mit "Post.Bus" beschriftet.

2000, März
Im Regensburger Hafengebiet eröffnet das Postkutschermuseum, das drei ehemalige Postbusse, verschiedene Postkutschen und diverse Ausstellungsstücke rund um das Reisen mit der Post beherbergt.

2001
Das Frankfurter Museum für Kommunikation übernimmt von der Krauss-Maffei AG einen KMS 110-Museumspostbus.

2001, 2.11.
Vorstellung eines privat restaurierten MAN MKN 26-Postbusses vom Baujahr 1951. 2002 wird das Fahrzeug um einen DÜWAG-Personenanhänger ergänzt.

Von den längst verschrotteten Fahrzeugen sind einige kleine Schilder übrig geblieben, die mit Angabe der jeweiligen BP-Nummer im Innenraum der Postbusse angebracht waren. BP 10-1303 war ein 1969 gebauter Magirus-Deutz 200 LS 12 der OPD Köln (SVS).

Eine Reihe von Postbustypen sind als Modell verewigt worden. BREKINA hat eine Palette vorbildgetreuer Fahrzeuge von Büssing, Magirus, MAN und Mercedes im Programm (VS).

Ex-Postbus (Magirus 260 L 117, ex DB 9-107 ex BP 10-3752) 1990 in Euskirchen. Zweiter Folgebesitzer nach der DB war die Busverkehr Rheinland GmbH (SVS).

Die heutige Deutsche Post AG hat mit dem Traditionsdienstzweig Postreisedienst und der Personenbeförderung keine Befassung mehr. In ihrer Teilträgerschaft befindet sich aber die Museumsstiftung Post und Telekommunikation, die mehrere renovierte oder im Originalzustand befindliche Postbusse besitzt. Weitere historische Postomnibusse werden von Vereinen und Privatpersonen liebevoll betreut und gepflegt. Teilweise sind die Fahrzeuge voll betriebsfähig. Die vier deutschen „Museen für Kommunikation" und eine Reihe privater Sammlungen bergen noch manch andere Schätze. Plakate, Fahrkarten, Kursbücher, Schilder und andere Ausrüstungsgegenstände aus der Postkutschen- und Postbuszeit seien nur exemplarisch genannt.
Wer sich aufmerksam umschaut, wird auf weitere Relikte von der Kraftpost stoßen, und das nicht nur bei den einschlägigen Internetauktionen. An einsam gelegenen Haltestellen findet man noch heute gelegentlich die alten Haltestellenschilder. Erwähnenswert ist weiterhin der fast unüberschaubare Markt an detailgetreuen Modellminiaturen von Postomnibussen, die die Erinnerung an die Kraftpost auf ungezählten Modelleisenbahnanlagen und als Sammelobjekt wach halten. Aber auch in der Literatur und im Film wurden die Postbusse verewigt. Ein schönes Beispiel ist der Farbfilm „Schwarzwaldmädel" aus dem Jahr 1950. Diverse Dokumentations- und Werbefilme, die seit 1922 im Auftrag oder unter eigener Regie der Postverwaltung entstanden, befassen sich ebenfalls mit dem Kraftfahrwesen.

Besondere Erinnerungen hegen natürlich die ehemaligen Mitarbeiter des Postreisedienstes. Einige von Ihnen sind noch bei den Nachfolgebetrieben aktiv. Gerne und mit Stolz denken sie an die Zeit der großen gelben Nachfahren der Postkutsche zurück. Sie waren es, die für den sicheren und zuverlässigen Betrieb der Postomnibusse auf allen deutschen Landstraßen sorgten.
Trari, trara, die Post ist da!
Sie bleibt uns unvergessen.

Die jahrzehntelange Kooperation deutscher und österreichischer Postbusse dauerte bis zum letzten Betriebstag des Postreisedienstes an. Am 13.2.1985 standen in Füssen die „Verwandten", ein Steyr SML 14 H 256 aus Reutte und ein MB 0 307 der DBP, brüderlich nebeneinander (VS).

Der Postbus lebt: Ein im September 2004 in Dienst gestellter Temsa Safari 12 der Österreichischen Postbus AG ist auf der Linie von Innsbruck nach Telfs mit einem Neubau-Personenanhänger des schweizer Fabrikats Hess unterwegs. Das Foto entstand in Zirl am 20.10.2004 (VS).

2002
Die Schweizerische Post führt ihren Reisedienst unter der Marke PostAuto.

2002, 6.9.
Übertragung von 100% der Aktien der Österreichischen Post.Bus AG auf die Österreichischen Bundesbahnen. Die Übertragung wird aber nicht gleich rechtsgültig. Die österreichischen Postbusse werden vorerst weiterhin eigenständig betrieben.

2002, Herbst
Die Postkutsche Garmisch - Badersee stellt den Betrieb ein. Damit ist die Postkutsche Bad Kissingen - Bad Bocklet die letzte noch bestehende der Deutschen Post.

2002, 5.11.
Das Deutschlandradio Berlin bringt in seiner Sendereihe MerkMal ein Feature zur Geschichte des Busverkehrs der Kraftpost.

2003, ab April
Die Postbusse der Schweizer Post verlieren ihr P-Kennzeichen und erhalten kantonale Zulassungen, weil die Zulassungsstelle der Post geschlossen wird. Damit geht die lange Tradition besonderer postalischer Zulassungen an schweizerischen Postbussen zu Ende.

2003, 1.5.
Die Schweizerische Post eröffnet die täglich bediente Fernlinie Zürich - München - Wien, stellt sie aber Ende 2003 wieder ein. Dagegen verkehren weiterhin regelmäßig österreichische Postbusse auf grenzüberschreitenden Linien nach Deutschland.

2003, Frühjahr
Die Deutsche Post AG reduziert die Zahl der stationären Briefkästen. Es wird diskutiert, alternativ Nahverkehrsomnibusse mit Briefkästen auszustatten - nach dem Vorbild der früheren Postbusse.

2003, 15.9.
Die Österreichischen Bundesbahnen werden endgültig Eigentümer der Österreichischen Post.Bus AG. Ein Integrationsprojekt wird gestartet, um binnen Jahresfrist ein wirtschaftlich eigenständiges Busunternehmen aus den bisherigen Betrieben von Bahn- und Postbus zu bilden.

2004, 2. Halbjahr
Im Zuge der geplanten Fusion von Bahnbus und Postbus in Österreich soll ein Drittel der Postbus-Organisation privatisiert werden und wird ausgeschrieben.

2004, 15.9.
In Innsbruck nimmt die Österreichische Post.Bus AG erstmals seit 1980 wieder zwei Personenanhänger (Neubauten aus der Schweiz) in Betrieb.

2004, 11.10.
Abspaltung der am 30.6.2004 gegründeten ÖBB-Postbus GmbH aus der Österreichischen Postbus AG rückwirkend zum 31.12.2003.

2004, 11.10.
Umwandlung der Österreichischen Postbus AG in die ÖBB-Postbus GmbH.

2005, 1.1.
Rechtliche Fusion Postbus/Bahnbus in Österreich.

2005, 1.1.
Die Schweizer Post gliedert die Sparte PostAuto in eine Aktiengesellschaft aus.

2005, 12.5.
Die Bundesrepublik Deutschland erinnert an den Jahrestag der Kraftpost mit einem 55-Cent-Sonderpostwertzeichen "100 Jahre Kraftpost".

2005, 28.5.
Jubiläumstreffen historischer Postomnibusse in Bad Tölz.

2005, 1.6.
100. Jahrestag der Einrichtung der ersten deutschen Kraftpost.

Auch heute noch fahren die Postbusse in der Schweiz und in Österreich. In Martina an der Grenze von Tirol zum Engadin kam es am 5.6.2000 zu einem internationalen Postbustreffen eines schweizerischen MB 0 404 und eines österreichischen Steyr SFL 11 HUA 280. Viele Jahre lang kamen deutsche Postbusse im Rahmen der Isar-Engadin-Post (München - St. Moritz) ebenfalls planmäßig an diesen Ort (VS).

12. Postbusse ohne Fahrgäste

Bei der Deutschen Bundespost war eine Reihe von Omnibussen vorhanden, die nicht der Fahrgastbeförderung dienten. Zum großen Teil handelte es sich um ehemalige Kraftpost-Busse, die nach dem Ausscheiden aus dem regulären Einsatz für Spezialzwecke umgebaut wurden. Hier eine Auswahl: Eine größere Anzahl von Magirus 150 LS 12 diente bei Veranstaltungen oder als vorübergehender Ersatz für stationäre Poststellen als fahrbares Postamt. BP 42-1024 stand am 16.8.1987 in Nastätten (VS).

MB O 309-Kleinbus für den postinternen Personaltransport im Bereich der Landespostdirektion Berlin. Das Foto entstand am 2.4.1981 in Hannover (JJ).

Im Dezember 1967 wurde dieser Büssing 6500 T zusammen mit sechs weiteren Wagen des gleichen Typs als Fahrende Postschule bei der OPD Freiburg (Breisgau) in Betrieb genommen. Zuvor war der 1957 gebaute Bus unter der Nummer BP 16-218 im Kraftpostdienst tätig. Von 1959 bis 1974 waren die 18 Fahrenden Postschulen bundesweit im Einsatz. Ihre postamtliche Abkürzung lautete „FPSch". Der hier abgebildete Bus war Vorbild für ein BREKINA-Modell (MKF).

Diese Abbildung zeigt einen älteren Büssing-Postbus im Einsatz für den gleichen Zweck (MKF).

MB O 317 mit einer bei der Post sonst unüblichen breiten Mitteltür als Fahrende Postschule (SH).

Als Fahrschule verdiente sich dieser Karlsruher MB O 321 H sein Gnadenbrot. BP 41-598 war zuvor unter BP 15-561 im regulären Personentransport aktiv (MC).

Von 1961 an waren als Ergänzung zum neu aufgebauten Nachtluftpostnetz zahlreiche Straßenpostlinien zur beschleunigten Briefbeförderung eingerichtet worden. In den als Lkw zugelassenen Straßenpostwagen wurden die Briefe während der Fahrt sortiert und verteilt. Dafür setzte die Post eine Reihe von MB O 317 mit spezieller Inneneinrichtung und Türenanordnung linienmäßig ein. Der abgebildete Wagen stammt aus einer 30 Stück umfassenden Serie vom September 1962 und wurde am 31.8.1970 auf der Verkehrsausstellung in Essen fotografiert (JJ).

Blick in einen Straßenpostwagen. Die Arbeitsbedingungen in dem engen Omnibus waren nicht einfach. Fliehkräfte, Schwingungen und Stöße während der Fahrt führten bei manchem Briefverteiler zu einer Art „Seekrankheit". Bis auf den Verwerfer (vorne im Bild) arbeitete das vier- bis fünfköpfige Team angeschnallt im Sitzen (MKF).

Ab Mitte der siebziger Jahre lösten modernere, von der Fa. Kögel modifizierte MB O 307 die älteren Straßenpostwagen ab. Hier ein solches Fahrzeug am 19.8.1980 in Augsburg. Die letzten Überlandposten mit Umarbeitung wurden Ende Mai 1988 eingestellt (VS).

Einige Postbusse mutierten zu Ausstellungs- und Werbefahrzeugen, so wie dieser Magirus 150 L 10, der den Kunden den Postgirodienst näher brachte (SVS).

Als Infobus fungierte BP 76-1657, ein Büssing BS 120 N (SVS).

In den frühen neunziger Jahren richtete die Deutsche Bundespost Telekom einen MAN SÜ 240 als Infomobil ein. Foto (Göttingen, 1995): Jörg Laubner

So modern hätten Postbusse in den neunziger Jahren aussehen können. Der abgebildete „Postbus", ein Neoplan N 8008 MIC, war bundesweit als Infobus der Deutschen Post AG im Einsatz, hier im August 1996 im Bamberg. Kurze Zeit später gehörten die BP-Kennzeichen der Vergangenheit an (Foto: Jörg Laubner).

Die Kraftpost in Zahlen

Nachrichtlich: Postreisende in Pferdepersonenposten (in Mio.)	
1870	5,8
1871	5,9
1872	5,6
1873	5,7
1874	4,9
1875	4,5
1876	4,0
1877	3,6
1878	3,2
1879	2,8
1880	2,5
1881	2,4
1882	2,4
1883	2,4
1884	2,3
1885	2,3
1886	2,2
1887	2,1
1888	2,0
1889	2,0
1890	1,9
1891	1,9
1892	1,9
1893	1,8
1894	1,8
1895	1,8
1896	1,7
1897	1,6
1898	1,6
1899	1,5
1900	1,4
1901	1,3
1902	1,2
1903	1,1
1904	1,1
1905	1,1
1906	1,1
1907	1,2
1908	1,2
1909	1,1
1910	1,0
1911	0,9
1912	0,9
1913	1,0
1914	0,8

Jahr	Anzahl posteigene Busse	Anzahl Auftragnehmer-Busse	Anzahl posteigene Personenanhänger	Anzahl Linien	Streckenlänge in km	Beförderungszahl in Mio.	Wagen-km in Mio.
1905	5	.	.	3	32	0,066	0,056
1906	12	.	.	5	107	0,129	0,139
1907	38	.	.	15	305	0,300	0,403
1908	69	.	19	25	556	0,674	0,890
1909	98	.	.	39	865	0,899	1,325
1910	130	.	.	60	1.234	1,537	2,230
1911	166	.	.	80	1.731	2,070	2,970
1912	231	.	.	101	2.212	2,782	4,117
1913	315	.	93	160	3.248	4,090	5,976
1914	239	108	136	189	3.905	3,700	5,400
1915	174	.	.	110	2.134	2,400	2,700
1916	174	.	.	96	1.854	1,100	1,200
1917	172	.	.	27	584	0,400	0,400
1918	169	.	.	18	312	0,200	0,300
1919	203	.	.	91	1.685	0,992	0,994
1920	428	.	.	304	5.985	4,016	4,616
1921	698	.	.	445	9.067	8,182	9,936
1922	866	.	.	485	10.064	9,630	11,445
1923	908	.	.	481	8.793	6,741	8,454
1924	1.212	.	.	593	10.547	8,773	10,327
1925	2.240	.	.	1.233	23.848	24,818	26,100
1926	2.557	.	.	1.504	28.600	36,120	38,200
1927	2.849	.	.	1.722	32.094	52,670	50,480
1928	3.298	.	.	1.963	37.172	68,850	59,370
1929	3.736	.	.	2.266	43.815	85,560	74,720
1930	3.939	.	.	2.354	46.483	87,850	82,530
1931	4.019	.	.	2.396	47.269	71,210	79,760
1932	3.983	.	.	2.360	47.694	60,390	79,610
1933	3.793	.	.	2.366	48.718	59,760	82,360
1934	3.681	.	200	2.380	50.713	65,025	85,990
1935	3.810	.	.	2.372	51.305	68,700	88,100
1936	3.950	.	.	2.361	51.761	75,200	90,202
1937	4.148	.	.	2.384	54.314	88,315	96,444
1938	6.145	.	134	3.127	81.984	126,000	131,131
1939	6.140	.	.	3.317	89.838	172,299	140,000
1940	6.343	.	.	3.360	86.701	206,315	123,221
1941	ca. 6.500	.	.	3.198	86.213	226,300	114,000
1942	.	.	.	.	60.909	215,400	84,700
1943	.	.	.	.	61.043	242,100	85,000
1944	.	.	.	.	.	.	.
1945	.	.	.	.	.	.	.
1946	.	.	.	909	23.023	70,958	29,896
1947	.	.	.	970	22.821	85,762	32,328
1948	.	.	.	1.115	26.616	99,180	47,203
1949	2.133	.	.	1.287	32.320	117,371	70,198
1950	2.784	.	263	1.427	37.118	143,154	87,473
1951	3.119	.	304	1.527	40.326	177,699	105,223
1952	3.105	640	298	1.619	43.764	214,445	120,635
1953	3.537	464	417	1.665	45.342	237,881	134,426
1954	3.680	334	.	1.715	47.600	272,310	148,389
1955	3.837	404	615	1.746	48.029	313,973	162,440
1956	3.904	379	724	1.778	48.895	342,041	170,488
1957	4.367	253	716	1.861	51.438	377,181	185,264
1958	3.899	188	663	1.826	50.248	358,385	175,448
1959	3.867	214	599	1.787	50.290	337,031	177,117
1960	3.549	472	519	1.758	50.198	332,703	179,343
1961	3.185	747	416	1.742	50.145	334,689	174,812
1962	2.899	950	203	1.791	50.081	338,688	156,536
1963	2.772	1.022	139	1.869	56.649	327,678	173,233
1964	2.507	1.162	14	1.891	58.211	324,235	171,100
1965	2.346	1.248	0	1.926	58.941	330,752	169,995
1966	2.339	1.384	0	1.900	59.006	321,777	171,113
1967	2.272	1.521	0	1.867	58.365	327,148	173,761
1968	2.250	1.659	0	1.864	58.841	342,381	178,054
1969	2.202	1.957	0	1.842	61.589	365,225	185,051
1970	2.200	2.223	0	1.869	62.036	386,298	195,151
1971	2.191	2.411	0	1.871	62.669	409,535	205,791
1972	2.156	2.683	0	1.885	63.828	422,982	214,325
1973	2.029	2.859	0	1.826	63.637	431,040	218,792
1974	1.989	3.132	0	1.823	63.518	435,156	221,888
1975	1.952	3.274	0	1.778	62.275	427,848	225,611
1976	1.520	2.744	0	1.425	48.470	368,921	198,230
1977	1.498	2.908	0	1.448	48.824	341,940	184,718
1978	1.473	3.019	0	1.450	47.532	340,184	185,773
1979	1.440	3.138	0	1.442	49.952	331,360	185,947
1980	1.423	3.399	0	1.441	49.918	325,566	189,653
1981	1.403	3.399	0	1.431	50.031	322,043	191,793
1982	1.031	2.502	0	1.059	37.921	281,432	173,728
1983	54	108	0	64	2.369	137,309	88,532
1984	29	50	0	46	1.742	5,256	3,603
1985	29	47	0	46	1.742	ca. 2,190	ca. 1,501

Jahr	darunter: Anzahl posteigene Busse Bayern	darunter: Anzahl posteigene Busse Württemberg	darunter: Streckenlänge in km Bayern	darunter: Streckenlänge in km Württemberg	darunter: Beförderungszahl in Mio. Bayern	darunter: Beförderungszahl in Mio. Württemberg	darunter: Wagen-km in Mio. Bayern	darunter: Wagen-km in Mio. Württemberg
1905	5	0	32	0	0,066	0	0,056	0
1906	8	0	32	0	0,117	0	0,109	0
1907	28	0	159	0	0,230	0	0,256	0
1908	59	0	410	0	0,595	0	0,723	0
1909	84	3	671	48	0,802	0,020	1,126	0,038
1910	117	6	1.082	65	1,389	0,070	1,963	0,131
1911	152	7	1.579	65	1,907	0,079	2,686	0,144
1912	201	23	1.917	208	2,483	0,214	3,599	0,385
1913	252	51	2.314	479	3,384	0,386	4,644	0,741
1914	155	67	.	.	.	.	.	.
1915	.	.	.	.	.	.	.	.
1916	.	.	.	.	.	.	.	.
1917	.	.	.	.	.	.	.	.
1918	23	8	.	.	0,138	.	.	.
1919	154	43	1.085	561	0,525	0,454	0,519	0,457

Legende:

1905-1945 = Gesamtes Reichsgebiet, ab 1938 mit Österreich und Sudetenland, ab 1940 mit Danzig (1940-1945 ohne Deutsche Post Osten)

1946-1985 = Gesamtes Bundesgebiet, ab 1957 mit Saarland; ohne SBZ bzw. DDR (Kraftpost bis 1953).

1923 Rückgang der Verkehrsleistungen wegen Besetzung des Ruhrgebietes (passiver Widerstand).

Ab 1976 Rückgang der Verkehrsleistungen und Bestandszahlen infolge der Überführung des Postreisedienstes auf Regionalverkehrsgesellschaften in Teilen des Bundesgebietes; 1982/83 Überführung des restlichen Postreisedienstes (außer Allgäu) auf die DB bzw. RVGen.

Für die Zeiten des Ersten und Zweiten Weltkriegs liegen z.T. keine Angaben vor.

Quellen: Artikel, Datenangaben und Geschäftsberichte der Deutschen Reichs- bzw. Bundespost sowie Zahlenspiegel der Deutschen Reichspost (1871-1945), herausgegeben 1957 vom BPM. Zu einigen Daten liegen aufgrund von unterschiedlichen Angaben in den Quellen widersprüchliche Zahlen vor.

Zu beachten ist, dass das Geschäftsjahr bis 1953 den Zeitraum vom 1. April bis zum 31. März des Folgejahres umfasste; ab 1954 waren Geschäfts- und Kalenderjahr identisch. Die Zahlen beziehen sich auf den Stand am Jahresende (1985 = 31. Mai, Ende Postreisedienst).

Wagenparkliste

Erstellt von Stuart Shelton und Gary French

Postbus-Nummernschemata 1905-1950

Bayern (bis 1918 Königlich Bayerische Post, 1919-1920 Bayerische Post, 1920-1933 Abt. München des Reichspostministeriums)		
Kennzeichen	ab 1907	Kgl. Post + Wagennummer
	ab 1910	II P + Wagennummer
	ab 1923	RP + Wagennummer
Wagennummern	ab 1905	1 - ca. 360 (bis 1914)
	ab 1919	ca. 361 - ca. 550 (bis 1925)
	ab 1927	ca. 551 - 821 (bis 1935)
	ab 1924	1101 - 1407, mit Lücken, zum Teil Kleinbusse/ Landkraftwagen (bis 1934)
	ab 1926	1 - 393 (zweite Besetzung, bis 1930/33)
Omnibusanhänger	ab 1906	101 - 193

Württemberg (bis 1918 Königlich Württembergische Post, 1919-1920 Württembergische Post, 1920-1933 Abt. Stuttgart des Reichspostministeriums)		
Kennzeichen	ab 1910	III WP + Wagennummer
	ab 1923	RP + Wagennummer
Wagennummern	ab 1909	1 - ca. 67
	ab 1919	101 - ca. 188
	ab 1923	1701 - ca. 1812
	ab 1927	18 001 - ca. 18 923 (mit Lücken); ab 1933 Einreihung im Nummernschema RP 22 001 ff.

Deutsche Reichspost (bis 1945, vor 1919 Kaiserliche Reichspost)		
Kennzeichen	ab 1906	keine
	ab 1910	Provinzialkennzeichen
	ab 1923	RP + Wagennummer
Wagennummern	ab 1906	keine
	ab 1919	1 - ca. 496
	ab 1923	2001 - 2100 (Aufbauten der Hauptwerkstatt Berlin, zum Teil auf alten Fahrgestellen)
		2101 - 2500 (ex 101 - 496 plus 4 Wagen)
		2501 - 2600 (ex 1 - 100)
		2601 - 4000
	ab 1926	12 001 - 14 000
	ab 1932	22 001 - 23 500
	ab 1937	33 301 - 34 800
	ab 1939	36 301 - 38 400
	ab 1939	100 001 - 103 309 (bis 1944**)
		** Aus der Bestellung von 200 Büssing 4500 T-Kriegstrambussen (RP 103 109-308) sind nur ca. 65 geliefert worden, zum Teil erst nach Kriegsende.
Omnibusanhänger		1 - 687

Deutsche Post (1945 bis 1950)		
Kennzeichen	ab 1948	**Amerikanische Besatzungszone**
		OPD Nürnberg = AB 08 (AB = Amerikanische Zone Bayern)
		OPD Regensburg = AB 09
		OPD München = AB 10
		OPD Bremen = AE 08 (AE = Amerikanische Exklave Bremen)
		OPD Frankfurt = AH 08 (AH = Amerikanische Zone Hessen)
		OPD Karlsruhe = AW 08 (AW = Amerikanische Zone Württemberg)
		OPD Stuttgart = AW 09
		Britische Besatzungszone
		OPD Hamburg = BH 08 (BH = Britische Zone Hamburg)
		OPD Hannover = BN 08 (BN = Britische Zone Niedersachsen)
		OPD Braunschweig = BN 09
		OPD Münster = BR 08 (BR = Britische Zone Rheinland)
		OPD Dortmund = BR 09
		OPD Düsseldorf = BR 10
		OPD Köln = BR 11
		OPD Kiel = BS 08 (BS = Britische Zone Schleswig-Holstein)
		Französische Besatzungszone
		OPD Freiburg = FB 03/11/53 (FB = Französische Zone Baden)
		OPD Neustadt (Weinstraße) = FR 13/27 (FR = Französische Zone Rheinland)
		OPD Koblenz = FR 45/74
		OPD Trier = FR 52/53/60
		OPD Tübingen = FW 11/21/31 (FW = Französische Zone Württemberg)
		Sowjetische Besatzungszone
		OPD Dresden = SL 08 (SL = Sowjetische Zone Land Sachsen)
		OPD Leipzig = SL 08 (ab SL 08 3101)
		OPD Potsdam = SB 08 (SB = Sowjetische Zone Land Brandenburg)
		OPD Schwerin = SM 08 (SM = Sowjetische Zone Land Mecklenburg)
		OPD Erfurt = ST 08 (ST = Sowjetische Zone Land Thüringen)
		OPD Halle = SN 08 (SN = Sowjetische Zone Land Sachsen-Anhalt)
Wagennummer	ab 1947	RP/BP 130 001-132 785 (in den Westzonen)

Die OPD-Kennung wurde jeweils um eine vierstellige Ordnungsnummer ergänzt.

In den Westzonen wurden von 1945 bis September 1950 ca. 990 neue Omnibusse in Betrieb genommen, in der Ostzone keine. Die Masse des Fuhrparks bestand zunächst aus ehemaligen Reichspost-Fahrzeugen, Behelfsomnibussen (zum Teil ehemalige Lkw der Post und des Militärs) sowie aus gebraucht übernommenen Omnibussen.

Nummernschema Deutsche Bundespost 1950 bis 1960 (BP 10-001 bis 17-045)

Die zum Stichtag der Einführung des Nummernschemas am 1.10.1950 bereits vorhandenen Fahrzeuge wurden hier eingereiht und stellen die fehlenden Nummern ab BP 10 001 ff. dar.
Bis Mitte 1956 trugen die Postbusse als amtliche Kennzeichen nicht die internen BP-Nummern, sondern Nummernschilder der Besatzungszonen (siehe oben).

BP-Nummer	Hersteller / ggf. Aufbauhersteller	Typ	Baujahr / Lieferzeitraum	Anz.	Bemerkungen (* = unbestätigte Daten)
10 000	Krauss-Maffei	KMO 130	1947	1	ex Privat
10 111-194	(verschiedene Hersteller)			84	Neuzugänge und ggf. Gebrauchtwagen der OPD Tübingen
10 195-278	(verschiedene Hersteller)			84	Neuzugänge und ggf. Gebrauchtwagen der OPD Koblenz
10 220-229	Krauss-Maffei	KMO 130	1949	10	
10 230-239	Krauss-Maffei	KMO 131	1949	10	
10 260-274	Magirus-Deutz	0 3000	1949	15	
10 681-695	Magirus-Deutz	0 3000	1950/51	15	
10 696-715	Krauss-Maffei/Kässbohrer	KMO 133	1950	20	
10 716-730	Krauss-Maffei/Rathgeber	KMO 133	1950	15	
11 414-441	Mercedes-Benz	0 5000	1951	28	
11 443-452	Mercedes-Benz	0 3500	01.51	10	
11 598	Mercedes-Benz	L 4500 S		1	Fahrschulwagen
11 601-635	Magirus-Deutz	0 3000	1951	35	
11 751-790	Mercedes-Benz	0 5000	01.51	40	
11 792-811	MAN/Hubertia	MKN	11.50	23	
11 812-831	MAN/Trutz	MKN 26	11.50	17	
11 832-841	Büssing	5000 TU	02.51 bis 03.51	10	
11 842-891	Mercedes-Benz	0 3500	01.51 bis 06.51	50	
11 908-918	Büssing	5000 TU	03.51 bis 07.51	11	
12 320-332*	Krauss-Maffei	KMO 133	1951	13	
12 482-521	Krauss-Maffei/Rathgeber	KMO 133	1951	40	12 482-485 Vorführwagen IAA Frankfurt 1951
12 522-548	Krauss-Maffei/Kässbohrer	KMO 133	1951	27	
12 549-554	Mercedes-Benz	0 6600	04.51	6	12 549-552 Vorführwagen IAA Frankfurt 1951
12 810-859	Mercedes-Benz	0 3500	05.51 bis 08.51	50	
13 079-103	Magirus-Deutz	0 3000	1951	25	
13 106-115	Krauss-Maffei	KMO 133	1951	10	
13 116-145	Krauss-Maffei/Rathgeber	KMO 133	1951	30	
13 146-149	Büssing	5000 TU	1951	4	
13 150-185	Mercedes-Benz	0 6600	08.51 bis 12.51	36	
13 186*	Mercedes-Benz	0 2600	1930	1	08.51 ex Privat
13 187*	Gräf & Stift	V 7 D IV*	1939	1	08.51 ex Privat
13 188*	Mercedes-Benz	0 5000	1950	1	08.51 ex Privat
13 189-200	MAN/Kässbohrer	MKN 26	10.51	12	
13 201-206	MAN/Hubertia	MKN 26	10.51	6	
13 207-218	MAN/Trutz	MKN 26	10.51	12	
13 219-238	Magirus-Deutz	0 3000	1951	20	
13 239-274	Mercedes-Benz	0 6600	09.51 bis 12.51	36	
13 275-284	Krauss-Maffei/Rathgeber	KMO 133	02.52	10	
13 285-299	Büssing	TU/5000 TU	10.51 bis 02.52	15	
13 300-309	Büssing/FAKA	5000 TU	1951	10	
13 310-316	Büssing/Emmelmann	5000 TU	1951	7	
13 317-321	Büssing/Recklinghausen	5000 TU	1952	5	
13 322-336	Büssing	5000 TU	11.51 bis 02.52	15	
13 337-346	Büssing/FAKA	5000 TU	1952	10	
13 347-354	Büssing/Emmelmann	5000 TU	01.52 bis 03.52	8	
13 355-359	Büssing/Recklinghausen	5000 TU	1952	5	
13 360-371	MAN/Kässbohrer	MKN 26	12.51	12	
13 372-383	MAN/Trutz	MKN 26	12.51	12	
13 384-389	MAN/Hubertia	MKN 26	12.51	6	
13 390-394	Krauss-Maffei/Rathgeber	KMO 133 A*	09.51	5	
13 395-424	Krauss-Maffei	KMO 133	12.51 bis 05.52	30	
13 425-439	Krauss-Maffei/Kässbohrer	KMO 133	01.52 bis 03.52	15	
13 440-449	Magirus-Deutz	0 3000*	1951	10	
13 450-452	Mercedes-Benz	0 3500	05.52	3	
13 453-459	Mercedes-Benz	0 6600	06.52 bis 08.52	7	
13 464-482	Mercedes-Benz	0 3500	05.52 bis 06.52	19	13 464-467 mit Dachrandverglasung
13 485	Magirus-Deutz	0 3500	1950	1	ex Privat
13 489-502	Magirus-Deutz	0 3000	1952	14	
13 503-516	Mercedes-Benz	0 3500	10.52	14	
13 517-526	Krauss-Maffei/Rathgeber	KMO 133	1952	10	
13 527-537	Büssing	6000 T*	10.52 bis 01.53	11	
13 538-539*	Mercedes-Benz	0 6600 H		2	Heckmotor-Probewagen
13 540-541*	MAN			2	Heckmotor-Probewagen
13 542-545*	Hanomag/Kässbohrer	LO 28	1952	4	
13 547-551	Büssing	5000 TU	1952	5	
13 552-555	Büssing/Emmelmann	5000 TU	1952	4	
13 556-561	Büssing/FAKA	5000 TU	1952	6	
13 562-566	Büssing/Recklinghausen	5000 TU	1952	7	
13 567-571	Büssing	5000 TU	1952	5	
13 572-573	Büssing/Emmelmann	5000 TU	08.52	2	
13 574	Büssing/FAKA	5000 TU	1952	1	
13 575-576	Büssing/Recklinghausen	6000 T	1952	2	

BP-Nummer	Hersteller / ggf. Aufbauhersteller	Typ	Baujahr / Lieferzeitraum	Anz.	Bemerkungen (* = unbestätigte Daten)
13 577-585	Büssing	6000 T	1953	8	
13 586-625	Mercedes-Benz	0 6600	12.52 bis 05.53	40	
13 626-659	Mercedes-Benz	0 3500	01.53 bis 03.53	34	
13 660-679	Magirus-Deutz	0 3000	1953	20	
13 680-719	Büssing	6000 T	01.53 bis 05.53	40	
13 720-739	Büssing/FAKA	6000 T	1952/53	20	
13 740-749	Büssing/Emmelmann	6000 T	12.52 bis 02.53	10	
13 750-759	Büssing/Recklinghausen	6000 T	1953	10	
13 763	Krauss-Maffei	KMO 130	1947	1	ex Privat
13 771	Magirus-Deutz			1	
13 777-779	Magirus-Deutz	0 6500 H	1953	3	
13 784-793	Mercedes-Benz	0 3500	11.52 bis 12.52	10	
13 794-844	Krauss-Maffei/Rathgeber	KMO 133	1953	54	
13 845-856	Mercedes-Benz	0 6600	11.52 bis 12.52	12	
13 857-859	Mercedes-Benz	0 6600 H	12.53	3	
13 860	Krauss-Maffei	KMO 130	1946	1	ex Privat
13 861-862	Krauss-Maffei	KMO 130	1947/1949	2	
13 863	Krauss-Maffei	KMO 131	1949	1	
13 871-889	Krauss-Maffei/Rathgeber	KMO 133	1953	19	
13 894	MAN	MKN	1950	1	ex Privat
13 896	MAN	MKN	1949	1	ex Privat
13 897	Magirus-Deutz	0 3500	1950	1	ex Privat
13 899	Magirus-Deutz	0 3000	1949	1	ex Privat
13 903	Krauss-Maffei	KML 90	1952	1	
13 925-938	Krauss-Maffei/Kässbohrer	KMO 133	1951	14	
13 946	Krauss-Maffei	KMO 133 A	1953	1	
13 949	Büssing	TU	1951	1	ex Privat, mit Dachrandverglasung
13 954-955	Büssing	5000 TU	09.51/10.51	2	ex Peill, Stade 69/70
13 956-968	Hanomag/Kässbohrer	LO 28	11.53	13	
13 988-993	MAN	MKN 26		6	
13 998	Magirus-Deutz	0 3000	1949	1	ex Privat
13 999	MAN	MKN 26		1	
14 000-011	Mercedes-Benz	0 3500	08.53 bis 09.53	12	
14 012-038	Mercedes-Benz	0 6600	04.53 bis 10.53	27	
14 039-049	Mercedes-Benz	0 6600 H	04.53 bis 09.53	11	
14 050-059	Büssing	4000 T	11.53 bis 01.54	10	
14 060-099	Büssing	6000 T	08.53 bis 12.53	40	
14 100-119	Büssing/FAKA	6000 T	10.53 bis 12.53	20	
14 120-139	Büssing/Recklinghausen	6000 T	1953	20	
14 140-154	Büssing/Emmelmann	6000 T	08.53	15	
14 155-194	Magirus-Deutz	0 3500	1953	40	
14 195-254	Mercedes-Benz	0 3500	09.53 bis 01.54	60	
14 255-284	Mercedes-Benz	0 6600	10.53 bis 01.54	30	
14 285-359	Mercedes-Benz	0 6600 H	08.53 bis 12.53	75	
14 360-389	MAN/Trutz	MKN 26	1953	30	
14 390-409	MAN/Hubertia	MKN 26	1953	20	
14 410-430	Krauss-Maffei	KMO 150	1953	21	
14 431-461	Krauss-Maffei/Rathgeber	KMO 150	1953	31	
14 462-467	MAN/Hubertia	MKN 26	1954	6	
14 468-477	MAN/Trutz	MKN 26	1954	10	
14 478-512	Mercedes-Benz	0 6600 H	12.53 bis 02.54	35	
14 513-519	Büssing/Recklinghausen	6000 T	1954	7	
14 520-529	Büssing/Emmelmann	6000 T	1954	10	
14 530-539	Büssing/FAKA	6000 T	1954	10	
14 540-554	Büssing	6000 T	01.54 bis 02.54	15	
14 555-560*	Magirus-Deutz	0 3500	1954	6	
14 562-567*	Krauss-Maffei	KMO 133	1952	6	ex Hoops, 14 562 = NWF-Aufbau
14 569-595	Krauss-Maffei	KMO 150	1954	27	14 592-595 mit Dachrandverglasung
14 596-600	Krauss-Maffei/Rathgeber	KMO 150	1954	5	
14 604-608	Mercedes-Benz	0 3500	04.54	5	mit Dachrandverglasung
14 609-614	Mercedes-Benz	0 6600 H	03.54	6	mit Dachrandverglasung
14 616-617	Büssing	6000 T	03.54	2	
14 618-621	Büssing/Emmelmann	6000 T	02.54	4	Kombibusse mit Dachrandverglasung
14 622-681	Mercedes-Benz	0 6600 H	05.54 bis 07.54	60	14 672-681 mit Dachrandverglasung, Allwetterausführung
14 684-715	Büssing	6000 T	04.54 bis 07.54	32	
14 716-737	Büssing/FAKA	6000 T	1954	22	
14 738-750	Büssing/Recklinghausen	6000 T	1954	13	mit Dachrandverglasung
14 751-770	Mercedes-Benz	0 6600 H	07.54 bis 08.54	20	14 761-770 mit Dachrandverglasung, Allwetterausführung
14 773	Magirus-Deutz	0 3000	1949	1	
14 774-808	Mercedes-Benz	0 3500	10.54 bis 11.54	35	14 806-808 mit Dachrandverglasung, Allwetterausführung
14 809-840	Mercedes-Benz	0 6600 H	08.54 bis 12.54	32	
14 841-862	Büssing	6000 T	08.54 bis 11.54	22	
14 863-870	Büssing/FAKA	6000 T	10.54 bis 11.54	8	
14 871-878	Büssing/Recklinghausen	6000 T	1954	8	
14 879-888	Büssing/Emmelmann	6000 T	1954	10	
14 889-894	Mercedes-Benz/Vetter	LA 3500	1954	6	Allradantrieb
14 895-912	MAN/Trutz	MKN 630	1954	18	
14 913-932	MAN/Hubertia	MKN 630	1954	20	
14 933-952	MAN/Kässbohrer	MKN 630	1954	20	
14 953-954	Krauss-Maffei	KML 110	1955	2	
14 960	Krauss-Maffei	KML 110	1955	1	
14 964	MAN	MKN		1	
14 965-974	Büssing	6000 T	12.54 bis 01.55	10	
14 975	Ford	G 798 B	1950	1	ex Privat
14 976-985	Büssing	6500 T	01.55	10	
14 987	Mercedes-Benz	0 6600		1	ex Privat
14 988	Krauss-Maffei			1	
14 996-999*	Krauss-Maffei	KMO 150	1955	4	
15 001-032*	Krauss-Maffei	KMO 150	1955	32	
15 033-052*	Krauss-Maffei/Rathgeber	KMO 150	1955	20	
15 053-077	Mercedes-Benz	0 311	02.55 bis 04.55	25	
15 078	Mercedes-Benz	0 5000		1	ex Privat
15 079-083	Mercedes-Benz	0 321 H	06.55	5	
15 084-086	Büssing	4500 T	12.55	3	Spezialausführung für Dänemarkverkehr
15 088-090*	Krauss-Maffei	KML 110 oder KML 90	1955	3	
15 092-094	Büssing	4500 T	12.55	3	
15 099-118*	MAN/Trutz	MKN 630	1955	20	
15 119-137*	MAN/Hubertia	MKN 630	1955	19	
15 138-145*	MAN/Hubertia	MKN 630	1956	8	
15 146-151*	MAN/Trutz	MKN 630	1956	6	
15 152	(Hersteller unbekannt)			1	1955 ex Hörster, Lüchow
15 153-196	Büssing	6500 T	03.55 bis 01.56	44	
15 197-218	Büssing/Recklinghausen	6500 T	1955/56	22	
15 219-239	Büssing/FAKA	6500 T	1955	21	
15 240-335	Mercedes-Benz	0 320 H	09.55 bis 02.56	96	
15 336-338	Mercedes-Benz/Hubertia	LA 311	1955	3	Allradantrieb
15 339-400	Krauss-Maffei	KMO 150	1955	62	
15 403	Krauss-Maffei	KML 110	1955/56	1	
15 406	Büssing	4000 T		1	
15 415	Mercedes-Benz/Steib	0 3500		1	
15 416	Mercedes-Benz	0 3500	1949	1	ex Privat
15 417	Büssing	5000 TU	1950	1	ex Privat
15 420-421	Mercedes-Benz/Voll	0 321 H	03.56	2	Reisebusse mit Glasdach
15 425-445	Mercedes-Benz	0 321 H	05.56 bis 07.56	21	mit Dachrandverglasung, z.T. in Kehlsteinausführung
15 447-480*	Krauss-Maffei	KMO 150	1956	34	
15 485-515	Büssing	6500 T	12.56 bis 01.57	31	
15 516-554	Büssing/FAKA	6500 T	1956	39	15 552-554 mit Dachrandverglasung
15 555-561	Büssing	TU 7	10.56	7	
15 562-629	Mercedes-Benz	0 320 H	09.56 bis 01.57	68	15 598-629 mit Dachrandverglasung
15 630-651	Mercedes-Benz	0 321 H	09.56	22	15 647-651 mit Dachrandverglasung
15 652	MAN/Hubertia	530 HOC 2	1956	1	
15 653-660*	MAN/Trutz	MKN 630	1956	8	mit Glasdach
15 661-670*	MAN/Trutz	MKN 630	1957	10	mit Glasdach
15 671-687*	MAN/Hubertia	MKN 630	1956	17	
15 688-701	MAN/Hubertia	545 HOC 2	1957	14	
15 702-706	Krauss-Maffei	KMO 150	1957	5	
15 707-740	Krauss-Maffei/Rathgeber	KMO 150	1957	34	15 731-740 mit Dachrandverglasung
15 741-751*	MAN/Trutz	MKN 630	1957	11	
15 752-774	Büssing	TU 7	02.57 bis 03.57	23	
15 775-796	Büssing/Emmelmann	TU 7	02.57	22	
15 797	Magirus-Deutz	0 3500	1950	1	ex Privat
15 799-828	Krauss-Maffei	KMO 150	1957	30	
15 829-848	Krauss-Maffei/Rathgeber	KMO 150	10.05.1905	20	
15 849-888	Mercedes-Benz	0 321 H	03.57 bis 09.57	40	15 885 = Stadtbus, 15 886-888 mit Dachrandverglasung

Diese Liste ist mit großer Sorgfalt nach postoffiziellen Unterlagen erstellt und mit den Herstellerdaten abgeglichen worden. Trotz weitgehender Vollständigkeit fehlen noch einige Einzeldaten, insbesondere im Zeitraum von 1945 bis 1950. Für Hinweise zur Ergänzung oder Berichtigung sind die Autoren dankbar.

BP-Nummer	Hersteller / ggf. Aufbauhersteller	Typ	Baujahr / Lieferzeitraum	Anz.	Bemerkungen (* = unbestätigte Daten)
15 889	Krauss-Maffei	KMS 110	10.05.1905	1	ex Probewagen
15 890-987	Mercedes-Benz	O 320 H	10.57 bis 02.58	98	15 981-987 mit Dachrandverglasung
15 988	Berliet	GLA	04.05.1905	1	01.57 ex Saarpost
15 989-995	Berliet			7	01.57 ex Saarpost
15 996-999	Berliet	PCK	1950 bis 1951	4	01.57 ex Saarpost
16 001-040	Berliet	PCK/PCR/PLR	1950 bis 1956	40	01.57 ex Saarpost
16 041-059	Chausson			19	01.57 ex Saarpost
16 060-121	Chausson	APH/ASH	1949 bis 1956	62	01.57 ex Saarpost
16 122-164	Floirat	B 8 R/GA186/C 14	1950 bis 1956	43	01.57 ex Saarpost
16 165-175	Renault	R 4192	1953 bis 1956	11	01.57 ex Saarpost
16 176-182	(verschiedene Hersteller)			7	01.57 ex Saarpost
16 183	Mercedes-Benz	O 3750	1941	1	01.57 ex Saarpost
16 184-187	Saurer	3HT3D/130 CV	1953 bis 1956	4	01.57 ex Saarpost
16 189	Büssing/Emmelmann	TU 5	1956	1	04.57 ex Ewert, Bielefeld
16 191-192	Mercedes-Benz	O 3500	06.51	2	04.57 ex Ewert, Bielefeld
16 193-194	Büssing	5000 T	10,55	2	04.57 ex Ewert, Bielefeld
16 195	Büssing/Emmelmann	6000 T		1	04.57 ex Ewert, Bielefeld
16 196	Büssing/Emmelmann	5000 TU	1950	1	04.57 ex Ewert, Bielefeld, mit Dachrandverglasung
16 197-198	Büssing/Emmelmann	6000 T		2	04.57 ex Ewert, Bielefeld
16 199-200	Büssing/Gaubschat	6000 T		2	Faltenbalgzüge, 04.57 ex Ewert, Bielefeld
16 201	Büssing	6000 T	01.53	1	04.57 ex Ewert, Bielefeld, mit Dachrandverglasung
16 202	Büssing/Emmelmann	6000 T	1953	1	Reisebus mit Dachrandverglasung, 04.57 ex Ewert, Bielefeld,
16 203	Büssing/Gaubschat	6000 T	1953	1	Faltenbalgzug mit Dachrandverglasung, 04.57 ex Ewert, Bielefeld
16 204-243	Büssing	6500 T	06.57 bis 09.57	40	
16 244-293	Büssing/FAKA	6500 T	09.57 bis 11.57	50	
16 294-303	Büssing/Emmelmann	6500 T	06.57 bis 09.57	10	
16 305-315	Berliet	PLR 10	1957	11	
16 316-317	Büssing	TU 11	05.57	2	1958 ex Büssing-Probewagen
16 318-337	Krauss-Maffei/Rathgeber	KMO 150	1957	10	
16 342-344	Floirat	C 24	1957	3	
16 345-349	Saviem/Floirat	C 24	1957	5	
16 350-356	Chausson		1957	7	
16 357-376	Büssing	6500 T	12.57 bis 02.58	20	
16 377-390*	MAN/Trutz	545 HOC 2	1957	14	
16 391-403*	MAN/Hubertia	545 HOC 2	1957	13	
16 404-416*	MAN/Rathgeber	545 HOC 2	1957	13	
16 418-420	Chausson		1957	3	
16 422-451	Büssing	TU 11	05.58 bis 08.58	30	
16 452-469	Krauss-Maffei	KMS 110	05.58	18	
16 470-471	Magirus-Deutz	O 6500	05.54/03.54	2	16 471 mit Glasdach
16 472	MAN		05.50	1	
16 473-544	Krauss-Maffei	KMS 110	1958	72	
16 545-558	Büssing	TU 11	10,58	14	
16 559-596	Mercedes-Benz	O 320 H	10.58 bis 01.59	38	16 570-596 mit Dachrandverglasung
16 597-609	Chausson	ASH 522	1958	13	
16 610-621	Berliet/Gangloff	PLR D10	1959	12	
16 622-631	Saviem	ZR 20 N	1959	10	
16 632-633*	Mercedes-Benz	O 320 H	1955	2	07.59 ex Euskirchener Kreisbahn
16 634*	Mercedes-Benz	O 321 H	1956	1	07.59 ex Euskirchener Kreisbahn
16 635*	Henschel/Steib	HS 140 N	1953	1	07.59 ex Euskirchener Kreisbahn
16 636-675	Büssing	TU 11	05.59 bis 07.59	40	z.T. mit Dachrandverglasung
16 676-683	Büssing	TU 7	06.59	8	z.T. mit Dachrandverglasung
16 684-723	Krauss-Maffei	KMS 110	1959	40	
16 724-740	Mercedes-Benz	O 321 H	07.59	17	16 737-740 mit Dachrandverglasung
16 741-742	Mercedes-Benz	O 317	04.59	2	Prototypen mit Postabteil, 1961 in ÜPU umgebaut
16 743-756	Chausson	ASH 522	1959	14	
16 758-762	Saviem	ZR 20 N	1959	5	
16 771-811	Krauss-Maffei	KMS 110	1959	41	16 805-811 mit Dachrandverglasung
16 812-860	Büssing	TU 11	10.59 bis 12.59	49	
16 861	Opel	Blitz	1940	1	10.59 ex Maack, Bendestorf
16 862	Minerva	HTMK A62	1935	1	10.59 ex Maack, Bendestorf
16 863-866	Büssing	5000 T	1949/50	4	10.59 ex Maack, Bendestorf
16 867	Büssing	5000 TU	1950	1	10.59 ex Maack, Bendestorf
16 868	Büssing	5000 T	1950	1	10.59 ex Maack, Bendestorf
16 869	Büssing/Emmelmann	5000 TU	1952	1	10.59 ex Maack, Bendestorf
16 870-871	Mercedes-Benz	O 3500	1952	2	10.59 ex Maack, Bendestorf
16 873'	MAN - Krauss-Maffei	KMS 135 PL	1960	1	
16 873''-874	Büssing/Emmelmann	13 RU 10	01.62/12.61	2	Gelenkbusse
16 876-883	Mercedes-Benz	O 321 H	05.60	8	Kehlsteinausführung mit Dachrandverglasung
16 884-902	Mercedes-Benz	O 321 HL	05.60 bis 07.60	19	16 895-902 mit Dachrandverglasung
16 903-979	Mercedes-Benz	O 317	07.60 bis 12.60	77	16 930 ex Privat, später BP 11 658
16 980-991	Büssing	TU 11	07.60	12	
16 992-999	Büssing	TU 7	05.60	8	
17 001-020	Krauss-Maffei	KMS 110	04.60 bis 05.60	20	1962 = 10 200-201/194/202-04/195-199/207-213/205-206
17 021-045	Saviem	SC 1/ZR 20 N	12.60 bis 03.61	25	1962 = 10 121-145
58 001-815	(verschiedene Hersteller)		1948 bis 1956		Nummernschema für Personenanhänger

Nummernschema Deutsche Bundespost 1961 bis 1968 (BP 10-001 bis 11-658 in zweiter Besetzung)

BP-Nummer	Hersteller / ggf. Aufbauhersteller	Typ	Baujahr / Lieferzeitraum	Anz.	Bemerkungen (* = unbestätigte Daten)
10 001-060	Mercedes-Benz	O 317	12.61 bis 10.62	60	Die Nummernschilder entsprechen diesem Muster:
10 061	Henschel/Kässbohrer	HS 200 N	07.56	1	Gelenkbus, 1961 ex AFAG 11, Flensburg
10 062	Henschel	HS 160 USL	07.59	1	Gelenkbus, 1961 ex AFAG 12, Flensburg
10 063	Büssing	6000 T	05.54	1	1961 ex AFAG, Flensburg
10 064	Büssing/Emmelmann	TU 10	02.55	1	1961 ex AFAG, Flensburg
10 065	Büssing	6000 T	09.55	1	1961 ex AFAG 6, Flensburg
10 066-120	Mercedes-Benz	O 317	06.62 bis 10.62	55	
10 121-145	Saviem	SC 1/ZR 20 N	12.60 bis 03.61	25	ex 17 021-045
10 146-155	Büssing	Senator 13	10.62	10	
10 156-159	Mercedes-Benz/FAKA	LA 328/48	12.63	4	Allradantrieb
10 160-161	Mercedes-Benz	O 317 K	02.63	2	ex 59 900-901
10 162-163	Mercedes-Benz	O 322	08.62	2	10 162 = ex 59 902
10 164-165	Magirus-Deutz	Saturn 11 LS	02.64	2	10 164 = ex 59 911
10 166-170	Büssing/Emmelmann	13 RU 10	04.63 bis 05.63	5	Gelenkbusse
10 171-184	Mercedes-Benz	O 317	05.63 bis 06.63	14	
10 185-187	Büssing/Emmelmann	Präsident Verbund	04.64 bis 05.64	3	Gelenkbusse
10 188-193	Mercedes-Benz	O 317	01.65 bis 02.65	6	
10 194-213	Krauss-Maffei	KMS 110	04.60 bis 05.60	20	ex 17 001-020
10 214-278	Mercedes-Benz	O 317	02.63 bis 06.63	65	
10 279	Mercedes-Benz	O 302/12 Rün	06.65	1	
10 280	Mercedes-Benz	O 302/11 Rünh	05.66	1	Reisebus
10 281-330	Mercedes-Benz	O 322	05.63 bis 09.63	50	10 326/327 mit Dachrandverglasung
10 331-339	Mercedes-Benz	O 317	06.63 bis 07.63	9	
10 340-352	Büssing	Senator 11	09.63 bis 10.63	13	
10 353*	Büssing/Vetter	13 RU 11	12.62	1	Gelenkbus, 1964 ex Kuhlmann, Rödinghausen
10 354-373	Büssing	Senator 11	10.63	20	10 369-373 mit Dachrandverglasung
10 374-467	Büssing	Senator 11	04.64 bis 06.64	94	10 374-388 mit Dachrandverglasung
10 468-517	Mercedes-Benz	O 317	01.64 bis 03.64	50	
10 518-605	Mercedes-Benz	O 322	03.64 bis 08.64	88	10 518-537 mit Dachrandverglasung
10 606-620	Mercedes-Benz	O 317	04.64 bis 06.64	15	
10 621-646	Büssing	Senator 13	06.64 bis 09.64	26	
10 647-666	Büssing	Senator 11	09.64	20	
10 667-678	Mercedes-Benz	O 317 K	12.64	12	10 668/677 mit Gepäckabteil
10 679-703	Büssing	Senator 13	12.64 bis 03.65	25	
10 704-708	Magirus-Deutz	Saturn 11 LS	12.64	5	
10 709-718	Magirus-Deutz	Saturn 11 LS	04.65 bis 05.65	10	10 714-718 mit Dachrandverglasung
10 719-758	Magirus-Deutz	150 L 10	05.65 bis 06.65	40	10 739-758 mit Dachrandverglasung
10 759-818	Mercedes-Benz	O 317	02.65 bis 04.65	60	10 794-818 mit Dachrandverglasung
10 819-825	Mercedes-Benz	O 317 K	05.65	7	Kehlsteinausführung mit Dachrandverglasung
10 826-920	Magirus-Deutz	150 LS 12	07.65 bis 09.65	95	10 876-920 mit Dachrandverglasung
10 921-995	Magirus-Deutz	150 L 10	07.65 bis 11.65	75	10 961-995 mit Dachrandverglasung
10 996-999	Mercedes-Benz	O 317 K	05.65	4	Kehlsteinausführung, mit Dachrandverglasung
11 001-003	Mercedes-Benz	O 317 K	05.65	3	Kehlsteinausführung, mit Dachrandverglasung
11 004-013	Mercedes-Benz	O 317	10.65 bis 12.65	10	
11 014-090	Magirus-Deutz	150 LS 12	02.66 bis 08.66	77	
11 091-147	Magirus-Deutz	150 L 10	02.66 bis 06.66	57	
11 148-153	Mercedes-Benz	O 317	12.65	6	
11 154-163	Magirus-Deutz	150 LS 12	11.65 bis 01.66	10	
11 164-221	Mercedes-Benz	O 302/12 Rün	02.66 bis 07.66	58	11 185 = ex 59 899
11 222-224	Mercedes-Benz	O 317 K	04.66	3	
11 225-245	Büssing	Präfekt 13	01.66 bis 02.66	21	11 233 ff. = Prototypen
11 246-318	Mercedes-Benz	O 317	06.66 bis 09.66	73	11 305 mit Gepäckabteil
11 319-334	Magirus-Deutz	150 LS 12	09.66 bis 10.66	16	
11 335-337	Mercedes-Benz	O 302/11 Rün	09.65 bis 10.65	3	Prototypen, ex 59 924-926
11 338-344	Magirus-Deutz	150 LS 12	12.66	7	

BP-Nummer	Hersteller / ggf. Aufbauhersteller	Typ	Baujahr / Lieferzeitraum	Anz.	Bemerkungen (* = unbestätigte Daten)
11 345-410	Mercedes-Benz	0 317	03.67 bis 06.67	66	
11 411-414	Mercedes-Benz	0 317 K	05.67	4	
11 415-444	Magirus-Deutz	150 LS 12	01.67 bis 04.67	30	
11 445-451	Büssing	Präfekt 13	07.65	7	Prototypen, ex 59 917-923
11 452-453	Mercedes-Benz	0 302/11 Rün	10.65	2	ex 59 927-928
11 454-523	Büssing	Präfekt 13	08.67 bis 12.67	70	
11 524-528	Magirus-Deutz	150 LS 12	07.67	5	
11 529-530	Mercedes-Benz	0 302/12 Rün	06.67	2	
11 531	Mercedes-Benz	0 317 K	06.67	1	
11 532-564	Magirus-Deutz	150 LS 12	09.67 bis 12.67	33	
11 565-614	Mercedes-Benz	0 317	10.67 bis 12.67	50	
11 615-619	Mercedes-Benz	0 317 K	12.67	5	
11 620-621	Mercedes-Benz	0 302/12 Rün	12.67	2	
11 622-641	Büssing	Präfekt 13	02.68 bis 03.68	20	
11 642-643	Büssing/Emmelmann	Senator 15 R	11.62 und 09.63	2	1967 ex DEBG Hameln, VDD 1-2
11 644-647	Mercedes-Benz	0 317	04.64 bis 05.66	4	1967 ex DEBG Hameln, VEE
11 648-649	Büssing/Emmelmann	5000 TU	1952	2	1967 ex DEBG Hameln, VDD 35/37
11 650	Büssing/Emmelmann	TU 7	1956	1	1967 ex DEBG Hameln, VEE 62
11 651-652	Mercedes-Benz	0 321 H	1957/1962	2	1967 ex DEBG Hameln, VEE
11 653	Magirus-Deutz	Saturn 11 L		1	1967 ex DEBG Hameln, VDD 53
11 654	Magirus-Deutz	0 3500 H		1	1967 ex DEBG Hameln, VDD 73
11 655-656	Büssing	Präfekt 11	04.66	2	
11 657	Magirus-Deutz	150 R 12	04.66	1	Reisebus, ex Privat
11 658	Mercedes-Benz	0 317	08.60	1	ex Privat, ex 16 930
Nummernschema Deutsche Bundespost 1968 bis 1985 (BP 10-1000 bis 10-3950)					
10 1000-1054	Büssing	Präfekt 13	06.68 bis 07.68	55	
10 1055-1109	Magirus-Deutz	150 LS 12	06.68 bis 07.68	55	
10 1110-1171	Mercedes-Benz	0 317	03.68 bis 07.68	62	
10 1172-1179	Mercedes-Benz	0 317 K	05.68	8	
10 1180-1202	Mercedes-Benz	0 317	07.68 bis 09.68	23	
10 1203-1212	Mercedes-Benz	0 317 K	05.68 bis 06.68	10	
10 1213-1223	Mercedes-Benz	0 302/12 Rün	06.68 bis 08.68	11	
10 1224	Mercedes-Benz	0 317 K	10.68	1	
10 1225-1237	Mercedes-Benz	0 317	09.68 bis 10.68	13	
10 1238-1264	Büssing	Präsident 14	10.68	27	10 1243 = Frontumbau nach Unfall
10 1265-1292	Magirus-Deutz	150 LS 12	11.68 bis 12.68	28	
10 1293-1317	Magirus-Deutz	200 LS 12	05.69	25	
10 1318-1362	Mercedes-Benz	0 317	01.69 bis 04.69	45	
10 1363-1372	Mercedes-Benz	0 317 K	04.69	10	
10 1373-1382	Mercedes-Benz	0 302/12 Rün	01.69 bis 02.69	10	
10 1383-1427	Büssing	Präsident 14	05.69 bis 06.69	45	
10 1428-1430	Büssing	Präsident 14/BS 120 V	09.69	3	Stadtbusse
10 1431-1470	Mercedes-Benz	0 317	05.69 bis 10.69	40	
10 1471-1474	Mercedes-Benz	0 317 K	09.69	4	
10 1475-1484	Mercedes-Benz	0 302/12 Rün	07.69 bis 08.69	10	
10 1485-1504	Magirus-Deutz	200 LS 12	06.69 bis 08.69	20	
10 1505-1544	Büssing	Präsident 14	09.69 bis 10.69	40	
10 1545-1549	Magirus-Deutz	200 LS 12	05.68 bis 06.68	5	
10 1550-1598	Mercedes-Benz	0 317	11.69 bis 02.70	49	
10 1599	Mercedes-Benz	0 302/11 Rünh	04.70	1	Reisebus
10 1600-1605	Mercedes-Benz	0 302/11 Rünh	02.70	6	
10 1606-1646	Magirus-Deutz	200 LS 12	02.70 bis 03.70	41	
10 1647-1772	Büssing	BS 120 N	02.70 bis 09.70	126	
10 1761-1764	Büssing	BS 120 V	07.70	4	Stadtbusse
10 1765-1772	Büssing	BS 110 V	08.70	8	Stadtbusse
10 1773-1796	Mercedes-Benz	0 317	05.70 bis 07.70	24	
10 1797-1800	Mercedes-Benz	0 317 K	06.70	4	
10 1801-1805	Mercedes-Benz	0 302/12 Rünh	06.70	5	
10 1806	Mercedes-Benz	0 302/12 Rünh	05.70	1	Reisebus
10 1807-1851	Mercedes-Benz	0 317	02.71 bis 04.71	45	10 1822/1823 versuchsweise mit hinterem Perron
10 1852-1881	Büssing	BS 120 N	03.71	30	
10 1882-1901	Magirus-Deutz	230 L 120	02.71	20	
10 1902	Magirus-Deutz	170 S 11 H	08.69	1	Stadtbus, ex 59 965, Prototyp
10 1903-1907	Magirus-Deutz	230 L 120	02.71 bis 03.71	5	
10 1908-1910	Büssing	Präfekt 13 Standard	08.69	3	Stadtbusse, ex 59 962-964, Prototypen
10 1911-1913	Mercedes-Benz	0 317	05.71	3	
10 1914-1916	Mercedes-Benz	0 317 K	05.71	3	
10 1917-1950	Büssing	BS 120 N	08.71 bis 10.71	34	
10 1951-1953	Büssing	BS 120 V	11.71	3	Stadtbusse
10 1954	Mercedes-Benz	0 305	11.69	1	Stadtbus, ex 59 966, Prototyp
10 1955-1956	Büssing/Emmelmann	BS 170 N	11.71/12.71	2	Gelenkbusse
10 1957-1967	Magirus-Deutz	230 L 120	10.71	11	
10 1968-1969	Mercedes-Benz	0 302/11 Rünh	03.72	2	
10 1970	Mercedes-Benz	0 302/12 Rünh	02.72	1	
10 1971-1973	MAN-Büssing	BS 110 V	02.72	3	Stadtbusse
10 1974	Mercedes-Benz	0 302/13 Rüh	05.73	1	Reisebus
10 1975-2025	Mercedes-Benz	0 317	02.72 bis 04.72	51	
10 2026-2035	Mercedes-Benz	0 317 K	03.72 bis 04.72	10	
10 2036-2045	Magirus-Deutz	230 L 120	04.72 bis 05.72	10	
10 2046-2118	MAN-Büssing	BS 120 N	02.72 bis 06.72	73	
10 2119-2141	Magirus-Deutz	230 L 120	04.73 bis 05.73	23	
10 2142-2185	Mercedes-Benz	0 307	05.73 bis 10.73	44	
10 2186	Magirus-Deutz	230 L 117	05.72	1	ex 59 972, Prototyp
10 2187-2205	MAN	SÜ 240	11.73 bis 12.73	19	
10 2206-2223	Mercedes-Benz	0 307	07.73 bis 11.73	18	
10 2224	Mercedes-Benz	0 307	02.72	1	ex 59 973, Prototyp
10 2225-2226	MAN	750 HO-SÜ	09.71	2	ex 59 970-971, Prototypen
10 2227-2249	MAN	SÜ 240	12.73 bis 02.74	23	
10 2250	Büssing	BS 117 N SÜ	11.71	1	ex 59 968, Prototyp (der zweite Wagen, BP 59 969, wurde nicht übernommen)
10 2251-2252	MAN	SÜ 240	05.73	2	ex 59 974-975
10 2253-2258	Mercedes-Benz	0 302/11 Rünh	12.74	6	
10 2259-2343	Magirus-Deutz	230 L 117	1975	85	
10 2344-2398	Mercedes-Benz	0 307	03.75 bis 05.75	55	
10 2399-2428	MAN	SÜ 240	03.75 bis 04.75	30	
10 2429-2461	MAN	SÜ 240	03.76 bis 04.76	33	
10 2462-2546	Magirus-Deutz	230 L 117	04.76 bis 06.76	85	
10 2547-2616	Mercedes-Benz	0 307	02.76 bis 06.76	70	
10 2617-2618	Mercedes-Benz	0 303/15 ÜHP	02.76/03.76	2	Reisebusse
(00 2619-2628)	Mercedes-Benz	0 307	1976	10	Kehlsteinausführung, neu an RVO
10 2629-2630	MAN	SÜ 230	1973	2	03.76 ex KVG München
10 2631-2650	Mercedes-Benz	0 307	1975	20	03.76 ex KVG München
10 2651-2652	MAN	SÜ 230	1973	2	03.76 ex KVG München
10 2653-2737	Magirus-Deutz	230 L 117	03.77 bis 06.77	85	
10 2738-2840	Mercedes-Benz	0 307	02.77 bis 06.77	103	
10 2841-2892	MAN	SÜ 240	02.77 bis 03.77	52	
(00 2893-2946)	(verschiedene Hersteller)		1976 bis 07.77	54	Fiktive Nummern bei RVH/RVK/RVO
10 2947-3087	Mercedes-Benz	0 307	04.78 bis 09.78	141	
10 3088-3145	MAN	SÜ 240	03.78 bis 08.78	57	
10 3146-3176	IVECO-Magirus	260 L 117	08.78 bis 09.78	31	
(00 3177-3272)	(verschiedene Hersteller)		04.78 bis 06.79	96	Fiktive Nummern bei RVH/RVK/RVO
10 3273-3402	MAN	SÜ 240	02.80 bis 07.80	130	
10 3403-3625	Mercedes-Benz	0 307	01.80 bis 01.81	223	
10 3626-3651	IVECO-Magirus	260 L 117	03.80 bis 05.80	26	
(00 3652-3664)	(verschiedene Hersteller)		11.79 bis 12.79	13	Fiktive Nummern bei RVH/RVK/RVO
10 3665	Mercedes-Benz	0 303/15 RHP	04.79	1	Reisebus, ex 59 981
(00 3666-3698)	(verschiedene Hersteller)		11.77 bis 11.80	33	Fiktive Nummern bei RVK/RVO
10 3699-3704	Mercedes-Benz	0 305	06.81 bis 07.81	6	Stadtbusse
10 3705-3750	Mercedes-Benz	0 307	02.81 bis 08.81	46	
10 3751-3760	IVECO-Magirus	260 L 117	05.81	10	
(00 3761)	Mercedes-Benz	0 307	11.80	1	Fiktive Nummer bei RVO
10 3762-3799	MAN	SÜ 240	07.81 bis 09.81	38	
(00 3800-3834)	(verschiedene Hersteller)		04.77 bis 04.81	35	Fiktive Nummern bei RVH/RVK/RVO
10 3835	Mercedes-Benz	0 303/12 ÜHP	12.81	1	Reisebus
(00 3836-3843)	(verschiedene Hersteller)		11.80 bis 10.81	8	Fiktive Nummern bei RVK/RVO
10 3844-3871	Mercedes-Benz	0 307	03.82 bis 06.82	28	
10 3872-3885	MAN	SÜ 240	05.82 bis 07.82	14	
(00 3886-3901)	(verschiedene Hersteller)		05.78 bis 01.82	16	Fiktive Nummern bei RVH/RVO, 00 3895-3897 ex 00 3201-3203
(00 3902)	Mercedes-Benz	0 309	1982	1	Fiktive Nummer für 59 2000
(00 3903-3904)	MAN	SÜ 240	10.76/08.77	2	Fiktive Nummern bei DB (für DB 26 643 und DB 26 775)
10 3905-3918	MAN	SÜ 240	04.83 bis 07.83	14	
10 3919-3950	Mercedes-Benz	0 307	02.83 bis 10.83	32	
(00 3951-4158)	(verschiedene Hersteller)		11.82-1990	208	Fiktive Nummern bei DB/RBS/RVA/RVH/RVK/RVO

Literaturverzeichnis

Albrecht, W. Der Einsatz von Festkraftstoffen im Kraftfahrdienst der Deutschen Reichspost, in: Die Deutsche Post Nr. 20, 1944

Baumann, Margret Auf den Spuren der Deutschen Alpenpost, in: Das Archiv, Heft 3/2004

Becker, Walter Das Postkraftfahrwesen in Deutschland (Inaugural-Dissertation), Münster, 1938

Becker, Werner Übersicht über die Entwicklung der ersten Linien des Kraftpostreisedienstes, in: Mittelrheinische Postgeschichte Nr. 3/4, 1964

Bensel, Bernd Die Überleitung des Postreisedienstes auf den Unternehmensbereich Bahnbus, in: Die Bundesbahn Nr. 11, 1982

Beyrer, Klaus Etappen der Personenbeförderung im deutschen Postreiseverkehr, in: Archiv für deutsche Postgeschichte, Heft 1, 1987

Beyrer, Klaus Zeit der Postkutschen, in: Archiv für deutsche Postgeschichte, Heft 2, 1992

Bluhme, Martin Die UPU bei der Deutschen Bundespost, in: Postpraxis Nr. 4, 1980

Bretscher, Ulrich Von der Postkutsche zum Postauto - Geschichte der Reisepost, Schaffhausen, 1982

Bühling, Werner Das Kraftpostwesen in Thüringen, in: Post- und Telekommunikationsgeschichte Regionalbereich Mitte, 1996

Bühlmann Der Omnibus als Schnellverkehrsmittel, in: Jahrbuch für Post und Telegraphie, 1929

Burkert, Gerhard Der technische Kraftfahrdienst bei der Deutschen Bundespost, Goslar, 1963

Burkert, Gerhard Der Weg zur Vereinheitlichung des Überlandlinien-Omnibusses, in: ZPF Nr. 22, 1969

Burkert, Gerhard und Harr, Friedrich Der Standard-Überlandlinien-Omnibus, in: Mitteilungen aus dem PTZ Nr. 100, 1975

Buschmann, Konrad Da ging die Post ab, Band I bis III, Aach/Trier, 1990/1995/2002

Buschmann, Konrad Die große Zeit der Landkraftposten, in: Post- und Telekommunikationsgeschichte, Heft 2, 1996

Buschmann, Konrad Die Geschichte des Trierer Postkraftfahrdienstes, in: Post- und Telekommunikationsgeschichte Regionalbereich West, 2001

Clement, Uwe Ein Bayer für Berlin: Ein Krauss-Maffei-Postomnibus soll Kraftpost-Zeiten wieder erfahrbar machen, in: Post- und Telekommunikationsgeschichte, Heft 2, 2000

Damrau, Siegfried und Witzmann, Hans Die Kraftpostfahrpläne, ihre Gestaltung und Darstellung, in ZPF Nr. 19, 1962

Deußen, Hans Die Kraftpost im Kreis Heinsberg, in: Heimatkalender des Kreises Heinsberg, 1974

Deutsch, Gottfried Ämter stellen sich vor! Kraftfahrbetriebsstelle Postamt Idar-Oberstein, in: ZPF Nr. 21, 1956

Doll, Karl-Heinz Kraftpostdienst - Postreisedienst beim PA Merzig und beim PA Wadern, Merzig, 1995

Ebenau, Wilhelm Der Wiederaufbau des Post- und Fernmeldewesens in der französischen Besatzungszone nach 1945, in: Archiv für deutsche Postgeschichte, Heft 1, 1979

Ehrenfried, Walter Cyklonette und Phänomobil - Dreiradkraftwagen im Postdienst, in: Archiv für deutsche Postgeschichte, Heft 2, 1982

Ehrenfried, Walter Pferde im Postdienst, in: Archiv für deutsche Postgeschichte, Heft 1, 1987

Ehrlich, A. Das Kraftfahrzeugtypenprogramm der DBP, in: ZPF Nr. 20, 1952

Ehrlich, A. Entwicklungen im Typenprogramm für Kraftfahrzeuge der DBP, in: ZPF Nr. 21, 1958

Ehrlich, A. Neue Grundsätze und Typ-Kraftfahrzeuge im Kraftfahrzeug-Typenprogramm der DBP, in: ZPF Nr. 22, 1964

Essig, Ralph Fahrende Postschulen der Deutschen Bundespost, Mannheim, 1987

Fischer, A. Mit dem Postauto kreuz und quer durch Europa, in: PTT-Zeitschrift Nr. 5, 1970

Fleischfresser, Paul Die Motoromnibusverbindungen in Deutschland, Berlin, 1914

Fleischmann Vier Jahre Kraftfahrt der DRP, in: Die Reichspost im Staate Adolf Hitlers, Berlin, 1937

Friedel, Heinz Vor 66 Jahren wurde die Kraftpostlinie Bayreuth-Bischofsgrün eröffnet, in: Post- und Telekommunikationsgeschichte Regionalbereich Süd, 1997

Fritz Das Recht der Kraftpost, in: Jahrbuch des Postwesens 1938, hrsg. vom RPM, Berlin, 1938

Fritz, Günther Postalische Besonderheiten - Ein Bericht über das Kleinwalsertal und Jungholz, in: Telepost Nr. 5/84

Fromm, Günter Um die Zusammenführung der Busdienste von Bundesbahn und Bundespost - eine kritische Zwischenbilanz, in: Verkehrswissenschaft Nr. 4, 1979

Funke, Wolfgang (Hrsg.) Das Buch von der Post, Bonn, 1954

Gall, Lothar u. Pohl, M. (Hrsg.) Die Eisenbahn in Deutschland - Von den Anfängen bis zur Gegenwart, München, 1999

Gerber, Wolfgang Heinz Rüth, Kraftomnibusfahrer beim PA Neuwied, in: Mittelrheinische Postgeschichte Nr. 53, 1979

German, Dieter Die Deutsche Reichspost und die Olympischen Spiele 1936 in Deutschland, in: Archiv für deutsche Postgeschichte, Heft 1, 1986

Glasbrenner, Walter Post und Postler im Nationalsozialismus - Verfolgung und Widerstand, Frankfurt/M., 1986

Glaser, Hermann u. Werner, Th. Die Post in ihrer Zeit, Heidelberg, 1990

Goldacker, Fritz Ulrich Von der Kraftpostlinie zum Kraftpostnetz, in: Jahrbuch des Postwesens, 1941/42

Hagen, Willi Fahrscheindrucker für Einzelfahrscheine und Zeitkarten in Kraftposten, in: ZPF Nr. 2, 1959

Hamann, Horst und Reiche, Curt Mechanisierung im Postwesen, Berlin (Ost), 1957

Hamm 50 Jahre Heidepost Harburg-Hanstedt, Festschrift, 1970

Hartmann, Heinrich Vorgeschichte der Einführung von Kraftposten in Bayern, in: Archiv für Postgeschichte in Bayern, Heft 2, 1955

Hartung, Werner und Stern, Volkhard Fahrzeuge der Deutschen Bundespost 1945 bis 1970, BREKINA-Autoheft Extra 3, 1990

Hartwig, Werner Postomnibusse - Die Geschichte der "gelben Riesen", in: Der Massstab Nr. 4, 1984

Hartwig, Werner Die Geschichte der Postomnibusse, in: Modell-Magazin Nr. 11, 1985 und Nr. 1, 1986

Heeger, Fritz u.a. Hoch auf dem gelben Wagen, in: Postgeschichtliche Blätter der Gesellschaft für deutsche Postgeschichte, Bezirksgruppe Karlsruhe, Heft 3, 1985

Heubel, Werner Geschichte des Bahnbusverkehrs, in: Die Bundesbahn Nr. 11, 1982

Hinz, K. Neuerungen im Kraftfahrbetrieb der Deutschen Reichspost- und Telegraphen-Verwaltung, in: Verkehrstechnik Nr. 4, 1925

Hinz, K. Das Kraftfahrwesen der Deutschen Reichspost, in: Verkehrstechnik Nr. 26a, 1925

Hinz, K. Das Kraftfahrliniennetz der Deutschen Reichspost, in: Verkehrstechnik Nr. 48, 1925

Hinz, K. Das Kraftfahrwesen der Deutschen Reichspost, in: Verkehrstechnik Nr. 20, 1927

Hinz, K. Der Kraftwagen im Dienst der Deutschen Reichspost, in: Verkehrstechnik Nr. 45, 1928

Hinz, K. Der Einheits-Stahl-Omnibusaufbau der Deutschen Reichspost, in: Verkehrstechnik Nr. 21, 1930

Hinz, K. Der Kraftfahrdienst der Deutschen Reichspost im Altreich und seine Gliederung, in: Die Deutsche Post, 1938

Hinz, K. Der Postkraftfahrdienst im Großdeutschen Reich, in: Verkehrstechnik Nr. 4, 1939

Höhn, Rudolf Die Kraftpost in Bayern. Eine geschichtliche Darstellung der Entwicklung von 1905 bis 1920, in: Archiv für Postgeschichte in Bayern, Heft 1, 1952

Hubrig, Friedrich Omnibusse mit Leichtmetall-Aufbauten für die DRP, in: Verkehrstechnik Nr. 7, 1930

Hubrig, Friedrich The World's Biggest, in: Bus & Coach, Juli 1930

Hubrig, Friedrich Light Metal Coach Bodies, Developed by German Mai, in: Bus & Coach, Februar 1932

Hubrig, Friedrich Five Years Road-Rail-Cooperation, in: Bus & Coach, Oktober 1933

Hubrig, Friedrich Das Kraftfahrwesen der Deutschen Reichspost, in: Jahrbuch des Postwesens 1938, hrsg. vom RPM, Berlin, 1938

Hubrig, Friedrich Grundsätzliche Neuerungen im Kraftpostdienst, in: Die Deutsche Post Nr. 12, 1944

Huss, Wolfgang u. Schenk, Wolf Omnibusgeschichte, Teil 1: Die Entwicklung bis 1924, München, 1982

Jäckel, Barbara Postkutschen mit Hafer- und Benzinmotor, in: Motor-Jahr, Berlin (Ost), 1982

Jacobi, Jürgen Omnibusse von Krauss-Maffei, Gifhorn, 1979

Jacobi, Jürgen u. Stern, Volkhard Die Geschichte der Kraftpost in Deutschland, in: Omnibusspiegel 833-874, 1983-1987

Jacobi, Jürgen Mercedes-Benz-Busse O 317 bei Bahn und Post, in: BREKINA-Autoheft 1997/98

Jacobi, Jürgen Schwere Dreiachser-Busse bei der Post: Mercedes-Benz O 10000, in: BREKINA-Autoheft 2000/2001

Jacobi, Jürgen Magirus-Busse bei Bahn und Post, in: BREKINA-Autoheft 2002/2003

Jurk, Fritz Die Deutsche Post in der sowjetische Besatzungszone (SBZ) und der DDR von 1945 bis 1960, in: Archiv für deutsche Postgeschichte, Heft 1, 1983

Kämmerer, Ludwig Der Wiederaufbau der Post in der britische Besatzungszone nach dem Zusammenbruch 1945, in: Archiv für deutsche Postgeschichte, Heft 2, 1978

Kainz, Christine Österreichische Postgeschichte - ein Überblick, in: Archiv für deutsche Postgeschichte, Heft 1, 1979

Kisteneich, Hanspeter 50 Jahre Kraftpost in Siegburg, Siegburg, 1970

Koch, Erwin u. Huth, Günter Der Postreisedienst - Rückblick und wehmütiger Abschied, in: Mittelrheinische Postgeschichte, Heft 60, 1987/88

Köhler, Carl Das Post- und Fernmeldewesen der Freien Stadt Danzig in den Jahren 1920 bis 1939, in: Archiv für deutsche Postgeschichte, Heft 1, 1965

Körner Dr. Das Recht der DRP zum Gelegenheitsverkehr, in: Die Deutsche Post Nr. 35, August 1938

Kohl, Wolfgang Güterkraftverkehr in der DDR, Berlin, 2000

Kramer, Klaas Der Kraftpostdienst im Rheiderland, in: Postgeschichtliche Hefte Weser-Ems, Heft 9, 1990

Kraut, Stefan und Schluchter, Andreas Von der ersten Kraftpostlinie zum NVH, Hrsg: Nahverkehr Hohenlohekreis, Münster, 1998

Kubath, Robert Mit der Kraftpost durch Oberbayern - Mercedes-Benz LO 3500 von 1935 restauriert, in: Omnibusspiegel 934, 1993

Kubath, Robert und Schaa, Eberhard 90 Jahre Omnibuslinie Bad Tölz - Lenggries. Zeugen der Kraftpost-Geschichte, in: Omnibusspiegel 955, 1995

Labrig, Paul 50 Jahre Kraftpost - 50 Jahre Postkraftfahrwesen, in: ZPF Nr. 10, 1955

Labrig, Paul Zur Neuordnung des Verhältnisses zwischen dem Kraftpostdienst und dem Omnibusdienst der DB durch das Bahn/Post-Abkommen 1955, in: ZPF Nr. 14, 1956

Labrig, Paul Ordnung des Omnibusverkehrs, in: Jahrbuch des Postwesens, 1956/57

Lechtleitner, Herbert Postreisedienst - auch schon Postgeschichte, in: Postgeschichtliche Blätter der Gesellschaft für deutsche Postgeschichte, Bezirksgruppe Dortmund, Heft 2, 1982

Lechtleitner, Herbert (Hrsg.) Abschied von den gelben Bussen im Siegerland, in: Postgeschichtliche Blätter der Gesellschaft für deutsche Postgeschichte, Bezirksgruppe Dortmund, 1983

Leykauf, Ludwig Von Lindau nach Berchtesgaden. Eine Fahrt mit der Alpenpost, in: Christl von der Post, 8/1967

Lichtmess, Josef Fahrscheindrucker im Kraftpostbetrieb, in: ZPF Nr. 19, 1956

Linden Fünfzig Jahre Kraftpost in Deutschland, in: Archiv für deutsche Postgeschichte, Heft 2, 1955

Löffler, K. Die Entwicklung des Kraftfahrwesens der Deutschen Reichspost, im besonderen im Lande Baden, Karlsruhe, 1935

Lösch, Peter u. Pötschner, Hans 90 Jahre Postautobus, Bonn, 1998

Lotz, Wolfgang und Ueberschär, Gerd Die Deutsche Reichspost 1933-1945, Band I und II, Berlin, 1999

Lowag, Gotthard Der verwaltungsmäßige Wiederaufbau des Kraftpostdienstes nach dem Kriege bis zum Jahr 1952, in: Jahrbuch des Postwesens, 1956/57

Lowag, Gotthard Die verwaltungsmäßige Stellung der Deutschen Bundespost als Kraftfahrzeughalter, in: Jahrbuch des Postwesens, 1956/57

Maderholz, Erwin Hoch auf dem gelben Wagen, Pfaffenhofen, 1983

Maetz, Richard Zahlenspiegel der DRP (1871-1945), hrsg. vom Bundespostministerium, Bonn, 1957

Michaelsen, Ernst Der Hohenweststedter Postraub 1959, in: Post- und Telekommunikationsgeschichte Regionalbereich Nord, 2001

Misoga, Harry 130 Jahre Bahnpost in Deutschland, in: Archiv für deutsche Postgeschichte, Heft 1, 1990

Mökl Die Kraftposten im OPD-Bezirk Dortmund, in: Postgeschichtliche Blätter der Gesellschaft für deutsche Postgeschichte, Bezirksgruppe Dortmund, Nr. 19-21, 1961/62

Möller Der Einsatz der Kraftpost bei der Schaffung des Großdeutschen Reiches, in: Die Deutsche Post, 1939

Möller, H. Ämter stellen sich vor! Das Postfuhramt Kiel, in: ZPF Nr. 14, 1956

Monsees, Herbert Geschichte der Kraftpost von Bremen-Vegesack, in: Postgeschichtliche Hefte Weser-Ems Nr. 1, 1992

Neff, Georg SBG - Bilderchronik eines Busdienstes in Südbaden, Freiburg, 1999

Neumann, Heinz Die Kraftpoststützpunkte und -linien im Bereich der ehemaligen OPD Minden 1921 bis 1934, in: Postgeschichtliche Blätter der Gesellschaft für deutsche Postgeschichte, Bezirksgruppe Münster, Nr. 17, 1980

North, Gottfried Die geschichtliche Entwicklung des Post- und Fernmeldewesens, in: Archiv für deutsche Postgeschichte, Heft 2, 1974

North, Gottfried Die Post - Ihre Geschichte in Wort und Bild, Heidelberg, 1988

Nübel, Otto Die Geschichte des privaten Omnibusgewerbes in Baden-Württemberg, Filderstadt, 1997

Nußbaumer Raupenbandfahrzeuge der DRP auf der Flexenpaßstraße, in: Die Deutsche Post, März 1941

Orth, Siegfried Tatü-tata, der Postreisedienst, in: Die Post, kleine Geschichte einer großen Verwaltung, Starnberg, 1967

Ostermann, Heinrich Vor 50 Jahren: Postreisedienst in Werl, in: Postgeschichtliche Blätter der Gesellschaft für deutsche Postgeschichte, Bezirksgruppe Dortmund, Nr. 1/2, 1975

Pampe Von Reit im Winkl zur Winklmoosalm im Kraftpostomnibus, in: Die Deutsche Post, Januar 1939

Pauli, Heinrich Das Postfuhramt München, in: Archiv für Postgeschichte in Bayern, 1976

Peter, Lothar Das Ende der fahrenden Postschule, in: Archiv für deutsche Postgeschichte, Heft 2, 1975

Petersen, Johannes Der Kraftpostdienst im Bezirk der Oberpostdirektion Kiel, in: Post- und Telekommunikationsgeschichte Regionalbereich Nord, 1998/99

Phillips, John Geschäft mit Omnibussen, in: Archiv für Postgeschichte in Bayern, Nr. 1, 1971

Pohl, Max u. Walke, Paul Die Gliederung des Verkehrswesens in Deutschland, in: Verkehrstechnik Nr. 26a, 1930

Popp Der zwischenstaatliche Kraftpostdienst, in: Die Deutsche Post, 1939

Postler, Frank Die Entstehung des Reichspostfinanzgesetzes und seine Bedeutung für die Post in der Weimarer Republik, in: Archiv für deutsche Postgeschichte, Heft 1, 1993

Rackow; Lapp; Kämmerer; Lowag Handwörterbuch des Postwesens, Frankfurt a.M., 1953

Reeg, Franz Die Neuordnung des Kraftpostdienstes, in: Jahrbuch des Postwesens, 1965

Reissermayer, Hans Materialien zur Postreisegebührenordnung vom 15.7.1964 und zur Postreiseordnung vom 6.7.1964, in: Archiv für das Post- und Fernmeldewesen, 1965

Reissermayer, Hans Die Erhöhung der Postreisegebühren ab 1.3.1966, in: Postpraxis Nr. 3, 1966

Reissermayer, Hans Der Postreisedienst und das verkehrspolitische Programm der Bundesregierung, in: ZPF Nr. 20, 1966

Reissermayer, Hans Der Postreisedienst, in: Die Deutsche Bundespost - Ihre Leistungen und ihre Bedeutung für die Wirtschaft - Ein Portrait, Bonn, 1970

Reissermayer, Hans Die Omnibusverkehrsgemeinschaft Bahn/Post, in: ZPF Nr. 20, 1973

Rentsch, Gerhard 80 Jahre Postauto 1906-1986, Bern, 1987

Rungs, Gerhard Ein schmerzlicher Verlust: Der Reisedienst verläßt die Bundespost, in: Post- und Fernmeldegeschichte zwischen Nord- und Ostsee, 1982

Sager, Wilhelm Postgeschichte Schleswig-Holsteins, Heide, 2002

Sautter, Karl Geschichte der Deutschen Reichspost (Geschichte der deutschen Post, Teil 3), Frankfurt a.M., 1951

Schilly, Ernst Zwanzig Jahre Deutsche Bundespost im Saarland, Saarbrücken, 1977

Scholz, Horst 50 Jahre Deutsche Kraftpost, in: Deutschland Revue der Deutschen Zentrale für Fremdenverkehr, Heft 3, 1955

Schmidt, Karl-Heinz Die Post- und Nachrichtenversorgung in den 1939 besetzten polnischen Gebieten und im Generalgouvernement, in: Archiv für deutsche Postgeschichte, Heft 2, 1979

Schmidt, Karl-Heinz Der Wiederaufbau der Post in der amerik. Besatzungszone nach dem Zusammenbruch 1945 am Beispiel der OPD Nürnberg, in: Archiv für deutsche Postgeschichte, Heft 2, 1982

Schubert, Klaus Da geht die Post ab - Die Bundesbahn übernimmt den Postreisedienst, in: Historischer Kraftverkehr Nr. 2, 1985

Schweiger, D. Die Gipfelstürmer vom Obersalzberg, in: Telepost, 1974

Seidel, Gerhard Die Kraftpost im Fichtelgebirge, in: Beiträge zur Geschichts- und Landeskunde des Fichtelgebirges, Heft 19, 1997

Seidel, Jochen Abenteuer Reisen - Postkutschenfahrten in Franken, veröffentlicht im Internet, www.jochen-seidel.de, 1995

Seyfert, Johannes Die Entwicklung und Bedeutung des öffentlichen Kraftverkehrs in Deutschland, o.J.

Simon, Werner Die Entwicklung des Kraftpostwesens in Kirn, in: Mittelrheinische Postgeschichte, 1957

Spannuth Der Vertrag Reichsbahn-Reichspost und der § 6 des Kraftfahrliniengesetzes, in: Verkehrstechnik Nr. 18, 1931

Spranger Die Kraftpost im Sudetengau, in: Die Deutsche Post, 1939

Stahl Die Kraftposten in der Eifel, in: Eifelvereinsblatt, 1925

Steinmetz, Hans und Elias, Dietrich Geschichte der deutschen Post, Band 4 (1945-1978), Bonn, 1979

Stephan, Heinrich v. Geschichte der Preußischen Post von ihrem Ursprunge bis auf die Gegenwart, Berlin, 1859

Stern, Volkhard Post übernahm vor 25 Jahren Fa. Ewert in Bielefeld, in: Omnibusspiegel 822, 1982

Stern, Volkhard Die Kraftpostlinie Bremen-Itzehoe, in: Omnibusspiegel 885, 1988

Stern, Volkhard Achtzig Jahre Kraftpost in Deutschland, in: Archiv für deutsche Postgeschichte, Heft 2, 1989

Stern, Volkhard Ein alter Postbus in neuem Glanz, in: Omnibusspiegel 904, 1990

Stern, Volkhard Historischer Kraftpost-Anhängerzug wieder komplett, in: Post- und Telekommunikationsgeschichte, Heft 1, 1995

Stern, Volkhard u.a. 100 Jahre Kraftomnibuslinie Bad Mergentheim-Künzelsau, in: Omnibusspiegel 984, 1998

Stern, Volkhard Die Siebengebirgspost Königswinter - Oberpleis 1930-1976, in: Post- und Telekommunikationsgeschichte Regionalbereich West, Heft 1, 1997, Omnibusspiegel 006, 2000

Stern, Volkhard Die Kraftpost Cloppenburg - Werlte im Jahre 1937, in: Post- und Telekommunikationsgeschichte Regionalbereich Nord, 2001

Stern, Volkhard Mit der Kraftpost durch die Eifel, in: Post- und Telekommunikationsgeschichte Regionalbereich West, Heft 1, 1997 und in Omnibusspiegel 032, 2003

Stern, Volkhard und Hartung, Werner Straßenfahrzeuge der Deutschen Bundesbahn, Band 1: Bahnbusse, Teningen, 2003

Stern, Volkhard 90 Personen plus Gepäck - Geschichte der Kraftpostlinie Bad Harzburg-Torfhaus-Braunlage, in: Das Archiv, Heft 3, 2004

Stern, Volkhard Regensburg: Der Postbus kommt noch immer, in: Das Archiv, Heft 3, 2004

Stern, Volkhard 100 Jahre Kraftpost, in: Das Archiv, Heft 1, 2005

Stertkamp, Wolfgang Die Neuordnung der Busdienste von Bahn und Post, in: Die Bundesbahn Nr. 4, 1976

Stertkamp, Wolfgang Die Zusammenführung der Busdienste des Bundes, in: Die Bundesbahn Nr. 9, 1981

Suhr, Christian Mit dem Omnibus bergauf, Brilon, 1998

Suhr, Christian Nutzfahrzeuge aus Werdau, Willich, 2003

Sußdorf, Walter Der öffentliche Kraftwagen-Überlandverkehr, in: Verkehrstechnik Nr. 25-26, 1930

Sußdorf, Walter Competition & Cooperation: Lessons from the Passenger-Transport in Germany, in: Bus & Coach, 10/1930

Tölle, Frank (Hrsg.) Postbusse-Bahnbusse, Nr. 1-4, 1986

Ulsenheimer, W. Fernkraftposten durch das Großdeutsche Alpengebiet nach Italien, in: Die Deutsche Post, 5/1939

Vierling, Franz Plauderei über den Postomnibus von einst und jetzt, in: Archiv für Postgeschichte in Bayern Nr. 1, 1980

Vogt, Martin Praktische Arbeit und Dienstleistungen der Post in den Jahren der Weimarer Republik (1918-1933), in: Archiv für deutsche Postgeschichte, Heft 1, 1990

Wagener, O.; Hill, H.; Stern, Volkhard Beiträge zur Kraftpost im OPD-Bezirk Bremen, in: Postgeschichtliche Hefte Weser-Ems Nr. 8/9, 1989/90 und Nr. 1, 1992

Wallbaum, Kurt Die Personenbeförderung mit den Kraftposten, in: ZPF Nr. 10, 1958

Walz, Fritz Von der Kraftpost zum Bahnbus, in: Württembergische Postgeschichte, Nr. 22, 1986

Walz, Klaus Vor 100 Jahren - Eröffnung der ersten Kraftpostlinie der Welt, in: Post- und Telekommunikationsgeschichte Regionalbereich Südwest, 1998

Weil, Reinhold Der Kraftomnibus-Linienverkehr in Westdeutschland, in: Beiträge zur Verkehrswirtschaft, Düsseldorf, 1952

Werner Die Leistungen der Deutschen Reichspost bei der Saarabstimmung, in: Deutsche Verkehrs-Zeitung Nr. 8, 2/1935

Wirbitzky, Günter Großraumbusse im Postreisedienst, in: ZPF Nr. 22, 1962

Wyss, Arthur Die Schweizer Post von ihren Anfängen bis zur Gegenwart, in: Archiv für deutsche Postgeschichte, Heft 2, 1978

o.A. 25 Jahre Kraftpostverkehr, in: Deutscher Beamtenfreund Nr. 5, 1931

o.A. 1.000. Krauss-Maffei-Bus für Bundespost, in: Bus-Fahrt Nr. 9, 1958

o.A. 50 Jahre Kraftpost, in: ZPF Nr. 15, 1955

o.A. Abschied vom Postreisedienst, in: Die Deutsche Postgilde Nr. 2, 1983

o.A. Bayern - die Heimat der ersten Kraftposten in Deutschland, in: ZPF Nr. 20, 1955

o.A. Das Grundwissen des Postfacharbeiters: Der Postreisedienst - Die Beförderung von Personen, Reisegepäck und Poststücken, Hrsg.: Deutsche Arbeitsfront, Berlin, 1939

o.A. Das Kraftpostwesen als Aufgabe der Deutschen Reichspost, in: Die Deutsche Post, 1938

o.A. Denkschrift über die Entwicklung des Kraftwagenbetriebes der Reichspostverwaltung, hrsg. vom Reichspostminister, Oktober 1920

o.A. Der Kraftomnibusverkehr der Deutschen Post und der Deutschen Reichsbahn, in Verkehrs-Rundschau Nr. 13, 1949

o.A. Der öffentliche Kraftomnibus-Verkehr, Verband Deutscher Kraftverkehrsgesellschaften, Dortmund, 1936

o.A. Die Aufgaben der Deutschen Reichspost, Berlin, 1939

o.A. Die Entwicklung der westdeutschen Kraftpost im Jahre 1951, in: Bus-Fahrt, 1952

o.A. Die Entwicklung des Postreisedienstes im OPD-Bezirk Köln 1953-1967, in: Mitteilungen der Gesellschaft für deutsche Postgeschichte, Bezirksgruppe Köln, Heft 3, o.J.

o.A. Die Leistungen der DRP auf dem Reichsparteitag Großdeutschland, in: Die Deutsche Post, 1938

o.A. Die neuere Entwicklung des Kraftpostlinienverkehrs im Spiegel der Verkehrsstatistik, in: ZPF Nr. 2, 1960

o.A. Die Postomnibusse fahren weiter, in: Christl von der Post, 7/1969

o.A. Ein neuer Eilomnibus der Reichspost, in: Verkehrstechnik Nr. 18, 1933

o.A. Eröffnungsfahrt der Isar-Engadin-Post, in: ZPF Nr. 16, 1955

o.A. Gedanken zum Kraftomnibusverkehr, herausgegeben vom Bundesminister für das Post- und Fernmeldewesen, Bonn, 1953

o.A. Grundsätze für die staatliche Förderung von Kraftwagenlinien im Land Baden (Bericht des großherzoglichen Ministeriums der Finanzen an das großherzogliche Ministerium der Justiz), 1913

o.A. Handwörterbuch des Postwesens, Berlin, 1927

o.A. Konferenz auf Rädern - Ein Wunderwagen der DRP, in: Nürnberger Zeitung vom 14.11.1938

o.A. Mit der Kraftpost durch das schöne Deutschland / Mit der Reichspost durch Deutschland, Die deutschen Bücher, hrsg. vom RPM, Berlin, 1938

o.A. Mit der Kraftpost durch unsere Heimat, Post-Bildband, 1957

o.A. Mit der Kraftpost nach Italien, in: Die Deutsche Post, August 1938

o.A. Museum - Verkehrsmuseum Nürnberg Post, Braunschweig, 1991

o.A. Neue Omnibusse der Reichspost, in: Verkehrstechnik Nr. 8, 1931

o.A. Neue Wagen der Alpenpost, in: Bayerische Zeitung vom 20.6.1934

o.A. Rückblick auf das erste Jahrhundert der Kgl. Bayerischen Staatspost, hrsg. vom Kgl. Bayerischen Staatsministerium für Verkehrsangelegenheiten, 1908 (Nachdruck München, 1982)

o.A. Sechzig Jahre Postomnibusse: Ein guter Freund auf allen Straßen, in: Christl von der Post, 7/1965

o.A. Tatsachen und Zahlen aus der Kraftverkehrswirtschaft 1938, aus: Veröffentlichungen des Reichsverbandes der Automobilindustrie, Berlin, 1939

o.A. Wunderbare Postreise, Merian Monatshefte Nr. 6, 1952

Sonstige Quellen Geschäftsberichte der Kgl. Bayerischen Staatspost, der DRP (1905 bis 1944), der Deutschen Post im Vereinigten Wirtschaftsgebiet (1947-1949) und der DBP (1950 - 1985)

Angaben, Dienstakten und Verfügungen des RPM, des BPM, der RPDen, der OPDen, des RPZ, des PTZ und der Postämter

Amtsblätter der DRP und der DBP, Archiv für das Post- und Fernmeldewesen, Bundespost-Kalender, Christl von der Post, Die Deutsche Post, Deutsche Verkehrs-Zeitung

Jahrbücher des Postwesens, Kraftfahrerecho, Mitteilungen aus dem Posttechnischen Zentralamt Darmstadt, Postpraxis, Reichspost-Kalender

Statistische Jahreshefte der DBP, Telepost, Unterrichtsblätter der DBP, Zahlenspiegel der Deutschen Bundespost, Zeitschrift für das Post- und Fernmeldewesen
Amtliche Kraftpostkursbücher, Amtliche Omnibuskursbücher, Amtliche Kraftpostfahrpläne, BREKINA-Autohefte (div. Jahrgänge)

Abkürzungsverzeichnis

AB	Amerikanische Besatzungszone Bayern (Kfz-Kennzeichen)
AE	Amerikanische Besatzungszone Exklave Bremen (Kfz-Kennzeichen)
AEG	Allgemeine Elektrizitäts Gesellschaft
AFAG	Allgemeine Flensburger Autobus Gesellschaft
AG	Aktiengesellschaft
AH	Amerikanische Besatzungszone Hessen (Kfz-Kennzeichen)
ARD	Arbeitsgemeinschaft der Rundfunkanstalten in Deutschland
ASEAG	Aachener Straßenbahn- und Energieversorgungs-AG
AW	Amerikanische Besatzungszone Württemberg (Kfz-Kennzeichen)
BD	Bundesbahndirektion (bis 1952 ED = Eisenbahndirektion)
BDE	Bundesverband Deutscher Eisenbahnen
Bf	Bahnhof
BH	Britische Besatzungszone Hamburg (Kfz-Kennzeichen)
Bizone	Amerikanische und Britische Besatzungszone
BN	Britische Besatzungszone Niedersachsen (Kfz-Kennzeichen)
BPF	Bezirksdirektion Post- und Fernmeldewesen
BPM	Bundesministerium für das Post- und Fernmeldewesen; Bundespostminister
BR	Britische Besatzungszone Rheinland (Kfz-Kennzeichen)
BS	Britische Besatzungszone Schleswig-Holstein (Kfz-Kennzeichen)
BVG	Bremer Vorortbahnen GmbH
BVG	Berliner Verkehrsgesellschaft
BWKw	Bezirkswerkstatt für Kraftwagen
BZRPO	British Zone Reichspost-Oberdirection
CSSR	Tschechische Sozialistische Republik
DAAG	Deutsche Automobil AG, Düsseldorf
DAKf	Dienstanweisung für das Postkraftfahrwesen
DB	Deutsche Bundesbahn (1949-1993)
DBP	Deutsche Bundespost (1950-1994)
DDR	Deutsche Demokratische Republik
DEBG	Deutsche Eisenbahn-Betriebs-Gesellschaft
DER	Deutsches Reisebüro (Tochtergesellschaft der Deutschen Bundesbahn)
DM	Deutsche Mark
DP	Deutsche Post
DPO	Deutsche Post Osten
DR	Deutsche Reichbahn West (1945-1949)
DR	Deutsche Reichsbahn Ost (1945-1993)
DRB	Deutsche Reichsbahn (1937-1945)
DRG	Deutsche Reichbahn-Gesellschaft (1924-1936)
DRP	Deutsche Reichspost
DÜWAG	Düsseldorfer Waggonfabrik AG, Düsseldorf/Uerdingen
DVZ	Deutsche Verkehrs-Zeitung
D-Zug	Durchgangszug (Schnellzug)
FAKA	Fahrzeugwerke Kannenberg GmbH, Salzgitter
FAUN	Fahrzeugwerke Ansbach und Nürnberg
FAZ	Frankfurter Allgemeine Zeitung
FB	Französische Besatzungszone Baden (Kfz-Kennzeichen)
FR	Französische Besatzungszone Rheinland (Kfz-Kennzeichen)
FW	Französische Besatzungszone Württemberg (Kfz-Kennzeichen)
GBB	Geschäftsbereich Bahnbus
GDK	Generaldirektion Kraftverkehr und Straßenwesen, Berlin (Ost)
GmbH	Gesellschaft mit begrenzter Haftung
Hbf	Hauptbahnhof
HVPF	Hauptverwaltung für das Post- und Fernmeldewesen
HVV	Hamburger Verkehrsverbund
HWKw	Hauptwerkstatt für Kraftwagen
IAA	Internationale Automobil-Ausstellung
IVECO	Industrial Vehicles Corporation
KdF	Kraft durch Freude (Nationalsozialistische Organisation)
Kfz	Kraftfahrzeug
km	Kilometer
Kom	Kraftomnibus
Krapei	Kraftpost-Eisenbahn-Verkehr (durchgehende Abfertigung)
KVG	Kraftverkehrsgesellschaft
Lkw	Lastkraftwagen
LOWA	Vereinigung Volkseigener Betriebe Lokomotiv- und Waggonbau, Werdau
LZ	Luftschiff Zeppelin
MAN	Maschinenfabrik Augsburg-Nürnberg AG, Augsburg
MB	Mercedes-Benz, Markenname der Daimler-Benz AG, Mannheim/Stuttgart
MER	Mitteleuropäisches Reisebüro
MPF	Ministerium für das Post- und Fernmeldewesen, Berlin (Ost)
MULAG	Motoren- und Lastwagen AG, Aachen
MVV	Münchener Verkehrsverbund
NAG	Neue bzw. Nationale Automobil Gesellschaft, Berlin
NSDAP	Nationalsozialistische Deutsche Arbeiterpartei
NVH	Nahverkehrsmodell Hohenlohe
NWDR	Nordwestdeutscher Rundfunk
ÖBB	Österreichische Bundesbahnen
OMGUS	Office of Military Government for Germany, US
OOG	Osnabrücker Omnibusgesellschaft mbH
OPD	Oberpostdirektion
ÖPNV	Öffentlicher Personennahverkehr
OT	Organisation Todt
OVG	Omnibusverkehrsgemeinschaft Bahn/Post
PA	Postamt (PÄ = Postämter)
PBefG	Personenbeförderungsgesetz
Pf	Pfennig
Pkw	Personenkraftwagen
PS	Pferdestärke
PTD	Post- und Telegrafendirektion
PTT	Post-, Telefon- und Telegrafenverwaltung
PTZ	Posttechnisches Zentralamt
RAL	Reichsausschuss für Lieferbedingungen und Gütesicherung; nach 1945: Deutsches Institut für Gütesicherung und Kennzeichnung e.V., St. Augustin
RBD	Reichsbahndirektion
RBS	Regionalbus Stuttgart GmbH
RM	Reichsmark
ROB	Deutsche Reichsbahn Omnibusverkehrsgesellschaft
RP	Reichspost
RPD	Reichspostdirektion
Rpf	Reichspfennig
RPM	Reichspostministerium; Reichspostminister
RPZ	Reichspostzentralamt
RVA	Regionalverkehr Schwaben-Allgäu GmbH, München
RVG	Regionalverkehrsgesellschaft
RVH	Regionalverkehr Hannover GmbH, Hannover
RVK	Regionalverkehr Köln GmbH, Köln
RVO	Regionalverkehr Oberbayern GmbH, München
SAD	Societa Automobilistica Dolomiti
SAF/SAG	Süddeutsche Automobilfabrik, Gaggenau
SB	Sowjetische Besatzungszone Brandenburg (Kfz-Kennzeichen)
SBZ	Sowjetische Besatzungszone
Setra	Selbsttragend, Markenname der Fa. Kässbohrer, Ulm
SKV	Staatliche Kraftwagenverwaltung in Sachsen
SL	Sowjetische Besatzungszone Sachsen (Kfz-Kennzeichen)
SM	Sowjetische Besatzungszone Mecklenburg (Kfz-Kennzeichen)
SMAD	Sowjetische Militäradministration in Deutschland
SN	Sowjetische Besatzungszone Sachsen-Anhalt (Kfz-Kennzeichen)
SPD	Sozialdemokratische Partei Deutschlands
ST	Sowjetische Besatzungszone Thüringen (Kfz-Kennzeichen)
StÜLB	Standard-Überland-Linienbus
StVZO	Straßenverkehrszulassungs-Ordnung
SVD	Straßenverkehrsdirektion
to	Tonnen
Trizone	Amerikanische, Britische und Französische Besatzungszone
TÜV	Technischer Überwachungs-Verein
ÜPU	Überlandpost mit Umarbeitung
USA	Vereinigte Staaten von Amerika
VBG	Vereinigte Bundesverkehrsbetriebe GmbH, Bonn
VBS	Verkehrsbetriebe Sudetenland
VDD	Kleinbahn Voldagsen-Duingen-Delligsen
VDK	Verband Deutscher Kraftverkehrsgesellschaften
VEB	Volkseigener Betrieb
VEE	Vorwohle-Emmerthaler Eisenbahn
VOMAG	Vogtländische Maschinenfabrik AG, Plauen
VÖV	Verband öffentlicher Verkehrsbetriebe
VVB	Vereinigung der volkseigenen Betriebe
VVK	Verwaltung der volkseigenen Kraftverkehrs- u. Kfz-Instandsetzungsbetriebe
ZDF	Zweites Deutsches Fernsehen
ZOB	Zentraler Omnibusbahnhof
ZPF	Zeitschrift für das Post- und Fernmeldewesen
ZVPF	Zentralverwaltung für das Post- und Fernmeldewesen, Berlin (Ost)

Selbst Donald Duck fuhr mit dem Postbus! Comic-Strip von 1976 (SVS, © Disney).

Die Welt der historischen Post-Fahrzeuge.

Seit nunmehr sechs Jahren entwickelt die Deutsche Post Collection in enger Zusammenarbeit mit Brekina Modelle von historischen Postfahrzeugen.

Die Umsetzung der unterschiedlichen Lastkraftwagen, Kraftpostbusse oder Spezialfahrzeuge der Post begeistert eine wachsende Fan-Gemeinde von Sammlern. Um die **authentische und detailgetreue Wiedergabe im Maßstab 1:87** zu perfektionieren, entstehen jetzt Modelle in der TD-Line („top-dekoriert"), die auch höchsten Ansprüchen genügen. **Freuen Sie sich auf die Neuheiten, die Sie exklusiv bei der Post Collection erhalten!**

Bestellen Sie direkt:
✆ 018 03 / 24 60 42*
FAX 018 03 / 24 60 43*
@ www.deutschepost.de/philatelie

*9 ct je angefangene 60 Sek. im Festnetz

Deutsche Post
PHILATELIE

raftpost
H
VERKEHRSGEMEINSCHAFT
BAHN·POST
H
PO
VERKEHRSGEMEINSCHAFT
BAHN·POST
H
POST
H
Bahnbus-Kraftpost
H
VERKEHRSGEMEINSCHAFT
BAHN·POST
H
H
VERKEHRSGEMEINSCHAFT
BAHN·POST
H
POST
H
Bahnbus-Kraftpost
H
VERKEHRSGEMEINSCHAFT
BAHN·POST
POST
H
VERKEHRSGEMEINSCHAFT
BAHN·POST
H
SGEMEINSCHAFT
N·POST
H
Bahnbus-Kraftpost
H
VERKEHRSGE
BAHN
H
POST
H
VERKEHRSGEMEINSCHAFT
BAHN·POST
H